# Inhalt

# Einleitung

Ein großer Teil der gegenwärtigen Faschismusforschung pflegt an drei Zäsuren haltzumachen bzw. orientiert sich an ihnen: an der »Machtergreifung« 1933, dem »Kriegsausbruch« 1939 und dem »Zusammenbruch« 1945. Bereits die Wortwahl deutet ein Faschismusverständnis an, nach dem der Nationalsozialismus als ein Sonderfall der deutschen Geschichte erscheint, der 1933 die Weimarer Republik bzw. den »Nationalsozialismus als Bewegung« von dem »Nationalsozialismus als Regime« trennt sowie die bundesrepublikanische Nachkriegsentwicklung vom Nationalsozialismus. Die gesellschaftlichen Bedingungen, unter denen der Nationalsozialismus entstehen konnte – die Unmöglichkeit, über primär integrative Strukturen auch weiterhin den Verwertungsschwierigkeiten des Kapitals zu begegnen –, entziehen sich ebenso einer differenzierten Analyse wie auch die erforderliche Frage nach den Übergängen und Brüchen in der Entwicklung deutscher Geschichte seit der Industrialisierung.

Die Begrenztheit eines solchen Faschismusverständnisses erweist sich nicht zuletzt, wenn man die Entwicklung der gesellschaftlichen Stellung der Frau in der Weimarer Republik und im Nationalsozialismus verfolgt:

Der – versuchte – Ausschluß der Frauen vom außerhäuslichen Arbeitsmarkt, der zu Unrecht oftmals als besonderes Charakteristikum des nationalsozialistischen Herrschaftssystems betrachtet wird, weist im Gegenteil eine Kontinuität auf, die über die verschiedenen gesellschaftspolitischen Konstellationen im Kern ungebrochen erhalten blieb. So mußten nach dem Ersten Weltkrieg die Frauen ihre Arbeitsplätze für die zurückkehrenden Männer räumen. Auch in der Weltwirtschaftskrise 1929 und in der Krise von 1974/75 in der Bundesrepublik versuchte man das Problem der Arbeitslosigkeit auf dem Rücken der Frauen zu lösen. In diesem Zusammenhang ist auch die Arbeitsmarktpolitik der Nationalsozialisten zu sehen.

Nuancierungen stellen lediglich die jeweiligen ideologischen Rechtfertigungsversuche dieses gesellschaftlichen Musters dar, ohne daß ihnen jedoch eine neue Qualität zukäme. Bestimmte Elemente nationalsozialistischer Politik und Ideologie mögen auf einer rein phänomenologischen Ebene zunächst durchaus den Schluß nahelegen, es handle sich um ausschließlich spezifisch »faschistische« oder »nationalsozialistische« Besonderheiten, da sie in dieser *Form* beispielsweise weder in der Weimarer Republik noch in der heutigen Gesellschaft aufzufinden sind. Sie verlieren jedoch ihre Einzigartigkeit wie auch ihre in der NS-Ideologie begründete Eigenständigkeit, wenn man sie auf die sozialhistorische Realität rückbezieht: So fand der im Nationalsozialismus propagierte Ausschluß von Frauen aus dem Erwerbsleben dort seine Grenzen, wo die billige weibliche Arbeitskraft benötigt wurde. Die frühzeitige Aufgabe der schon 1930 begonnenen und wesentlich von den Nationalsozialisten mitgetragenen Doppelverdienerkampagne aufgrund des massiven Widerstands der Industrie (und auch der betroffenen Frauen selbst) sowie die Lockerung in den Vergabebestimmungen des Ehestandsdarlehens 1937 angesichts des Mangels an Arbeitskräften für die Kriegsproduktion stehen hierfür als Beispiele.

Auch die Diskussion um den möglichen Widerspruch zwischen »Primat der Politik« und »Primat der Ökonomie« erweist sich vor diesem Hintergrund als eine Fragestellung, die in eine falsche Richtung führt. Die Interdependenz von Ökonomie und Politik läßt sich an vielen Beispielen gerade aus der NS-Frauenpolitik belegen, ohne daß damit bereits eine Interessenidentität von politischen Machthabern und Nutznießern des NS-Regimes unterstellt ist.

Die Notwendigkeit und die Nützlichkeit solcher Überlegungen – die hier nur angeschnitten werden können – liegen darin, sich klarzumachen, daß der Nationalsozialismus nicht eine Entwicklung ist, die »damals passierte« und heute nicht mehr vorkommen kann, sowie sich mit seinen Entstehungsbedingungen und Folgen auseinanderzusetzen, um eine »Wiederholung der Geschichte« zu verhindern.

Die Frage, was der Nationalsozialismus für die *Frauen* in Deutschland bedeutete, ist sowohl innerhalb wie außerhalb der Frauenbewegung bis heute umstritten. Noch immer vorherrschend in der offiziellen Geschichtsschreibung und in der mündlichen Überlieferung ist die Ansicht, »die Frauen« hätten Hitler als charismatischen Führer verehrt, umjubelt und mit ihren Wählerstimmen an die Macht gebracht. Ein derartiges Geschichtsbild knüpft nahtlos an die nationalsozialistische Auffassung an, daß Frauen von Politik nichts verständen und daher viel Unheil anrichten könnten, wenn man(n) sie ließe. Es ist auch einer der Gründe dafür, daß die Frage nach dem Widerstand von Frauen bis heute nicht ernsthaft thematisiert wurde.

Durch neuere Forschungen (vgl. Bremme, Tröger, Bock) ist dieses hartnäckig haftende Geschichtsbild zumindest angekratzt worden. Innerhalb der Frauenbewegung wird die Frage der politischen Verantwortlichkeit der Frauen weiter diskutiert. Eine Richtung vertritt z.B. die Ansicht, die politische Macht der Frauen sei schon vor 1933 so unbedeutend gewesen, daß der Faschismus allein das Werk der Männer sei. Frauen hätten damit nichts zu tun. Sie wurden Opfer einer frauenfeindlichen Politik und seien somit in ihrer Gesamtheit ebenso Opfer des Faschismus wie die Juden.

Die Vertreterinnen einer anderen Richtung behaupten genau das Gegenteil: Für sie waren Frauen keineswegs nur Opfer des Faschismus. Sie meinen vielmehr Gründe zu sehen, aus denen die Frauen sich bewußt für die NSDAP entschieden, weil sie sich von dieser Partei am ehesten in ihren Bedürfnissen und ihrer Rolle als Hausfrauen und Mütter akzeptiert fühlten.

Beide Positionen gehen unserer Ansicht nach an der Wirklichkeit »der Frauen« im nationalsozialistischen Deutschland vorbei. Es ist nicht möglich, über »die Frauen im allgemeinen« Aussagen zu treffen. Was der Faschismus für eine Frau in Deutschland jeweils bedeutete, hing u.a. von ihrer Religion, ihrer ethnischen Herkunft, ihrer sozialen Situation und ihrer politischen Überzeugung ab – es konnte aber auch davon abhängen, ob sie »wie eine Jüdin« aussah, auch wenn sie keine war. Es gab Frauen (und Männer), die Opfer des Faschismus waren, und es gab viele, die von ihm profitierten – und unter diesen wiederum viele, die ihn gleichzeitig aus unterschiedlichen Gründen ablehnten.

Die beiden o.a. Positionen sind zwei entgegengesetzte Antworten auf die Frage: War die nationalsozialistische Frauenideologie und -politik frauenfeindlich? Die in den ideologischen Schriften der Nationalsozialisten enthaltenen Bemerkungen über »das Wesen« der Frau entsprechen fast immer dem traditionellen und sattsam bekannten Bild der passiven, aufopfernden und untertänigen Hausmutter. Die emanzipierte Frau war von Anfang an das Feindbild der Nazis (vgl. Rosenberg: »Die Emanzipation von der Frauenemanzipation ist die erste Forderung«), und die faschistische Bewegung gewann einen Teil ihrer Energie aus der Bekämpfung der Frauenemanzipation. Die Auffassung vom »Wesen« der Frau unterschied sich kaum von traditionellen bürgerlichen Vorstellungen, nur – die Realität der Frauen hatte diese Vorstellungen längst überholt bzw. ihnen nie entsprochen. Die Nationalsozialisten gingen deshalb daran, die Realität ihrer Ideologie anzupassen, und entfernten, kaum daß sie an der Macht waren, so viele Frauen wie möglich aus qualifizierten Positionen, behinderten ihren Zugang zu den meisten Studiengängen, beraubten sie des passiven Wahlrechts etc.

Eine Bereicherung erfuhr das traditionelle Frauenbild im Faschismus jedoch durch die Aufgabe, welche den »deutschblütigen Frauen« mit »wertvollem Erbgut« zugewiesen wurde: die Vermehrung und Veredelung der »deutschen Rasse«. Für die Nationalsozialisten gab es etliche Kategorien von Frauen, die über dieses »wertvolle Erbgut« nicht verfügten und die daher vom Staat daran gehindert werden sollten, sich fortzupflanzen. Außer den Jüdinnen zählten hierunter die Frauen, die ein Kind aus einer Beziehung zu einem Juden oder Fremdarbeiter erwarteten, sowie die ausländischen Arbeiterinnen, Zigeunerinnen, sogenannte Asoziale (und zu diesen zählten auch Unterstützungsempfänger und politisch Andersdenkende), angeblich »Schwachsinnige«, überhaupt alle, die den rassistischen Normen von der »deutschen Hausfrau und Mutter« nicht gerecht werden konnten oder wollten.

In der nationalsozialistischen Ideologie gehörten die Ablehnung und Verfolgung der oben genannten Kategorien von Frauen und die Verehrung der »arischen deutschen Hausfrau und Mutter« untrennbar zusammen. Die »deutsche Mutter« und das »deutsche Erbgut« sollten durch die Ausmerzung der »Minderwertigen« geschützt werden, selbst auf die Gefahr hin, daß viele Frauen sich von der terroristischen Durchsetzung dieser rassistischen Ideologie abgestoßen fühlten. Wenn aus unserer heutigen Sicht unverständlicherweise kein massiver Widerstand erfolgte, so mag das ein wenig auch daran gelegen haben, daß für viele Frauen die Überhöhung und Verklärung ihrer selbst und ihrer Lebensweise als einzig »art- und wesensgemäß« eine willkommene und lange vorenthaltene öffentliche Anerkennung darstellten, deren sie dringend bedurften.

Von der Perspektive der Emanzipation aus gesehen war die nationalsozialistische Ideologie frauenfeindlich. Wo die Hauptaufgabe der Frau darin gesehen wurde, die »deutsche Rasse« zu vermehren und zu veredeln, da mußten alle Lebensperspektiven von Frauen, die nicht auf Ehe und Mutterschaft hinzielten, erschwert werden, wie in einigen Beiträgen in diesem Buch ausgeführt wird.

Die Nationalsozialisten ließen ihr Frauenbild nicht auf der Ebene der Ideologie stehen, sondern setzten es nach 1933 in Maßnahmen und Gesetze um: Alles, was der Entwicklung weiblicher Selbständigkeit diente, wie z.B. eine qualifizierte Berufsausbildung, wurde erschwert und verhindert; was der Führung eines sauberen, ordentlichen Haushalts und der Kinderaufzucht diente, wurde den Frauen – in den Mädchenlehrplänen, im BDM, in den Medien etc. – aufgezwungen.

Wieweit diese Maßnahmen erfolgreich waren und wie die Frauen auf diese Rollenzuweisung reagierten, kann nicht pauschal beantwortet werden. Es war abhängig von der jeweiligen sozialen Situation der Frauen, von ihrer religiösen und politischen Einstellung. Die Beiträge in diesem Buch nähern sich dieser Fragestellung auf verschiedenen Wegen. Sie beschäftigen sich einerseits mit der objektiven Situation von Frauen in der Weimarer Republik und im Faschismus, andererseits mit den politischen Entwicklungen verschiedener Gruppen und Organisationen von Frauen: mit den Mädchen des BDM, den Frauen in der NS-Frauenschaft und im weiblichen Arbeitsdienst, mit Frauen, die eine qualifizierte Berufsausbildung hatten oder anstrebten (Studentinnen, Lehrerinnen, Beamtinnen), mit anderen, die das ideale Rüstzeug für ihre spätere Rolle als Hausfrau und Mutter mitzubringen schienen (den Pflichtjahrmädchen und den Hausgehilfinnen) – und mit der Frage des Widerstands von Frauen.

In mehreren Aufsätzen wird kritisch auf die damalige Frauenbewegung eingegangen, und zwar auf die Einstellung und Politik ihres bürgerlichen Flügels (BDF – Gertrud Bäumer – Allgemeiner Deutscher Lehrerinnenverein). Es kann im einzelnen nicht auf die Meinung der Frauenbewegung an der Basis eingegangen werden, die sich aus vielen verschiedenen Vereinen zusammensetzte und ein breites Spektrum gesellschaftlicher und politischer Vorstellungen bot. Es ist aber eine Tatsache, daß alle liberalen und reformerischen Bestrebungen innerhalb des BDF gegen Ende der Weimarer Republik zugunsten der konservativen Frauenpolitik zurücktreten mußten. Der radikale Flügel der Frauenbewegung, der in kleinen Gruppen außerhalb des BDF agierte, wird in den Aufsätzen nicht berücksichtigt. In diesen Gruppen (s. Heymann) gab es eine Reihe von Frauen, die den Nationalsozialismus mutig bekämpften. Es zeigt sich hier, daß der radikale Flügel der Frauenbewegung sich durch den Nationalsozialismus nicht ohne jeden Widerstand hat liquidieren lassen oder den Kampf gegen den aufkommenden Nationalsozialismus allein den Frauenorganisationen der Arbeiterbewegung überlassen hat.

Eines geht aus den Aufsätzen deutlich hervor: Die konservative Mehrheit der Frauenbewegung hatte sich auf einen Kurs festgelegt, der zwar den Anspruch auf Gleichberechtigung noch immer geltend machte, aber unbeirrbar an der »weiblichen Bestimmung der Frau« festhielt. Mehr oder weniger modifiziert und differenziert wurde davon ausgegangen, daß die Frau ihren »weiblichen Kulturauftrag« außer in der Familie vor allem in Sozial- und Dienstleistungsberufen zu erfüllen hätte. Ihre gesellschaftlichen und politischen Aufgaben sollten sich ebenfalls an diesem Auftrag orientieren. Zudem wurde den Frauen ihre Verantwortlichkeit für alle Arbeiten in Familie und Haushalt grundsätzlich nie abgenommen. Die Notwendigkeit der Entlastung berufstätiger Frauen führte – je nach Klassenzugehörigkeit – zu Forderungen nach mehr Dienstboten im Haus oder nach einer Erweiterung öffentlicher Einrichtungen wie Kindergärten etc. Eine gleichberechtigte bzw. gleichverpflichtende Arbeitsteilung zwischen Mann und Frau in diesem Bereich wurde zwar von einzelnen Frauen für notwendig gehalten, wurde aber nie zu einer allgemeinen Forderung der Frauenbewegung.

Die Anerkennung der geschlechtsspezifischen Aufgaben- und Arbeitsverteilung ging von der Vorstellung naturgewollter *Ergänzung* der Geschlechter aus. Daß sich aus dieser Arbeitsteilung (will sagen: *Auf*teilung der Bereiche) eine Reduzierung der gesellschaftlichen Möglichkeiten von Frauen ergab, wurde nicht beanstandet. Auf dieser verbreiteten Einstellung aufbauend, konnten die Nationalsozialisten ihre Theorie von der Polarität der Geschlechter bis zur Lächerlichkeit weiter ausbauen. Symbol nationalsozialistischer Verklärung der Mutterschaft ist das Mutterkreuz. Das Mutterkreuz sollte ein Ausdruck staatlicher Anerkennung sein für Frauen, die mehr Kinder gebaren als üblich. Ähnlich wie die Männer in der Wehrmacht sollten die Frauen, die sich in der sogenannten »Geburtenschlacht« bewährten, einen Orden erhalten.

Die an sich nur geduldete Erwerbstätigkeit von Frauen erfuhr logischerweise keine solche Anerkennung. Die erwerbstätigen Frauen erhielten – wie ihre männlichen Kollegen auch – ein Arbeitsbuch, welches die persönlichen Daten – angefangen von der Ausbildung, über besondere Fähigkeiten bis zur Häufigkeit des Arbeitsplatzwechsels – beinhaltete und somit eine Möglichkeit zu staatlicher Kontrolle und Lenkung bot.

Wir wählten diese beiden spezifisch faschistischen (Wort-) Schöpfungen als Titel unserer Aufsatzsammlung, weil sie zwei wichtige Punkte, die das Leben der Frauen bestimmten, markieren.

Die Beliebigkeit, mit der Frauen zwischen ihren »natürlichen Funktionen« und der Erwerbstätigkeit hin- und hergeschoben wurden und werden, ist allerdings – wie bereits betont – nicht spezifisch faschistisch. Aktuelle Wiederbelebungsversuche einer »natürlichen« Weiblichkeit in einer Zeit, in der auch gerade die qualifizierteren Berufspositionen rarer werden, sind in diesem Zusammenhang kein Zufall und können keine Antwort auf die Frage nach einem weiblichen Selbstverständnis geben.

SA-Mann während der Verdunkelung an einem Berliner U-Bahnhof, Oktober 1939 *(Foto: Ullstein Bilderdienst, Berlin)*.

INGRID WITTMANN

# »Echte Weiblichkeit ist ein Dienen« – Die Hausgehilfin in der Weimarer Republik und im Nationalsozialismus

Weibliche Erwerbstätigkeit wird allgemein als Möglichkeit angesehen, eine tendenzielle Lösung der Frau aus Abhängigkeit und einseitiger Orientierung auf den privaten Bereich zu erreichen. Eine Frau jedoch, die als Hausgehilfin tätig ist, befindet sich in ihrer beruflichen Situation gerade in einer Sphäre extremer Abhängigkeit, und ihr Tätigkeitsfeld beschränkt sich auf das, was den Frauen gemeinhin als Domäne ihrer Weiblichkeit verkauft werden soll, die Hausarbeit. Ihr Wirkungskreis ist die bürgerliche Familie mit ihren patriarchalischen Rechts- und Machtstrukturen. Zwar ist ihre unmittelbare Vorgesetzte, die Hausfrau, diesen Strukturen in ähnlicher Weise unterworfen, sie erlauben ihr jedoch gleichzeitig, in ihren Beziehungen zur Hausgehilfin ihrerseits fast unumschränkt Herrschaft auszuüben. Es soll im folgenden gezeigt werden, daß weder die veränderten politischen und sozialen Bedingungen im Gefolge des Ersten Weltkriegs noch die im Nationalsozialismus propagierte Idee der »Volksgemeinschaft« eine nennenswerte Veränderung des bürgerlichen Bewußtseins in der Auffassung vom häuslichen Dienst zeitigten. Gerade in bezug auf das »Dritte Reich« ist zu prüfen, ob die Alternative zur Emanzipation, die der Nationalsozialismus den Frauen – zunächst wenigstens – aufzuzwingen versuchte, die Rückkehr zu Heim und Herd – unter propagandistischer Aufwertung der damit verbundenen Arbeit –, sich positiv auf Status und materielle Situation der im Haushalt erwerbstätigen Frauen und Mädchen ausgewirkt hat.

Seit der Jahrhundertwende hatten die freigewerkschaftlichen Organisationen für die Abschaffung der diskriminierenden Bezeichnung »Dienstbote« oder »Dienstmädchen« gekämpft. Sie propagierten statt dessen die Verwendung der Bezeichnung »Hausangestellte«. Vielerorts begann sich auch die Bezeichnung »Hausgehilfin« einzubürgern. Mit der Aufhebung der Gesindeordnungen nach Beendigung des Ersten Weltkrieges fielen auch die umstrittenen Bezeichnungen fort. Die anschließend einsetzenden langjährigen Bemühungen, ein neues, einheitliches Gesetz zu schaffen, zeitigten jedoch, wie im folgenden gezeigt wird, kein greifbares Ergebnis und nicht einmal eine eindeutige Begriffsklärung: Die Arbeitnehmerseite beharrte auf dem von ihr seit Jahren geforderten Begriff »Hausangestellte«. Die Verfassungsgebende Preußische Landesversammlung, die sich am 3. 2. 1920 mit dem neu zu regelnden Recht der im Haushalt Beschäftigten befaßte, machte auch ausschließlich von diesem Ausdruck Gebrauch. Das Angestelltenversicherungsgesetz in der Fassung vom 10. 11. 1922 nahm jedoch eine klare Begriffstrennung vor: Danach galten als angestelltenversicherungspflichtig Hausdamen, Wirtschafterinnen etc., also diejenigen Kräfte, welche sich durch qualifiziertere Ausbildung und eigenverantwortliche Tätigkeit von den »einfachen« Hausgehilfinnen unterschieden. Damit wurde auch im häuslichen Arbeitsverhältnis die Trennung zwischen Arbeitern und Angestellten rechtlich fixiert, die das gesamte Arbeitsrecht durchzieht. Im normalen Sprachgebrauch wurde diese Trennung aber keineswegs immer korrekt eingehalten; es scheint, daß in der Alltagsatmosphäre des privaten Haushaltes die Grenzen viel fließender verliefen als bei anderen Arbeitsverhältnissen. Wenn jedenfalls in der Literatur aus dieser Zeit der Mangel an häuslichem Personal beklagt wird, so ist fast immer von »der Hausangestelltenfrage« die Rede, die nach ihrer Lösung dränge. Wenngleich auch das öffentliche Tauziehen um die Begriffe aufhörte, so kam es doch zu keiner Einigung: Verfolgt man die im Verlauf der zwanziger Jahre geführte Diskussion um das neue Gesetz für das häusliche Beschäftigungsverhältnis, als deren Forum die Zeitschrift »Soziale Praxis« gelten kann,[1] so ist im allgemeinen allein an der Verwendung der Begriffe Hausangestellte bzw. Hausgehilfin sofort abzulesen, ob der Autor/die Autorin des Beitrags die Arbeitnehmer- oder die Arbeitgeberseite vertritt. Eine verbindliche Regelung ist also während der Weimarer Republik nicht zustande gekommen. Ab 1933 werden beide Begriffe im allgemeinen standesmäßig unterschieden. An dieser Stelle erscheint die Verwendung der Bezeichnung »Hausgehilfin« gerechtfertigt, weil sie die reale Situation und rechtlose Stellung der betroffenen Frauen am Arbeitsplatz eher kennzeichnet. Dafür spricht auch das Zahlenverhältnis zwischen beiden Gruppen: Von den 1521718 Beschäftigten in häuslichen Diensten im Jahre 1939 waren nur 20602 Angestellte.[2]

Den Haupttypus der im Haushalt Beschäftigten verkörperten die sogenannten Alleinmädchen, die im Haushalt des Arbeitgebers lebten, welcher keine weitere ständige Hilfe beschäftigte. Die sogenannten »Stützen« und Haushälterinnen unterschieden sich von ihnen durch weitergehende Kompetenzen und größere Selbständigkeit. Bei den übrigen häuslichen Bediensteten wurde ihr Aufgabengebiet in der Berufsbezeichnung ausgedrückt (Köchin, Kindermädchen etc.).

*Die Beschäftigungsentwicklung im häuslichen Dienst 1907–1939:*[3]

| | Beschäftigte | relativer Anteil an allen Erwerbspersonen |
|---|---|---|
| 1907 | 1449000 | 5,7% |
| 1925 | 1326000 | 4,1% |
| 1933 | 1218000 | 3,8% |
| 1939 | 1521718 | 3,8% |

Die absoluten Zahlen der Beschäftigten in häuslichen Diensten bleiben von 1882 bis 1933 verhältnismäßig konstant, ihr Anteil an den Erwerbstätigen insgesamt sinkt aber beträchtlich. Durch dic Arbeitsmarktpolitik der Nationalsozialisten, die in den ersten Jahren nach der Machtergreifung massiv versuchte, möglichst viele Mädchen der Hauswirtschaft zuzuführen, weisen die absoluten Zahlen 1939 einen Anstieg auf; der prozentuale Anteil an den Erwerbstätigen bleibt jedoch konstant. War im Jahre 1882 noch etwa jede zwölfte erwerbstätige Person in häuslichen Diensten, so war es im Jahre 1933 nur noch jede 25. Zur gleichen Zeit ist eine auffallende Zunahme des Anteils der Beschäftigten zu verzeichnen, die nicht im Haushalt ihres Arbeitgebers lebten. Diese Tendenz war sicherlich zum Teil eine Folge der Verarmung des Mittelstands nach dem Ersten Weltkrieg, verbunden mit dem Zwang, sich auch räumlich einzuschränken, mehr noch aber scheint sie ein wachsendes Bedürfnis der Hausgehilfinnen nach größerer persönlicher Unabhängigkeit auszudrücken.

Die umseitige Tabelle veranschaulicht den Altersaufbau der Hausgehilfinnen.[4]
Es zeigt sich, daß der Anteil der 14- bis 18jährigen, der im Jahre 1925 (zusammengezogen) 20,9% beträgt, im Jahre 1939 um fast zehn Prozent auf 30,4% gestiegen ist, was im wesentlichen auf die statistische Einbeziehung der Pflichtjahrmädchen zurückzuführen ist. Meines Erachtens kann dies auch noch für den leichten Anstieg der Gruppe der 18- bis 20jährigen zutreffen. Zählt man die Prozentzahlen aller Hausgehilfinnen unter 20

| Alter | 1907 | 1925 | 1939 |
|---|---|---|---|
| Unter 14 Jahren | 2,0% | 0,7% | 1,4% |
| 14 – unter 16 J. | 11,9% | 8,0% | 30,4% |
| 16 – unter 18 J. | 14,4% | 12,9% | |
| 18 – unter 20 J. | 14,7% | 14,3% | 15,3% |
| 20 – unter 25 J. | 24,8% | 26,9% | 14,8% |
| 25 – unter 30 J. | 9,8% | 12,1% | 10,6% |
| 30 – unter 40 J. | 8,5% | 10,9% | 11,5% |
| 40 – unter 50 J. | 6,1% | 6,4% | 8,3% |
| 50 – unter 60 J. | 4,5% | 4,7% | 5,5% |
| 60 – unter 65 J. | 2,6% | 1,6% | 1,4% |
| 65 – unter 70 J. | | 0,9% | 0,8% |
| 70 Jahre und mehr | 0,7% | 0,6% | |
| Zusammen | 100,0% | 100,0% | 100,0% |

Jahren zusammen, so zeigt sich, daß diese jungen Jahrgänge fast die Hälfte der gesamten Berufsgruppe stellen. Es handelt sich also um einen ausgesprochenen Jugendberuf, der häufig als Durchgangsstadium zur Ehe oder zu einer anderen Tätigkeit diente. Dementsprechend ist ungefähr ab 30 Jahren ein großer Einschnitt festzustellen. Ab diesem Alter ist eine beträchtliche Anzahl von Frauen durch Heirat aus dem Beruf ausgeschieden oder hat sich einer anderen Tätigkeit zugewandt.

Zur Frage der sozialen Herkunft der Hausgehilfinnen fehlt es aus der Weimarer Republik an Material. Für die Zeit vor dem Ersten Weltkrieg ist allgemein bekannt, daß sich der Bedarf der großen Städte an Haushaltshilfen aus dem unerschöpflichen Reservoir junger Mädchen aus der ländlichen Umgebung speiste, die vom Lande weg wollten. An schwere Arbeit gewöhnt und je jünger, desto fügsamer und genügsamer, waren sie besonders begehrt. Auch die Familien unterer Beamter und kleiner Handwerker sahen im häuslichen Dienst eine angemessene Möglichkeit, ihre halberwachsene Tochter untergebracht und für ihre Zukunft vorbereitet zu wissen. Die gewerbliche Lohnarbeiterschaft schien dagegen seltener ihre Töchter in die bürgerlichen Haushalte zu schicken. Versuche der Arbeitsnachweise, auch gewerbliche Arbeiterinnen und ungelernte Jugendliche aus Familien gewerblicher Arbeiter in häusliche Dienste zu vermitteln, scheiterten mehreren Quellen zufolge selbst in Zeiten großer Arbeitslosigkeit überaus häufig. Nicht ohne Zynismus bemerkte ein Autor in Hinblick auf die »niedrigen« Arbeiten, die den Mädchen oblagen, daß »die Herkunft der meisten Dienstboten eine solche ist, daß sie zu Hause kaum bessere Arbeiten zu verrichten hatten«.[5]

Werfen wir nun einen Blick auf ihren Arbeitsplatz, den Privathaushalt, und die hier vorliegenden besonderen Bedingungen. Aus der völligen Abgeschlossenheit, in der sich die Arbeit im Haushalt vollzieht, resultiert eine eigentümliche Arbeitseinstellung. Die Hausfrau, selber von der Gesellschaft dazu ausersehen, für die Erfüllung der Bedürfnisse anderer zu leben, kann ihrerseits als Vorgesetzte in ihrem Arbeitsbereich ein besonderes Machtbewußtsein entfalten hinsichtlich des Verfügens über fremde Arbeitskraft, der Arbeitsmethoden, der Zeiteinteilung u.v.m. und kann dies uneingeschränkt rechtfertigen mit immerwährender Sorge um ihre Lieben. Fast jede Hausfrau entwickelt ihre speziellen Mittel und Maßnahmen, auf die sie auch ihre Hausgehilfin bedingungslos festlegen kann. Sie schwört auf die Richtigkeit ihrer Verfahren und empfindet Änderungsvorschläge, zumal wenn diese der Arbeitserleichterung dienen sollen, als anmaßend. Von berufsberatenden Schriften der zwanziger Jahre wird das rückschrittliche und autoritäre Verhalten der Hausfrauen wiederholt thematisiert und als stark abschreckendes Moment bedauert. Eine umschreibt es: »Man kann Anpassungsfähigkeit an den fremden Willen als notwendig für die Tätigkeit bezeichnen.«[6]

Der katholische Berufsverband der weiblichen Hausgehilfinnen allerdings sah das Problem anders. Das geordnete Familienleben, das gute Beispiel der Familienmitglieder, die Umgangsformen, all dies sollte »veredelnd und fördernd auf die allgemeine, geistige und Charakterbildung des Mädchens einwirken. Die ständige Übung des Gehorsams, des demütigen Dienens, der Unterwerfung des eigenen Willens und Urteils unter höhere, zwingende Gewalten, die notwendige Anpassung an die Eigenheiten anderer, das alles sind – im richtigen Geiste erfaßt – geradezu kostbare Mittel zur wertvollsten Beeinflussung für Geist und Herz«.[7] Da die Bereitschaft zu so bedingungsloser Unterordnung mit fortschreitendem Alter häufig nachließ, spezialisierten sich viele Hausgehilfinnen, sofern sie nicht heirateten oder sich anderen Berufen zuwendeten, auf ein Teilgebiet der häuslichen Arbeit (z.B. als Köchin, Flickschneiderin etc.), in dem sie eine gewisse Autonomie wahren konnten.

Ferner stellt die Arbeit im Haushalt besondere Anforderungen an die Motivation insofern, als es ein eigentliches Fertigwerden nicht gibt, oft nicht einmal ein sichtbares und eigentlich nie ein dauerndes Ergebnis. Aus den sich stets wiederholenden Verrichtungen resultieren Arbeitsunlust, Müdigkeit, Gleichgültigkeit. Findet sich die Hausfrau unter Umständen damit ab aufgrund ihrer emotionalen Bindung an ihre Familie und im

Austausch gegen die Partizipation am Sozialstatus des Ehemannes, so entfällt diese Motivation jedoch für die Hausgehilfin. Hier taucht im Gegenteil zusätzlich das Problem der engen Berührung zweier ungleicher Schichten auf: Die soziale Ungleichheit trat in kaum einem anderen Arbeitsverhältnis so deutlich und unmittelbar zutage und wurde ständig so zu Bewußtsein gebracht wie im häuslichen Dienst. Persönliche Bedienung, getrennter Tisch, minderwertigeres Essen, die Anrede mit dem Vornamen und gewöhnlich in der zweiten Person singular, die Verrichtung niedrigster und widrigster Arbeiten ließen die Hausgehilfin niemals vergessen, wo ihr Platz in der gesellschaftlichen Hierarchie war. Durch den Vergleich mit der Lebensweise von Gleichaltrigen, die zur Familie des Arbeitgebers gehörten, wurde ihr das Maß ihrer eigenen Unfreiheit besonders kraß vor Augen geführt. Die veränderten politischen Verhältnisse nach 1918 hatten ihr nicht einmal das Recht auf die Benutzung der Vordertür beschert. Diesen Verhältnissen war sie in totaler Isolation ausgeliefert: Da der größte Teil der Hausgehilfinnen als Alleinmädchen beschäftigt war, entfiel für sie der Kontakt mit Kolleginnen am Arbeitsplatz. Durch die extrem ungünstige Freizeitregelung wurde sie auch in ihren privaten Kommunikationsbedürfnissen stark eingeschränkt.

Eine weitere wesentliche Rolle bei der Berufsentscheidung und -einstellung der Hausgehilfin kommt der geringen Geltung in der sozialen Rangordnung zu, die für diese Berufsgruppe kennzeichnend war. Die Verrichtung von Hausarbeit gilt selbstverständlich als weibliches Tätigkeitsfeld schlechthin, sie wird nicht als besondere Leistung gewertet, schon gar nicht als berufliche. Von dieser minderbewerteten Arbeit aber fiel der Hausgehilfin gewöhnlich der Teil zu, der am anstrengendsten, am wenigsten befriedigend und im höchsten Grade fremdbestimmt war. Die Hausfrau – wo sie sich an der Arbeit beteiligte – übernahm Planung und Zeiteinteilung, kaufte womöglich ein und kochte und überließ der Hausgehilfin die Zuarbeiten, das Aufräumen, das Putzen, den Abwasch usw. Das vielstrapazierte Argument, die Tätigkeit als Hausgehilfin biete dem Mädchen die beste Vorbereitung für sein späteres Hausfrauen- und Mutterdasein, entbehrt der sachlichen Grundlage, da ihr fast ausschließlich die untergeordneten, sich stets in gleicher Weise wiederholenden »niederen« Arbeiten zugewiesen wurden.

All diese Faktoren – ungünstige Freizeitregelung, Unfreiheit in persönlichen Dingen, Diskriminierung sowie niedriger Barlohn – trugen dazu bei, eine Tätigkeit im Privathaushalt wenig attraktiv erscheinen zu lassen, zumindest in Zeiten, da der Arbeitsmarkt für Frauen andere Möglichkeiten bot. Zugleich kam es zu Konflikten zwischen Hausgehilfinnen und »Herrschaften«, die früher undenkbar gewesen wären. Die Arbeitgeberseite sehnte sich zurück nach einer Zeit, »in der die dienenden Volksschichten noch ungebildeter, der Autoritätsgedanke wie das Autoritätsbewußtsein in diesen Kreisen noch lebendiger, mächtige und kraftvolle Traditionen im Volke verankert waren und das Standesbewußtsein noch nicht zur Entfaltung gelangt war!«[8]

Auf der Grundlage dieser Charakterisierung des häuslichen Arbeitsverhältnisses muß die folgende Darstellung der Auseinandersetzungen um eine Reform der die Hausgehilfinnen betreffenden Gesetze während der Weimarer Republik betrachtet werden.

Durch die Aufhebung der Gesindeordnungen durch den Rat der Volksbeauftragten im November 1918 beschränkte sich das Recht der im Haushalt beschäftigten Arbeitnehmer auf die wenigen Paragraphen des Bürgerlichen Gesetzbuches über den Dienstvertrag, die den Besonderheiten dieses Arbeitsverhältnisses in keiner Weise gerecht werden konnten. Allgemein wurde dieser Zustand auch nur als ein Übergang betrachtet bis zur Schaffung des in der neuen Reichsverfassung vorgesehenen einheitlichen Reichsarbeitsrechts. Da die Schaffung des neuen Reichsarbeitsrechts sich aber immer weiter verzögerte, andererseits trotz der Nachkriegsarbeitslosigkeit ein empfindlicher Mangel an Hausgehilfinnen die Mißstände in diesem Beruf signalisierte, ersuchte der Reichstag die Reichsregierung um die Vorlage eines die rechtlichen und wirtschaftlichen Verhältnisse dieses Berufszweiges regelnden Notgesetzes. Die Gesellschaft für Soziale Reform erstellte zu diesem Zweck Richtlinien, die im wesentlichen im »Entwurf eines Hausgehilfengesetzes« Berücksichtigung fanden. Dieser Entwurf wurde dem Reichswirtschaftsrat zur Begutachtung zugeleitet und erfuhr dort einige einschneidende Änderungen, bevor er im Oktober 1922 erneut dem Reichstag vorgelegt wurde. Da inzwischen aber weit drängendere wirtschaftliche und politische Probleme in den Vordergrund getreten waren, kam es im Reichstag zu keiner weiteren Beratung des Gesetzes mehr.

Nach Stabilisierung der wirtschaftlichen Verhältnisse wurden Mitte der zwanziger Jahre die Forderungen nach einem »Hausgehilfengesetz« von neuem laut, zumal der inzwischen vorgelegte Entwurf eines neuen Arbeitsschutzgesetzes diese Berufsgruppe ausdrücklich ausgeschlossen hatte. Da man inzwischen davon ausgehen mußte, daß die bereits geleisteten Vorarbeiten durch die Entwicklung in der Praxis überholt waren, veranstaltete das Reichsarbeitsministerium im Jahre 1928 eine Erhebung über die Arbeitsverhältnisse der Hausgehilfin, auf die weiter unten eingegangen wird. Es zeigte sich jedoch, daß der Umfang der Erhebung im Verhältnis der Gesamtzahl der betroffenen Personen viel zu gering war, so daß ihr nur Stichprobencharakter beigemessen werden konnte. Eindeutig ging aber daraus hervor, daß ein verstärkter Sozialschutz dringend notwendig war. Die geschilderten Vorbereitungen mündeten in zwei neuerliche Entwürfe in den Jahren 1928 und 1929 und schließlich 1930 in einen letzten Regierungsentwurf eines »Gesetzes über die Beschäftigung im Haushalt«, das jedoch aufgrund der Wirtschaftskrise nicht mehr zur Verkündigung gelangte.

Die Auseinandersetzungen um eine gesetzliche Regelung hatten die bestehenden Interessenkonflikte zwischen Arbeitgebern und Arbeitnehmerinnen im Haushalt aufs deutlichste gezeigt. Als Kernprobleme erwiesen sich vor allem: die Regelung der Dauer der täglichen Arbeitszeit, die Frage des Mutterschutzes und des Jugendschutzes sowie das Problem der Überwachung der häuslichen Arbeitsverhältnisse. An diesen Einzelproblemen soll der Verlauf der Diskussion in wesentlichen Zügen dargestellt werden.

### *Arbeitszeitregelung*

Die Hausfrauenseite setzte einer Festlegung der Arbeitszeit erbitterten Widerstand entgegen, da dies dem »innersten Wesen« der häuslichen Arbeit zuwiderliefe. Die Arbeitnehmerinnen konnten nicht einmal die zeitliche Begrenzung der »Arbeitsbereitschaft« durchsetzen. Zwei von sozialdemokratischer Seite 1920 im Reichstag eingebrachte Anträge mit der Forderung nach einem Achtstundentag entsprechend dem gewerblichen Arbeitsverhältnis waren von vornherein zum Scheitern verurteilt. Die letzten Entwürfe beschränkten sich ausschließlich auf die Festlegung einer Mindest*nachtruhe*; jede weitergehende Regelung hielten die Arbeitgeber für unvereinbar mit dem »Wesen« des Haushaltes. Auch in bezug auf die Festlegung der täglichen Ruhepausen wurde dieser Seite Rechnung getragen mit der elastischen Bestimmung, daß diese »angemessen« sein und der Schwere der Arbeit entsprechen sollten.[9]

Der Berufsverband der katholischen Hausgehilfinnen nahm in dieser Frage unverhüllt den Arbeitgeberstandpunkt ein, um seine Mitglieder vor Schlimmerem zu bewahren, als ihnen durch die Ausbeutung im Haushalt drohte. Um einen Eindruck zu vermitteln von der Vehemenz, mit der diese Interessenvertretung der im häuslichen Dienst Beschäftigten sich der Arbeitszeitfestlegung widersetzte, sei das folgende Zitat dem Leser nicht vorenthalten:

»Die Arbeiterschaft macht von ihrer Freiheit Gebrauch durch brutale Vergewaltigung des Wirtschafts- und politischen Lebens, durch Streik und Gewaltakte, sie fühlt nicht, daß sie willenlos und unfrei der Gewalt oder der Irreführung unterliegt. Der Freiheitsraum der Fabrikarbeiterin zeigt ihr völlige Ungebundenheit außerhalb der Arbeitsstätte, absolutes Verfügungsrecht über freie Abende, Nächte, Sonn- und Feiertage. Hier wie anderswo ist die Freiheit gleichbedeutend mit einem schrankenlosen, möglichst ungestörten Sichausleben, mit dem völligen Sichgehenlassen unter dem sklavischen Joch eigener oder fremder Leidenschaften. (...) Der falsche Freiheitsbegriff spielt auch bei der Hausangestellten eine Rolle. Auch sie sucht ihn in nichtssagenden Äußerlichkeiten. Ihr schwebt als Freiheitsideal die vielgepriesene Ungebundenheit der Arbeitcrin, Angestellten, besonders der Fabrikarbeiterin vor (...) In Wirklichkeit sind die anderen Berufe schon deshalb innerlich unfreier, weil sie der weiblichen Psyche lebensfremder sind. Auf diese wertvolle Freiheit, die eine weit größere innere Befriedigung auslöst, muß die Hausangestellte hingewiesen werden. Es muß ihr klargemacht werden, daß einige Tages-, Abend- oder gar Nachtstunden keineswegs das Ideal der Freiheit darstellen können, daß hier im Gegenteil vielfach eine sehr gefährliche Scheinfreiheit vorliegt. Die Hausangestellte muß verstehen lernen, daß die wahre Freiheit weder mit der Uhr noch mit der Elle gemessen werden kann, daß wir sie in uns tragen (...) Wir würden in der Lösung der Probleme, die das häusliche Dienstverhältnis stellt, einen guten Schritt weiterkommen, wenn durch solche Aufklärung die törichten Klagen über das persönlich Unfreie der häuslichen Arbeit einer besseren Einsicht weichen würden.«[10]

Die Forderungen der Arbeitnehmerinnen konnten also – abgesehen davon, daß sie unannehmbar waren – auch für diese selbst zu nichts Gutem führen:

»Angenommen, das Mädchen hat einen hohen Lohn, es schaltet und waltet damit ganz nach Belieben. Der eigene gut gefüllte Beutel und das Vorbild der eleganten Herrin (!) veranlassen sie, über ihren Stand gekleidet zu gehen, sie ist nebenbei im Einkauf unpraktisch und unbeholfen. Die Folge davon ist oft genug, daß trotz des hohen Lohnes Schulden gemacht werden. Welchen Nutzen bietet die viele freie Zeit, das Unbeobachtete der Ein- und Ausgänge, die mangelnde Kontrolle über den Hausschlüssel? Alle diese ›Vorteile‹ geben reichlich Gelegenheit zu leichtsinnigem Verkehr, schlechter Lektüre, gefährlichen Vergnügungen.«

Offenbarte schon die Behandlung des Problems der Regelung der Arbeitszeit derartige unüberbrückbare Gegensätze, so kann man sich unschwer vorstellen, welche Diskussionen entbrannten in der Frage des gesetzlichen Mutterschutzes für Hausgehilfinnen:

### *Mutterschutz*

Ungeachtet der Tatsache, daß es sich bei den Hausgehilfinnen um eine rein weibliche Berufsgruppe handelte, berührten die beiden ersten Entwürfe das Problem eines Mutterschutzes überhaupt nicht. Das Mutterschutzgesetz von 1927 nahm die Hausgehilfinnen ausdrücklich aus seinem Geltungsbereich aus, da bei den Beratungen im Reichswirtschaftsrat Einigkeit darüber hergestellt worden war – übrigens auch auf seiten eines Teils der Arbeitnehmervertreter –, daß die entsprechenden Vorschriften hauptsächlich auf die Arbeitsverhältnisse in Handel und Gewerbe zugeschnitten und nicht ohne weiteres auf die Hauswirtschaft zu übertragen seien. Die Schwierigkeiten, die Vorschriften dieses Gesetzes auch auf die Hausgehilfinnen anzuwenden, bestanden hauptsächlich darin, daß die Hausgehilfin in der Zeit, in der sie nicht beschäftigt werden durfte, außer ihrem Barlohn – der durch das Krankengeld ausgeglichen würde – auch Kost und Wohnung einzubüßen hätte, was sie in dieser Zeit besonders hart treffen würde. Die Verpflichtung, den freien Unterhalt weiterhin zu gewähren, wollte man dem Arbeitgeber nicht zumuten. Abgesehen davon wäre, falls eine derartige Bestimmung bestanden hätte, jedem Mädchen schon beim leisesten Verdacht einer Schwangerschaft sofort gekündigt worden, um das Gesetz zu umgehen. Die Hausgehilfin hatte also im Falle einer Schwangerschaft keine weitergehenden Ansprüche als auf die Leistungen der gesetzlichen Krankenversicherung. Die Satzungen und Gebräuche der Kassen waren jedoch sehr uneinheitlich in der Frage, ob und wieweit sie auch bei »leichten Schwangerschaftsbeschwerden« einzutreten hatten; zur Leistung verpflichtet waren sie nur bei »krankhaften Begleiterscheinungen«. Ein besonderer Kündigungsschutz für Schwangere existierte also nicht, und da die Kündigungsfristen kurz waren, wurde in den meisten Fällen kurz vor der Niederkunft gekündigt. Viele arbeiteten inoffiziell weiter, um den Verdienst nicht zu verlieren.

Angesichts dieser Rechtslage erschien es besonders dringlich, in das in Vorbereitung befindliche Hausangestelltengesetz Bestimmungen über den Mutterschutz aufzunehmen. Dieser sollte nach langen Diskussionen darin bestehen, daß die Wöchnerin zwei Wochen nach der Niederkunft nicht beschäftigt werden durfte. (Für die gewerblichen Arbeitnehmerinnen bestand eine Frist von sechs Wochen!) Danach sollte sie das Recht haben, »besonders schwere Arbeiten« zu verweigern, wobei völlig offen blieb, was darunter zu verstehen war. Ein Kündigungsschutz war weiterhin nicht vorgesehen, ebensowenig wie Stillpausen, die andere Arbeitnehmerinnen beanspruchen konnten. Schon diese völlig unzureichende Lösung empfand die Arbeitgeberseite als zu weitgehend. Es wurde zwar theoretisch nicht bestritten, daß zwei Wochen Schonzeit nach der Niederkunft viel zu niedrig bemessen seien. Andererseits dürfe »eine uneheliche Schwangerschaft als Folge eines Fehltritts außer für die Allgemeinheit nur für den eine Belastung bringen, (. . .) der den Fehler beging, also nicht für die einzelne Haushaltung«.[11] Allgemein ging die Tendenz dahin, das Problem der Wochenfrist von staatlicher Seite, etwa durch die Bereitstellungen von Heimen etc., aufzufangen.

Auch aus den Reihen der Berufsgruppe selbst, besonders der konfessionell Organisierten, gab es starke Widerstände gegen die Aufnahme eines Mutterschutzparagraphen in das neue Hausangestelltenrecht. Aus diesen Stellungnahmen spricht deutlich ein verletzter Standesehrbegriff, der uneheliche Mutterschaft als Verschulden ansah und diese nicht durch Schutzbestimmungen sanktioniert wissen wollte.

In der Frage des Kündigungsschutzes konnte die Arbeitnehmerseite schließlich noch ein minimales Zugeständnis erringen: Der Reichsrat setzte in seiner Beratung des Entwurfs fest, daß eine fristlose Kündigung bei einer Schwangerschaft in den Fällen nicht erfolgen könne, wo das Arbeitsverhältnis länger als drei Monate bestanden hatte.

Aufschlußreich ist auch eine Statistik von 1930 über den *Zeitpunkt* der Arbeitseinstellung vor der Niederkunft von unverheirateten Frauen aus unterschiedlichen Berufsgruppen. Sie zeigt, daß die im Haushalt Beschäftigten mit großem Abstand vor anderen Arbeitnehmerinnen am längsten arbeiteten.[12] Es arbeiteten bis eine Woche vor der Entbindung bzw. länger:

| | |
|---|---|
| Hausgehilfinnen | 34,0% |
| Fabrik- und landw. Arbeiterinnen | 26,1% |
| Büroangestellte und Verkäuferinnen | 15,7% |
| Verschiedene Berufe | 18,0% |

Der Bericht kommentiert diese Ergebnisse: »aus Angst, es könnte die Erwerbstätigkeit untersagt werden, machen die Schwangeren irreführende Angaben über die letzte Periode, Kindesbewegungen usw. Durch starke Schnürung des Leibes wird ein früherer Schwangerschaftstermin vorgetäuscht, und es ist nicht selten vorgekommen, daß eine Schwangere von einem kräftigen, ausgetragenen Kind entbunden wurde, die wenige Tage vorher (. . .) versichert hatte, sie hätte mindestens noch acht bis zehn Wochen Zeit«.

Befremdend an dem ganzen Verlauf der Diskussion um den gesetzlichen Mutterschutz mutet das völlige Ignorieren der Tatsache an, daß eine Schwangerschaft naturgemäß die Existenz eines Kindes zur Folge hat. Während das Kind der gewerblichen Arbeitnehmerin wenigstens für die ersten sechs Wochen nach der Geburt einen gewissen Schutz genoß durch das gesetzliche Arbeitsverbot, wurde hier bestimmt, daß die Mutter sich bereits nach zwei Wochen von ihrem Kind trennte. Eine weitere Benachteiligung der Hausgehilfin und ihres Neugeborenen bedeutete es, daß es kein Recht auf Stillpausen für sie gab. Dies bedeutete frühzeitige Entwöhnung und damit in der Praxis gewöhnlich die Trennung von Mutter und Kind: Wenn nicht die Möglichkeit einer anderweitigen Versorgung bestand, mußte das Kind ins Heim gegeben werden. Während des ganzen Zeitraums von mehr als zehn Jahren, über den sich die Auseinandersetzungen hinzogen, wird in den zahllosen Beiträgen zur »Hausangestelltenfrage« in der Zeitschrift »Soziale Praxis« nur einmal auf diese Problematik eingegangen. Es ist also offensichtlich, daß eine schwangere Hausgehilfin – auch wenn man sie fortschrittlich »Hausangestellte« nannte – in der Weimarer Republik kaum ein besseres Schicksal zu gewärtigen hatte als zu Anfang des Jahrhunderts, das Rühle wie folgt beschreibt: »Ein Dienstmädchen, das ›in der Hoffnung ist‹ – um mit der unbewußten Ironie dieser Umschreibung den verzweifelten Zustand der Ärmsten zu bezeichnen –, verliert meist schon zwei bis drei Monate vor der Niederkunft seine Stellung und kann, wenn überhaupt, nur sehr schwer und gegen eine Entlohnung, die so gut wie keine ist, noch Beschäftigung und Unterkunft finden. Denn das ist das Fürchterliche, daß diese Unglücklichen zugleich mit dem Brote auch das Dach über dem Kopf verlieren. Nach Hause dürfen oder können die meisten nicht, so daß für sie die der Niederkunft vorausgehenden Wochen und Monate eine Zeit unsäglichen Jammers, unsäglicher leiblicher und seelischer Not bedeuten.«[13]

*Jugendschutz*

Nicht ganz soviel sozialen Zündstoff barg anscheinend das Problem des Jugendschutzes bzw. der Kinderarbeit. Dennoch wurde auch hier zäh gerungen: Der Entwurf von 1921 überließ es der jeweiligen Landesregierung, für ihr Gebiet oder Teile davon zu bestimmen, daß Kinder, die das 14. Lebensjahr noch nicht vollendet hatten und noch zum Besuch der Volksschule verpflichtet waren, als Hausgehilfen täglich nicht über eine gewisse – festzulegende! – Zeit hinaus beschäftigt werden durften. Der Referentenentwurf von 1928 setzte indessen das Mindestalter auf zwölf Jahre herab mit der Einschränkung, daß die Arbeit die Gesundheit oder Sittlichkeit nicht gefährden dürfe. Die Beschäftigung durfte nicht zwischen acht Uhr abends und sieben Uhr morgens, ferner nicht vor dem Vormittagsunterricht stattfinden sowie nachmittags nicht früher als eine Stunde nach dem Unterricht beginnen. Die Gewerkschaften bekämpften die Herabsetzung der Altersgrenze, besonders im Hinblick auf die hohe Jugendarbeitslosigkeit.

*Überwachung der häuslichen Arbeitsverhältnisse*

Der Referentenentwurf von 1928 sah für die Durchführung der Schutzvorschriften über die Unterbringung, die Nachtruhe, die Freizeit sowie über den Mutter- und Jugendschutz eine Aufsicht vor, und zwar für die beiden letzteren eine Überwachung von Amts wegen, im übrigen nur auf Anrufung durch den Arbeitnehmer selbst. Um eine wirksame Durchführung dieser Überwachung zu garantieren, sollte auch die Möglichkeit einer Besichtigung des Privathaushalts gegeben sein, um die Verhältnisse an Ort und Stelle zu begutachten.

Diese vorgesehene Bestimmung löste einen Aufruhr unter den Hausfrauen aus. Sie erblickten darin eine »Bolschewisierung des Haushalts«, den »ersten Spatenstich zum Grabe des deutschen Haushalts und der deutschen Familie«, wie sie in einer Protestkundgebung in Berlin formulierten, an der die Reichsvereinigung Deutscher Hausfrauen, der Bund der Kinderreichen u.a. beteiligt waren.[14] Eine derartige Aufsicht, die auch die Möglichkeit der Besichtigung mit einschloß, war aber unumgänglich, wenn es z.B. im Konfliktfall darum ging, die Schwere einer bestimmten Arbeit für eine Wöchnerin zu beurteilen oder eine Unterkunft zu begutachten. Eine Nachkontrolle allerdings, die überprüfte, ob der Anlaß zur Beschwerde ausgeräumt war, sah der Entwurf ohnehin nicht mehr vor.

### *Naturallohn*

Die Hausgehilfinnen hatten – darin stimmten sämtliche Entwürfe überein – Anspruch auf eine »dem Haushalt angemessene ausreichende Beköstigung und Wohnung«. Bezüglich der Kost wurde jedoch ausdrücklich festgestellt, daß diese nicht der des Arbeitgebers gleichwertig zu sein brauche. Mit Hinweis auf die allgemeine Wohnungsnot wurde auch kein eigenes Zimmer zur Bedingung gemacht, sondern nur eines, das von innen und außen abschließbar war und »den hygienischen Anforderungen« entsprach.

Daß bei den Beratungen über das neue Gesetz auch in den Reihen der Berufsgruppe selbst Standesprobleme eine nicht unbedeutende Rolle spielten, zeigt ein Diskussionsbeitrag aus dem Jahre 1929. Darin wurde kritisiert, daß der vorliegende Gesetzesentwurf nicht genügend unterscheide zwischen der Hausangestellten, die in gehobener Stellung und Verantwortung arbeite, und der unter ihrer Leitung stehenden Hausgehilfin. Ein Hauptanliegen der Autorin ist die gesetzliche Fixierung des Standesunterschiedes in der Frage der Unterbringung: Sie räumt durchaus ein, daß es – unter Berücksichtigung der Wohnungsnot – einer Hausangestellten zuzumuten sei, mit einem im Hause lebenden Kind das Zimmer zu teilen (vorausgesetzt, es war älter als drei und, falls männlich, jünger als neun Jahre), besteht aber darauf, daß ein Zusammenwohnen mit der ihr unterstellten Hausgehilfin unter allen Umständen durch das Gesetz zu untersagen sei.[15]

Zusammenfassend kann gesagt werden, daß die Lage der Hausangestellten in der Weimarer Republik im Prinzip keine wesentlichen Verbesserungen seit der Zeit vor dem Ersten Weltkrieg erfahren hatte. Ihr Sozialschutz war weiterhin denkbar ungenügend, sowohl absolut als auch im Vergleich zu den anderen Arbeitnehmergruppen. Der langwierige und erfolglose Prozeß der Bemühungen um ein neues Gesetz für die Beschäftigten im häuslichen Dienst zeigt, wie unüberbrückbar der

Interessengegensatz zwischen den beteiligten Parteien war und welch heftiger Widerstand jedem Versuch eines gesetzlichen Eingriffs in die abgeschlossene Sphäre des Privathaushalts entgegengesetzt wurde.

Befassen wir uns nun mit der *Arbeitsmarktsituation* für Hausgehilfinnen nach 1918. Die Entwicklung des hauswirtschaftlichen Sektors als einer traditionellen Domäne weiblicher Erwerbstätigkeit muß im Zusammenhang mit der allgemeinen wirtschaftlichen Lage und der Entwicklung des Arbeitsmarktes für Frauen nach dem Ersten Weltkrieg gesehen werden: Der Arbeitskräftemangel während der Kriegsjahre hatte auf die Frauenerwerbstätigkeit sowohl quantitative wie qualitative Auswirkungen. Bereits in der Mitte des Krieges waren ebenso viele Frauen erwerbstätig wie Männer, und sie waren in Berufe und Wirtschaftszweige eingedrungen, die bis dahin ausschließlich Männern vorbehalten waren. Nach Beendigung des Krieges mußten die meisten dieser im Kriege eingestellten Frauen jedoch den zurückkehrenden Männern weichen, und zwar vorrangig jene mit hohem Lohn- und Qualifikationsniveau. Von den Ausgliederungsmaßnahmen waren in erster Linie diejenigen Frauen betroffen, die traditionelle Männerberufe innehatten, und in zweiter Linie verheiratete Frauen. Unberührt von diesen Maßnahmen blieb jedoch die Hauswirtschaft, wo zu 99% Frauen beschäftigt waren. Die Arbeitsmarktsituation für Hausgehilfinnen war in der Nachkriegssituation sogar ausgesprochen günstig. Während die Zahl weiblicher Arbeitsloser sehr hoch war, herrschte an Hausgehilfinnen ein dringender Mangel. Die Arbeitsämter versuchten darum verstärkt, weibliche Arbeitslose in Haushalte zu vermitteln. Dies scheiterte jedoch in den meisten Fällen an der Abneigung der Betroffenen, das vergleichsweise ungebundene Dasein einer Fabrikarbeiterin mit dem einer Hausgehilfin zu vertauschen. Auch bei den Arbeitgebern waren freigesetzte Fabrikarbeiterinnen nicht begehrt, aus den gleichen Gründen: Man fürchtete die Ansprüche, die diese in bezug auf persönliche Freiheit stellen könnten, und bescheinigte ihnen mangelnde Einordnungswilligkeit. Es erschien daher notwendig, aus der Masse der Erwerbslosen diejenigen weiblichen Arbeitskräfte herauszufinden, die den Einflüssen der Fabrik erst kurze Zeit oder noch gar nicht unterlegen hatten. Als solche kamen in erster Linie Jugendliche in Frage. Die zuständige Referentin des Brandenburgischen Landesarbeitsamtes in Berlin unterschied hierbei im wesentlichen drei Gruppen von Jugendlichen, bei denen Aussicht bestand, sie dem häuslichen Dienst zuzuführen. Der Artikel, den sie zu diesem Thema in der Zeitschrift »Soziale Praxis« veröffentlichte,[16] ist in doppelter Hinsicht aufschlußreich: einmal im Hinblick auf die Kriterien und zweitens im Hinblick auf die Methoden, die angewandt wurden, arbeitsuchende junge Mädchen in den Haushalt zu vermitteln. Die Referentin teilte die Gruppen wie folgt ein:

1. Junge Mädchen hauptsächlich des Mittelstandes, die durch die augenblickliche Notlage gezwungen waren, einen Beruf zu ergreifen, der keine kostspielige Ausbildung verlangte. Diese jungen Mädchen wollten durch eine 1- bis 2jährige Lehrzeit bei Familienanschluß mit oder ohne Entgelt eine gründliche Ausbildung in allen Zweigen der Hauswirtschaft erlangen, die sie für eine spätere Tätigkeit als *Wirtschafterin* befähigen sollte.

2. Jugendliche aus »guten Arbeiterfamilien« oder »kleinbürgerlichen Verhältnissen«, die später eine gehobene häusliche Stellung als Stütze o.ä. anstrebten. Diese Mädchen verlangten in der Regel teilweisen Familienanschluß und ein Taschengeld sowie eine Vorbereitungszeit von nur kurzer Dauer.

3. Jugendliche, die später den Beruf der *einfachen* Hausgehilfin ergreifen wollten und teilweise noch keine Kenntnisse in Hauswirtschaft hatten. Diese Kategorie war gezwungen, sofort etwas zu verdienen. Die Mädchen konnten also keine lange Lehrzeit durchmachen und kamen daher nur für eine »Anfangsstelle« in Frage, in der die Hausfrau sie gegen ein geringes Entgelt drei Monate lang einarbeitete. Danach wurden sie nach ortsüblichen Sätzen entlohnt.

Bei Gruppe 1 handelt es sich um eine Art Lehrverhältnis, ggf. mit Lehrvertrag. Hier stand das Arbeitsamt vor großen Vermittlungsschwierigkeiten. Dagegen gab es einen Überhang an offenen Stellen für Mädchen der Gruppe 2, »da sie es im allgemeinen mit der Arbeit ernster nehmen und auch in verhältnismäßig kurzer Zeit brauchbare Arbeitskräfte bilden«. Für Gruppe 3 dagegen, »Jugendliche als einfache Hausgehilfen«, blieb das Angebot an Arbeitskräften weit hinter der Nachfrage zurück. Die Arbeit war offenbar so unattraktiv und die Aufstiegsmöglichkeiten waren so gering, daß die Mädchen jede andere Arbeit vorzogen, die ihnen ein wenig freie Verfügung über sich selbst ließ. Das Arbeitsamt sah sich daher veranlaßt, seine Anstrengungen, Jugendliche für diese Stellen zu gewinnen, zu verstärken, und schritt dabei zu recht unkonventionellen Methoden: Anstatt wie bisher ihre Vermittlungstätigkeit auf diejenigen Personen zu beschränken, die sich bereits als arbeitsuchend gemeldet hatten, nahmen nun die Arbeitsnachweisbeamtinnen Kontakt zur Kreisfürsorge sowie zu Kriegshinterbliebenen- und Jugendfürsorgestellen auf, um junge Mädchen aufzuspüren, die sich durch Hausbesuche und einfühlende Gespräche von den Vorzügen des häuslichen Dienstes überzeugen ließen und die aufgrund ihrer materiellen, familiären oder sonstigen Schwierigkeiten bereit waren, die weniger beliebten Stellen anzunehmen. »Bessere« Stellen, die eine gewisse Ausbildung und damit bessere Zukunftsaussichten boten, blieben »besseren« Mädchen vorbehalten. Von der Referentin des Brandenburgischen Landesarbeitsamts wurde diese Methode als sehr erfolgversprechend und ausbaufähig beurteilt und zur Nachahmung in größerem Rahmen empfohlen.

Die Arbeitsmarktsituation für Hausgehilfinnen veränderte sich jedoch Mitte der zwanziger Jahre. Ab 1925 bestand ein Überangebot an Hausgehilfinnen, so daß die Frage des Sozialschutzes angesichts der vielen Arbeitsuchenden im häuslichen Sektor in den Hintergrund trat und die diesbezüglichen Verhandlungen für das neue Gesetz erschwert und verschleppt wurden. Dies war um so bedauerlicher, als die Hausgehilfinnen bei einer derartigen Arbeitsmarktlage der Willkür ihrer Arbeitgeber verstärkt ausgesetzt waren. Der Mangel an Hausgehilfinnen, der bis Anfang 1924 bestand und der auch durch den Versuch, arbeitslose Rüstungsarbeiterinnen und Jugendliche zu gewinnen, nicht behoben werden konnte, sowie die offensichtliche Abneigung gegen diesen Beruf, die sich hierin ausdrückte, hatten es geboten erscheinen lassen, eine gesetzliche Grundlage zur Verbesserung der Situation der im Haushalt Beschäftigten zu schaffen; diese Motivation schwand jedoch mit der Umkehrung des Verhältnisses von Angebot und Nachfrage.

Die Arbeit an dem neuen Arbeitsrecht für Hausgehilfinnen wurde – abgesehen von den bereits dargestellten schwerwiegenden Problemen – auch dadurch behindert, daß so wenig über die tatsächlich bestehenden häuslichen Arbeitsverhältnisse bekannt war, die, dem Blick der Öffentlichkeit entzogen, in der Tabuzone des Privathaushalts isoliert »dahindämmerten«. Um Unterlagen hierüber zu gewinnen, veranstaltete das Reichsarbeitsministerium in Zusammenarbeit mit den Organisationen der Hausfrauen und der Hausgehilfinnen im Laufe des Jahres 1926 eine Erhebung,[17] deren Auswertung der Gesellschaft für Soziale Reform übertragen wurde. Zur Ausgabe gelangten rund 10 000 Fragebögen. Obwohl die Verteilung über die Organisationen an deren Mitglieder erfolgte und somit eine gewisse Motivation zur Mitarbeit gewährleistet schien, wurde weniger als die Hälfte ausgefüllt zurückgesandt. Ein Teil der

Fragebogen enthielt Angaben für zwei oder mehrere Bedienstete, so daß die Zahl der erfaßten Personen 4163 betrug. Diese Zahl war gegenüber der Gesamtzahl der in Deutschland beschäftigten Hausgehilfinnen (ca. 1 Million) zu gering, als daß die Ergebnisse als repräsentativ gelten konnten. Zu der quantitativen Unzulänglichkeit kommt noch hinzu, daß das gewonnene Material – wie auch der Bericht einräumt – infolge der überaus knappen und nicht immer ganz präzisen Fragestellung sowie der häufig nicht eindeutigen Beantwortung[18] auch in seiner Qualität zu stark beeinträchtigt war, als daß man den Ergebnissen Allgemeingültigkeit zusprechen konnte. Zudem handelt es sich bei den erfaßten Hausgehilfinnen, die entweder selbst organisiert oder bei organisierten Hausfrauen beschäftigt waren, um einen ausgewählten Personenkreis, so daß die Ergebnisse wahrscheinlich günstigere Verhältnisse widerspiegeln, als sie für den Durchschnitt tatsächlich vorlagen. Kam also aufgrund dieser Mängel den erhaltenen Informationen für das in Vorbereitung befindliche Gesetz nur begrenzter Wert zu, so stellen sie für uns doch die einzige empirische Quelle für die Einschätzung der tatsächlichen Situation am häuslichen Arbeitsplatz dar.

Einer weiteren Erhebung, die zum Zwecke einer besseren Kenntnis der durchschnittlichen Lebens- und Arbeitsbedingungen der Hausgehilfinnen durchgeführt wurde, kommt eine noch weit geringere Relevanz zu: Die Untersuchung von Thekla Justus aus dem Jahre 1920 bezieht sich ausschließlich auf Frankfurt/Main und legt den Schwerpunkt auf die wirtschaftlichen Verhältnisse der Hausgehilfinnen.[19] Es wurden knapp 800 Hausgehilfinnen erfaßt. Die Erhebung ist einmal gekennzeichnet dadurch, daß sie ausschließlich die Verhältnisse in einer wohlhabenden Großstadt widerspiegelt, und zweitens dadurch, daß sie zu einer Zeit durchgeführt wurde, da ein ausgeprägter Mangel an Hauspersonal die Arbeitsverhältnisse mitprägte. Deshalb und aufgrund ihrer regionalen Begrenztheit wird die Erhebung hier nicht gesondert behandelt.

Nach den Ergebnissen der Erhebung des Reichsarbeitsministeriums waren 47% der erfaßten Hausgehilfinnen in Großstädten beschäftigt, in Mittel- und Kleinstädten jeweils 22%. Der Anteil der auf dem Lande Beschäftigten entsprach 8,5%, wobei zu berücksichtigen ist, daß hier unter den Haushaltungen eine Anzahl sehr großer Gutshäuser mit zahlreichem Personal enthalten war, so daß die ländlichen Hausgehilfinnen im Vergleich mit städtischen Verhältnissen auf eine viel geringere Zahl von Haushaltungen entfielen. Über die Hälfte der Erfaßten war

20 bis 35 Jahre alt, während die Jugendlichen unter 20 Jahren fast ein Drittel der Gesamtzahl ausmachten. Nur 15% der erfaßten Hausgehilfinnen waren älter als 35 Jahre. Die unter 20jährigen waren in den Kleinstädten und auf dem Lande weit stärker vertreten als in den Mittel- und Großstädten. Die Frankfurter Erhebung von Thekla Justus kam bezüglich des Altersaufbaus zu ähnlichen Ergebnissen.

Nur 1% der angegebenen monatlichen Barlöhne überschritten 60 RM. Knapp 60% der erfaßten Hausgehilfinnen verdienten 25 bis 40 RM im Monat, während fast 30% weniger als 25 RM erhielten. Von diesen unter 25 RM Verdienenden waren 87% unter 17 Jahre alt. Die mittleren Löhne entfielen auf die mittleren Altersstufen und entsprechend die höheren Löhne auf die älteren, bis 45jährigen. Ab 45 Jahre zeigt sich ein deutlicher Rückgang des Lohnniveaus. Der überwiegende Teil war als Alleinmädchen beschäftigt, 7,5% als Stütze und rund 3% als Haushälterin. Fast 10% waren Köchinnen, 2% Küchenmädchen sowie Kindermädchen und Haustochter je 1,5%. Die Niedrigstlöhne von weniger als 20 RM erhielten am häufigsten die Kindermädchen, gefolgt von den Hausmädchen und den Küchenmädchen. Die Köchinnen wiesen das höchste Lohnniveau auf: Die Hälfte von ihnen verdiente zwischen 25 und 40 RM monatlich, während 39% sogar zwischen 40 und 60 RM erhielten. Ihnen folgten in knappem Abstand die Haushälterinnen, dann die Stützen, die zu 80% Löhne über 25 RM bezogen und zu 20% mehr als 40 RM. Schlechter lagen die Lohnverhältnisse bei den Allein- und den Hausmädchen. Erstere erhielten zu rund 30% Löhne unter 25 RM, der größte Teil aber (60%) zwischen 25 und 40 RM. Bei den Hausmädchen ergibt sich ein ähnliches Bild, wenngleich sie um ein Geringes häufiger in der Lohngruppe 40 bis 60 RM vertreten sind, was sich wohl daraus erklärt, daß wohlhabende Haushalte mit mehr als einer Beschäftigten zum Teil bereit waren, bessere Löhne zu zahlen. Die Alleinmädchen hingegen waren bei den Löhnen über 40 RM am seltensten von allen Erfaßten anzutreffen, nämlich nur mit knapp 10% ihrer Gesamtzahl.

Von besonderem Interesse für uns sind die Antworten, die auf die Frage nach der Arbeitszeit gegeben wurden. Leider sind die hier gewonnenen Informationen ziemlich ungenau. Abgesehen davon, daß nicht einmal die gleichen Hausgehilfinnen, die den Beginn der Arbeitszeit angaben, auch deren Ende bezeichneten, scheiterten alle Feststellungen darüber, was von der zwischen beiden Terminen liegenden Zeit als reine Arbeitszeit anzusehen sei, daran, daß die Angaben über die tagsüber gewährten Ruhepausen derart unbestimmt waren, daß sie statistisch nicht erfaßt werden konnten. Vielfach wurde auch die Antwort gegeben, daß überhaupt keine Ruhepausen gewährt wurden bzw. »nach Belieben«, »verschieden« usw. Die ungenaue Beantwortung der Frage nach der Arbeitszeit legt den Schluß nahe, daß das Fehlen einer gesetzlichen Regelung von den Arbeitgebern als Freibrief betrachtet wurde, die Hausgehilfin beliebig auszubeuten. Die Tatsache, daß es sich im Falle dieser Erhebung ausschließlich um organisierte Hausfrauen und Hausgehilfinnen handelt, scheint sich hier nicht weiter günstig auszuwirken, obwohl die bestehenden Normaldienstverträge in ihren Geltungsbereichen in der Regel eine 14stündige Arbeitsbereitschaft (darunter 10 bis 11 Stunden eigentlicher Arbeitszeit) vorsahen. Aufgrund der Unzulänglichkeiten des gewonnenen Materials wurde daher lediglich die *Nachtruhe* ermittelt. Sie ließ sich nur bei insgesamt 3746 Hausgehilfinnen feststellen. Davon hatten Nachtruhe:

| | |
|---|---|
| 7 Stunden | 1,5% |
| 8 Stunden | 5,5% |
| 9 Stunden | 22,3% |
| 10 Stunden | 43,7% |
| 11 Stunden | 20,0% |
| 12 Stunden u.m. | 7,0% |

Die Bearbeiterinnen der Erhebung bezeichneten die hieraus ersichtlichen Verhältnisse als günstig, da die zehnstündige Nachtruhe am häufigsten vorkommt und noch 27% mehr als zehn Stunden Nachtruhe hatten.

Aus den Antworten auf die Frage nach dem Arbeitsbeginn ergibt sich folgendes Ergebnis: Knapp 70% begannen ihre Arbeit zwischen sechs und acht Uhr morgens, gut 30% begannen bereits vor sechs Uhr.

Die Zahl der Antworten über den Arbeitsschluß ist bedeutend niedriger, und die Angaben sind ungenauer, was bedeutet, daß dieser Zeitpunkt in geringerem Umfang festbestimmt und nach Bedarf zu verschieben war, um so mehr, als diese unbestimmten Angaben nicht etwa nur von Hausgehilfinnen gemacht wurden, sondern auch von Arbeitgebern. Aufgrund der Antworten hatte von den erfaßten Frauen gut die Hälfte vor 20 Uhr Arbeitsschluß, die andere (knappe) Hälfte aber erst zwischen 20 und 22 Uhr.

Ähnlich ungünstig sind die Ergebnisse bezüglich der gewährten *Freizeit:*

| | | Ge-samt | % | in Haus-halten o. Kinder | % | in Haus-halten m. Kindern | % | in An-stalten | % |
|---|---|---|---|---|---|---|---|---|---|
| 1 | Jeden Sonntag | 1233 | 31,0 | 806 | 34,9 | 402 | 25,1 | 25 | 43,1 |
| 2 | Jeden 2. Sonntag | 294 | 7,4 | 110 | 4,8 | 176 | 11,0 | 8 | 13,8 |
| 3 | Weniger als jeden 2. Sonntag | 30 | 0,8 | 10 | 0,4 | 20 | 1,3 | – | – |
| 4 | Jeden Sonntag u. 8–14täglich ein Wochentag | 1228 | 31,0 | 847 | 36,7 | 371 | 23,2 | 10 | 17,3 |
| 5 | Jeden Sonntag u. mehr. Wochentage | 164 | 4,1 | 92 | 4,0 | 71 | 4,4 | 1 | 1,7 |
| 6 | Jeden 2. Sonntag und 8–14täglich ein Wochentag | 767 | 19,3 | 318 | 13,8 | 435 | 27,2 | 14 | 24,1 |
| 7 | Jeden 2. Sonntag u. mehr. Wochen-tage | 27 | 0,7 | 8 | 0,3 | 19 | 1,2 | – | – |
| 8 | Weniger als jeden 2. Sonntag, aber ein oder mehrere Wochentage | 19 | 0,5 | 6 | 0,3 | 13 | 0,8 | – | – |
| 9 | Weniger als jeden 2. Sonntag, aber 2–3wöchentl. ein Wochentag | 14 | 0,4 | 3 | 0,1 | 11 | 0,7 | – | – |
| 10 | Unbestimmt | 190 | 4,8 | 109 | 4,7 | 81 | 5,1 | – | – |
| | Insgesamt | 3966 | 100,0 | 2309 | 58,2 | 1599 | 40,3 | 58 | 1,5 |

(Quelle: G. Israel, a.a.O., S. 38)

Am besten schneiden hier die Gruppen 4 und 5 ab, die 35% der erfaßten Hausgehilfinnen umfassen. Hierzu sei noch bemerkt, daß unter den Begriff »Freizeit« in der Regel auch die Gelegenheit zum Besuch der Berufsschule subsumiert wurde. Die Gewährung eines freien Tages war auch nicht in allen Normaldienstverträgen vorgesehen.

Bei der Frage nach dem *Urlaub* haben 640 Befragte statt einer Angabe einen Strich gemacht. Man kann wohl davon ausgehen, daß hiermit überwiegend eine Verneinung der Frage beabsichtigt war. Der Bearbeiterin erschien diese Interpretation indessen zu negativ: Sie entschied, diese Fälle als Nichtbeantwortung anzusehen. Des weiteren gehörte es zu den Mängeln des Fragebogens, daß Begleitung auf Reisen des Arbeitgebers nicht gesondert erfragt war. Angaben, die die Frage nach dem Urlaub in diesem Sinne beantworteten, wurden jedoch von der

Bearbeiterin miteinbezogen! Unter diesen Voraussetzungen hatten von 3406 erfaßten Hausgehilfinnen Urlaub:

| | |
|---|---|
| Bis zu 8 Tagen | 18,5% |
| Zwischen 8 und 14 Tagen | 30,6% |
| Über 14 Tage | 26,2% |
| Unbestimmt bzw. »auf Wunsch« | 10,0% |
| Keinen | 14,7% |

Die Angaben über den *Schlafraum* wurden nach zwei Richtungen hin untersucht: Einmal hinsichtlich der Beschaffenheit, zum anderen in bezug auf die Einrichtung. Was die Beschaffenheit betraf, so ergab sich, daß ein besonderer Raum – ohne Rücksicht darauf, ob er allein oder mit anderen Personen zusammen bewohnt war! – einschließlich der geringen Zahl angegebener Kinderzimmer in 96% der angegebenen Fälle zur Verfügung stand. Rund 4% waren auf sogenannte »Schlafgelegenheiten« (Hängeboden, Badezimmer, Korridor o.ä.) angewiesen. Als ausreichend eingerichtet, weil sie die im Fragebogen aufgeführten Gegenstände (Bett, Waschgelegenheit, Stuhl, Tisch, Schrank) enthielten, erwiesen sich 97% der besonderen Zimmer und 75% der »Schlafgelegenheiten«. Rund ein Fünftel der letzteren war fensterlos.

Ferner war nach der Verschließbarkeit des Schlafraums gefragt worden, was nur den Sinn gehabt haben kann, bürgerlich-paternalistischen Moralvorstellungen formal Genüge zu tun: Es läßt sich schwer vorstellen, daß eine Hausgehilfin ein Zimmer, das noch anderen Haushaltszwecken diente, abschließen konnte, wenn sie sich dahin zurückzog. Die Statistik jedoch erfaßte gewissenhaft: Unverschließbar waren 61 der besonderen Räume und 12 der »Schlafgelegenheiten«. Kommentiert werden die Schlafraumverhältnisse von der Bearbeiterin als im Ganzen günstig, ja vermutlich besser, als es dem allgemeinen Durchschnitt entsprach!

## Die Hausgehilfin im Nationalsozialismus

Zur Einschätzung der Lage der Hausgehilfin im Nationalsozialismus ist es notwendig, zunächst einige grundsätzliche Aussagen über die offiziell vertretene nationalsozialistische Einstellung zur Frau und zur Frauenarbeit vorauszuschicken. Aufgrund dieser Betrachtungen kann dann im folgenden ein Vergleich gezogen werden zwischen Ideologie und gesellschaftlicher Realität, bezogen auf die materielle Situation und den sozialen Status dieses Frauenberufes.

Diese Einführung in die nationalsozialistische Weiblichkeitsideologie ist auch wichtig im Hinblick auf die Maßnahmen, die getroffen wurden, um einerseits den Mangel an Haushaltshilfen zu lindern und dadurch die Wirksamkeit der Propaganda zur Geburtensteigerung zu unterstützen, und die gleichzeitig den pädagogischen Zweck verfolgten, ganze Armeen von künftigen Ehefrauen und Müttern auf ihr Schicksal einzustimmen und vorzubereiten: das sogenannte hauswirtschaftliche Jahr, auch Anlernjahr genannt, und später das Pflichtjahr. Zwar sind die hiervon erfaßten Mädchen nicht eigentlich als Hausgehilfinnen anzusprechen, da ihre Beschäftigung im Haushalt nur vorübergehend war; ferner erhielten sie keinen Lohn, sondern nur ein Taschengeld. Es wurde auch von offizieller Seite stets betont, daß sie keine Hausgehilfin ersetzen sollten, vielmehr sei ihre Tätigkeit wie die einer heranwachsenden Tochter als zusätzliches »Der-Hausfrau-zur-Hand-Gehen« gedacht. Von diesem Grundsatz, wenn er je ernst gemeint war, wurde jedoch im selben Maße abgerückt, wie der Mangel an echten Haushaltskräften immer fühlbarer wurde. Wie weiter unten ausgeführt, tendierten die Bestrebungen dahin, möglichst viele dieser Mädchen zu einem Verbleiben im hauswirtschaftlichen Sektor zu veranlassen. Übrigens wurden sie auch mit den Hausgehilfinnen zusammen statistisch erfaßt. Auf ein weiteres Lieblingskind nationalsozialistischer Berufslenkung, die häusliche Lehre, wird ebenfalls kurz eingegangen.

## Stille Dulderinnen – erhöhte Gebärleistung: Die Rolle der Frau in der NS-Ideologie

Mit der nationalsozialistischen Machtergreifung setzte eine beispiellose Propaganda ein, die die deutschen Frauen und Mädchen über Sinn und Zweck ihres Daseins aufklären sollte: Die primäre Funktion der Frau war die Mutterschaft, der ihr geziemende Platz das Heim. Schon in »Mein Kampf« hatte Hitler klargemacht, das Ziel der Mädchenerziehung habe »unverrückbar die kommende Mutter« zu sein.[20] Und der NS-Ideologe Gottfried Feder forderte: Da der Jude die Frau durch die Geschlechtsdemokratie gestohlen habe, müsse »das Heiligste in der Welt, nämlich die Frau als Magd und Dienerin«, wieder erobert werden.[21] Aufopferung in Ehe und Mutterschaft, Dienst an der Familie und am »Volksganzen«, das waren die zentralen Forderungen an die Frauen, die gleichzeitig die Beziehungen zwischen den Geschlechtern charakterisierten: Auszugehen war immer von den Bedürfnissen des Mannes bzw. des »Volksganzen«, ihnen hatte sich die Frau unterzuordnen. Wie für den Mann der Mut, so war Opferbereitschaft der Prüfstein für die Frau. Diese Opferfähigkeit sollte durch das nationalsozialistische Ideal des männerbündischen Staates »in den Dienst eines züchtenden Systems« (Rosenberg) gezwungen werden. Das Frauenideal waren »Weiber, die wieder Männer zur Welt zu bringen vermögen«.[22] Um die Frau für diese ihr zugedachte Rolle zu wappnen, mußte sie vor allem vor den verderblichen Einflüssen der Arbeitswelt geschützt werden; jedwede Frauenerwerbsarbeit durfte nur »art- und naturgemäß« sein. Jede andere berufliche Tätigkeit sei eine Vergewaltigung der weiblichen Natur, bedrohe die Gebärfähigkeit der Frau und schade der Aufzucht eines gesunden Nachwuchses. Außerdem sei das Wesen der Frau dem des Mannes entgegengesetzt, und sie würde nur zu einer lächerlichen Karikatur, wenn sie das gleiche für sich beanspruche wie der Mann.[23] Demnach fordere die nationalsozialistische Weltanschauung nicht Unterordnung der Frau unter die Männer, sondern vielmehr eine völlige Trennung beider Geschlechter, da Männer und Frauen – körperlich wie seelisch – völlig unterschiedlich seien. Frauen seien für Arbeiten ohne Abwechslung physisch wie psychisch am besten geeignet, das sehe man schon an dem »ewig gleichen Kinderkriegen und -aufziehen«.[24] Sie könnten Verstand und Dinge des Gefühls nicht auseinanderhalten.

Diese Beschränktheit bildete aber kein Hindernis, sondern schien vielmehr die Voraussetzung für die Verwirklichung der nationalsozialistischen Ziele der Rassereinheit und des Bevölkerungswachstums: Die Berufe des Hütens und Pflegens seien für die Frau bestimmt. »Die Frauen gehören heim in die Küche und Kammer, sie gehören heim und sollen ihre Kinder erziehen.«[25] Denn: »Die dem Geschlecht der Frauen angemessene ursprüngliche Ordnung ist lebensbewahrend. Sie waltet im engen mütterlichen Gehege um Herd und Kind und sieht im Ausbruch aus diesem – nach außen beziehungslosen – in sich lebenden und rotierenden Kreislauf das einzig Böse.«[26] Damit war die Rolle der Frau fest umrissen: Sie sollte heiraten und Mutter werden, und das so früh wie möglich, da in jungen Ehen »noch am meisten Kraft für gesunden und widerstandsfähigen Nachwuchs« vermutet wurde.[27]

Darum war es von eminenter Wichtigkeit, die Mädchen so früh wie möglich an ihren »Naturberuf« heranzuführen. »Die Erziehung auf die Ehe hin kann nicht früh genug begonnen werden. Die Ehe ist nach deutscher Auffassung nicht so sehr ein

Glücklich-Werden als ein Glücklich-Machen (...) Echte Weiblichkeit ist ein Dienen.«[28] Und wenn sich der frühzeitigen Familiengründung im Einzelfalle gewisse Hindernisse entgegenstellten, so war das noch lange kein Grund, sich zu drücken: »Würde ein Mädchen von dem wahrhaft geliebten Mann nicht begehrt, müßte es versuchen, notfalls einen völlig gleichgültigen an sich zu fesseln, um in den Ehehafen einlaufen zu können.«[29]

Die Frauen, die »stillen Dulderinnen«,[30] taten gut daran, sich keinem Zweifel darüber hinzugeben, welchen Interessen die Aufmerksamkeit, die der Nationalsozialismus ihnen widmete, letztlich diente: »Denn auch noch das Gepriesene, die Mutter, gilt bei solcher Auffassung der Welt letztlich als Mittel zum Sohn und die Tochter zur weiteren Sohngeburt.«[31]

Innerhalb weniger Jahre hatte das niemals ruhende propagandistische Trommelfeuer bewirkt, daß 1936 auf einer Frauenkundgebung in München feierlich der Kochlöffel zur »Waffe der Frau« erklärt werden konnte, ohne daß dies im geringsten als zynisch aufgefaßt wurde.

Den ideologischen Forderungen entsprechend, entwickelte die nationalsozialistische Pädagogik das Konzept einer speziellen Mädchenerziehung, das in der Einführung des hauswirtschaftlichen Jahres, des Pflichtjahres, z.T. auch im weiblichen Arbeitsdienst u.a.m. verwirklicht wurde. Im Unterschied zur Knabenerziehung sollte es sich in der Ausbildung der Mädchen vorrangig darum handeln, »sie für die heimgestaltende und pflegerische, für die den anderen Menschen betreuende und die erzieherische Aufgabe der Frau auszurüsten. (...) Soweit irgend möglich, sollte die Ausrüstung zum praktischen Dienst der Frau, die Übung im praktischen Tun, *selbst* Dienst am anderen Menschen sein, damit das Mädchen von Stufe zu Stufe bereit und fähig wird, aus ihrem mütterlichen Sein heraus für den anderen zu leben«.[32]

Aber auch die studierende Frau wurde ermahnt, ihre Arbeit auf den »fraulichen Lebenskreis« zu konzentrieren. Als geeignete Dissertationsthemen wurden vorgeschlagen: »Die Technisierung der ländlichen Hauswirtschaft in ihren Auswirkungen auf die Arbeit der Bäuerin«, »Die Geburtenfrage auf dem Lande und ihre Beeinflussung seit 1919« und »Volkswirtschaftliche Betrachtungen des Haushalts und der Hauswirtschaft«.[33]

Aus dem Vorstehenden ergibt sich folgerichtig: Der Nationalsozialismus wies *allen* Frauen – soweit sie seine rassistischen Kriterien erfüllten – die Rolle der ergebenen, treusorgenden

Haushälterin zu. Inwieweit das propagierte Frauenbild sehr bald in Widerspruch geriet zu den tatsächlichen Anforderungen, die unter den Bedingungen der Aufrüstung und der Kriegswirtschaft an die Frauen gestellt wurden, kann hier nicht erörtert werden. In diesem Zusammenhang geht es lediglich um eins: Die Hausgehilfin bildete die Personifizierung des nationalsozialistischen Frauenideals schlechthin. Ihre Berufstätigkeit wurde als »art- und naturgemäß« betrachtet, diente der Entlastung überforderter Familienmütter und Landfrauen und bereitete sie außerdem darauf vor, selbst in naher Zukunft diese Rolle bruchlos zu übernehmen. (Die Motivation dazu mochte bei ihr unter Umständen sogar wirklich stärker sein als bei anderen berufstätigen Frauen: Bedeutete doch die Familiengründung für sie eine Beförderung, indem sie sie in die Lage versetzte, die Arbeit, die sie jetzt nach Anweisung und unter ständiger Kontrolle im fremden Haushalt leistete, in eigener Regie und für die eigenen Angehörigen zu tun.)

Ein Vergleich der offiziellen Einstellung der Nationalsozialisten zum weiblichen Wirken um Haus und Herd mit der die Hausgehilfin betreffenden Gesetzgebung im Dritten Reich zeigt jedoch – nicht zu unserer Überraschung – ein Auseinanderklaffen von ideologischem Anspruch und dem tatsächlichen Interesse für deren Belange.

Auch die Gesetzgebung des Dritten Reiches ging bei der Regelung des häuslichen Arbeitsverhältnisses hauptsächlich vom Arbeitgeberstandpunkt aus. Das Gesetz zur Ordnung der nationalen Arbeit vom 20. 1. 1934 bezog sich nicht auf die Hausgehilfinnen, da der Haushalt rechtsbegrifflich nicht als Betrieb aufzufassen war. Aus diesem Grunde erließen im Laufe der Jahre 1934 und 1935 die Treuhänder der Arbeit in ihren jeweiligen Wirtschaftsgebieten *Richtlinien,* deren Rechtsnatur jedoch juristisch umstritten war.[34] Sie hatten nicht die verbindliche Geltung von Tarifabkommen, sondern bildeten in Form eines »autoritären Rats« die Grundlage dessen, was sich im häuslichen Arbeitsverhältnis als Verkehrssitte herausbilden sollte. 1937 wurden die in einigen Punkten stark voneinander abweichenden Richtlinien noch einmal vereinheitlicht. Auch diese Richtlinien hoben wieder den erzieherischen Aspekt des häuslichen Dienstes hervor. Die Hausgemeinschaft mit dem Arbeitgeber verpflichtete die Hausgehilfin zu besonderer Rücksichtnahme auf dessen Belange und dessen Ruf nicht nur innerhalb, sondern auch außerhalb des Hauses. Dies sollte keine Einschränkung der »richtig verstandenen« Freiheit der Hausgehilfin bedeuten, sondern gab ihr »einen moralischen Halt, der geeignet ist, (sie) . . . zu einem selbstbewußten, ordentlichen Mitglied der Volksgemeinschaft zu erziehen«.[35]

In der Rücksichtnahme auf die Arbeitgeber standen die Treuhänder-Richtlinien den Gesetzesentwürfen der Weimarer Republik in keiner Weise nach: In der Frage der Arbeitszeitregelung begnügten sie sich ebenso wie die Entwürfe in den zwanziger Jahren mit der Festsetzung einer Mindestruhezeit, mit der gleichen Argumentation: Im Haushalt sei die Festsetzung einer bestimmten Arbeitszeit »nach marxistischem Muster«[36] unmöglich. Selbst die Festlegung einer Arbeits»bereitschaft« wurde als unvereinbar mit dem Tages- und Arbeitsablauf angesehen. In den meisten Wirtschaftsgebieten waren neun Stunden als Mindestnachtruhe vorgeschrieben, in einigen nur acht.

Bestimmungen zur Regelung der Überwachung der häuslichen Arbeitsverhältnisse fehlten völlig, kaum Berücksichtigung fand der Jugendschutz. Worauf es hierbei einzig und allein ankam, zeigt die Tatsache, daß die einzige die Jugendlichen betreffende Bestimmung, die durchgängig in allen Richtlinien auftauchte, die Verpflichtung für den Arbeitgeber war, die Teilnahme an den Veranstaltungen der NS-Jugendverbände zu ermöglichen. Das Problem der Kinderarbeit wurde dagegen in keiner der Richtlinien auch nur angeschnitten, obwohl das Jugendschutzgesetz von 1938 die Hausgehilfinnen ausdrücklich ausgenommen hatte.

Wie in der Weimarer Republik, so wurde der Hausgehilfin auch im Nationalsozialismus weder das Recht auf ein eigenes Zimmer noch auf gleichwertige Kost zugestanden. Derartige überspitzte Forderungen würden, nach Huthmann, »dem Hausgehilfenstand mehr Schaden als Nutzen bringen, denn infolge der erhöhten Kosten würden in Zukunft weniger Hausgehilfen beschäftigt«.[37] Dem Autor müßte allerdings bekannt gewesen sein, daß zu jenem Zeitpunkt »der Hausgehilfenstand« bereits an Nachwuchsmangel krankte, dem kurz danach durch die Einführung des Pflichtjahres begegnet werden sollte. Insofern und angesichts des steigenden Bedarfs der Industrie an weiblichen Arbeitskräften ist die Ermahnung zu sozialpartnerschaftlicher Mäßigung an die Adresse der Hausgehilfinnen blanker Hohn. Das gleiche gilt für seine Bemerkungen zur Frage der Unterbringung. Er war der Ansicht, daß die Hausgehilfin »die Teilung des Schlafraums in den meisten Fällen nicht weiter beschwert, da (sie) . . . vom elterlichen Haushalt her wohl kaum an ein eigenes Schlafzimmer gewöhnt ist«.

Die Treuhänder-Richtlinien beinhalteten auch keinerlei Schutzbestimmungen für den Fall der Schwangerschaft. Da die

Hausgehilfinnen mit 1,2 Millionen (1933) nach den mithelfenden Familienangehörigen und den Arbeiterinnen immerhin die drittstärkste Gruppe der weiblichen Erwerbstätigen repräsentierten, offenbart sich hier vollends die Hohlheit der tönenden Phrasen, mit denen Mutterschaft und Mutterglück verklärt wurden. Erst 1942 wurden in das neue »Gesetz zum Schutze der erwerbstätigen Mutter« endlich auch die Frauen, die in der Haus- und Landwirtschaft beschäftigt waren, einbezogen.

Im Jahre der nationalsozialistischen Machtergreifung wiesen die Hausgehilfinnen unter den weiblichen Arbeitslosen die höchsten Zahlen auf.[38] Die Volks- und Berufszählung des Jahres 1933 hatte 1218119 Hausgehilfinnen registriert, davon waren 169064 erwerbslos. Nach dem Motto: »Zunächst jedem *einen* Arbeitsplatz, dann jedem *seinen* Arbeitsplatz«[39] wurde durch eine Reihe von Maßnahmen versucht, diese Frauen und besonders auch erwerbslose Mädchen in die Land- und Hauswirtschaft zu vermitteln. Die Senkung der Soziallasten und steuerliche Vergünstigungen für die Arbeitgeber sollten einen Anreiz geben, vermehrt Hausgehilfinnen einzustellen: Die Beschäftigung einer Hausgehilfin wurde mit Wirkung vom 1. 5. 1933 versicherungsfrei in der Arbeitslosenversicherung, die Beiträge zur Invalidenversicherung wurden gesenkt. Die dadurch eintretende Verringerung der Rentenaussichten für die Betroffenen wurde als »gegenwärtig im wohlverstandenen Interesse« derselben liegend gerechtfertigt. Die Arbeitgeber erhielten bei der Einstellung steuerliche Vergünstigungen wie für minderjährige Kinder. Massive ideologische Unterstützung der Parole »Zurück in die Hauswirtschaft« leisteten die NS-Frauenschaft, der BDM und der Reichsarbeitsdienst. Die Maßnahmen, die sich speziell auf die Lenkung von jungen Mädchen in die Haus- bzw. auch in die Landwirtschaft bezogen, werden weiter unten besonders behandelt. Qualitativ neu waren diese Bestrebungen allerdings nicht: Auch in den letzten Jahren der Weimarer Republik waren bereits Versuche unternommen worden, arbeitslose Frauen und Mädchen durch Umschulungskurse etc. der Hauswirtschaft zuzuführen.

Offenbar begann sich die Situation auf dem Arbeitsmarkt für Hausgehilfinnen tatsächlich zu entspannen. Einer Statistik zu den Berliner Wirtschaftsberichten zufolge sank die Arbeitslosigkeit bei den Beschäftigten in häuslichen Diensten in der Zeit vom März 1934 bis März 1935 um fast 40%. Diese Tendenz setzte sich in den folgenden Jahren rasch steigend fort, im selben Maße, wie die Wirtschaft aufzuleben begann. In den Großstädten herrschte sehr bald wieder ein ausgesprochener Mangel an häuslichen Hilfen, da diese, angezogen von den besseren Löhnen und Arbeitsbedingungen, in die Industrie abwanderten, sobald sich wieder die Möglichkeit dazu bot. Sie wurden ersetzt durch Mädchen aus den Provinzen, die wiederum die Hausarbeit der Arbeit in der Landwirtschaft vorzogen. Berlin bildete hier den Hauptanziehungspunkt: In einem Arbeitsamt im Osten Berlins kamen im Juni 1934 auf 16 arbeitsuchende Hausgehilfinnen bereits wieder 50 offene Stellen.[40] Für Berlin unterlagen daher die Hausgehilfinnen von 1934 an bereits Zuzugsbeschränkungen.

Ab 1937 wirkten sich die Folgen der starken Anziehungskraft, die die Industrie auf weibliche Arbeitskräfte ausübte, die sonst normalerweise eine Beschäftigung im Haushalt gesucht hätten, so stark aus, daß im Februar 1938 die Anordnung zur Durchführung des Vierjahresplanes über den verstärkten Einsatz von weiblichen Arbeitskräften in der Land- und Hauswirtschaft (Pflichtjahr) erlassen wurde. Zugleich stiegen die Löhne für Hausgehilfinnen über das Tarifniveau. Diejenigen, die es nicht vorzogen, in die Industrie abzuwandern, waren nun in der Lage, sich die Haushalte mit den besten Arbeitsbedingungen, z.B. kinderlose, auszusuchen. Die Zugkraft der Propaganda vom aufopfernden Dienst am Volksganzen und dem Reiz der häuslichen Arbeit stieß also offensichtlich auf ihre Grenzen, soweit sie die Hausgehilfinnen betraf, spätestens von dem Moment an, da diese veränderte Arbeitsmarktbedingungen vorfanden.

Als flankierende Maßnahmen zu den staatlichen Anreizen, die 1933 eine vermehrte Einstellung von Hausgehilfinnen bewirken sollten, lief eine Kampagne gegen die Rationalisierung des Haushalts. Statt technische Hilfsmittel sollten junge Mädchen zum Einsatz gelangen, um die Arbeitslosigkeit zu mildern. Die Propaganda ging so weit, die Hausfrauen aufzufordern, als »nationales Opfer« selbst dann noch eine Hilfskraft zu beschäftigen, wenn dadurch für die Familie eine wirtschaftliche Belastung entstand. Tatsächlich beschränkte sich diese Belastung aber auf die Gewährung von Kost und Unterkunft sowie die Zahlung der Krankenkassenbeiträge. Den arbeitslosen Mädchen wurde also zugemutet, praktisch umsonst zu arbeiten, wobei man hoffen konnte, daß sie in Ermangelung einer anderen Perspektive gleich in diesem Beruf bleiben würden. Eine zeitgenössische Quelle schildert die Lage wie folgt:[41]

»Man sah, daß die Zahl der verfügbaren Stellen immer geringer wurde, weil immer mehr Familienväter nicht mehr in der Lage waren, die Kosten für eine Hausgehilfin aufzubringen.

Man sah auf der anderen Seite viele, viele deutsche Mädchen arbeitslos und dadurch gesundheitlich und sittlich schwer gefährdet, auch nicht in der Lage, etwas in der Hauswirtschaft zu lernen. (. . .) Von beiden Seiten wurden Opfer verlangt: Der Haushalt, in dem wenig Geld zur Verfügung stand, sollte doch noch ein junges Mädchen aufnehmen und beköstigen. Das junge Mädchen, das sonst auf der Straße lag, sollte lieber erst auf Barentlohnung verzichten, damit es vorerst einmal in Arbeit gebracht wurde, welche Arbeit man nicht mehr als eine möglichst teuer zu verschachernde Ware, sondern als Segnung ansah. So entstand das sogenannte Anlernjahr (. . .).«

Offenbar machten die arbeitslosen Mädchen aber von dieser Segnung nur zögernd Gebrauch. In den Zeitungen und an Anschlagsäulen erschienen deshalb ermunternde Verse, z.B.:

»Dem deutschen Mädel!
Pack Kochtopf, Schaufel und Besen an,
Du bekommst viel eher einen Mann!«

Dazu die Beschwörung: »Erkenne Deinen natürlichen Beruf – handle danach. Stelle nicht äußere Annehmlichkeiten in der Fabrik- und Büroarbeit höher als die Vorbereitung auf Deinen späteren Hausfrauenberuf. So bleibst Du auch gesünder, frischer und schöner!«[42]

Die NS-Frauenschaft widmete sich mit Feuereifer der Propagierung des hauswirtschaftlichen bzw. Anlernjahrs. In erster Linie sollten Mädchen aus kinderreichen und bedürftigen Familien dieser Maßnahme teilhaftig werden – die Überzeugung, daß diese für die Hausarbeit die besten Voraussetzungen mitbrachten, saß ja ohnehin schon zu Zeiten der Weimarer Republik in den maßgeblichen Köpfen fest. Wenn auch die Möglichkeit nicht ausgeschlossen werden soll, daß ein hauswirtschaftliches Jahr für das eine oder andere Mädchen bzw. seine Familie eine gewisse Entlastung bedeutet haben mag, so entspricht es doch langfristig gesehen dem Ziel der Abdrängung der Mädchen in den schlecht entlohnten und minderbewerteten Bereich der Hauswirtschaft. Diese Zielsetzung wird auch dadurch bewiesen, daß die betreffenden Mädchen ihre Berufsschulpflicht in einer hauswirtschaftlichen Berufsschule ableisten mußten.

Das hauswirtschaftliche Jahr bedeutete formal ein Anlernverhältnis, es ging später auf im Pflichtjahr. Im Unterschied dazu wurde die zweijährige häusliche Lehre geschaffen, ein formelles Ausbildungsverhältnis, nach dessen Beendigung sich das Mädchen »staatlich geprüfte Hausgehilfin« nennen durfte. Mit der Einrichtung dieser Institution hatte man mit einem Schlag eine Menge zusätzlicher Lehrstellen für Mädchen geschaffen, die kaum etwas kosteten, und gleichzeitig als Nebeneffekt eine Aufwertung der Hausarbeit bewirkt. Der BDM, der praktisch jedes junge Mädchen erreichte, hatte hier einzigartige Möglichkeiten bei der Verbreitung dieser Idee. Ein Beweis dafür, wie wichtig es den Nationalsozialisten war, daß die Mädchen sich möglichst zahlreich für ein häusliches Lehrverhältnis entschieden, ist die Regelung, nach der auch eine Mutter ihre eigene Tochter ausbilden konnte. Sie behielt sie ein Jahr als Lehrling in ihrem eigenen Haushalt und tauschte sie im zweiten Lehrjahr mit der Tochter einer anderen Familie aus. Für ein Mädchen, das einmal diesen Weg eingeschlagen hatte, weil es ohne Aussicht auf eine andere Lehrstelle war und dies sich unter diesen Umständen als die einfachste und kostengünstigste Lösung anbot, war damit das weitere berufliche Schicksal vorprogrammiert, da es nicht mehr die Möglichkeit zu einer weiteren Berufsausbildung hatte und sich allenfalls noch im hauswirtschaftlichen oder sozialen Bereich qualifizieren konnte.

Das gleiche Ziel wie die beiden vorgenannten Einrichtungen, also die Minderung des Arbeitskräftemangels in der Hauswirtschaft und die Ausrichtung auf das spätere Hausfrauen- und Mutterdasein, verfolgte auch das Pflichtjahr für Mädchen:

Ab 1936 werden in den zeitgenössischen Quellen die Forderungen, hauswirtschaftliche Kenntnisse überhaupt zur Voraussetzung weiblicher Berufstätigkeit zu machen, sehr dringlich. Dabei wurde natürlich immer wieder auf den Hausfrauenberuf verwiesen, der in Verbindung mit der Ehe für jede Frau in erster Linie anzustreben sei, gleichzeitig taucht aber – vor dem Hintergrund der Konjunktur und dem sich abzeichnenden Bedarf an weiblichen Arbeitskräften – bereits der Hinweis auf, daß jede berufstätige Frau auch als Ledige für sich selbst und für Verwandte (!) oder als verheiratete Frau für ihre Familie hauswirtschaftlich tätig sein müsse. Es galt demnach als ausgemacht, daß auch jene Frauen, die der Sog der Heiratspropaganda nicht erfaßt hatte, Hausarbeit – Doppelarbeit! – leisteten für andere Personen und daher ebenfalls Objekte der hauswirtschaftlichen Ausbildungsmanie werden mußten. Die diesbezüglichen Bestrebungen fanden ihren Niederschlag in zwei Erlassen, die als Anbahnung des Pflichtjahres zu werten sind. Der Reichserziehungsminister hatte bereits 1935 bestimmt, daß die Aufnahme von Schülerinnen mit Sekundarreife in die wissenschaftliche Oberstufe höherer Lehranstalten nur noch nach erfolgreicher Ablegung einer hauswirtschaftlichen Prüfung erfolgen könne. Die dazu ergangenen Ausführungsbestimmungen verlangten den Nachweis, daß die Mädchen »imstande sind, eine Familienmutter kurze Zeit im Haushalt zu vertreten«. Der zweite Erlaß stammte vom Reichswirtschaftsminister. Er genehmigte auf Antrag der Handwerkskammer Hannover, daß im dortigen Bezirk weibliche Lehrlinge in die Damenschneiderei, Putzmacherei und Wäscheherstellung frühestens ein Jahr nach Schulentlassung eingestellt werden durften, wobei diejenigen bevorzugt werden sollten, die nachwiesen, daß sie sich mindestens ein Jahr lang hauswirtschaftlich betätigt hatten. Es wurde also für ein junges Mädchen, gleichgültig welchen Schulabschluß es hatte, immer schwerer, sich der hauswirtschaftlichen Daumenschraube zu entziehen. Trotz alledem zeitigte eingestandenermaßen die »aufklärende Erziehungsarbeit« über die Bedeutung hauswirtschaftlicher Tätigkeit für den späteren Hausfrauen- und Mutterberuf nicht die erwünschten Erfolge. Daher erging im Februar 1938 eine Anordnung des Beauftragten für den Vierjahresplan über den verstärkten Einsatz von weiblichen Arbeitskräften in der Land- und Hauswirtschaft. Weibliche Arbeitskräfte unter 25 Jahren durften danach, soweit sie ledig waren, künftig in privaten und öffentlichen Betrieben und Verwaltungen als Arbeiterinnen oder Angestellte nur eingestellt werden, wenn sie in ihrem Arbeitsbuch eine mindestens einjährige Tätigkeit in der Land- oder Hauswirtschaft nachweisen konnten. Diese Einschränkung der freien Arbeitswahl für Frauen fand nach einer Durchführungsverordnung des Präsidenten der Reichsanstalt für Arbeit zunächst nur auf Einstellungen von Arbeiterinnen im Bekleidungsgewerbe, in der Textil- und Tabakindustrie Anwendung, außerdem auf alle weiblichen kaufmännischen Angestellten in privaten und öffentlichen Betrieben und Verwaltungen. Schon im Dezember desselben Jahres jedoch wurde das Pflichtjahr allgemein eingeführt. Um damit nicht gleichzeitig das Problem der Landflucht zu verschärfen, durften Mädchen aus ländlichen Gebieten auch nur auf dem Lande eingesetzt werden.

Bereits zu Beginn des Krieges begann sich jedoch abzuzeichnen, daß die Versuche, das Problem des Mangels an Hauspersonal durch Pflichtjahr, häusliche Lehre etc. zu lösen, nicht die erwarteten Früchte trugen. Da die wohlhabenderen Haushalte sich die Hausgehilfinnen durch Zahlung immer höherer Löhne gegenseitig abwarben, blieben gerade die unbeliebteren kinderreichen Haushalte extrem unterversorgt. Es wurde auch nicht ernsthaft erwogen zu veranlassen, daß nur jeweils eine Hausgehilfin pro Haushalt beschäftigt werden durfte, denn »schließlich herrsche kein Kommunismus in Deutschland«.[43] Auch der naheliegend erscheinende Gedanke, die Hausgehilfinnen durch Dienstverpflichtung vorrangig auf kinderreiche Haushalte zu verteilen, wurde verworfen mit dem Hinweis, die Eigenart der hauswirtschaftlichen Tätigkeit, besonders die Aufnahme der Hausgehilfin in die Familiengemeinschaft und die Betreuung der Kinder, die ein besonders starkes Verantwortungsbewußtsein erforderte, schlössen die Anwendung von Zwang bei der Begründung von Beschäftigungsverhältnissen aus – eine verblüffende Argumentation, da ja bei den »Pflichtjahrmädels« auch nicht danach gefragt wurde, ob sie diese Anforderungen erfüllen konnten oder wollten.

Um die kinderreichen Haushalte durch materielle Anreize attraktiver zu machen, wurde im Mai 1941 eine Verordnung erlassen, die bestimmte, daß Hausgehilfinnen »deutscher Volkszugehörigkeit«, die mindestens vier Jahre als einzige ständige Kraft ganztägig in kinderreichen Haushalten tätig waren, eine Ausstattungsbeihilfe aus Mitteln des Reichsstocks für Arbeitseinsatz erhalten konnten. Die Pflichtjahrtätigkeit oder ein häusliches Lehrverhältnis wurde auf diesen Zeitraum angerechnet; ein Köder für ein junges Mädchen, nachdem es einmal das Pflichtjahr hatte absolvieren müssen, gleich für weitere drei Jahre in einem Haushalt zu verbleiben. Sehr viele Hausgehilfinnen werden nicht in den Genuß dieser Beihilfe gekommen sein, da nur Beschäftigungs- und Lehrzeiten rückwirkend vom 1. Janaur 1939 angerechnet wurden, so daß eine Anwartschaft frühestens am 1. Januar 1943 erworben sein konnte. Zudem erfolgte die Auszahlung nur nach Verehelichung oder nach Vollendung des 30. Lebensjahres.

Als weitere Maßnahme, Hausgehilfinnen davon abzuhalten, sich durch höhere Löhne abwerben zu lassen, ist die Höchstlohnanordnung des Reichstreuhänders der Arbeit für das Wirtschaftsgebiet Brandenburg vom 28. Juni 1941 anzusehen; eine Beschränkung, die der Arbeitgeber leicht ausgleichen konnte, indem er der Hausgehilfin anstelle höheren Lohnes andere Zuwendungen, etwa in Form von Geschenken, bot.

Durch die Einbeziehung der Pflichtjahrmädchen und ab 1939 auch vieler weiblicher Arbeitskräfte aus Osteuropa sowie durch die ständige gewaltsame Erweiterung der »Reichsgebiete« in den Kriegsjahren ist die Statistik der Beschäftigungsentwicklung im häuslichen Dienst derart verzerrt, daß hier auf eine Wiedergabe von Zahlen verzichtet werden soll. Dagegen existiert eine Übersicht über die Verteilung der Hausgehilfinnen aus dem Jahre 1942, die die Wirkungslosigkeit der nationalsozialistischen Opferdienst-Propaganda in bezug auf die Hausgehilfinnen deutlich macht:[44]

»Im Jahr 1939 gab es rund 21 Millionen Familienhaushaltungen, davon 9,5 Millionen mit Kindern. Faßt man lediglich die Haushaltungen mit zwei oder mehr Kindern als in besonderem Maße einer Hilfe bedürftig zusammen, so stehen 4,3 Millionen derartiger Familien der einen Million Hausgehilfinnen gegenüber. Tatsächlich waren aber von den 4,35% aller Haushalte, die 1939 überhaupt über eine Hausgehilfin verfügten, 53% mit zwei bis vier Personen – einschließlich der Hausgehilfin – ausgewiesen, konnten also in der Regel höchstens ein Kind umfassen. Darunter waren wiederum rund 31% Haushalte mit zwei und drei Personen, in der Regel nur Erwachsene. Bestenfalls ein knappes Drittel der Haushalte mit Hausgehilfinnen kann drei und mehr Kinder umfaßt haben; gut zwei Drittel (derselben) waren also in kinderlosen und kinderarmen Haushalten tätig. Und in der Tat weisen die Selbständigen in Industrie, Handel und Verkehr, die Beamten, Angestellten und selbständigen Berufslosen, deren Haushalte den weit überwiegenden Teil aller Hausgehilfinnen beschäftigen, gerade auch die geringste Zahl von Kindern unter 14 Jahren in ihren Haushaltungen auf.«

Erst im September 1944 wurden die Hausgehilfinnen meldepflichtig. Der hierzu ergangene Erlaß blieb jedoch sehr vage: In keinem Haushalt sollte mehr »aus reiner Bequemlichkeit« eine Arbeitskraft beschäftigt werden dürfen. Bis dahin waren Haushalte, auch kinderlose, mit nur einer Hausgehilfin völlig unberührt geblieben. Es bedurfte – seit 1941 – nur einer Genehmigung, wenn man mehr als eine Hausgehilfin beschäftigen wollte. Den breiten Bevölkerungsschichten, die sich sowieso keine Hilfe leisten konnten, dürfte die milde Haltung in diesem Punkt »als getreuer Spiegel der gesamten Politik des Regimes, die ihrer Meinung nach die sozial und materiell ohnehin privilegierten Schichten bevorzugt behandelte«,[45] erschienen sein.

Da also allen Maßnahmen zum Trotz abzusehen war, daß die meisten Hausfrauen, die einer Hilfskraft dringend bedurften, weiterhin ohne eine solche auskommen mußten, erschien in der Presse eine Fülle von Ratschlägen, wie der Haushalt rationalisiert und die Arbeitskraft der Hausfrau möglichst wirtschaftlich eingesetzt werden konnte. Auf eine Entlastung durch technische Geräte, wie z.B. den Staubsauger, sollte sie ihre Hoffnung allerdings nicht richten, denn der Verwendung derartiger Hilfsmittel, so teilten die NS-Monatshefte 1942 mit, seien in der Hauswirtschaft enge Grenzen gesetzt – womit umschrieben wurde, daß an eine Bereitstellung solcher Geräte unter den gegebenen Umständen gar nicht zu denken war.

CLAUDIA HAHN

# Der öffentliche Dienst und die Frauen – Beamtinnen in der Weimarer Republik

Nicht selten bin ich während der Arbeit an meinem Thema gefragt worden, warum ich mich denn gerade für die Frauen im öffentlichen Dienst interessiere, die doch – gemessen an der gesamten Geschichte der Frauenarbeit – eine nicht allzu große, noch dazu recht privilegierte Gruppe darstellten, die weder für die revolutionärsten noch für die feministischsten Ereignisse der Geschichte brauchbar gewesen sei, und was denn das Besondere des öffentlichen Dienstes in der Weimarer Republik gewesen sei. Deshalb möchte ich einige Grundüberlegungen vorausschicken: Der öffentliche Dienst der Weimarer Republik ist die sichtbare Spitze eines Eisberges. Er zeigt alle schichtspezifisch/geschlechtsspezifischen Gebrochenheiten der Frauenberufstätigkeit in einer patriarchalisch-kapitalistischen Gesellschaft. Er zeigt die Konjunkturabhängigkeit gerade »besserer« Frauenarbeitsplätze, zeigt, welchen Boden berufstätige Frauen in einer »demokratischen« Gesellschaft, deren Verfassung zumindest die Gleichberechtigung der Frau proklamiert, tatsächlich unter den Füßen haben. Er gibt in aller Deutlichkeit die Krisenbewältigungspolitik eines Staates wieder, dessen Basis die kapitalistische Wirtschaftsweise ist: zugunsten der Männer und Familien – auf dem Rücken der Frauen. Gewiß ist der öffentliche Dienst der Weimarer Republik bezüglich seiner Beschäftigungspolitik nicht mehr, aber auch nicht weniger konjunkturabhängig als andere vergleichbare Sektoren, aber mit seinen Beamtenrichtlinien hat er Legitimationsprobleme, ist er als Arbeitgeber – auch von Frauen – stärker als alle anderen kapitalistischen Wirtschaftsbereiche auf Verfassungsgrundsätze einerseits, auf gesellschaftliche Grundmaximen andererseits festzunageln, d.h., er ist das »rote Tuch« der öffentlichen Meinung, die er – gerade in Krisenzeiten – sowohl auszudrükken als auch zu beeinflussen hat.

Zur Vorgeschichte: Die Rolle, die die Beschäftigung von Frauen im öffentlichen Dienst historisch spielte, war zunächst recht eng mit den Wandlungen des öffentlichen Dienstes selbst verknüpft. Die Aufgaben des Berufsbeamtentums, wie es sich im vorindustriellen Macht- und Verwaltungsstaat des 18. Jahrhunderts in Preußen herausbildete, lagen ausschließlich in der Hoheitsverwaltung, d.h., hier finden sich »naturgemäß« keine Frauen. Denn wenngleich Frauen immer gearbeitet haben – sei es als Bäuerinnen, als Fabrikarbeiterinnen oder als Heimarbeiterinnen –, von qualifizierter Berufsausübung oder gar von öffentlicher Machtausübung waren sie längst ausgeschlossen. Im Verlauf des 19. Jahrhunderts vollzog sich jedoch mit fortschreitender Industrialisierung ein Funktionswandel der staatlichen Aufgaben. Folgeprobleme der Industrialisierung, wie z.B. eine ständig wachsende Bevölkerungsdichte, Zusammenballung der Bevölkerung in Großstädten und soziales Elend, aber auch eine notwendig werdende gewisse schulische und disziplinarische Vorbereitung der Arbeiterschaft verlangten mehr und mehr eine Schwerpunktverlagerung von der Hoheitsverwaltung hin zur Leistungsverwaltung, vom »Staatsdienst« zum »öffentlichen Dienst«. Post und Bahn, Erziehungs- und Sozialwesen wurden zu staatlichen Dienstleistungsunternehmen, deren Beamtenschaft jedoch entsprechend der Geringerachtung dieser Bereiche nicht das volle Prestige der alten Ministerialbürokratie erhielt. Seit Mitte des 19. Jahrhunderts kamen Angestellte hinzu – in geringer Zahl zunächst – für technische Erfordernisse und in Aufgabenbereichen mit nicht überschaubarem bzw. stark sich wandelndem Arbeitsanfall. Zu eben diesen unteren Sozial- und Dienstleistungsbereichen des öffentlichen Dienstes erhielten erstmals auch Frauen Zugang. Die ersten wurden 1882 im Fahrkarten- und Telegraphendienst bei der Eisenbahn beschäftigt – im Angestelltenverhältnis. Mit dem Titel »Eisenbahn-Gehilfin« bedacht, wurden sie weit schlechter bezahlt als ihre männlichen Kollegen, die außerdem – waren sie im Fahrkartendienst tätig – als mittlere Beamte eingestuft und angesehen waren. Aufgrund ihrer Billigkeit wie wohl aus der Vorstellung heraus, daß sich Frauen kraft ihres »naturgemäß« freundlichen Wesens für den Publikumsverkehr ganz besonders eignen, wurden mit der Zeit immer mehr Fahrkartenschalter mit Frauen besetzt. Ähnlich verlief die Entwicklung im Postsektor. Aber auch größere Gemeinden, Berlin und Stuttgart beispielsweise, begannen um die Jahrhundertwende, Frauen im Verwaltungs- und Kanzleidienst einzustellen, wo sie einfache Büroarbeiten für geringe Bezahlung zu erledigen hatten. Darüber hinaus begann man – ebenfalls zunächst in größeren Gemeinden und Städten –, die Ausbildung von Mädchen als unumgängliche

Notwendigkeit zu begreifen, und stellte Frauen zum Lehrberuf auf unterer Ebene ein. (Das höhere Mädchenschulwesen blieb allerdings noch längere Zeit vorwiegend der Privatinitiative einiger engagierter bürgerlicher Frauen überlassen.)

Dieser Entwicklung entsprach es, daß vor allem der pauperisierte Mittelstand inzwischen eine ganze Anzahl von Töchtern hervorgebracht hatte, die zwar über etwas »Bildung«, nicht aber über die damals gerade in dieser Schicht so obligate Aussteuer oder die Chance, weiterhin von der Familie »miternährt« werden zu können, verfügten. Besonders in der zweiten Hälfte des 19. Jahrhunderts drängten aber auch zahlreiche Frauen bürgerlicher Herkunft auf größere persönliche und berufliche Eigenständigkeit und wollten sich nicht länger auf Familien- und Repräsentationspflichten beschränken lassen. Diese Frauen sahen sich nun – freiwillig oder aus Gründen der Familienmiterhaltung – nach einer hinreichend angesehenen Beschäftigungsmöglichkeit um. Und diese Möglichkeiten waren gering, wenn man einmal von der noch stark konfessionell geprägten karitativ-sozialpflegerischen Tätigkeit absieht, in der Frauen immer eine herzliche Aufnahme fanden. Den beiderseitigen Bedürfnissen entgegenkommend, nahm ein 1910 mit Unterstützung der Behörden entstandener »Ratgeber für junge Mädchen und deren Eltern«[1] quasi eine Führung durch die weiblichen Berufe mit Pensionsberechtigung (Lockmittel: Alterssicherung) vor und erwähnte hierbei: Lehrerinnen, »weibliche Ärzte und Rechtsanwälte«,[2] Hebammen, Post- und Telegraphengehilfinnen, »weibliche Eisenbahnbeamte« und »weibliche Beamte in städtischen Diensten«. Man muß allerdings davon ausgehen, daß vor dem Ersten Weltkrieg nur sehr wenige der im öffentlichen Dienst beschäftigten Frauen tatsächlich eine Verbeamtung erreicht haben und daß diese, da sie weder reichs- noch landesgesetzlich erwähnt oder geregelt war, sehr willkürlich gehandhabt wurde: positiv, wo man Frauen gerade notwendiger brauchte, nach dem Motto: »Warum nicht?«, negativ, wo man eine zu starke Konkurrenz befürchtete, mit Argumenten wie: »Wer kein vollwertiger Staatsbürger ist, kann auch nicht verbeamtet werden« – womit man die Frauen noch zusätzlich dafür bestrafte, daß man ihnen bis 1918 das Wahlrecht vorenthielt. Wenn also Eberhard Pikart in seinem Aufsatz »Preußische Beamtenpolitik 1918–1933«[3] so differenziert schreibt: »Vor dem Ersten Weltkrieg war es im Deutschen Reich und in Preußen gelungen, ein einigermaßen einheitliches Beamtentum des höheren Dienstes zu sichern, indem bestimmte Gruppen von Anwärtern diskriminiert und andere bevorzugt wurden. Sozialisten wurde der Eintritt in die höhere Verwaltungslaufbahn des Reiches oder Preußens unmöglich gemacht, Katholiken, Juden, Demokraten und selbst Liberalen wurde Eintritt oder Aufstieg erschwert«, so hat er ohne Zweifel die Frauen vergessen. Darüber hinaus waren die Anstellungsverhältnisse für Frauen im öffentlichen Dienst mit einem zusätzlichen geschlechtsspezifischen Pferdefuß versehen: Bei Heirat nämlich mußte die Beamtin üblicherweise aus dem Staatsdienst ausscheiden, da man von der Vorstellung ausging, daß der »wesensgemäße« Beruf der Frau der der Ehefrau und Mutter mitsamt den dazugehörigen Pflichten und mangelnden Rechten sei, der Staatsdienst aber die ganze Persönlichkeit erfordere – Vorstellungen, die allerdings im Selbstverständnis dieser Frauen meist ebenfalls fest verwurzelt waren, stammten sie doch gerade aus jenen bürgerlichen Mittelschichten, in denen wie nirgendwo sonst das Bild einer vollkommenen Familie und Mutterschaft kultiviert wurde. Viele verzichteten daher von vornherein auf Ehe und Familie und widmeten sich ausschließlich ihrem Beruf, mochten sich wohl auch aufgrund ihres beruflichen Selbstbewußtseins nicht mehr in herkömmlichen Familienformen zurechtfinden. Andere heirateten, schieden aus dem Beruf aus und verblieben damit ohne jegliche vom Mann unabhängige wirtschaftliche Sicherung, denn alle Pensionsansprüche erloschen mit diesem Schritt – ein Umstand, durch den sie schlechter gestellt waren als selbst Angestellte des privatkapitalistischen Arbeitsmarktes, die doch nach dem Reichsversicherungsgesetz von 1911 zumindest Anspruch auf Rückerstattung der Beiträge oder statt dessen auf eine »Leibrente« hatten. Die wenigen, die trotz Heirat im Dienst bleiben konnten, wurden in den Status der Kündigungsbeamtin zurückversetzt. Einige begannen damals gegen eine solche von außen aufgezwungene Entscheidung zu kämpfen. Sie standen auf recht einsamem Posten, hatten jedoch ihre stärkste Fraktion unter den Lehrerinnen[4] und den Post- und Telegraphenbeamtinnen, in Bereichen also, wo auch die meisten Frauen beschäftigt waren.

Während des Ersten Weltkrieges wurden Frauen ungeachtet aller bisherigen Theorien über das, was eine Frau leisten könne oder solle, in nahezu alle Bereiche der Wirtschaft einbezogen. Weder in der Landwirtschaft noch in der Fabrik, weder im Steinbruch noch im Büro konnte man auf ihre Arbeitskraft verzichten. Im Angestelltenbereich vor allem stieg der Anteil der weiblichen Versicherten während der Kriegsjahre von 29,3 % im Jahre 1913 auf 66,7 % im Jahre 1918.[5] Auch der öffentliche Dienst war während dieser Zeit in hohem Maße auf die Be-

Telefonistin im Amt, 1931 *(Foto: Ullstein Bilderdienst, Berlin).*

schäftigung von Frauen angewiesen. Zwar wurden sehr viele nur als Hilfskräfte bei Post und Bahn oder im staatlichen und kommunalen Verwaltungssektor eingestellt, wo die Behörden sie nicht selten versicherungsfrei zu beschäftigen suchten, da sie die Einstellung als Übergang sahen und so ihren Arbeitgeberbeitrag sparen konnten.[6] Aber es konnten doch auch zahlreiche Frauen in Stellen gelangen, die ihnen bislang aufgrund ihres Geschlechts vorenthalten worden waren (z.B. das Unterrichten in Knabenschulen). Viele Frauen konnten aufgrund des Mangels an Fachkräften Kurzausbildungen machen oder ein Notexamen für den Lehrberuf ablegen. Neu entstandene Probleme wie die Kriegsfürsorge oder die umfangreiche Frauenerwerbstätigkeit selbst, die eine Arbeitsvermittlung für Frauen, Mutterschutz, Säuglingsheime, Kindergärten, Fabrik- und Gemeindefürsorge notwendig werden ließ, eröffneten Frauen neue »qualifizierte« Arbeitsplätze, vor allem im sozialen Bereich. Hier griff man gerne auf Einrichtungen zurück, die auf Privatinitiative von Frauenverbänden bereits entstanden waren, wie z.B. den Nationalen Frauendienst des Bundes Deutscher Frauenvereine mit seiner Kriegsfürsorge für arbeitende Frauen und ihre Kinder oder die Ausbildungseinrichtungen für soziale Wohlfahrtspflege, die man mit staatlicher Anerkennung »belohnte« und deren führende Frauen man in Frauenreferaten der Kriegsamtsstellen tätig werden ließ.

Die Weimarer Verfassung mit ihrer Manifestation staatsbürgerlicher und beamtenrechtlicher Gleichberechtigung der Frau gab besonders den im öffentlichen Dienst tätigen Frauen Anlaß zu Optimismus, denn es hieß hier in Artikel 128 ausdrücklich: »Alle Staatsbürger ohne Unterschied sind nach Maßgabe der Gesetze und entsprechend ihrer Befähigung und ihren Leistungen zu den öffentlichen Ämtern zuzulassen. Alle Ausnahmebestimmungen gegen weibliche Beamte werden beseitigt.«[7] Auch für Frauen sollte nun also nicht mehr das Geschlecht, sondern die »Befähigung« eine Einstellung entscheiden, und Heirat sollte kein Grund mehr für Nicht-Verbeamtung oder Entlassung aus dem öffentlichen Dienst sein. Allein bei dieser rechtlichen Betrachtung übersah man jedoch die Lücken, die diese Bestimmung ließ, beispielsweise den Punkt, ob sie nur für das Reich oder auch für die Länder gelten sollte. Schon die beiden Demobilmachungsverordnungen vom März 1919 und vom Januar 1920 über die Freimachung von Arbeitsplätzen zugunsten der von der Front und aus den Kriegsverlustgebieten heimkehrenden Männer[8] trafen die Frauen insgesamt empfindlich in ihren Hoffnungen auf auch arbeitsrechtliche Gleichberechtigung, denn entlassen werden sollten zunächst alle verheirateten Frauen, deren Männer über ein festes Einkommen verfügten, die also »versorgt« waren, des weiteren alleinstehende Frauen und Mädchen, die in ihren Familien lebten oder nur eine oder zwei Personen mitzuversorgen hatten, kurzum: alle, die man nicht unbedingt brauchte. Das zeigte in aller Deutlichkeit, daß man einem Mann, sei er nun verheiratet, versorgt oder alleinstehend, das Recht auf einen Arbeitsplatz zugestand, einer Frau ungeachtet ihrer Verhältnisse jedoch nicht. Im öffentlichen

Dienst trafen diese Maßnahmen zuerst all diejenigen Frauen, deren Anstellung privatrechtlich geregelt worden war: die weiblichen Angestellten und Hilfskräfte bei Behörden, Bahn und Post. Im Schuldienst mußten vor allem diejenigen Lehrerinnen ihre Plätze räumen, die aufgrund eines Notexamens zugelassen worden waren und noch keine Verbeamtung erlangt hatten. Vielfach wurden gerade Lehramtsbewerberinnen in untere Tätigkeitsbereiche abgeschoben. »Die Regierung wie die Berufsverbände richteten Ausbildungskurse ein, um den Anwärtern den Übergang in andere Berufe zu erleichtern. Staatliche und kommunale Behörden, freie Berufe in Handel und Gewerbe nahmen bereitwillig Lehramtsbewerberinnen in ihre Betriebe auf, und Tausende fanden auf diese Weise einigermaßen angemessene und lohnende Beschäftigung...«[9], so schreibt eine zeitgenössische Betrachterin. Zumeist dürfte es sich hierbei um Schreibtätigkeiten gehandelt haben.

Die diese Maßnahmen begleitende Kampagne gegen die verheiratete berufstätige Frau erfaßte weite Kreise der Bevölkerung und machte auch vor Mitgliedern der Gewerkschaften und linken Parteiorganisationen nicht halt, sah man doch gerade hier die Frauen in den gehobenen Tätigkeitsbereichen des öffentlichen Dienstes lediglich als Angehörige einer ohnehin beargwöhnten privilegierten Schicht. In den Reihen der Beamtenschaft hatte man die Frauen immer als Eindringlinge betrachtet. Die verschärfte Konkurrenz tat nun ihr übriges, um diesen Frauen die Schmälerung des Berufsethos durch geringere Leistungskraft oder aber die Anmaßung vorzuwerfen, die es bedeute, »aus reinem Luxusbedürfnis einem Familienvater die Arbeit wegzunehmen«. Immerhin entschied noch 1921 das Reichsgericht anläßlich der versuchten Wiederherstellung des Eheverbots für Lehrerinnen durch die bayerische Landesregierung zugunsten der Frauen, indem es die Gültigkeit der Reichsverfassungsbestimmungen auch für die Länder festhielt. Dennoch versuchte man im Postsektor, wo Anfang 1923 mit 51752 die größte Zahl »weiblicher Beamter« tätig war,[10] durch das Angebot einer Abfindungssumme als Ausgleich für aufgegebene Ruhegehaltsansprüche verheiratete Beamtinnen zum freiwilligen Ausscheiden zu bewegen und konnte auf diese Weise die Kündigung von 4000 Beamtinnen erreichen.[11] Durch die Inflation ging ihnen allerdings jeder wirtschaftliche Vorteil verloren. Schon im Oktober 1923 versuchte man den Schäden der Inflation im öffentlichen Dienst mit einer erneuten Kündigungsklausel für verheiratete Beamtinnen im Rahmen der Personalabbauverordnung zu begegnen. Reich, Länder und Gemeinden konnten nach Artikel 14 verheiratete Beamtinnen bei dreimonatiger Kündigungsfrist entlassen. Während aber allgemein bei den Reichsbeamten der Abbau nach den Artikeln 3 (Versetzung in den einstweiligen Ruhestand), 4 (Zusicherung eines Ruhegehalts im Alter oder bei späterer Dienstunfähigkeit) und 5 (freiwilliger Dienstaustritt und Verzicht auf Ruhegehaltsansprüche gegen Gewährung einer nach Dienstalter gemessenen bis zum achtfachen des Gehalts gestaffelten Abfindungssumme) geregelt wurde, sollte die Anwendung dieser Artikel auf verheiratete Beamtinnen ausdrücklich von der Zustimmung des Reichsfinanzministers abhängig gemacht werden, die dieser in aller Regel verweigerte. Die so entlassenen Frauen waren damit all ihrer erworbenen Sozialrechte beraubt. Entsprechende Länderverordnungen, die mitunter die Anwendung von Artikel 3 auch auf verheiratete Frauen genehmigten, machten dies ebenfalls von einem Nachweis der »Nicht-Versorgung« abhängig, den einzelne Behörden in der Folge in erniedrigender Weise alle Vierteljahre für eine Weiterzahlung der Bezüge verlangten. Angesichts der allgemeinen Lage fiel es den Beamtinnen natürlich nicht leicht, konsequent für ihre Rechte einzutreten, denn aufs Ganze betrachtet wurde ja ein Drittel aller Beschäftigten des öffentlichen Dienstes abgebaut, wenngleich z.B. bei der Post der Großteil der ungehindert zu entlassenden Angestellten und Hilfskräfte Frauen waren, während es »nur« 15,03% der weiblichen gegenüber 13,33% der männlichen Beamten traf.[12] Besieht man sich die entsprechenden Jahrgänge der Monatsschriften, die die Frauenberufsverbände in jener Zeit herausgaben,[13] so finden sich überall Debatten, Berichte, Leserinnenzuschriften, in denen die im öffentlichen Dienst tätigen Frauen bemüht sind, eine »richtige« Position zu finden zwischen ihrem »sozialen Verantwortungsgefühl« gegenüber stellungslosen Familienvätern oder den nachdrängenden ledigen Anwärterinnen, deren Verbeamtung man bereits spürbar stagnieren ließ, und dem Gefühl für ihr eigenes grundsätzliches Recht auf die Ausübung ihres Berufes, durch den sie u.a. doch auch so viel Identität bezogen hatten, daß ihnen eine Entscheidung wesentlich schwerer fiel als Frauen in Fabrik, Kaufhaus oder Großraumbüro. Mit zahlreichen Protestschreiben an die Regierung forderten sie zwar unter Berufung auf die Verfassungsgrundsätze eine Gleichbehandlung, ließen sich jedoch, da sich ein relativ großer Anteil der Mitglieder der Frauenberufsverbände nicht für eine generelle Ablehnung der Zwangsentscheidung Beruf – Ehe/Familie entscheiden konnte, auf den Kuhhandel um eine verbesserte, auch für verheiratete Beamtinnen gültige Abfindungssumme ein. Die Kündigungsklausel selbst sollte bis 1929 gültig bleiben, während die Personalabbauverordnung insgesamt nur bis 1927 befristet war. Das wirkte sich begreiflicherweise auch auf den allgemeinen beruflichen und gesellschaftlichen Status der Beamtinnen aus. Nirgends fand sich die Zwangsalternative Beruf – Ehe/Familie so unumstößlich wie bei ihnen. Infolgedessen konnte es sogar zu einem Antrag im Reichstag kommen, der sich erniedrigenderweise mit der Möglichkeit der Entlassung von Beamtinnen bei unehelicher Mutterschaft oder außerehelicher intimer Beziehung befaßte, wenngleich ein Beschluß aufgrund zu schwacher Besetzung des Reichstags nicht gefaßt wurde.[14] Dies macht deutlich, daß es nicht nur darum ging, von den Frauen die volle Konzentration auf die ihnen gestellten Aufgaben zu verlangen, sie sollten vielmehr für ihre bessere Berufsposition einen weit höheren Preis zahlen, als er jemals von einem männlichen Kollegen gefordert wurde: den der Geschlechtslosigkeit.

Insgesamt war während der Jahre der Weimarer Republik mit dem allgemeinen Anstieg der Frauenerwerbstätigkeit auch der Anteil verheirateter erwerbstätiger Frauen gestiegen und betrug nach der Volks-, Berufs- und Betriebszählung von 1925 immerhin 31,8 %. Demgegenüber war der Anteil verheirateter Frauen bei den weiblichen Angestellten und Beamten mit nur 5,7 % extrem niedrig geblieben. Dabei lag der Prozentsatz für Beamtinnen und Angestellte des öffentlichen Dienstes, der Eisenbahn und der Reichspost mit 4,9 % noch unter dem der in Industrie, Handel und Verkehr Beschäftigten von 6,2 %.[15] Beeindruckend ist hier vor allem, daß es sich bei den männlichen Beamten und Angestellten jeweils genau umgekehrt verhält: Während 50,7 % aller männlichen Beamten und Angestellten[16] in Industrie, Handel und Verkehr, im privatwirtschaftlichen Bereich also, verheiratet waren, betrug der Prozentsatz im öffentlichen Dienst sogar 70,8 %. Wurde gerade für die männlichen Beamten des öffentlichen Dienstes vom »Frauenzuschlag«[17] bis zum Kindergeld so manches getan, um ihnen Ehe und Familie zu ermöglichen, so hatte man den Frauen mit Demobilmachungs- und Personalabbau-Sonderregelung, mit Entlassungsdrohung, Kündigung, Nicht-Verbeamtung oder Nichteinstellung alles Erdenkliche in den Weg gelegt, um eine positive Verbindung von Beruf und Familie zu verhindern, obwohl – so sah es ein großer Teil der betroffenen Beamtinnen – gerade »Ruhe und Sicherheit des Beamtenverhältnisses mit seinen voraus berechenbaren Dienstzeiten und seiner sicheren Dauer für viele Jahre . . . eine feste Fundierung und feste Organisation des Familienhaushaltes«[18] ermöglicht hätten. Während der privatkapitalistische Verteilersektor von seinen Angestellten – vor allem den weiblichen – ein gewisses Maß an »Jugendlichkeit, Frische, gepflegtem Äußerem und Flexibilität« sowie den Einsatz von »weiblichen Qualitäten« verlangte, womit den Älteren unter ihnen bald die berufliche Existenz zunichte gemacht wurde,[19] verlangte der öffentliche Dienst – v.a. in seinen gehobenen Positionen – eher Sachkenntnis. Hier waren es mehr die Geschlechterkonkurrenz um die besseren Arbeitsplätze und Überlegungen hinsichtlich der mit zunehmendem Alter steigenden Dienstbezüge, weswegen man den Frauen das Verbleiben im Dienst nur unter der Zwangsentscheidung zur Ehe- bzw. darüber hinaus Geschlechtslosigkeit zu bewilligen bereit war – gepaart allerdings mit der nirgends so stark wie in der Beamtenschaft verwurzelten Anschauung, daß »die Ehefrau ins Haus gehöre«. Nur ein verschwindend kleiner Prozentsatz der Ehefrauen von Männern dieser Schicht war berufstätig, alle anderen lieferten ausschließlich den subökonomischen Boden für die Berufstätigkeit des Mannes.

Dabei waren die sogenannten »ledigen« Beamtinnen zu einem großen Teil keineswegs ledig im Sinne von »unabhängig« oder »nur für sich selbst verantwortlich«. Viele von ihnen spielten vielmehr für Eltern, verwitwete Mütter oder/und jüngere Geschwister quasi eine Familienernährerrolle, denn gerade sie kamen ja – wie bereits erwähnt – sehr häufig aus verarmten Mittelschichtsfamilien, von denen nicht wenige durch die Inflation noch stärker abgesunken waren. Häufig wohnten die Beamtinnen mit diesen Familienangehörigen zusammen und waren dabei nur selten von Haushaltspflichten entbunden wie ihre männlichen Kollegen. Eine zusätzliche Benachteiligung stellte es in diesem Zusammenhang dar, daß den unverheirateten Beamtinnen nicht wie ihren männlichen Kollegen eine Dienstwohnung zugebilligt wurde.[20] Ältere, besser bezahlte Beamtinnen, wie z.B. die Wohlfahrtspflegerinnen oder die Lehrerinnen konnten sich mitunter eine eigene Wohnung leisten und solchen Unterstützungspflichten durch finanzielle Leistungen nachkommen. Wie hoch diese Versorgungsleistungen waren, zeigt eine Umfrage des Allgemeinen Deutschen Lehrerinnenverbandes ADLV vom Mai 1931[21] – nachdem sich allerdings die Lage durch die Weltwirtschaftskrise noch weiter verschlechtert hatte. Demnach waren von 5102 befragten Lehrerinnen nur noch 1298, das sind 25,4 % (gegenüber 29,24 % im Jahre 1926) ohne versorgungsberechtigte Angehörige. Die übrigen versorgten 1847 Personen völlig und 3540 Personen teilweise, so daß, auf die Gesamtzahl berechnet, eine Lehrerin durchschnittlich 1,05 Personen versorgte. Um die Anerkennung dieser Familienunterstützungsfunktion, durch die diese Frauen in der Regel umfassender belastet waren als ihre männlichen Kollegen bei Gründung einer Familie, kämpften die Frauenberufsverbände allerdings vergeblich.[22]

Trotz dieser geschlechtsspezifischen Benachteiligungen hatte sich aber die Berufssituation für Frauen im öffentlichen Dienst vor allem in der ersten Hälfte der Weimarer Republik auch in mancher Hinsicht stabilisiert. Mit der Reichsübernahme des gesamten Verkehrswesens, Bahn, Post und Telegraphie, dem Ausbau des Verwaltungssektors wie der Erweiterung der gesamten staatlichen Sozialpolitik, des staatlichen Gesundheits-, Fürsorge- und Erziehungswesens wurden nicht nur zahlreiche zusätzliche Arbeitsplätze für Frauen im öffentlichen Dienst geschaffen, sondern auch Ausbildungsgänge und Berufslaufbahnen geregelt, wobei man sich an den Grundsätzen der Gleichberechtigung der Frau orientierte. Im Verwaltungssektor war man langsam, aber stetig dazu übergegangen, auch Frauen den Zugang zu einer geordneten Fachausbildung zu ermöglichen, deren bestandene Prüfung Voraussetzung zumindest für eine Laufbahn im einfacheren Dienst schuf. Seit 1922 besaß Berlin ein Verwaltungsseminar, an dem auch Frauen offenbar ein nicht geringes Interesse zeigten. Eingruppierung und Aufstieg sollten nach bestandener Prüfung »selbstverständlich« wie bei den männlichen Beamten erfolgen. Wenngleich die Neueinstellung von Zivilanwärtern im Verwaltungsdienst zunächst noch – als Auswirkung der Demobilmachungsverordnung – in allgemein nur geringem Ausmaß erfolgte und gerade Frauen noch lange als Dauerangestellte oder überhaupt ausbildungsfremd beschäftigt blieben, so wurde doch ein Aufstieg dort, wo sie einmal eingestellt waren, auch für Frauen zur hoffnungsvollen Möglichkeit. Bei der Reichsbahn war die Einstellung von Frauen inzwischen neben dem Fahrkarten- und Telegraphendienst auf den Dienst in der Güterabfertigung wie den eigentlichen Verwaltungsdienst in sämtlichen Direktionsbüros und Ämtern ausgedehnt worden, so daß Beamtinnen nun bis auf den äußeren Bahnhofsdienst in den meisten Zweigen der Reichsbahn tätig sein konnten. Optimismus zeigten trotz demobilmachungsbedingter vorläufiger Anstellungssperre auch die Frauen bei der Post, nachdem in der Personalneuregelung vom 1. Juli 1922 erstmals Tätigkeitsbereich, Laufbahn und Verbeamtung für die weibliche Postbeamtenschaft festgelegt worden waren. Danach sollten im Fernsprech- und Telegraphendienst, in Postscheck-, Rechnungs- und Kanzleidienst ausschließlich oder vorrangig weibliche Beamte eingesetzt werden, ferner im Postdienst der Postämter 3. Klasse, und zwar in allen Stellen, »soweit nicht wichtige Betriebsrücksichten entgegenstehen«,[23] wie die Einschränkung bezeichnenderweise lautet. Jedenfalls sollte hiermit bestimmungsmäßig auch der Aufstieg in höhere Laufbahnen möglich werden und eine Verbeamtung wie bei den Männern nach fünfjähriger Dienstzeit erfolgen, was man besonders erfreut aufnahm, denn vor 1918 sollte eine Verbeamtung von Frauen in diesen Dienstellen gar nicht, danach erst nach 15 Jahren Dienst erfolgen.

Die tatsächliche Praxis trübte allerdings viele Erwartungen, und die zum größten Teil im Verband der weiblichen Post- und Telegraphenbeamtinnen[24] organisierten Frauen mußten schnell einsehen, daß »in einer Zeit des wirtschaftlichen Niedergangs manches von dem endlich Errungenen vorerst nur auf dem Papier stehen bleiben« mußte.[25] Was sich letztlich durchsetzte, war nicht das Verfassungspostulat der beamtenrechtlichen Gleichheit, auf das man sich immer wieder berief, sondern seine Umgehung durch Abfindungsregelung und Kündigungsklausel. Hatten die Postbeamtinnen nämlich noch Anfang 1923 mit 51752 Frauen 20% der Postbeamtenschaft gestellt, so waren es 1932 mit 36217 nur noch 16%.[26]

Die insgesamt größten strukturellen Veränderungen bzw. Erweiterungen hatten sich in den frühen Jahren der Weimarer Republik auf dem Gebiet der Sozialpolitik vollzogen, wobei sich weite Tätigkeitsfelder für Frauen im öffentlichen Dienst auftaten. Frauen arbeiteten inzwischen als Kommunalbeamtinnen in der Berufsberatung für Mädchen oder im Arbeitsnachweis, wo sie allerdings meist dem Leiter der männlichen Abteilung unterstanden. In der staatlichen Gewerbeaufsicht war ihr Stellenanteil auf 11% angestiegen, wenngleich auch hier die geschlechtsspezifische Arbeitsteilung geblieben war. So besichtigten Gewerbeaufsichtsbeamtinnen vorwiegend Kleinbetriebe, in denen nur wenige oder gar keine maschinellen Einrichtungen vorhanden waren, ferner Großbetriebe, in denen vorwiegend Arbeiterinnen beschäftigt waren, sie jedoch nur für Mutterschutz, Jugendlichen- und Kinderschutz zuständig waren und daher als untergeordnet betrachtet und geringer geschätzt wurden. Sozialbeamtinnen, vor und während des Krieges nur vereinzelt in den Verwaltungen tätig, wurden in dem Maße, wie man nach 1918 die öffentliche Wohlfahrtspflege ausbaute, in den Behörden der städtischen und der Kreiswohlfahrtspflege, aber auch schon in einigen provinzialen und staatlichen Verwaltungen eingestellt. Dort allerdings besaßen sie zunächst noch eine ihren Leistungen selten entsprechende Anerkennung und waren größtenteils nur als Dauerangestellte beschäftigt. Die Durchführung des 1922 erlassenen Reichsjugendwohlfahrtsgesetzes wie der Fürsorgepflicht-Verordnung von 1924 schuf neue Aufgaben und eine weitere vermehrte Nachfrage nach Sozialbeamtinnen, was sich nicht nur hinsichtlich ihrer Ausbildung, sondern auch ihrer wirtschaftlichen Lage positiv bemerkbar machte, so daß sie im Gegensatz zu früher nicht mehr in den untersten Lohngruppen 2 und 3, sondern in der mittleren Gruppe 4 eingeordnet wurden. Auch die Vereinheitlichung von Ausbildungs- und Prüfungsbestimmungen führte hier zu einem verbesserten Status der von staatlich anerkannten Wohlfahrtspflegeschulen kommenden Frauen, schmälerte allerdings dabei die Möglichkeiten der älteren, »nur« praxiserfahrenen Wohlfahrtspflegerinnen stark. Ähnliche Entwicklungen vollzogen sich in anderen Bereichen des staatlich erweiterten Sozialsektors. Während die Kinderpflege erst sehr schwache Ansätze einer staatlichen Regelung aufwies, obwohl die in der Entstehung begriffenen Kinderkrankenhäuser und -sanatorien bereits schon derart ausgebildete Frauen als Hilfskräfte einstellten, waren die Berufe der Kindergärtnerin, Hortnerin und Jugendleiterin schon stärker auf Wirkungsmöglichkeiten auch in staatlichen Anstalten, Waisenhäusern und Erziehungsheimen ausgerichtet. Je nachdem, ob der sozialpflegerische oder der staatlich verwaltende Aspekt bei der Tätigkeit stärker betont war, wurden die Frauen dabei geringer bzw. höher bezahlt. So wurden Kindergärtnerinnen und Jugendleiterinnen allgemein nach Gruppe 5 besoldet, waren sie in staatlichen Anstalten oder der Anstaltsaufsicht bei den Jugendämtern beschäftigt, so wurde ihr Gehalt nach Gruppe 7 bemessen. Für die Krankenschwestern, 1925 mit ca. 130 000 die größte Berufsgruppe der weiblichen Angestellten überhaupt, die großteils an städtischen oder staatlichen Krankenanstalten angestellt waren, wo sie sich »der herkömmlichen Kombination von hohem Ansehen und untergeordneter Stellung, verbunden mit mangelhafter Bezahlung und schlechten Arbeitsverhältnissen«[27] erfreuten, war zumeist staatlich anerkannte Ausbildung Voraussetzung für die Einstellung im öffentlichen Dienst. Für eine Verbeamtung kämpften sie vergeblich.

Größere Umstrukturierungen waren auch im Schulwesen erfolgt, besonders, was die Mädchenbildung und -ausbildung betraf. Die Anzahl der Volksschullehrerinnen war nach Angaben der Reichsschulstatistik[28] bis 1921 auf 49 118, d.h. 25 % gegenüber 147 052 Männern angestiegen. Zu Lasten der Demobilmachung ging zwar auch hier ein gewisser Rückgang der Beschäftigung von Lehrerinnen in den Nachkriegsjahren, *grundsätzlich* läßt sich aber auch im Erziehungsbereich eine Festigung des beruflichen Status feststellen. Aufstiegsmöglichkeiten wurden zumindest generell eröffnet – wenngleich real häufig vorerst wieder zunichte gemacht –, wie das Aufrücken in Konrektorinnenstellen, die laut behördlicher Anordnung im Verhältnis der Zahl der Lehrerinnenstellen zu der der Lehrerstellen stehen sollten. »Bevölkerungspolitische Gesichtspunkte, daß dem Familienvater in der wirtschaftlich so schweren Gegenwart eher die höhere Besoldungsgruppe zustehe als der unverheirateten Lehrerin, selbst wenn diese auch, was häufig der Fall war, noch für mehrere Familienmitglieder zu sorgen hatte, waren wirksame Argumente der Lehrerpropaganda bei den kommunalen Schulbehörden und beeinflußten die Zahl der Stellen wie die Auswahl ihrer Kandidaten.«[29] Aber es rückten auch manche bisher unbeachtete schulische Gebiete in das öffentliche Interesse und boten weitere Lehrstellen für Frauen. Eine diesbezüglich besonders vorwärtsweisende Entwicklung erfuhr der Beruf der Handelslehrerin aufgrund der immer weiter steigenden Nachfrage nach weiblichen kaufmännischen Angestellten. »Noch vor 25 bis 30 Jahren eine kaum als Lehrerberuf gewertete Betätigung nur autodidaktisch vorgebildeter Frauen, ohne die geringste Aussicht auf staatliche oder städtische Anstellung, ohne einen über die Vermittlung technisch-fachlicher Kenntnisse hinausgehenden Wirkungskreis – und jetzt: akademische Ausbildung, ein bis in die jüngste Gegenwart hinein überreichliches Angebot beamteter Stellungen und ein befriedigendes Arbeitsfeld«[30] – so beschreibt Erna Barschak die Berufssituation 1925. Die Ausbildung auch für diesen Beruf, nämlich das Lehramt an kaufmännischen Mädchenschulen, ging auf Privatinitiative von Frauenseite zurück. Sie bestand in Lehrerinnenseminaren, ehe sie ab 1919 bzw. 1923 mit der Auflösung der Viktoria-Fach-und-Fortbildungsschule in Berlin endgültig in staatliche Hand überging und ihren Weg über die Handelshochschule zu nehmen begann. Insgesamt gibt hierbei zu denken, daß mit der Neugründung staatlicher Ausbildungsstätten, Schulen, Kindergärten, Fürsorgeeinrichtungen bzw. ihrer Übernahme auch etliche Arbeitsgebiete in staatliche »Obhut« geraten waren, in denen Frauen vormals zwar mit weniger sozialem Ansehen, aber relativ großer Fachautonomie gewirkt hatten. Dies bedeutete nun einerseits – z.B. in der Sozialfürsorge – bürokratische Oberaufsicht durch männliche Verwaltungsbeamte, die sich nicht selten von der Verwaltungs- auf die Fachkompetenz auszudehnen suchte, andererseits hatten durch die staatliche Anerkennung einige Arbeitsgebiete auch für Männer eine Attraktivität erlangt, die sie vorher nicht besessen hatten, so daß es zu allerlei Versuchen internen Frauenabbaus kam. Für das Mädchenschulwesen, eine alte Bastion der Frauenbewegung, ergab sich somit der nahezu fatale Tatbestand, daß beispielsweise kaum 100 aller preußischen Mädchenschulen eine Direktorin hatten, die Leitung vielmehr vorrangig in den Händen von Männern lag. Waren die Frauen also früher immerhin noch Leiterinnen von Privatschulen gewesen, so wurden sie durch die Übernahme in den öffentlichen Dienst – sozial »gerechtere« Form der Schule – aus diesen Stellungen verdrängt. So versteht sich der Zynismus, den Frieda Glass und Dorothea Kische in ihrer zeitgenössischen Betrachtung der staatlichen Schulpolitik zukommen ließen: »Fast überall erlebt man die beschämende Tatsache, daß die Frauen die Schule wohl gründen und mit Einsatz aller, auch finanzieller Kräfte halten und führen durften – bis sie groß und gut genug war, von der Gemeinde übernommen zu werden. Von diesem Zeitpunkt an, also wenn sich die Schule in finanziell gesicherter Ruhe weiterentwickeln konnte, wurde in den weitaus meisten Fällen die Leitung einer männlichen Kraft übertragen.«[31]

Befanden sich Frauen schon im höheren Schuldienst in nur geringer Zahl – in Preußen standen 10422 männlichen 1024 weibliche akademische Lehrkräfte mit Festanstellung als Studienrätinnen, Oberstudienrätinnen oder Direktorinnen gegenüber, in Württemberg 19, in Baden gar nur 10 und in den Unterrichtsverwaltungen der einzelnen Länder in Preußen 9, in Württemberg und Mecklenburg je 1 Frau[32] –, so waren sie in der allgemeinen höheren Verwaltung noch weit seltener zu finden. In leitenden oder verantwortlichen Stellen bei den Ministerien des Reiches und Preußens waren nach Angaben des Bundes Deutscher Frauenvereine[33] insgesamt knapp 50 Frauen – einschließlich Referentinnen und Hilfsarbeiterinnen – tätig, davon für das Reich 6 Beamtinnen, 1 Angestellte in Reichsarbeitsministerium und Reichsarbeitsverwaltung, 1 Referentin für die Angelegenheiten des weiblichen Personals im Reichspostministerium, 1 Regierungsrätin, 1 stellvertretende Direktorin beim Reichskommissariat für Kohlenverteilung und 2 wissenschaftliche Mitarbeiterinnen im Reichswirtschaftsministerium, ebenfalls 2 wissenschaftliche Angestellte im Reichsfinanzministerium und 1 Ministerialrätin im Ministerium, 1 Regierungsrätin im Reichsgesundheitsamt, 1 Regierungsrätin bei der Filmprüfstelle in Berlin. So waren also die verschiedenen Zweige des höheren Beamtendienstes Frauen zwar zugänglich geworden, Stellungen aber, in denen sie sich tatsächlich befanden, gab es wenige, und sie waren meist an der unteren Grenze der traditionell männlichen Hoheitsverwaltung geblieben. Nur vereinzelt als juristisch vorgebildete Verwaltungsbeamtinnen, nur in geringer Zahl im Gerichtswesen, nicht in leitender Stellung als beamtete Ärztinnen – bis auf einen Fall –, nicht im höheren Bibliotheksdienst, nicht als Architektin in beamteter Stellung, nicht im höheren Postwesen – bis auf ebenfalls einen Fall. Überhaupt noch nicht zugelassen wurden Frauen als höhere Forstbeamtinnen und als evangelische Pfarrerin. Das zusätzliche psychologische Dilemma der Berufssituation solcher einmal in höhere Berufe wie die genannten des öffentlichen Dienstes (und hier lagen die größten Chancen einer qualifizierten Berufstätigkeit für Frauen überhaupt!) gelangten Frauen skizzierte Alice Rühle-Gerstel vom radikalen Flügel der Frauenbewegung der 20er Jahre sehr treffend: »Die Frau arbeitet in den höheren Berufen unter der strengen Kontrolle des anderen Geschlechts. Aber auch das eigene Geschlecht sieht ängstlich besorgt oder schadenfroh kopfschüttelnd zu. Denn auf die Bewährung der Pionierinnen scheint es beiden anzukommen. Es sollen Präzedenzfälle geschaffen werden, daß es geht oder eben nicht geht. Was Wunder, wenn die Frauen an so exponierter Stelle, des ständigen ›Aha‹-Geschreis ihrer Kritiker gewärtig, befangen werden und die echte Arbeitssachlichkeit nicht zustande bringen. Macht Herr X einen Fehler, so heißt es: ›Ach, der dumme Kerl‹, macht Frau X denselben Fehler, dann heißt es: ›Natürlich, die Frauen.‹«[34]

Nicht zuletzt hatte die Beamtenbesoldungsneuregelung vom April 1920 einen Schritt in Richtung Gleichberechtigung von Frauen im öffentlichen Dienst gebracht, vergleicht man die bis zu 50%igen Gehaltsunterschiede bei gleichwertiger Tätigkeit in der Vorkriegszeit damit. Allerdings ist auch diese Entwicklung nicht frei von Doppeldeutigkeit, denn durch die Schaffung verschiedener Berufsbezeichnungen waren die Mißverhältnisse manchmal eher verschleiert als wirklich ausgeglichen worden. Deutlich ist eine geschlechtsspezifische Benachteiligung noch ablesbar in der preußischen Besoldungsordnung vom Mai 1920, die z.B. bei den planmäßigen unmittelbaren Staatsbeamten für die Strafanstaltsmeisterin Gruppe 2, den Strafanstaltsmeister Gruppe 3, die Aufseherin einer staatlichen Erziehungsanstalt Gruppe 2, den männlichen Aufseher Gruppe 3 vorsah.

Und bei der Einstufung der Eisenbahnbeamtinnen war die frühere abqualifizierende Bezeichnung »Eisenbahn-Gehilfin« zum Anlaß genommen worden, um diese Frauen auch in der neuen Besoldungsordnung niedriger einzugruppieren. Wo, wie bei den Lehrerinnen, die Einordnung in die gleiche Lohngruppe mit den männlichen Kollegen – Gruppe 7 als Eingangs-, 8 als Aufrück- und 9 als Beförderungsstufe für Volksschullehrer/-innen – erfolgt war, wurden Frauen immerhin 10% ihres Gehaltes abgezogen. Als Begründung diente ihre wöchentlich um zwei Stunden verminderte Stundenzahl (eine willkürlich für Frauen festgesetzte Sonderregelung) sowie ihre angeblich stärkere Inanspruchnahme von Urlaub und Krankheitspausen. Alle Frauen sollten hiermit wohl auch dafür sanktioniert werden, daß man inzwischen nicht mehr umhin konnte, sich mit dem »Problem« der verheirateten Lehrerin bzw. Beamtin auseinanderzusetzen, die ja nun doch in etwas größerer Zahl vorkam und der bei eventueller Niederkunft laut Regelung 7 Wochen Dienstbefreiung bei vollem, 10 Wochen bei halbem Gehalt zustehen sollten. Darüber hinaus erhielten verheiratete Beamtinnen den Wohngeldzuschuß nur zur Hälfte.

Die Beamtenbesoldungsregelung war ein Orientierungspunkt auch für die Besoldung der Angestellten im öffentlichen Dienst. Als Maschinenschreiberinnen, Fernsprechgehilfinnen, Stenotypistinnen, Fürsorgerinnen bei Wohlfahrtsämtern, Schulschwestern usw. waren hier die meisten Frauen in den Gruppen 2 bis 5 zu finden.

Als 1927/28 der Trend zur Rationalisierung auch den öffentlichen Dienst voll erfaßte, hatte die damit verbundene Krise – wie alle vorangehenden – auch hier ihre besonderen geschlechtsspezifischen Merkmale. Das Inkrafttreten des Dawes-Planes hatte seit 1924 zu einer gewissen Stabilisierung der allgemeinen wirtschaftlichen Verhältnisse geführt. Die Reparationszahlungen, die Deutschland laut Versailler Vertrag seit Kriegsende zu leisten hatte, wurden auf Jahresraten von ca. 2 Milliarden Reichsmark festgesetzt, dafür aber zunächst ein Darlehen von 800 Millionen Reichsmark bewilligt. Für die arbeitende Bevölkerung wie auch die Beschäftigten des öffentlichen Dienstes brachte dies nur wenig spürbare Verbesserungen mit sich, wenngleich es im April 1924 zu einer mäßigen Gehaltsaufbesserung kam, die allerdings durch ihre unsoziale Staffelung mit 17prozentiger Erhöhung für die unteren Gehaltsgruppen – in denen sich Frauen ja in der Mehrzahl befanden – und 70prozentiger für die oberen besonders bei den Frauenberufsverbänden mehr Empörung als Begeisterung auslöste. Personalmangel, verlängerte Arbeitszeit und verschärfter Arbeitsdruck – die Dienstleistungsaufgaben waren auch nach dem beträchtlichen Personalabbau Ende 1923 natürlich die gleichen – blieben erhalten. Städte und Gemeinden hatten zwar, ebenfalls die Möglichkeit der Auslandsanleihen ausnutzend, vermehrte Ausgaben im sozialen Bereich veranschlagt und damit mehr Stellen und Arbeitsmöglichkeiten geschaffen, insgesamt zielte jedoch der Aufschwung, besonders bei den Reichsbetrieben, im Post- und Fernmeldewesen wie in der allgemeinen Verwaltung, verstärkt auf Materialinvestitionen, zumal die Reichspost- und Telegraphenverwaltung im März 1924 in ein wirtschaftliches Unternehmen »Deutsche Reichspost« umgewandelt worden war, das zwar – wie auch seine Beamten Reichsbeamte mit Rechten und Pflichten nach Artikel 129 der Reichsverfassung blieben – weiterhin dem Reich unterstand, aber Einnahmen und Ausgaben aus eigenen Erträgen zu decken hatte und somit nach kapitalistischen Rentabilitätsprinzipien wirtschaftete. Die seit 1924 im Rahmen der aus Inflationsgewinnen erfolgten Betriebskonzentrationen verstärkt einsetzenden Rationalisierungen in allen Bereichen der Wirtschaft hatten in den folgenden Jahren auf den Verteilersektor übergegriffen und unzählige Angestelltenarbeitsplätze überflüssig gemacht. Rationellere Verwaltungsmethoden, vermehrte Arbeitsteilung – mechanisiert durch Schreibmaschine, Buchhaltungs- und Kalkulationsmaschine – schufen nun jedoch eine ganze Anzahl von Arbeitsplätzen, die eines geringeren Ausbildungsniveaus und kürzerer Anlernzeiten bedurften. Aufgrund der verlockenden, traditionell niedrigeren Frauenlöhne ging die Tendenz in der Folge nicht nur von der Beschäftigung qualifizierter zur Einstellung angelernter oder halbqualifizierter Kräfte, sondern auch zur Beschäftigung von Frauen in eben diesen untersten Bereichen. In gleichem Maße trachtete der öffentliche Dienst nach Verbilligung der Arbeitskräfte, vor allem dort, wo es – wie im Bank-, Post- und Verwaltungssektor – zu erheblichen Rationalisierungen gekommen war. In den Banken ersetzte die Einführung von Buchungsmaschinen jeweils fünf Angestellte, zu ihrer Bedienung wurden vorwiegend Frauen angestellt. Im Post- und Fernmeldewesen hatten sich mit der schnell voranschreitenden Automatisierung der Fernsprechvermittlung die Arbeitsgänge ebenfalls stark mechanisiert und einem Heer von Posthelferinnen die Tore geöffnet, die, ohne Aussicht auf Qualifizierung oder Aufstieg, je nach Bedarf wieder entlassen werden konnten. Ähnlich taten sich in anderen Bereichen des öffentlichen Dienstes, in denen die Rationalisierung vonstatten gegangen war, weite Anstellungsfelder für Frauen auf unterer Beschäftigungsebene auf. Diese Entwicklung ging jedoch einher mit Bestrebungen, Frauen in den Bereichen, in denen sie sich einen dem der männlichen Kollegen halbwegs entsprechenden Berufsstatus erobert hatten, wieder abzubauen, waren sie doch hier gerade nicht durch größere Billigkeit rentabel, sondern riefen eher Konkurrenz und Vorurteil bei den männlichen Kollegen hervor und nahmen in der öffentlichen Meinung noch immer Familienvätern passable Arbeitsplätze weg. So mußten die Postbeamtinnen auf dem Vertretertag ihrer Verbände 1929 eine weitgehende »Verdrängung des weiblichen Personals aus den ihm zustehenden Tätigkeitsgebieten durch Eindringen männlicher Beamter höherer Besoldungsgruppen aus dem Telegraphendienst usw. und Neuannahme junger Hilfskräfte an deren Stelle«[35] feststellen. Auch hatte der Reichssparkommissar dem Reichspostminister Anfang 1929 eine Denkschrift übermittelt, die das Ergebnis der Personalstandsprüfung enthielt sowie Einsparungsvorschläge, die vor allem eine erhebliche Verminderung der unteren und gehobenen mittleren Beamtendienstposten vorsahen. Etwa 43 000 Dienstposten sollten demnach für Angestellte und Arbeiter freigemacht werden, 21 000 Dienstposten sollten darüber hinaus herabgestuft werden. Zieht man in Betracht, daß hierbei gerade die Tätigkeitsgebiete von Frauen besonders gefährdet waren, wie die Vertreterinnen der Bahn- und Postbeamtinnen in ihrem Tagungsbericht darlegten[36], so mag man ihren scharfen Protest gegen den Abbau des Berufsbeamtentums, dessen Abschaffung von seiten der Linken ja gefordert wurde, etwas differenzierter beurteilen.

Im sozialen Sektor des öffentlichen Dienstes hatte die Aufsplitterung der Arbeitsgänge inzwischen so weit zugenommen, daß den Wohlfahrtspflegerinnen die Bearbeitung der fürsorgerischen Generalsachen und Personalangelegenheiten nicht mehr gestattet wurde. Aus Protest gegen eine so weitgehende Trennung von Innen- und Außendienst, bei der ihre praktische Arbeit dem Verwaltungsapparat untergeordnet werden sollte, gaben die im Berliner Wohlfahrts- und Jugendamt beschäftigten Fürsorgerinnen ihre Stellungen auf, obwohl ihnen damit die Pensionsberechtigung verlorenging.[37]

Ein zusätzlich zu beobachtendes Phänomen, das aus der Zeit der Demobilmachung vertraut anmutet, ist auch in diesen Jahren wieder die vermehrte Beschäftigung qualifizierter Frauen in ausbildungsfremden, minderqualifizierten Tätigkeitsbereichen des öffentlichen Dienstes. Beispielsweise beschäftigte das Reichsministerium des Inneren eine ganze Anzahl von Lehrerinnen als fremdsprachige Stenotypistinnen außerhalb des Beamtenverhältnisses und gedachte diese auch im Angestelltenverhältnis zu belassen, wie die Antwort auf eine Anfrage der Vereinigung der Beamtinnen und weiblichen Angestellten an die Reichsregierung ergab.

Neben Anstellungs- und Laufbahnsperre im Rahmen der Kostenverminderung hatten die besonderen Maßnahmen der Stabilisierungsphase gegenüber den Beamtinnen und Anwärterinnen des öffentlichen Dienstes, vor allem der Artikel 14 der Personalabbauverordnung, einen guten Boden abgegeben für eine gleichbleibende oder verstärkte Minderbewertung höherqualifizierter Frauenberufstätigkeit. Rationalisierung und Schaffung von Arbeitsplätzen niedrigen Niveaus taten ihr übriges, um eine negative Strukturverschiebung der Frauenberufstätigkeit im öffentlichen Dienst von der verbeamteten zur unteren Angestellten- und Hilfskräftetätigkeit zu bewirken und die Arbeitsverhältnisse der Frauen mehr noch als die ihrer hier tätigen männlichen Arbeitskollegen den Unsicherheiten des privatkapitalistischen Arbeitsmarktes anzunähern.

Letztlich hatte auch schon die Beamtenbesoldungsneuregelung von 1927, die in erster Linie eine Anpassung der Bezüge an die gestiegenen Lebenshaltungskosten hatte bewirken sollen, der Rationalisierungsentwicklung durch eine bedeutende Vermehrung der Besoldungsgruppen und die Schaffung zahlreicher Untergruppen für Bereiche, in denen vorrangig Frauen tätig waren, Rechnung getragen.

Dennoch bedeutete die Arbeit im öffentlichen Dienst für Frauen wohl noch immer eine gewisse Besserstellung – auch im Angestelltenbereich –, wenn man mit berücksichtigt, daß hier der »Mitverkauf weiblicher Qualitäten« weniger gefordert wurde. Auch die Bezahlung der bei Behörden und in der Sozialversicherung tätigen Angestellten lag über der der in ähnlichen Aufgabenfeldern in Industrie, Handel und Gewerbe beschäftigten. Lag das allgemeine Durchschnittsgehalt der weiblichen Angestellten etwa bei 150 RM, so lag die vorrangige Gehaltsspanne bei den Angestellten der Sozialversicherung zwischen 150 und 250 RM, die der Behördenangestellten gar zwischen 200 und 300 RM. Allerdings arbeiteten hier auch durchschnittlich mehr ältere und qualifiziertere Kräfte, denkt man beispielsweise an die Fürsorgerinnen, die ja ebenfalls häufig unter den Behördenangestellten rangierten. Für sie wie für manch andere Stellen bei den Behörden waren eine höhere Schulbildung, Lyzealreife und ein besonderer Berufslehrgang erforderlich, so daß diese Frauen bereits bei Berufsbeginn älter waren als andere weibliche Angestellte auf dem Arbeitsmarkt. Viele dieser Frauen kamen auch erst nach mehrjähriger kaufmännischer Tätigkeit auf dem freien Arbeitsmarkt in den öffentlichen Dienst und nahmen dort spezialisiertere Tätigkeiten auf. Während allgemein die weiblichen Angestellten im Verhältnis zu den männlichen meist mit einem Gehaltsabschlag von 10 bis 15 % bezahlt wurden, sahen die Behördentarife nur in wenigen Ausnahmefällen die Minderbezahlung der Frauen vor, wenngleich im Reichsangestelltentarifvertrag von 1924 ähnlich wie in der Beamtenbesoldungsordnung in etwas weniger durchschaubarer Weise vereinzelte schlechtere Eingruppierungen für Frauen vorgenommen worden waren. Diese Annäherung an eine Gleichbehandlung mag jedoch auch ein Grund gewesen sein, daß die Zahl der Frauen bei den Behörden wesentlich langsamer anwuchs als in anderen vergleichbaren Zweigen der Wirtschaft. Auch untertarifliche Bezahlung, wie sie auf dem privatkapitalistischen Arbeitsmarkt – verbunden mit Entlassungsdrohungen – offenbar sehr häufig vorkam, war im öffentlichen Dienst selten, gleichermaßen wurde der 8-Stundentag offiziell eingehalten. Dem stand jedoch negativ entgegen, daß gerade hier ein außergewöhnlich hoher Prozentsatz unbezahlte Überstunden leistete, wahrscheinlich in Anlehnung an das Beamtenberufsethos, nach dem »die Arbeitsverantwortung nicht mit Dienstschluß aus der Hand gelegt werden« konnte. Etwas mehr Freizeit durch freien Sonnabend- und z.T. freien Mittwochnachmittag sowie die an die Beamtenverhältnisse angelehnten günstigeren Urlaubsverhältnisse wurden mitunter als Ausgleich betrachtet.[38]

Als durch die Weltwirtschaftskrise 1929 mit ihren enormen Arbeitslosenzahlen die Anforderungen an den Sozialhaushalt der öffentlichen Körperschaften erheblich zu steigen begannen und allein schon die für die Arbeitslosenversicherung erforderlichen Mittel die Finanzen des Staatshaushalts um einiges übertrafen, sah sich die Regierung[39] genötigt, auch für den öffentlichen Dienst eine Krisenbewältigungsstrategie zu entwickeln. Wie immer in Zeiten der Krise hatten die Angriffe der Unternehmer auf die »Soziallasten« wie die öffentliche Wirtschaft überhaupt zugenommen. Aber auch in der Öffentlichkeit waren Stimmen laut geworden, die sich gegen die »guten und gesicherten Verhältnisse der im öffentlichen Dienst Beschäftigten auf Kosten der Bevölkerung« wandten. Daher belegte bereits die erste Notverordnung »zur Behebung finanzieller, wirtschaftlicher und sozialer Notstände«[40] alle Beamten und von der Arbeitslosenversicherungspflicht befreiten Angestellten des Reiches, der Länder und Gemeinden, der Reichsbank, der Körperschaften des öffentlichen Rechts, der Reichsbahn u.a. bis hin zu Ruhegeld-, Wartegeldempfängern und Hinterbliebenen ab 1. September 1930 mit einer als »Notopfer«, als »Reichshilfe der Personen des öffentlichen Dienstes« deklarierten Sondersteuer von 2,5%. Darüber hinaus sollten die ledigen Beamten, für die ohnehin die 25prozentige Steuerminderung der Verheirateten entfiel, einen 10prozentigen Lohnsteuerzuschlag als besondere Ledigensteuer entrichten. Diese Bestimmung traf nahezu alle Frauen, war es doch gerade Kennzeichen ihrer Berufssituation, daß sie mehr oder weniger zwangsläufig ledig blieben. Weitere Notverordnungen mit 4- bis 7prozentigen Gehaltskürzungen ergingen in den folgenden Monaten. In den entsprechenden Länderverordnungen ging man nicht selten in eindeutiger Weise darüber hinaus: In Hamburg, wo der überwiegende Teil der Ledigen über 45 Jahre aus Lehrerinnen bestand, wurde per Verordnung eine zusätzliche Gehaltskürzung für Ledige eingeführt, so daß deren Abzüge letztlich rund das Doppelte ihrer verheirateten männlichen Kollegen betrugen, in Berlin wurden verheiratete Lehrerinnen verpflichtet, die Zahlung der Angestellten- und Arbeitslosenversicherung selbst zu tragen, da »weibliche Beamte . . . nur als Unverheiratete und soweit das Vorhandensein von Abkömmlingen nicht bekannt ist« von der Angestelltenversicherungspflicht befreit seien.[41] Die preußische »Sparverordnung« der Regierung Braun/Severing vom September 1931, die u.a. einen allgemeinen Anstellungs- und Beförderungsstopp für Lehrer/-innen sowie die Streichung von 6600 Lehrerstellen in Preußen, 600 zusätzlich in Berlin vorsah, teilte den Lehrerinnen ganz unumwunden mit: »Lehrerinnen wird die Grundvergütung gekürzt um 10%.« Ebenso wurden den Lehrerinnen in Baden 10% des Gehaltes abgezogen, dabei aber die Pflichtstundenzahl um 3 Stunden wöchentlich herabgesetzt, »weil die Erkrankungsziffern der Lehrerinnen die der Lehrer um Vielfaches übersteigen«[42] – ein altes und immer wieder gern mißbrauchtes Argument.

Ein Moment der Krisenbewältigungspolitik im öffentlichen Dienst, das sich immer in besonderem Maße auf Frauen auswirkt, ist der umfangreiche Abbau im »Frauensektor« Sozialwesen. Gerade hier hatten Frauen ja ihr breites Einzugsfeld in den öffentlichen Dienst, wo ihnen auch mehr als in anderen Bereichen der Aufstieg in leitende Stellen gelingen konnte. Nun führte u.a. die Auflösung des Wohlfahrtsministeriums und die Neuverteilung der Ressorts in Preußen zum Abbau zahlreicher beamteter Kräfte oder zu ihrer Wegversetzung aus den Zentralbehörden, unter ihnen 5 von nur 9 Beamtinnen höherer Verwaltungsaufgaben.

Diese Maßnahmen und Entwicklungstendenzen im öffentlichen Dienst muß man allerdings auf dem Hintergrund unvorstellbarer allgemeiner Hetzkampagnen dieser Jahre gegen verheiratete berufstätige Frauen, nicht selten Frauenberufstätigkeit überhaupt sehen. In diesen »Doppelverdiener-Kampagnen«[43] taten sich auch die Nationalsozialisten bereits deutlich hervor. »In den Krisen der letzten Jahre«, so schreibt Susanne Suhr im Jahre 1930, »sind die Fragen der Frauenerwerbstätigkeit erneut in die öffentliche Diskussion gezogen worden ... Das Anschwellen der Arbeitslosigkeit hat nach Ursachen und Auswegen suchen lassen – es lag nahe, die Frauenarbeit, einen der markantesten Züge der modernen Entwicklung der Wirtschaft, mit der Arbeitslosigkeit zu verquicken.«[44] Nachdem die Weltwirtschaftskrise nun seit 1930 auch den Angestelltenbereich voll erfaßt und mit einer Arbeitslosenzahl von ca. 500000 zu einem extremen Konkurrenzkampf um die etwas besser bezahlten Arbeitsplätze geführt hatte, bat als erster der rechtsgerichtete Deutschnationale Handlungsgehilfen-Verband, in dem ausschließlich Männer organisiert waren, am 21. November 1930 in einem Schreiben an den Magistrat der Stadt Berlin, »anzuordnen, daß diejenigen verheirateten Frauen oder Töchter begüterter Eltern, auf die die genannten Voraussetzungen (gemeint ist das Doppelverdienerkriterium des Reichsarbeitsministeriums von 1926, das Personen, die »nicht auf Erwerb angewiesen sind«, erwähnt; d.Verf.) zutreffen, schnellstens durch stellenlose kaufmännische Angestellte ersetzt werden«, und »auf die Beamten (...) in angemessener Weise einzuwirken, daß deren Ehefrauen, die den großen Vorzug genießen, um das Schicksal ihrer Familie infolge der Unkündbarkeit des Familienerhalters nicht besorgt sein zu müssen, der Not anderer Volksschichten Rechnung tragen«.[45] Weit schärfer noch und zielgerichteter war der am 11. Dezember 1930 von der Wirtschaftspartei im Reichstag eingebrachte Antrag, in dessen Punkten 2, 3 und 4 es hieß: »Der Reichstag wolle beschließen: die Reichsregierung zu ersuchen, bei allen Reichs-, Staats- und Gemeindebehörden jede weitere Einstellung von weiblichem Personal auf das absolut erforderliche Maß zu beschränken, die bereits im Reichs-, Staats- und Gemeindedienst sich befindlichen *weiblichen Kräfte,* insbesondere diejenigen, *die Männerstellen bekleiden, abzubauen, soweit diese nicht eine Verpflichtung zum Unterhalt der Eltern haben,* oder soweit nachweisbar keine Mittel für den Lebensunterhalt vorhanden sind, oder deren Belassung ein dringendes Erfordernis ist, den Ehefrauen der Reichs-, Staats- und Gemeindebeamten sowie von Angestellten und Pensionären zu verbieten, einen Beruf auszuüben, der sich wirtschaftlich schädigend für die Erwerbsstände auswirkt.«[46]

Aufgrund dieses Antrags wie wohl noch in deutlicher Erinnerung an die Sonderbestimmungen für Beamtinnen in Artikel 14 der Personalabbauverordnung von 1923, die erst am 31. März 1929 nach langjährigem vergeblichem Kampf von Frauenberufsverbänden, aber auch Frauengruppen linker Parteiorganisationen gefallen waren, fürchteten die Frauen des öffentlichen Dienstes nicht ganz zu Unrecht, daß sie vor allem diejenigen sein würden, an denen gesetzliche Zwangsmaßnahmen verübt werden könnten und auf die sich exemplarisch das Augenmerk der Öffentlichkeit richten würde. Mehr als vom Standpunkt grundsätzlicher staatsbürgerlicher und wirtschaftlicher Gleichberechtigung der Frau argumentierten jedoch die einzelnen Berufsverbände wie auch der Bund Deutscher Frauenvereine, dem die meisten angeschlossen waren, mit der volkswirtschaftlichen Absurdität und Uneffektivität solcher Maßnahmen. In dem unüberlegten Kampf gegen die verheirateten »Doppelverdiener«, so heißt es in einer Eingabe des Allgemeinen Deutschen Lehrerinnen-Vereins an den Deutschen Reichstag vom Februar 1931,[46] vergesse man, daß in der Zahl von 3645000 erwerbstätigen Ehefrauen, mit deren Ausschaltung man die Arbeitslosigkeit bekämpfen wolle, die rund 2,5 Millionen Frauen mitgerechnet seien, die § 1356 BGB sogar verpflichtete, in Geschäft oder Betrieb des Ehemannes mitzuarbeiten, Ehefrauen von Landwirten, kleinen Handwerkern und Geschäftsleuten also, denen man die Mitarbeit gar nicht verbieten könne. Weitere rund 750000 berufstätige Ehefrauen seien Arbeiterinnen, die nur unter dem Druck der wirtschaftlichen Verhältnisse arbeiten; die selbständigen berufstätigen Ehefrauen könne man ohnehin nicht treffen. »Zwangsmaßnahmen könnten sich also nur gegen ca. 1% aller verheirateten erwerbstätigen Frauen richten, nämlich gegen die verheirateten weiblichen Behördenangestellten und Beamten.«[48] Soweit es sich nämlich um Privatangestellte handle, wurde der Gedanke von Elfriede Höber in der BDF-Zeitschrift »Die Frau« noch weiter ausgeführt, aus denen die größere Hälfte aller weiblichen Beamten und Angestellten bestehe, »haben Staat und öffentliche Körperschaften kein Mittel in der Hand (außer dem Druck der öffentlichen Meinung), um den Abbau durchzusetzen«.[49] Die verheirateten Privatangestellten seien außerdem meist ältere Frauen, die einen gehobeneren Posten ausfüllten, auf dem sie eingearbeitet seien und im wirtschaftlichen Interesse nicht ohne weiteres durch einen Arbeitslosen ersetzt werden könnten. Wolle man im Kampf gegen die »Doppelverdiener« aber besonders die verheiratete Beamtin treffen, so zeige schon allein das Beispiel der Postbeamtinnen, wie unberechtigt die Angriffe in Wirklichkeit waren. »Im ganzen Deutschen Reich«, so heißt es in der bereits erwähnten Eingabe des ADLV an den Reichstag, »sind von ca. 38 000 Postbeamtinnen annähernd 1000 verheiratet. Von diesen können als wirtschaftlich versorgt durch den Ehemann höchstens 450 angesehen werden. Daß ein Abbau dieser 450 Frauen im Reich eine volkswirtschaftliche Besserung herbeiführen würde, kann nicht behauptet werden.«[50] Ähnlich waren die Verhältnisse bei den Lehrerinnen, von denen darüber hinaus allerdings ein großer Teil den Beruf weniger als »Broterwerb« als als »Lebensaufgabe« betrachtete, so daß sich Regelungen, die die Verbindung von Ehe und Beruf erschwerten, eher zuungunsten der Ehe auswirkten. Während sich die freigewerkschaftlichen Verbände beispielsweise in ihren ablehnenden Stellungnahmen zur »Doppelverdienerkampagne« als Kampf gegen die verheiratete erwerbstätige Frau mehr mit den allgemeinpolitischen Zusammenhängen, der Minderbezahlung der Frau, der wirtschaftlichen Not der arbeitenden Bevölkerung, die einen solchen Konkurrenzkampf entstehen ließ, beschäftigten und zu beweisen suchten, daß, warum und wo Frauenarbeit aus dem Wirtschaftsleben nicht mehr zu entfernen sei, schenkte doch zumindest Gertrud Hanna vom ADGB auch dem zuvor genannten Aspekt etwas Beachtung: In den intellektuellen Kreisen »wird häufig innere Verbundenheit mit dem Beruf, für den die betreffenden Frauen eine vieljährige Ausbildungszeit durchgemacht haben, die Ausübung des Berufs auch nach der Verheiratung veranlassen. Wollte man diese Frauen, wenn sie Angestellte oder Beamte sind, zwangsläufig aus ihrer Arbeit entfernen, würde dies einmal arbeitsmarktpolitisch gar nicht ins Gewicht fallen, dann aber noch deutlicher, als es bei den Arbeiterinnen zum Ausdruck kommt, zeigen, daß die Forderung ›Freie Bahn dem Tüchtigen‹ für Frauen keine Berechtigung haben soll«.[51] Worum es wirklich ging und daß bei dieser Kampagne die ideologische Dimension wichtiger war als ein praktisches Lösungskonzept, erkannten etliche der von der Kampagne selbst betroffenen Frauen recht deutlich. »In solchen Notzeiten«, heißt es in dem bereits erwähnten Artikel von Elfriede Höber, »ist aber auch die Gefahr groß, daß an irgendeinem unwesentlichen Punkt mit Maßnahmen nur darum begonnen wird, weil hier der Widerstand verhältnismäßig gering ist und in der öffentlichen Meinung auf leichte Weise der Glaube erweckt werden kann, es geschähe wirklich etwas.«[52]

Als die Reichsregierung bereits 1930 selbst die Möglichkeit in Erwägung zog, eine erneute Ausnahmebestimmung für verheiratete Beamtinnen – ähnlich dem Artikel 14 der Personalabbauverordnung von 1923 – als Dauerregelung in das Reichsbeamtengesetz aufzunehmen, stieß dies zunächst bei allen drei Beamtenspitzenorganisationen auf Ablehnung. Der Bereitstellung einer Abfindungssumme für die freiwillige Aufgabe des Berufs für Beamtinnen stand man allerdings – besonders seitens des Deutschen Beamten-Bundes – nicht gänzlich abgeneigt gegenüber. Obwohl sogar eine 1930 zum Ausfindigmachen geeigneter Mittel und Wege zur Bekämpfung der Arbeitslosigkeit eingesetzte Gutachterkommission[53] schon im Frühjahr 1931 zu dem mehrheitlichen Schluß gekommen war, daß gesetzliche Maßnahmen gegen die verheiratete erwerbstätige Frau als Doppelverdienerin keinen realen Beitrag zur Reduzierung der Arbeitslosigkeit leisten könnten – ein Beweis, der von Gewerkschafts- und Frauenberufsverbänden längst erbracht war –, hatte man dieses Lösungsmuster gerade im öffentlichen Dienst keineswegs vergessen, sondern ging vor allem in Ländern und Gemeinden mit unverminderter Schärfe gegen verheiratete oder generell gegen berufstätige Frauen vor. Schon Ende 1930 – über die öffentlichen Betriebe hinaus waren inzwischen auch Post und Reichsbahn vollständig von der Krise erfaßt worden und hatten weitreichende Personaleinschränkungen vorgenommen – hatte der Reichspostminister gegenüber der Reichsregierung verlauten lassen, falls es nicht zur gesetzlichen Wiedereinführung des Kündigungsrechts gegenüber verheirateten weiblichen Beamten käme, »gehe das weibliche Berufsbeamtentum bei der Post seinem Ende zu«.[54] Am 12. Mai 1932 schließlich kam es zu einer diesbezüglichen Regelung. Das »Gesetz über die Rechtsstellung der weiblichen Beamten«,[55] das den Beamtinnen das »Kündigungsrecht« bei Heirat gegen Gewährung einer Abfindunssumme (16fach gestaffelt wie bei der letzten Regelung der Personalabbauverordnung) »zubilligte«, vor allem aber den vorgesetzten Dienstbehörden die Entlassung ohne einen solchen Antrag gestattete, sofern »die Versorgung der Beamtin nach der Höhe des Familieneinkommens dauernd gesichert« schien, war außer von der kommunistischen von allen Fraktionen des Reichstags angenommen worden. Die SPD hatte lediglich die Ausdehnung des Gesetzes auf die Länder und Gemeinden verhindert. Unter dem enormen Druck der Postverwaltung hatten sich schließlich auch die Reichs-, Post- und Telegraphenbeamtinnen, die größte Gruppe der Beamtinnen, zur Annahme eines solchen Gesetzes entschlossen. Seit die Personalabbauverordnung außer Kraft gesetzt war und die verheirateten Beamtinnen wieder das Recht hatten, im Beruf zu bleiben, hatte die Reichspostverwaltung keine Anwärterinnen mehr in Beamtenstellen aufrücken lassen. Ungeachtet der Tatsache, daß der Reichstag ausdrücklich auf eine Länderermächtigung verzichtet hatte, stellte schon am 24. Mai 1932 die Zentrumspartei im Preußischen Landtag einen entsprechenden Antrag, dem jedoch nicht stattgegeben wurde. Man kannte allerdings seit langem auch in den Behörden der Länder und Gemeinden zahlreiche Mittel und Wege, Frauen zu letztlich »freiwilligem« Ausscheiden zu bewegen. Etliche handhabbare Beispiele hierfür hatte nicht zuletzt die Reichspostverwaltung gegeben, unter anderem durch einen Erlaß, der amtsärztliche Untersuchungen verfügte mit dem Hinweis, daß man die Beamtin bei Auftreten irgendeines Mangels »in ruhigere Verhältnisse auf dem Land« versetzen wolle, was nichts anderes als eine Drohung bedeutete, da man bei einer Frau, die jahrelang im Fernsprechdienst tätig war, immer eine kleine nervöse Störung finden konnte, eine Versetzung für die verheiratete Beamtin aber Trennung von der Familie und damit fast immer ein »freiwilliges« Ausscheiden bedeutete.[56]

Während solche Vorgehensweisen in der Weimarer Republik doch immerhin noch einer gewissen legalistischen Absicherung bedurft hatten, fanden sie nach der nationalsozialistischen Machtergreifung einen umfassenden politisch-ideologischen Hintergrund, hatten doch gerade die Nationalsozialisten diese Kampagnen unter dem Motto »Kampf den Doppelverdienern« und »Die Frau gehört ins Haus« zu einem wesentlichen Teil getragen. Obgleich das grundlegende Frauenbild der Nationalsozialisten das der Mutter und Gebärerin war, wies es doch bezüglich der Berufstätigkeit von Frauen einige Widersprüche auf. Wohl unter dem Druck einer im Wahljahr 1932 immerhin zu einem Drittel aus Frauen bestehenden berufstätigen Bevölkerung hatten die Ideologen der NSDAP auch der berufstätigen Frau wenigstens in »art- und wesensmäßigen« Arbeitsbereichen ein gewisses Maß an Anerkennung zugebilligt. David Schoenbaum schreibt in seiner Sozialgeschichte des Dritten Reiches: »In der besonderen Situation der Zeit hatte Strasser nichts dagegen, Frauen als Lehrerinnen, Krankenschwestern, Sekretärinnen und Fürsorgerinnen beschäftigt zu sehen sowie in der Verwaltung von Sport und Erholung, als Richterin an Arbeitsgerichten, ja sogar im öffentlichen Dienst, sofern es um die Frauenfürsorge oder um andere Verwaltungsaufgaben ging, von denen Frauen betroffen waren.«[57]

In den »art- und wesensgemäßen« Bereichen aber, im Sozialsektor also, war – so ergab es eine 1933 von den Nationalsozialisten durchgeführte Zählung – der größte Prozentsatz der Beamtinnen und Angestellten des öffentlichen Dienstes inzwischen ohnehin tätig und sollte es auch bleiben. Für die anderen Bereiche jedoch hatte eine einzige gesetzliche Maßnahme, nämlich die Erweiterung des Brüning-Erlasses vom Mai 1932 auf die Länder und Gemeinden, genügt, um die letzten noch vorhandenen Schranken bezüglich eines Vorgehens gegen verheiratete oder andere »versorgte« berufstätige Frauen einzureißen. Schließlich mußte man von oberster Stelle selbst – man hatte, da man nun real mit dem »Doppelverdienerproblem« konfrontiert war, schnell eingesehen, daß hier keine dauernde volkswirtschaftliche Lösung lag – dem unbekümmerten Wüten der Behörden Einhalt gebieten. Spätestens ab 1936 erfolgte dann, den Erfordernissen des Arbeitsmarktes wie der verstärkten Kriegsvorbereitung entsprechend, ungeachtet aller Ideologie ein allgemeiner Wiederanstieg der Frauenarbeit, auch in den Reihen der Beamten und Angestellten des öffentlichen Dienstes, der sogar mit einem gewachsenen Anteil verheirateter Frauen einherging.

Angesichts der Entwicklung der letzten Phase der Weimarer Republik bedeutete die Machtergreifung der Nationalsozialisten für die Berufssituation der Beamtinnen und Angestellten des öffentlichen Dienstes zwar eine weitere Verschärfung, nicht aber einen grundsätzlichen Einschnitt. Denn die grundsätzlichen Rechte, die ihnen in der Weimarer Verfassung zugestanden worden waren, waren durch die reale ökonomisch-politische Entwicklung immer wieder zunichte gemacht oder unterlaufen worden. Insgesamt waren die herkömmlichen Strukturen von Ehe und Familie für die Frauen immer die Angelpunkte geblieben, an denen sie gerade in Zeiten der Krise erfaßt und gesondert benachteiligt werden konnten: als Ledige, im Dienst Verbleibende mit Sondersteuern und Gehaltsminderungen belegt, die ihren sonstigen Familienzusammenhängen in keiner Weise gerecht wurden, als Verheiratete, »wirtschaftlich Versorgte« von Entlassung bedroht oder von vornherein an Verbeamtung und möglichem Aufstieg gehindert. Und nicht zuletzt häufig vom eigenen Selbstverständnis im Stich gelassen, das meist in dieser Spaltung verwurzelt blieb.

*Tabelle 1: Die Beamtenbeschäftigungsentwicklung im Post- und Fernmeldewesen*

| | 1923 | 1924 | 1925 | 1926 |
|---|---|---|---|---|
| Beamte im Hauptamt | 252380 | 247136 | 250680 | 252524 |
| davon weiblich | 51752 | 48879 | 47784 | 45827 |
| | **1927** | **1928** | **1929** | **1930** |
| Beamte im Hauptamt | 248896 | 244030 | 243773 | 241238 |
| davon weiblich | 43508 | 41027 | 39679 | 38716 |
| | **1931** | **1932** | **1933** | **1934** |
| Beamte im Hauptamt | 237359 | 233343 | 222969 | 221259 |
| davon weiblich | 37578 | 36217 | 33422 | 32287 |
| | **1935** | **1936** | **1937** | **1938*** |
| Beamte im Hauptamt | 221448 | 219259 | 221082 | 249432 |
| davon weiblich | 31467 | 30935 | 30690 | 35377 |

* Die Zahlen gelten hier bereits für das bisherige Reichsgebiet und die hinzugekommenen Gebiete »Ostmark« und Sudetenland.

Zahlenangaben aus: Statistisches Jahrbuch des Deutschen Reiches, Jg. 1926–1940, hrsg. v. Statistisches Reichsamt Berlin, Kapitel V. Verkehr, 1 Post, Telegraphie und Fernsprechwesen

*Tabelle 2: Übersicht über die dem Bund Deutscher Frauenvereine angeschlossenen Berufsorganisationen und ihre Mitgliederzahlen im Jahre 1931*

| Gruppe | Name | Mitglieder-zahl |
|---|---|---|
| a) Überwiegend beamtete Mitglieder | 1. Allgemeiner Deutscher Lehrerinnen-Verein | 36132 |
| | 2. Post- und Telegraphenbeamtinnen | 36895 |
| | 3. Reichsbahnbeamtinnen | 1980 |
| | 4. Beamtinnen der Reichsbehörden | 400 |
| | 5. Strafvollzugsbeamtinnen | 400 |
| | 6. Diplom- und Handelslehrerinnen | 310 |
| | 7. Hochschuldozentinnen | 46 |
| b) Teilweise beamtete Mitglieder | 1. Sozialbeamtinnen | 4000 |
| | 2. Nationalökonominnen | 240 |
| | 3. Juristinnen | 243 |
| | 4. Komba (Verband der kommunalen Beamtinnen und Angestellten) | 11061 |
| c) Nichtbeamtete Mitglieder | 1. Krankenpflegerinnen | 3757 |
| | 2. Säuglingsschwestern | 2834 |
| | 3. Allgemeiner Deutscher Hausbeamtinnenverein | 2350 |
| | 4. Künstlerinnen (Gedok) | 1500 |
| | 5. Beamtinnen und Fachlehrerinnen in Haus, Garten und Landwirtschaft | 1500 |
| | 6. Ärztinnen | 536 |
| | 7. Loheland | 400 |
| | 8. Gymnastikbund | 175 |
| | 9. Studentinnen | 170 |
| d) Hausfrauen | 1. Reichsverband Deutscher Hausfrauenvereine | 130000 |
| | 2. Reichsverband landwirtschaftlicher Hausfrauenvereine | 54000 |
| e) Besondere Gruppen | 1. Gewerkschaftsbund Deutscher Angestellten | 90000 |
| | 2. Damenschneiderinnen | 35000 |
| | 3. Hebammen | 15700 |
| | 4. Reifensteiner Verband | 2250 |

Aus: Nachrichtenblatt des Bundes Deutscher Frauenvereine, Jg. 1931, Nr. 9, S. 69.

DORIS KAMPMANN

# »Zölibat – ohne uns!« – Die soziale Situation und politische Einstellung der Lehrerinnen in der Weimarer Republik

Dieser Beitrag versucht, ein Bild von den Lehrerinnen der Weimarer Republik zu zeichnen, die in dieser Zeit durch ihre relativ hohe Bildung und ihre öffentliche Aufgabe eine führende Kraft in der Frauenbewegung waren.

Dabei wird besonders auf ihre Ausbildung, Verwendung, Besoldung wie auch ihre Wohnsituation eingegangen, vor allem aber wird gezeigt, wie sie ihre Interessen durch die Lehrerinnenvereine formulierten und durchzusetzen versuchten.

Bei dieser Untersuchung mußte ich eine Einschränkung hinnehmen, da ich mich außer auf die Arbeiten von Ilse Gahlings/Elle Moering, »Die Volkschullehrerin«, und Helmut Beilner, »Die Emanzipation der bayrischen Lehrerin«, nur auf Primärquellen, d.h. die Verbandszeitschriften der Lehrerinnenvereine[1] und die Zeitschrift des Bundes Deutscher Frauenvereine, »Die Frau«, stützen konnte. Um den Zitatenapparat nicht ins Ungeheure aufzublähen, habe ich darauf verzichten müssen, diese Zeitschriften bei Datenangaben als Quellen zu zitieren.

Obwohl die Mehrheit der Lehrerinnen in diesen Vereinen organisiert war, läßt die Vereinsgeschichte jedoch keine umfassenden Aussagen zu, da aus dem Kreis der sich in den Vereinsorganen äußernden Lehrerinnen zumindest die kritischen, radikalfeministischen herausfallen, z.B. die Gruppe um Anita Augspurg, Lida Gustava Heymann und Helene Stöcker.

## Die Entwicklung des Lehrerinnenberufes und ihre Bedeutung für die bürgerliche Frauenbewegung um die Jahrhundertwende

Der Beruf der Lehrerin hatte in der Zeit des Zweiten Deutschen Reiches eine doppelte Funktion. Einerseits erlaubte er den Töchtern des mittleren und oberen Bürgertums, sich ökonomisch selbständig abzusichern, was durch die ungeheuren ökonomischen und sozialen Umwälzungen dieser Zeit notwendig wurde, wollten die Frauen nicht Almosenempfänger ihrer Brüder und Schwäger werden, andererseits war der Beruf der Lehrerin ein kulturtragender, so daß die Frauen in ihm ihre ökonomischen und individuell-kulturellen Bedürfnisse zusammenbringen konnten. (Die Absicherung durch Heirat war in dieser Zeit nicht gewährleistet. 1867 waren ungefähr 50% der Frauen im »heiratsfähigen Alter« nicht verheiratet.[2])

So ist es kein Wunder, daß die führenden Frauen der Frauenbewegung von Beruf Lehrerinnen waren, wie Anita Augspurg, Hedwig Dohm und Helene Lange.[3] Die Lehrerinnen waren »die einzig große und annähernd homogen gebildete Frauenschicht, die bis zu einem gewissen Grad gelernt hatte, sich in der Öffentlichkeit zu bewegen, zu reden und zu organisieren.«[4] Um also eine ökonomische Selbständigkeit zu gewinnen, ohne eine Ehe als Versorgungsinstitution eingehen zu müssen sowie zur Erlangung ihrer kulturellen Verwirklichung forderte die bürgerliche Frauenbewegung das Recht auf Arbeit und Ausbildung. »Wir verlangen nur, daß die Arena der Arbeit auch für uns und unsere Schwestern geöffnet wird, und Freiheit für die Entwicklung der Frau ist eine Forderung der Gerechtigkeit; Freiheit zur Arbeit muß der Frau gegeben werden, um ihrer eigenen sittlichen Vervollkommnung, um des erzieherischen Wertes der Arbeit willen . . .«[5]

Das Recht auf Arbeit war für die Frauenbewegung und die sie tragenden Lehrerinnen keine abstrakte Rechtsforderung, sondern ein Eigeninteresse, da die Lehrerinnen nicht nur schlechter ausgebildet, sondern auch geringer besoldet wurden. Zudem hatten sie in der Schule ein schlechteres Ansehen. Den Lehrerinnen wurde nicht nur eine sittenstrenge Lebensführung und Ehelosigkeit abverlangt, ihre männlichen Kollegen bezweifelten ihre körperliche Leistungsfähigkeit wie auch ihre geistigen Qualitäten, so daß Frauen hauptsächlich in den Unter- und Mittelstufen unterrichten mußten. Die Konkurrenz zwischen den Lehrern und den Lehrerinnen beruhte jedoch nicht nur auf der männlichen Borniertheit gegenüber den Fähigkeiten der Frau und der tatsächlich existierenden Gefahr, durch die billige Arbeitskraft »Frau« den Arbeitsplatz zu verlieren, sondern bedingte sich auch daraus, daß die Lehrerinnen – im besonderen die Volksschullehrerinnen – einer höheren Schicht entstammten. Die Ablehnung der Lehrerinnen durch ihre männlichen Kollegen war derart, daß ein Zitat wie das folgende nicht als eine Ausnahme angesehen werden kann:

»Mädchen, die mit 20 Jahren in blühender Schönheit in das

Lehrerin mit ihrer Mädchenklasse, 1932 *(Privatfoto)*.

Amt eintreten, sehen schon nach einer Arbeit von 6 bis 8 Jahren wie ganz verblühende, alternde Jungfrauen aus. Im Alter von 30 bis 35 Jahren, wenn der Jüngling im Lehrerberuf erst recht zu leben und der durch ernste Studien und Vorarbeiten erlangten Kraft sich recht zu freuen beginnt, sind die Lehrerinnen bereits oft ganz gebrochen, nervös, leidend, beständig kränklich und erfüllen ihre Pflichten ohne Freudigkeit unter inneren Qualen. Mit 40 haben sie fast alle ohne Unterschied mit beständigem Siechtum zu kämpfen, so daß ihr Leben von diesem Zeitpunkt an als ein im Grunde trauriges bezeichnet werden muß.«[6]

Trotz der praktisch diskriminierenden Situation (nicht nur in den Schulen) sahen die Lehrerinnen ihre kulturelle Aufgabe nicht im Gegensatz zur bestehenden Gesellschaft und Kultur. Die führenden Frauen gingen davon aus, daß »die Harmonie der menschlichen Kultur und alles Lebens nur erwachsen könne aus dem ›Ausgleich‹ der verschiedenen ›Naturen‹ der Frau und des Mannes; mit dem Blick auf die Kulturarbeit bedeutet dies: gemeinsame Kulturarbeit für ein gemeinsames Ziel unter Anpassung ihres Inhalts und Methoden an die ›spezifisch‹ weibliche und männliche Individualität.«[7]

Unter der Voraussetzung der »Gleichwertigkeit« der Geschlechter verbunden mit ihrer »natürlichen« Ungleichheit sahen es die Lehrerinnen als ihre besondere Aufgabe an, sich für die Mädchenbildung einzusetzen. Die »natürliche Mütterlichkeit« wurde unter dem Einfluß der Fröbel-Bewegung zum höchsten Erziehungsziel für die Masse der Frauen; neben und über der »natürlichen Mütterlichkeit« sollte sich eine »geistige Mütterlichkeit« entfalten, die besonders für die Frauen gedacht war, die keine Kinder geboren hatten. Der Lehrberuf galt als der ideale Beruf der geistig tätigen Frau, da er als psychisch erweiterte Mutterschaft betrachtet wurde.

Bei ihren Bemühungen um eine neue Mädchenerziehung konzentrierten sich die Lehrerinnen auf zwei Schulformen, die Volksschule und die höhere Mädchenschule. Vor allem im Volksschulbereich erblickten sie die Möglichkeit, ein großes Berufsgebiet für die Frauen aus den mittleren und höheren Schichten zu erschließen. Hier, im Bereich der Volksschule, war man von dem »versittlichenden« Einfluß der gebildeten Lehrerinnen aus der höheren Schicht überzeugt. Helene Lange wies bei der provisorischen Gründung des ADLV 1889 darauf hin, daß »die Notwendigkeit eines versöhnenden, positiven Elements, wie es die Volksschullehrerin sein kann und soll, mit dem sich steigernden Klassenhaß wächst und daß andererseits diesem Klassenhaß durch nichts Besseres die Spitze gebrochen werden kann, als wenn die Frauen der gebildeten Stände dem Volke wenigstens die Elemente der Bildung zu übermitteln versuchen, auf der ja doch nur der Unterschied zwischen ihm und uns beruht«.[8]

Die Anerkennung der gegenwärtigen Verhältnisse durch die Lehrerinnen gingen jedoch nicht so weit, daß sie die Frauen auf ihre alte Rolle festschreiben wollten. So forderten die Lehrerinnen neben dem Ideal der tüchtigen Mutter und Hausfrau, daß Mädchen auch auf das Erwerbsleben vorbereitet werden müssen.

Ebenso wie in der Mädchenbildung konnte sich die führende Lehrerinnenvereinigung ADLV (Allgemeiner Deutscher Lehrerinnenverein) in der Frage des Lehrerinnenzölibats von den herrschenden (männlichen) Sittenvorstellungen nicht freimachen, so daß eine eindeutige Ablehnung des Lehrerinnenzölibats (Ehestandsklausel) nicht erhoben wurde, im Gegensatz zum Landesverein Preußischer Volksschullehrerinnen, der dem ADLV angeschlossen war, sich aber in der Ablehnung des Zölibats nicht durchsetzen konnte.

Insgesamt läßt sich sagen, daß diese von den Lehrerinnen getragene Frauenbewegung wirklich insofern eine bürgerliche war, als sie die Kritik an der Diskriminierung der Frau nicht in Zusammenhang mit der ökonomischen und kulturellen Struktur des Wilhelminischen Reiches brachte. Die Lehrerinnen wollten in ihrer Gesellschaft nicht Bürger zweiter Klasse sein, ohne jedoch zu erkennen, daß diese patriarchalische Gesellschaft auch dadurch lebte, daß die Frau in ihr Mensch und Bürger zweiter Klasse war.

## Die Arbeit der Lehrerinnenvereine, insbesondere die des ADLV

1869 wurde in Berlin im Auftrag des Allgemeinen Deutschen Frauenvereins der überregionale Verein deutscher Lehrerinnen und Erzieher als Vorläufer besonders auf ideologischem Gebiet des ADLVs neben einer Vielzahl anderer Lehrerinnenvereine gegründet. Alle diese Vereine, ausgenommen zwei rein konfessionelle, gingen im ADLV (gegründet 1894) auf. Dank der Eingliederung dieser Vereine wurde der ADLV zum stärksten und wichtigsten Lehrerinnenverein, jedoch kamen dadurch auch fortschrittliche Tendenzen und Strömungen, wie z.B. die des schon erwähnten Landesvereins Preußischer Volksschullehrerinnen, nicht zum Zuge.

Der ADLV zeichnete sich vor allem dadurch aus, daß er sehr einheitlich strukturiert war, d.h. die Trennung nach Herkunft, Vor- und Ausbildung sowie die nach den unterschiedlichen Schultypen, die das Organisationswesen der Lehrer kennzeichnete, aufgehoben wurde. Dieser Einheitlichkeit im Zusammenhang mit der hohen Mitgliederzahl sind die Erfolge des ADLV bei der Durchsetzung ihrer Politik zu verdanken.

Wie der ADLV war auch der VkDL (Verein katholisch Deutscher Lehrerinnen) und der unbedeutende evangelische Lehrerinnenverein einheitlich strukturiert, jedoch spaltete sich Ende des Ersten Weltkrieges vom VkDL der Verein katholisch deutscher Philologinnen ab. Der Verein der evangelischen Lehrerinnen entstand erst als eigenständiger durch Ausschluß aus dem ADLV, als die evangelischen Lehrerinnen sich dem reaktionären und frauenfeindlichen Deutschen Gewerkschaftsbund anschlossen (1922), in welchem unter anderem der berüchtigte »Deutschnationale Handlungsgehilfenverband« organisiert war.

## Die Politik des ADLV

Da in den letzten beiden Jahrzehnten des 19. Jahrhunderts die Zahl arbeitsloser Lehrerinnen nicht unbeträchtlich war, war es eine Hauptaufgabe des ADLV, das Volksschulwesen auszubauen, um so den Lehrerinnen ein Beschäftigungsfeld zu eröffnen. Zudem hatten die Lehrerinnen des ADLV am Volksschulwesen ein ideologisches Interesse, da sie sich – wie schon erwähnt – als versöhnendes Element aufgrund ihrer versittlichenden Mission ansahen. Als billige Lösung sozialer Probleme – dank der niedrigen Besoldung von Volksschullehrerinnen – wurde diese Politik vom Staat bereitwillig aufgenommen.

Erst in der Weimarer Republik forderte der ADLV die allgemeine Gleichstellung von Lehrern und Lehrerinnen, stieß damit jedoch auf heftigen Widerstand des Philologenverbandes, wie folgende Äußerung zeigt: »Das Eindringen von Frauen in den Knabenanstalten, die nur von einer geringen Zahl von Mädchen besucht werden, müsse bekämpft werden, da die Betreuung von Mädchen durch die für Turnen und Handarbeit notwendige technische Lehrerin erfolgen könne.«[9]

»Als eine besondere Herabsetzung betrachteten es die Philologen, daß sie durch staatlichen Zwang eine Direktorin an Mädchenschulen als Vorgesetzte haben könnten, d.h. sie sich als Männer einer Frau unterordnen müßten.«[10]

Nicht nur als Erweiterung des Stellenangebots, sondern vor allem als emanzipative Aufgabe setzte sich der ADLV für die höhere Mädchenbildung ein. Er forderte eine der gymnasialen Knabenbildung ebenbürtige höhere Mädchenbildung, um so für die heranwachsenden Mädchen wirklich gleiche Bildungschancen für den universitären Ausbildungsweg zu schaffen. Hierin sahen die Lehrerinnen des ADLV eine der wirksamsten Möglichkeiten, die Ideen ihrer Emanzipationsbestrebungen zu verbreiten und eine neue Generation emanzipierter Frauen zu bilden. Obwohl die von den Lehrerinnen geforderte Reform der höheren Mädchenbildung von der physischen und dadurch bedingten psychischen Verschiedenheit der Geschlechter ausging, stießen sie »auf heftigen Widerstand seitens der männlichen Pädagogen, der Regierungskreise, der Männerwelt dieser Schichten überhaupt«.[11]

Die Einstellung zur verheirateten Lehrerin war im ADLV durchaus nicht immer positiv gewesen. Helene Lange äußerte dazu: »Es gäbe durchaus Frauen, die über das, was sie im ehelosen Stand entbehrten, nicht hinwegkämen. Aber auf diesen ›Nottypus‹, der in Schule und Haus überlastet ist, sollte die Schule verzichten, zumal wertvolle Erziehungsleistungen nicht nur im Typus der verheirateten Lehrerin zu suchen sind.«[12] Sie forderte jedoch, »im Interesse jener Ausnahmenaturen, die wirklich einem Doppelberuf gewachsen wären, daß nicht ein für allemal das Verbleiben der verheirateten Lehrerin im öffentlichen Schuldienst ausgeschlossen werde«.[13]

In der Weimarer Republik setzten sich die Lehrerinnen des ADLV jedoch uneingeschränkt für die verheiratete Lehrerin ein, da man schnell erkannte, daß mit dem Angriff auf die verheiratete berufstätige Frau eine erneute generelle Infragestellung der Frauenberufstätigkeit verbunden war. Um gegen die Angriffe des Staates gegenüber verheirateten Lehrerinnen vorgehen zu können, bildete sich im ADLV eine »Arbeitsgemeinschaft der verheirateten Lehrerin«. Die beiden konfessionellen Lehrerinnenvereine lehnten grundsätzlich die verheiratete Lehrerin ab. (Dieser Punkt wie auch die Ablehnung von Koedukation und der nicht konfessionell gebundenen Schulen waren die Hauptdifferenzen dieser Vereine zum ADLV.)

Der materiallen Notlage der Lehrerinnen nahm sich der ADLV an, indem er Darlehenskassen gründete und Stellen an arbeitslose Lehrerinnen vermittelte.

## Die soziale Situation der Lehrerinnen in der Weimarer Republik

Die Lehrerinnen kamen stets aus »höheren« sozialen Schichten als die Lehrer.[14] Beim Volksschullehrerstudium zeigte sich dieser Unterschied besonders kraß, da dieses Studium bei Männern als Aufsteigerfach galt. So wurde es von den Studenten der Oberschicht selten gewählt.

Die Lehrerinnenausbildung war in der Weimarer Republik grundsätzlich für beide Geschlechter gleich, aufgrund der Reichsschulkonferenz von 1920. Jedoch waren einige Akademien der Volksschullehrerausbildung während der gesamten Weimarer Republik ausschließlich Männern vorbehalten.

Das Verhältnis der an den verschiedenen Schultypen beschäftigten Lehrerinnen zu den Lehrern betrug 1925:

110 136 Frauen in akademischen Berufen
97 675 davon Lehrerinnen
519 909 Männer in akademischen Berufen
211 066 davon Lehrer

1931/32 betrug der prozentuale Anteil der Lehrerinnen an den Volksschulen 25,6% gegenüber 74,4% Lehrern. An den Mittelschulen der meisten Länder lag der prozentuale Anteil weiblicher Lehrkräfte bei 40%, obgleich der Mädchenanteil an diesen Schulen auf das ganze Reich gesehen zum gleichen Zeitpunkt bei 53,3% lag. Jedoch überwog der Anteil der Lehrerinnen an privaten Mittelschulen des Reiches den der Lehrer

(60/40%), da der Hauptanteil dieser Schulen sich auf Bayern konzentrierte, wo die Privatschulen katholische Ordensschulen waren, in denen die Ausübung des Lehrberufs durch Frauen eine lange Tradition hatte.

Obwohl also die meisten akademischen Frauen Lehrerinnen waren, waren sie in den Schulen immer noch unterrepräsentiert, nur jedes dritte Lehramt war mit einer Frau besetzt. Noch gravierender war der Unterschied in den leitenden Positionen. Für die 32906 Volksschulen in Preußen gab es 1928 nur 45 Schulleiterinnen,[15] die Zahl stieg auf 70 Schulleiterinnen im Jahre 1930. Die Zahl der beschäftigten Lehrerinnen sank sogar von 73,7% (1921/22) auf 70,7% (1931/32). Dessen ungeachtet forderte der Philologenverband immer wieder die Wahrung des männlichen Einflusses an den höheren Mädchenschulen. Zugleich verhinderte er die Einstellung von Lehrerinnen an den höheren Knabenschulen.

Vor dem Ersten Weltkrieg erhielten die Lehrerinnen zumeist ein um 50% geringeres Gehalt als ihre männlichen Kollegen. Häufig war der Unterschied der Anfangsgehälter nicht so kraß, dafür aber um so stärker in den höheren Besoldungsstufen. Die Oberlehrer übertrafen ihre Kolleginnen anfangs um 35%, am Ende um 72%.[16] Begründet wurden diese Unterschiede mit der »schnelleren Abnutzung« der Lehrerinnen. Soweit dieses »Argument« mehr als nur ein Vorurteil ist, vergißt es jedoch die Doppelbelastung der Frau.[17] Ebenso wie die Lehrerinnenausbildung war die Besoldung in der Weimarer Republik für beide Geschlechter grundsätzlich gleichgestellt.

Die Tatsache, daß das Lehrerinnenzölibat aufgehoben worden war, machte es erforderlich, daß die Urlaubs- und Besoldungsverhältnisse der verheirateten Lehrerinnen geregelt wurden. So sollten der Lehrerin bei der Niederkunft 7 Wochen Dienstbefreiung bei vollem oder 10 Wochen bei halbem Gehalt zustehen.[18] Auf der anderen Seite mußten die verheirateten Lehrerinnen einen 10%igen Abzug vom Grundgehalt hinnehmen. Zudem wurde in den meisten Ländern des Reiches allen Lehrerinnen das Gehalt um 10% gekürzt bei Verringerung der Pflichtstundenzahl um zwei bis drei Stunden. In einer statistischen Erhebung, die im Auftrage der DLZ (Deutsche Lehrerinnenzeitung) durchgeführt worden war, wurde festgestellt, daß den Lehrerinnen nur 81 bis 84% des Gehalts ihrer Kollegen ausgezahlt wurden, wobei allerdings vom Gehalt eines verheirateten Lehrers ausgegangen wurde, der einen Frauen- und Kinderzuschlag sowie weitere Vergünstigungen erhielt. Weitere Benachteiligungen bestanden darin, daß die Verwandten der Lehrerinnen keinen Anspruch auf Hinterbliebenenrente besaßen.

In der DLZ wurde die wirtschaftliche Lage der Lehrerinnen folgendermaßen eingeschätzt: sie sei »die einer Frau in gesicherter Lebensstellung mit einem für eine Person berechneten Einkommen, das bei bescheidenen Ansprüchen an das geistige und kulturelle Leben als ausreichend anzusehen ist, wenn die Lehrerin es für sich alleine zur Verfügung hat«.

Die Lehrerinnen protestierten wiederholt gegen diese Gehaltsabzüge und verlangten, daß man sie dieselbe Stundenzahl unterrichten lassen sollte wie ihre männlichen Kollegen. Neben den Gehaltsabzügen hatten die Lehrerinnen als Beamtinnen keinen Anspruch auf eine Dienstwohnung. Trotz der Schwierigkeiten, als ledige Frau eine Wohnung zu finden, führten sehr viele von ihnen einen eigenen Haushalt. (1927 waren es 72% nach einer Erhebung des VkDL.) Diese auf dem freien Wohnungsmarkt gefundenen Wohnungen entsprachen häufig nicht ihren Ansprüchen. Die Lehrerinnen des ADLV forderten deshalb, daß für sie Wohnungen gebaut werden sollten, die ihrem Lebensstil angemessen wären. Dabei dachten sie an Wohnungen, die eine rationelle Haushaltsführung ermöglichen würden, »denn sobald die Sachpflege das persönliche Leben überwuchere, sobald die häusliche Tätigkeit als Belastung gefühlt werde, hat sie ihr Recht verloren«.

Als ideale Wohnweise wurden Wohnheime mit erschwinglichen Mietpreisen angesehen. Aufgrund der Initative des Bundes Deutscher Frauenvereine und des ADLV wurden zahlreiche Wohnheime gegründet.

Abgesehen von der etwas eingeschränkten Zugangsmöglichkeit zu den Ausbildungsstätten, dem bis zu 20% geringerem Gehalt und der nicht ganz befriedigenden Wohnsituation war also die Stellung der Lehrerin in der Weimarer Republik der ihrer männlichen Kollegen im großen und ganzen »gleich«. Während der häufigen wirtschaftlichen Krisenzeiten in der Weimarer Republik wurden jedoch selbst diese mageren Errungenschaften in Frage gestellt, wenn sie nicht gleich vom Staat aufgehoben wurden.

## Die Entwicklung der Berufslage der Lehrerin in der Weimarer Republik

»Für die Frauenarbeit brachte der Erste Weltkrieg langfristig mithin einige Fortschritte, die nicht völlig rückgängig gemacht werden konnten.«[19]

Gemeint ist hier von Dörte Winkler die Tatsache, daß erstmals durch die Not- und Mangelsituation während des Ersten Weltkrieges verheiratete Lehrerinnen unterrichteten und Frauen für den Unterricht an Knabenschulen eingesetzt wurden. Dadurch entlarvte sich die Argumentation, daß wegen der mangelnden physischen und psychischen Eigenschaften Frauen nicht für den Unterricht an Knabenschulen geeignet seien wie auch nicht für leitende Stellungen, allgemein gesagt: daß Frauen einen Mann im Lehramt nur sehr bedingt vertreten könnten, durch die Praxis, so daß auch Verweise auf die Lükkenbüßerfunktion das Selbstvertrauen der Lehrerinnen nicht recht zu erschüttern vermochten. Diese praktische Gleichheit wurde nach dem Krieg rechtlich abgesichert. Als Ergebnis der Revolution von 1918 und des starken Einsatzes der Frauenverbände wurde in der Weimarer Verfassung die staatsbürgerliche Gleichberechtigung der Frau festgelegt, Frauen erhielten das aktive und passive Wahlrecht, wie auch der Zugang zu öffentlichen Ämtern nach Befähigung vergeben werden sollte. »Alle Ausnahmebedingungen für weibliche Beamte werden beseitigt.«[20] Das diese rechtliche Absicherung nur ein Recht war, auf das Frauen sich berufen konnten, da sie es nicht wirklich hatten, zeigte sich schon in den ersten Amtshandlungen der Regierung der Weimarer Republik.

Die Demobilmachungsverordnung vom November 1918 sowie die vom März 1919 und vom Januar 1920, durch welche (Männer-)Arbeitslosigkeit und revolutionäre Tendenzen abgebaut werden sollten, sahen vor, daß Frauen die von Männern ausfüllbaren Arbeitsplätze diesen abtreten sollten. (Zwar waren Männer auch von diesem Gesetz betroffen, jedoch in viel geringerem Maße als Frauen.) Praktisch bestimmte das sogenannte Unterbringungsgesetz, daß die Hälfte aller preußischen Schulstellen für Heimkehrende oder Flüchtlingslehrer freizumachen seien. Allerdings konnten die Lehrerinnenvereine durch massiven Protest viele Entlassungen zunächst verhindern. Der Staat versuchte, dieses Problem (schon damals) dadurch zu lösen, daß er die Lehrerinnen dazu aufforderte, sich umschulen zu lassen, was für diese zumeist eine Dequalifikation bedeutete. Es war zwar grundsätzlich in einem befristeten Erlaß (1920–22) festgelegt worden, daß keine verheirateten Lehrerinnen entlassen werden dürften, doch kam es häufig vor, daß den Lehrerinnen, wenn sie heirateten, gekündigt wurde.[21] 1921 entschied auch das Reichsgericht – anläßlich der versuchten Wiederherstellung des Eheverbots durch die bayerische Landesregierung – zugunsten der Frauen, indem es die Reichsverfassungsbestimmung auch für die Länder festhielt. Emmy Beckmann sagte dazu:

»Zwar wird die Beamtin durch die Verfassung geschützt, in ihrer persönlichen Freiheit, und wiederholt sind Angriffe der Landesbehörden auf sie durch Urteile des Reichsgerichtes zurückgewiesen worden. Trotzdem erneuern sich die Angriffe – auch von seiten der Behörden: Man entläßt – wie eben in Bayern – die widerruflich angestellten Lehrerinnen, die mit Wissen der Behörde, und ohne von ihr gewarnt zu sein, geheiratet hatten, Lehrerinnen, die zum Teil bis zu 15 Jahre im Amt waren, oder man bringt verheiratete Beamtenanwärterinnen nicht zur festen Anstellung; oder man erläßt eine Notverordnung, nach der für eine Zeit das verfassungsmäßig gewährleistete Recht der Beamtin, sich zu verheiraten, aufgehoben werden soll.«

Die Frauen mußten feststellen, daß sobald die wirtschaftliche Lage es erforderte, ihnen ihre soeben erworbenen Rechte in der Praxis wieder aberkannt wurden. So schreibt Dörte Winkler: »In der Arbeiterschaft, auch unter den organisierten Arbeitern, verbreitete sich infolge der harten Konkurrenz bis mindestens 1923 wieder ein starker Antifeminismus – unter den Angestellten und Beamten hatte er nie aufgehört zu existieren.«[22]

Aufgrund der unveränderten wirtschaftlichen Notsituation sah sich die Regierung gezwungen, die öffentlichen Ausgaben zu reduzieren. Dies sollte durch die Personalabbauverordnung von 1923 erreicht werden, deren Gültigkeit bis 1929 begrenzt wurde. Diese »Notverordnung«, wie auch alle späteren, konnte aufgrund des Ermächtigungsgesetzes, d.h. des Artikels 48 der Weimarer Verfassung, verabschiedet werden. Insbesondere § 14 der Personalabbauverordnung griff in die Rechte der Beamtinnen ein: »Das Dienstverhältnis verheirateter weiblicher Beamter und Lehrer im Dienste des Reiches, der Länder und Gemeinden kann jederzeit am ersten Werktage eines Monats zum Monatsende gekündigt werden, sofern nach dem Ermessen der zuständigen Behörde die wirtschaftliche Versorgung des weiblichen Beamten gesichert erscheint. Dies gilt auch bei lebenslänglicher Einstellung. Entgegengesetzte längere vereinbarte oder gesetzliche Kündigungsfristen treten außer Kraft; bestehende kürzere Kündigungsfristen bleiben bestehen.«[23]

Dadurch wurde eindeutig Artikel 128 II der Reichsverfassung außer Kraft gesetzt, worin Gleichberechtigung sowie Aufhebung der Sonderbestimmungen für weibliche Beamte festgelegt worden waren. Den verheirateten Beamtinnen wurde jedoch ein Zugeständnis gemacht: Zu § 14 wurde bestimmt, daß bei Erwerbsunfähigkeit ein Ruhegehalt widerruflich gewährt

werden konnte. Bis zu einem Drittel aller Beschäftigten wurden in den folgenden Monaten entlassen, d.h. vor allem Frauen; dies traf auch für den Bereich Schule zu.
Die deutsche Wirtschaft hatte sich 1925 – mit Hilfe des Dawes-Plans – so weit stabilisiert, daß die Personalabbauverordnung zum Teil aufgehoben wurde, allerdings nur für die männlichen Beamten! Auf Betreiben der Beamten- und vor allem der Frauenverbände, insbesondere des ADLV, wurde versucht, die Streichung der Notverordnung auch für die Frauen zu erreichen. Ihre Bemühungen waren jedoch ohne Erfolg, statt dessen wurde für sie die Verordnung durch das Personalabbau-Abwicklungsgesetz abgelöst.

Nach den Demobilmachungsverordnungen und der Personalabbauverordnung schränkten die Not- und Sparverordnungen die beruflichen Möglichkeiten der Lehrerinnen weiter ein. Durch die Weltwirtschaftskrise von 1929 entstand im Haushalt der Weimarer Republik eine Finanzlücke von 750 Millionen RM. Mit Hilfe der Notverordnungen versuchte man das entstandene Defizit des Reichshaushalts auszugleichen. In den vier Notverordnungen, die 1931/32 verabschiedet wurden, wurden Gehaltskürzungen zwischen 2,5 und 7% vorgenommen, was zusammen eine Gehaltskürzung von 10 bis 13% ergab. Darüber hinaus hatten die unverheirateten Beamten (bei den Lehrkräften also weitgehend die Lehrerinnen) einen Zuschlag von 10% zur Lohnsteuer als besondere Ledigensteuer zu entrichten. Einige Länderregierungen (Hamburg, Baden u.a.) beschlossen zusätzlich weitere Belastungen für ledige Beamte.

Da weitestgehend die verheirateten Lehrerinnen wegen der Personalabbauverordnung aus dem Dienst ausscheiden mußten, trafen alle diese Ledigenbestimmungen Lehrerinnen besonders, nicht nur als individuelle Verschlechterung, sondern auch als materielle Einschränkung einer die Frauenbewegung tragenden Gruppe. Im Einzelfall waren jedoch die Einschränkungen noch weitgehender, als dargestellt wurde, da viele Lehrerinnen Unterstützungsverpflichtungen nachkommen mußten, die statistisch nicht mehr nachzuvollziehen sind. Zu alledem wurden die Arbeitsbedingungen immer schwieriger, da durch den Stellenabbau ein sprunghafter Anstieg der Klassenfrequenzen erfolgte.

Das Unterbringungsgesetz, die Personalabbauverordnung und die anderen Not- und Sparverordnungen sollten neben dem Spareffekt vor allem auch Arbeitslosigkeit verschieben, d.h., es wurden anscheinend Arbeitsplätze für Männer geschaffen, die Frauen sollten unauffällig an ihren angestammten »Arbeitsplatz« in der Familie zurückkehren.

Um die Not der Lehrerinnen zu lindern, wurde von den Lehrerinnenvereinen Darlehens- und Hilfskassen eingerichtet. Auch bemühte sich der ADLV darum, den arbeitslosen Lehrerinnen Privatunterricht und Gelegenheit zur Beaufsichtigung von Schularbeiten zu vermitteln. Für Schulamtsbewerberinnen, die sich auf Sozialarbeit umstellen wollten, wurden Lehrgänge geplant, die sie mit den Fragen der Jugendwohlfahrt bekannt machen sollten. Die Situation für die Lehrerinnen verbesserte sich während der Weimarer Republik nicht, sondern verschärfte sich beachtlich. 1931 sollten in Preußen 3000 Stellen an höheren und 7000 an Volksschulen eingespart werden. Anfang 1931 gab es 8000 stellenlose Bewerber, Januar 1932 schon 13 000! Neben den verheirateten Lehrerinnen wurden die jungen Lehrer und Lehrerinnen arbeitslos bzw. wurden erst gar nicht eingestellt. Um dieses Problem zu entschärfen, erleichterte der Staat die freiwillige Pensionierung älterer Lehrer(innen). Zudem wurden Anwärter zum Schuldienst, die sich gegen eine Versetzung in Bedarfsbezirke, sprich aufs Land, wandten, von der Bewerberliste gestrichen. Für die Lehrerinnen der höheren Schulen wurde die Situation ab Mitte der 20er Jahre besonders unangenehm, da durch die geburtenschwachen Jahrgänge 1916/17/18 die Zahl der höheren Schüler derart abnahm, daß der Staat in vielen Fällen die wenigen Mädchen in die Knabenklassen überwies. Dies bedeutete für die Lehrerinnen häufig Entlassung. Nach einer statistischen Erhebung des deutschen Philologenverbandes wurde festgestellt, daß in dem ersten Halbjahr 1932 »in 192 preußischen Städten 440 weibliche Lehrkräfte ihre Arbeit an den höheren Mädchenschulen aufgeben mußten, in 68 Fällen wurden sie ersetzt durch männliche Lehrer von Knabenschulen«.

Aufgrund der sozialen Situation hatten die Lehrerinnenvereine genügend Anlässe, sich für ihre Mitglieder einzusetzen. Wie sie das machten und inwiefern sie den Problemen gerecht wurden, soll im folgenden gezeigt werden.

## Die Politik der Lehrerinnenvereine in der Weimarer Republik

Im Gegensatz zu den männlichen Beamten, die durch die Notverordnungen grundsätzlich ihre Existenz bedroht sahen, äußerten sich die Lehrerinnenvereine nur so weit negativ zu den Notverordnungen, als von den Lehrerinnen wegen ihres Geschlechts zusätzliche Opfer gefordert wurden. So stellten die

Mittelschullehrerinnen in einem Protestschreiben fest, daß wieder einmal die Frauen mit besonderer Härte getroffen worden seien (gemeint war die erste preußische Notverordnung); ihnen war das Gehalt zum Teil um 40% gekürzt worden, obwohl die Notverordnung einen Härteparagraphen enthielt, der bestimmte, daß die Gesamtabzüge nicht mehr als 20% betragen dürften. Bezeichnenderweise galt dieser Härteparagraph aber nicht für Frauen! Mit Hilfe von Rechtsgutachten versuchten die Lehrerinnen beim Reichsgericht durchzusetzen, daß die Sonderbestimmungen gegen die Lehrerinnen aufgehoben würden. Besonders heftig reagierten die Lehrerinnen auf die bereits erwähnte badische Haushaltsordnung, die die 10%ige Gehaltskürzung mit der erhöhten Erkrankungsziffer der Lehrerinnen begründete. Wieder einmal sollte »die Frau« körperlich und geistig weniger leistungsfähig sein, ein komplizierteres Seelenleben haben und zudem durch die Menstruation beeinträchtigt sein. Dies »bewiesen« fünf ärztliche Gutachten.

Gegen diese und ähnliche Gutachten protestierten die Lehrerinnen, indem sie ein Gegengutachten erstellen ließen, in dem die Frage aufgeworfen wurde, inwieweit denn die männliche Konstitution den Anstrengungen des Lehrberufes gewachsen sei. Außerdem konstatierten sie lakonisch, »daß bei der Beurteilung der Geeignetheit der Frau ein Unterschied gemacht würde zwischen Arbeitsgebieten, in denen sie sich dem Manne unentbehrlich gemacht habe und anderen, in denen sie ihm zur Konkurrentin zu werden drohe«. Außerdem wiesen die Lehrerinnen anhand von Statistiken der Krankenkassen nach, daß die Frauen nur unwesentlich häufiger krank seien als die Männer.

Gegen die Doppelverdienerkampagne, in der die rechten Parteien und Berufsverbände wie der Philologenverband und der deutschnationale Handlungsgehilfenverband den frauenfeindlichen Charakter der Notverordnungen massiv und hetzerisch unterstützten, kämpften die Lehrerinnen, indem sie in ihren Verbandsorganen dagegen argumentierten. Zudem suchten sie Unterstützung beim BDF (Bund Deutscher Frauenvereine) wie auch bei den weiblichen Abgeordneten. Gegen ihre Gegner, die der Meinung waren, daß verheiratete Frauen ohnehin finanziell abgesichert und zudem weniger gute Arbeitskräfte seien, argumentierten die Lehrerinnen und ihre Verbündeten im wesentlichen auf vier Ebenen:

- Rechtliche Ebene: Sie wiesen nach, daß der Abbau von verheirateten Beamtinnen verfassungswidrig sei.
- Wirtschaftliche Ebene: a) Verheiratete weibliche Beamte

konnten nicht als Doppelverdiener bezeichnet werden, da sie auf den Verdienst ihrer Arbeit angewiesen waren, denn in den meisten Fällen reichte das Einkommen des Mannes nicht aus, um den Lebensunterhalt zu bestreiten. b) Gesamtwirtschaftlich konnte die Entlassung von verheirateten Lehrerinnen keine Lösung darstellen, da sie nur 1 % der Beschäftigten ausmachten.

– Die Lehrerinnen versuchten die These zu widerlegen, daß die berufstätigen Frauen, verheiratet oder nicht, Schuld an der Arbeitslosigkeit seien, da sie zumeist frauenspezifische Berufe ausüben würden.
– Der Beruf diente der Lehrerin nicht nur zur Bestreitung ihres Lebensunterhaltes, sondern bildete für sie auch den Lebensinhalt.

In diesem Sinne setzte sich der BDF mit seinen Möglichkeiten voll für die Frauen ein, so ließ er Flugblätter drucken und ähnliches. Von seiten der Abgeordneten erhielten die Lehrerinnen nur wenig Unterstützung, da diese sich entweder der Parteidisziplin fügen mußten (DDP, SPD) oder als Partei zu schwach waren, um die Lehrerinnen effektiv zu unterstützen, wie im Fall von USPD und KPD. Immer wieder machten die Lehrerinnen deutlich, daß man den Abbau von verheirateten Lehrerinnen hauptsächlich aus ideologischen Gründen forderte und so die Doppelverdienerkampagne für den Staat eine Legitimationsfunktion habe, d.h. zu demonstrieren, daß man sich »anscheinend« bemühte, etwas gegen die Arbeitslosigkeit zu unternehmen.

Besonders gegenüber der katholischen Kirche, die in der Diskussion um die »verheiratete Beamtin« ständig betonte, daß der Mutterberuf mit dem Erwerbsberuf unvereinbar sei, erhoben die Lehrerinnen den Vorwurf, daß es der Kirche offensichtlich nur darum ginge, die Ehe der Beamten zu schützen, da sie gegenüber der verheirateten Arbeiterin dieses Argument nicht geltend machen würde.

Letztendlich vermochten die Lehrerinnen den »Ausverkauf der Frauenrechte«, den das Ermächtigungsgesetz vom 12. 5. 1932 darstellte, nicht aufzuhalten. Es ermächtigte die vorgesetzten Behörden, verheiratete Beamtinnen zu entlassen, wenn deren wirtschaftliche Lage gesichert schien. Dieses Gesetz, von der DNVP eingebracht, wurde von der Zentrumspartei und auch mehrheitlich von der NSDAP stark unterstützt, wie auch von der SPD angenommen. Lediglich die KPD hatte dagegen gestimmt.[24]

Daß die Frauenvereine, insbesondere der ADLV, auf verlorenem Posten kämpften, lag nicht nur an den schwachen Bundesgenossen (der BDF hatte trotz mehr als einer Million Mitglieder keinen starken Einfluß), sondern auch am politischen Selbstverständnis des ADLV selber. Der ADLV verstand sich, so widersinnig das auch für eine Berufsorganisation erscheinen mag, als eine neutrale Organisation, die sich aus den politischen Kämpfen heraushalten müsse. So hatte der ADLV 1921 ein weiteres Verbleiben im Deutschen Beamtenbund (DBB) davon abhängig gemacht, »daß dieser schriftlich und ausdrücklich erkläre, daß die Lehrerinnen von der Verpflichtung der Teilnahme an einem möglichen Streik ausgenommen sind«.[25] Auch müßten die Mitglieder daran gewöhnt werden, parteipolitische Gegensätze auf anderem Boden auszutragen »und sie in der pädagogischen Arbeit zu überwinden im Hinblick auf das oberste Gesetz der Organisation: die Förderung der Gesamtkultur ebenso wie in der Verantwortung gegenüber dem einzelnen Kinde mit allen Kräften anzustreben«. Von daher ist auch klar, daß der ADLV sich nicht zu internationalen Problemen äußerte.

Auch auf allgemein schulpolitische Fragen gingen die Lehrerinnen nur in sehr beschränktem Maße ein. Neben den Fragen, die im Zusammenhang mit ihrer beruflichen Situation standen oder Einfluß auf ihre Forderung nach stärkerer Beteiligung an der Mädchenbildung hatten, setzten sie sich für die Einheitsschule ein. Die damals lebhafte Theoriediskussion der Reformpädagogen wurde von den Lehrerinnenvereinen überhaupt nicht aufgenommen. Die höhere Mädchenbildung bildete auch weiterhin den *Schwerpunkt* ihrer Arbeit.

Ziel der Einheitsschule war, die Dreigliederung des Schulwesens, die weithin der sozialen Klassenschichtung entsprach, die sich im 19. Jahrhundert entwickelt hatte, aufzulösen oder zumindest aufzulockern. Am deutlichsten trat diese Klassenschichtung in den sogenannten Vorschulen zutage, die den höheren Schulen vorgeschaltet waren und die Schüler vom Beginn der Schulpflicht an auf den Eintritt in die höheren Schulen vorbereiteten. Im Gegensatz dazu sollten in der Einheitsschule Kinder aller Schichten die vierjährige Grundschule besuchen, in der dann von den Lehrern aufgrund der Begabung der Schüler entschieden werden sollte, welche Schüler geeignet seien, eine mittlere oder höhere Schule zu besuchen. Nicht mehr das Privileg der Herkunft, sondern vielmehr die Leistung sollte entscheidend sein für den Besuch einer höheren Schule.

Ein weiteres Ziel war, die konfessionelle Trennung der Erziehung zu überwinden, d.h., die Einheitsschule sollte zugleich eine Simultan- oder Gemeinschaftsschule sein.[26]

Die Lehrerinnen der ADLV sprachen sich grundsätzlich für die Einheitsschule aus und standen damit im Gegensatz zu ihren Kollegen, insbesondere den Philologen, die eine Einheitsschule vollkommen ablehnten. In der Einheitsschule sollte auch zugleich der Gesanke der Koedukation verwirklicht werden. Die Lehrerinnen des ADLV befürworteten eine gemeinsame Erziehung der Geschlechter, allerdings mit der Einschränkung, daß es dadurch zu keiner Benachteiligung der Mädchen kommen dürfe. Deshalb forderten sie, daß in den Lehrplänen und in der Unterrichtsweise der Koedukationsschulen auf die Mädchen Rücksicht genommen werden müsse; dies beinhalte vor allem die Forderung, daß Lehrerinnen in diesen Schulen unterrichten sollten.

Die Einstellung gegenüber der Einheitsschule änderte sich im ADLV am Ende der Weimarer Republik. Er forderte zwar einerseits den weiteren Ausbau der Einheitsschule – sie war bei der Grundschule stehengeblieben –, fand jedoch andererseits, daß der dieser Schule zugrunde liegende Gedanke übertrieben worden sei, indem den Kindern der unteren Schichten der Besuch der höheren Schule zu sehr ermöglicht worden sei. Die Lehrerinnen erblickten in diesem Berechtigungswesen die Hauptursache für die Überfüllung der höheren Schulen und Universitäten. Sie forderten deshalb: »Es erscheint dringend geboten, dem Berechtigungswesen und den sich gegenseitig steigernden Anforderungen an die Zulassung zu den verschiedenen Berufs- und Verwaltungszweigen Einhalt zu gebieten.«[27] Gertrud Bäumer glaubte, daß sich dieses Problem durch eine verschärfte Auslese in den Schulen lösen lassen werde, dabei sollte das entscheidende Kriterium für den Besuch einer höheren Schule nicht ausschließlich die Begabung, sondern vielmehr der Charakter des Kindes sein.

Trotz dieser zum Teil antidemokratischen Einstellung gegenüber schulpolitischen Fragen, stimmten die Lehrerinnen fortschrittlichen Schulreformen überwiegend zu, obwohl diese im wesentlichen von Parteien vertreten wurden, deren allgemeinen Zielsetzungen sie ablehnend gegenüberstanden. So wurde die Einheitsschule hauptsächlich von den sozialdemokratischen Parteien SPD und USPD gefordert, die DDP nahm einen vermittelnden Standpunkt ein, sie bekannte sich grundsätzlich zur Einheitsschule und sah in der Gemeinschaftsschule die beste Lösung des Volksschulproblems.

Ziel der Mädchenbildung war auch in der Weimarer Republik, den Einfluß der Lehrerinnen, vor allem in der Oberstufe der höheren Mädchenschule, zu stärken, d.h., sie wollten ihren

Anteil erhöhen und die Leitung dieser Schulen übernehmen. Die Zahl der Direktorinnen an höheren Schulen war zu Beginn der Weimarer Republik sehr klein. »1924 waren in Preußen von 317 öffentlichen höheren Mädchenschulen nur 30, also nicht einmal 10% unter weiblicher Leitung; an den 8215 Volksschulen mit vier bis acht Stufen befanden sich 30 Leiterinnen.«

Durch die bekannten Sparmaßnahmen wurde zu Beginn der Weimarer Republik die Zahl der Leiterinnen noch weiter zurückgedrängt. Zahlreiche private Mädchenschulen, die unter weiblicher Leitung standen, wurden entweder vollkommen aufgelöst oder verstaatlicht und später unter männliche Leitung gestellt.

So war auch die Forderung Helene Langes in der sogenannten »Gelben Broschüre« von 1887, Lehrerinnen müßten die erste Stelle an der Mädchenschule innehaben, bis 1928 kaum erfüllt. Dennoch wurde der Anstieg der Zahl der Lehrerinnen und Leiterinnen an den höheren Mädchenschulen als Erfolg bewertet (1924: 30, 1928: 37 Leiterinnen an höheren Mädchenschulen). Ebenfalls wurde der wachsende Fraueneinfluß in der Verwaltung des Schulwesens begrüßt. Die Lehrerinnen waren auch wesentlich an der inneren Gestaltung des Mädchenschulwesens interessiert, sie forderten die grundsätzliche Übertragung der für Knaben gültigen Unterrichtspläne auf die Mädchen. Ihre Forderung war jedoch nur in den kleineren Ländern realisiert worden; »in Preußen, wie in den meisten anderen Ländern war man zu einer der Knabenschule annähernden Neugestaltung des Lyzeums und Oberlyzeums gekommen«.

Außerdem legten die Lehrerinnen Wert darauf, die Mädchen mit der Frauenbewegung bekannt zu machen. Sie betonten die Notwendigkeit, »daß Geschichte, Wesen und Ziele der Frauenbewegung, ihrer Bedeutung entsprechend, in allen Lehrbüchern behandelt werden und daß charakteristische Abschnitte aus den Schriften führender Frauen der Bewegung Aufnahme finden«.

Inhaltliches Ziel der höheren Mädchenbildung war, die Mädchen auf eine spätere Erwerbsarbeit vorzubereiten. Emmy Beckmann, langjährige erste Vorsitzende des ADLV, formulierte das Ziel folgendermaßen: »Die Lehrerinnen wollen den Mädchen zeigen, daß ein Leben für die Frau auch außerhalb der Ehe nicht leer und gefühllos zu sein braucht.«

In einem Artikel der DLZ wurde auf die pädagogische Bedeutsamkeit der Lehrerin als Vorbild der Mädchen hingewiesen: »Man pflegt sich meist nicht klarzumachen, welch eine Wirkung von einer Frau Direktor als Vorbild und Beispiel auf die Mädchen, auch unbewußt ausgeübt wird. Die Vorstellung selbst auch einmal leiten zu können, bedeutet Stärkung des Selbstvertrauens und wird Antrieb eigener Kräfte.«

Wie schwierig und mühselig die Bemühungen der Lehrerinnen auf diesem Gebiet waren, zeigte sich an dem Widerstand, der ihnen von dem Philologenverband entgegengebracht wurde. Seine frauenfeindliche Einstellung wurde besonders deutlich in folgendem Schreiben des Preußischen Philologenverbandes an seine Vertrauensmänner an Mädchenschulen:

Unter Stellenbesetzung hieß es: »An derselben Anstalt dürfen Direktor und Oberstudienrat männlich sein; die P.S.R. sind nicht berechtigt, auf die Patronate durch Androhung der Nichtbestätigung eines männlichen Oberstudienrates im Sinne der Wahl einer Frau einzuwirken. Bei der Akademisierung können weibliche Oberschullehrerinnenstellen auch in männliche Studienratsstellen umgewandelt werden; falls das Gleichgewicht es erfordert. Zum ›Frauenrechtlichen‹ Unterricht: Angesichts der vielfach hervortretenden Neigung weiblicher Lehrkräfte, frauenrechtlerische Bestrebungen zu wecken und zu übertreiben und den beruflichen Gedanken bei Mädchen zu überspannen, ist eine Verfügung zu fordern, die anordnet, daß die Mädchen auf ihre zukünftigen Aufgaben in der Familie, ihre späteren Pflichten als Gattinnen und Mütter vorzubereiten sind.«

Neben einer der der Knaben gleichwertigen höheren Mädchenbildung unterstützten die Lehrerinnen ab 1925 den Versuch der sogenannten 3jährigen Frauenoberschule nach dem 7klassigen Lyzeum. Ausbildungsziel war nicht die Hochschulreife, sondern die Vermittlung von Fähigkeiten in Nadelarbeit, Hauswirtschaft und Sozialpädagogik, um gute Hausfrauen, Mütter und Staatsbürgerinnen heranzubilden; d.h., dieser Ausbildungsgang sollte Berufsmöglichkeiten für spezifisch *weibliche Berufe* schaffen.

Hinter der Forderung der Lehrerinnen nach einem stärkeren Einfluß in der Mädchenbildung stand das Interesse, folgende Ziele zu erreichen:

- das ökonomische Interesse, mehr Arbeitsplätze zu schaffen.
- eine stärkere Vertretung an höheren Schulen, da gerade hier der Widerstand der Männer am heftigsten war.
- der pädagogische Anspruch, die Inhalte der Mädchenbildung zu bestimmen.

Der Erfolg blieb, gemessen an den zahlreichen Bemühungen der Lehrerinnen, bis zum Ende der Weimarer Republik gering. Zwar nahm der prozentuale Anteil der Lehrerinnen zu, aber nur wenigen gelang es, in leitende Stellungen aufzurücken.

»1931 gab es im gesamten Deutschen Reich 783 höhere Mädchenschulen, in ihnen unterrichteten hauptamtlich 11372 Frauen und 4278 Männer. 1932 waren etwa $^1/_5$ der Direktorenstellen mit Frauen besetzt.«[28]

## Die Stellung der Lehrerinnen zu den Parteien

Die Lehrerinnenvereine waren nicht parteipolitisch gebunden und nahmen zur Parteipolitik selten Stellung. Anhand einiger weniger Äußerungen von Vertreterinnen des ADLV und des BDF läßt sich jedoch eine Einschätzung der Parteien erkennen.

Grundsätzlich läßt sich feststellen, daß die DDP »die« Frauenpartei der bürgerlichen Frauenbewegung in den ersten Jahren der Weimarer Republik war. So bedeutende Repräsentanten wie Gertrud Bäumer und Marie Elisabeth Lüders waren Abgeordnete der DDP im Reichstag. Helene Lange war Mitbegründerin der DDP gewesen. Als erstaunlich ist die Tatsache zu werten, daß auch die DVP als »die« Partei der Frauen galt, obwohl sie der Frauenbewegung aktiv ablehnend gegenüberstand.[29] Allerdings war für die Frauen aus der Frauenbewegung bei der Wahl einer Partei wohl nicht in erster Linie die Stellung zu der Frauenfrage ausschlaggebend, denn außer der DDP hatten sich in weit größerem Maße die SPD, USPD und KPD um die Frauenrechte bemüht. Helene Lange hatte sich in ihrem Aufsatz »Frauen und politische Parteien« folgendermaßen dazu geäußert: »Wenn man in seiner politischen Partei zugleich eine volle Vertretung des Programms der Frauenbewegung sucht, so bliebe eben nur die Sozialdemokratie, und für die sozialdemokratischen Frauen besteht daher die Dissonanz zwischen ihrer politischen Meinung und ihren frauenrechtlerischen Überzeugungen nicht.«[30] Das entscheidende Moment bei der Wahl einer Partei bildete wohl die Herkunft dieser Frauen aus der höheren Beamtenschaft und dem Bildungsbürgertum.

Besonders heftig abgelehnt wurden die linken Parteien von den konfessionellen Lehrerinnenverbänden. Der VdkL und der Verband evangelischer Lehrerinnen nahmen in ihren Verbandszeitschriften häufig zu diesen Parteien ablehnend Stellung. Die Lehrerinnen des ADLV nahmen in der DLZ Stellung zu dem Verhalten der Parteien gegenüber den einzelnen staatlichen Maßnahmen, die ihre Berufssituation betrafen, wie insbesondere die Doppelverdienerkampagnen und die Notverordnungen. So stellte Helene Lange fest, daß die Frauen bei der Personalabbauverordnung von fast allen Parteien im Stich gelassen worden wären. Bei der »Entrechtung der Beamtin« habe selbst die Sozialdemokratie vor dem Verfassungsbruch, d.h. der Verletzung des Artikels 128, nicht zurückgeschreckt. In diesem Zusammenhang griff Emmy Beckmann, die Vorsitzende des ADLV, auch die Zentrumspartei stark an, denn das Zentrum beharrte aufgrund der »katholischen Weltanschauung« darauf, daß der Mutterberuf sich nicht mit dem Erwerbsberuf verbinden lasse, und befürwortete daher den Abbau der verheirateten Beamtin.

Gegen Ende der Weimarer Republik, als durch die Notverordnungen das Mädchenschulwesen schwere Angriffe erfuhr und die Stellung der Lehrerin, insbesondere der verheirateten, immer schwieriger wurde, schickte der ADLV einen Brief an alle politischen Parteien, in dem er sie darum bat, bei der Aufstellung der Kandidatenlisten die Frauen zu berücksichtigen, und sie aufforderte, zu einem Fragenkatalog Stellung zu nehmen. Die Fragen betrafen die Haltung der Parteien zu den Forderungen, die das Mädchenschulwesen und die Erwerbstätigkeit der Frauen betrafen. Wie nicht anders zu erwarten, zeichnete sich insbesondere das Antwortschreiben der NSDAP durch eine extrem frauenfeindliche Haltung aus:

»Wir beabsichtigen nicht, für die bevorstehende Bürgerschaftswahl Frauen als Kandidatinnen aufzustellen. Es widerspricht unseren Grundsätzen, die Frau in die Niederungen des politischen Kampfes herunterzuziehen, wie es bedauerlicherweise von einer Anzahl politischer Parteien geschehen ist . . . Für einen solchen Kampf ist uns die deutsche Frau zu schade. Wir verkennen nicht, daß es leider infolge der langen Mißwirtschaft der bisherigen Regierungsparteien nicht möglich ist, die Frau lediglich ihrer naturgewollten Bestimmung als Gehilfin des Mannes, als Mutter, als Pflegerin der Kranken, der Jugend zuzuführen. Es ist deshalb nicht möglich, die Frau von Berufen, die ihrem Aufgabenkreise entsprechend vom Manne ausgeführt werden sollten, auszuschließen. Dieser Zwang für die Frau dürfte erst dann aufhören, wenn durch eine Gesundung der Verhältnisse ausreichende Einkommensverhältnisse für die männliche Bevölkerung geschaffen sind und dadurch die heute leider vielfach bestehende Notwendigkeit des Mitverdienens der Frau aufgehoben wird.«

Diese Antwort der NSDAP zeigte deutlich, daß ihre Stellung bezüglich der erwerbstätigen Frau völlig derjenigen der Frauenbewegung und damit den Vorstellungen der Lehrerinnen entgegenstand. Die anderen Parteien beantworteten alle Fragen im Sinne der Lehrerinnen. Die KPD wies darauf hin, daß sie gerne eine Lehrerin als Kandidatin aufstellen würde, sie jedoch davon Abstand nehmen müßte, »weil uns die geeignete Kraft fehlt«.

Bald darauf erfolgte eine Erklärung des ADLV gegen alle Parteien, die die staatsbürgerliche Mitarbeit der Frau als ihr wesensfremd wieder ausschalten wollten.

## Die Stellung der Lehrerinnen zum Nationalsozialismus in der Weimarer Republik

Die Lehrerinnen bezogen erst ab 1929 Stellung gegenüber dem Nationalsozialismus, d.h., erst als sie die Angriffe dieser Partei auf die berufstätige Frau zu spüren begannen. Insbesondere die älteren Lehrerinnen, die »Frauenrechtlerinnen«, bekämpften diese Partei, da sie erkannten, daß diese ihnen ihre Rechte völlig nehmen wollte. Emmy Beckmann schrieb in der DLZ, daß sie es beschämend finde, daß diese Partei von Frauen überhaupt gewählt würde:

»Das Gesamtergebnis ist wohl am deutlichsten in dem Tatbestand zu fassen, daß eine Partei, die grundsätzlich und tatsächlich die Frau aus dem politischen Leben ausschließt, unter ihren Wählern Millionen Frauen zählt, obwohl unter den prominenten Vertretern ihrer Gedankenwelt Männer stehen, die die Rolle der Frau in der Volksgemeinschaft mit völlig eindeutiger Klarheit auf die Aufgaben des Naturhaft-Geschlechtlichen beschränken wollen. Es scheint, als ob unsere Zeit sich anschicke, die Aussagen über die Frau, deren Einseitigkeit und vorurteilsvolle Traditionsgebundenheit uns im letzten Viertel des 19. Jahrhunderts entsetzte, zu überbieten in brutaler Verständnislosigkeit gegenüber dem geistig seelischen Menschentum der Frau.«

Gleichzeitig setzte sie sich in diesem Artikel mit zwei Aufsätzen von Nationalsozialistinnen auseinander, die in den Nationalsozialistischen Monatsheften erschienen waren. Sie wehrte sich gegen deren Angriffe auf die deutsche Frauenbewegung, die »als eine internationale Strömung, die sich mit dem Allmenschlichkeitsbestreben des Marxismus vereinigt habe«, gekennzeichnet wurde. Empört war sie über die »Dolchstoßlegende«, nach der die »Emanzipierten« und der »jüdische Marxismus« am Ziel waren, als das deutsche Volk dem Ansturm des äußeren Feindes erlag und der »Geist des Gemeinschaftswillens« geleugnet und geschändet und um den Preis seiner Opfer betrogen war. Demgegenüber hob Emmy Beckmann hervor, wie sehr sich die Frauenbewegung während des Krieges bewährt habe, indem sie den »Nationalen Frauendienst« ins Leben gerufen habe, die eigentliche Kernorganisation für den Heimatdienst der Frauen. Außerdem hätten sich die Führerinnen der Frauenbewegung unermüdlich in den Dienst des Durchhaltens gestellt. In diesem Zusammenhang wehrte sie sich auch gegen den Vorwurf, daß die Frauenbewegung gegen die Familie eingestellt sei. Sie wies dabei auf das Programm des BDF von 1903 hin, in dem es hieß: »Mann und Frau sind mit ihrem ganzen sittlichen Verhalten in gleicher Weise dafür verantwortlich, daß die Ehe als höchste Form der Geschlechtsverbindung aufrechterhalten bleibt.«

Es wird deutlich, daß Emmy Beckmann die Frauenbewegung gegenüber den Angriffen der Nationalsozialistinnen verteidigte, d.h., daß sie es umgekehrt nicht wagte – wohl aufgrund ihrer schwachen Position –, diese wegen ihrer Stellung zur Frauenbewegung anzugreifen.

Heftiger reagierte sie aber auf die Forderung, daß die Frauen sich vom Studium zurückziehen sollten, die von den Nationalsozialistinnen damit begründet wurde, daß »durch die Intellektualisierung des Weibes dessen Fruchtbarkeit stark gemindert wird«. Aus diesem Grunde forderten die Nationalsozialistinnen für Mädchen Frauenschulen, in denen sie hauptsächlich in den Fächern wie Haushalts-, Säuglings- und Kinderpflege unterrichtet werden sollten, damit durch diese Ausbildung »der Quell der Fraulichkeit und Mütterlichkeit von neuem lebenssprudelnd ans Licht komme, und der Einbruch der Mädchen in die sogenannten männlichen Berufe von selbst aufhört«. Hierzu stellte Emmy Beckmann fest, daß durch solche Maßnahmen wie der Einrichtung einer Frauenschule die Nationalsozialistinnen dem Bestreben weiter Männerkreise entgegenkämen, nämlich, »die Last der allgemeinen Berufs- und Erwerbsnot auf die Frauen abzuwälzen«.

Diese ablehnende Haltung dem Nationalsozialismus gegenüber wurde in einem Beitrag einer Studentin, d.h. einer Vertreterin der jüngeren Generation, scharf kritisiert; sie erhob gegenüber der »alten« Frauenbewegung den Vorwurf, daß sie es nicht geschafft hätte, die junge Generation für sich zu gewinnen. Die Fehler der Frauenbewegung lägen jedoch viel tiefer, »und zwar im Ansatzpunkt der Frauenbewegung, deren Wurzeln im liberalistischen Zeitalter liegen«. Aus den »Trümmern des Liberalismus würde der Nationalsozialismus emporsteigen«, der neben anderen Erneuerungen »selbstredend einen neuen Begriff von der Frau schaffen würde«. Trotz dieser Faszination, die diese Studentin gegenüber dem Nationalsozialismus empfindet, bringt sie auch einige Kritikpunkte gegen ihn vor. Sie kritisiert aber lediglich einige »Auswüchse« wie »die Überbewertung des Naturhaft-Geschlechtlichen bei der Frau«; »die falsch gedachte Rassenidee«, »die ›Hegehöfe‹, wo die Frau als Aufzuchtstute für die allein selig machende nordische Rasse dienen soll«. Diese »Kritik« an der nationalsozialistischen Ideologie wurde von ihr durch den Hinweis noch eingeschränkt, daß diese negativen Seiten nur »als letzte Eierschalen einer materialistischen Denkweise betrachtet werden könnten«, gegen die sich ja der Kampf des Nationalsozialismus wenden würde. Allerdings machte sie gegenüber dem Nationalsozialismus noch eine Einschränkung, und zwar, daß die praktische Lösung der Frauenfrage vom Nationalsozialismus falsch gedacht sei, denn die Frau könne nicht mehr nur auf Familie und Haus beschränkt werden, da der technische Fortschritt einen großen Teil der Frauen für das Haus überflüssig gemacht hätte. Trotzdem hielt sie es in der Zeit »der hoffnungslosen Ratlosigkeit, die durch die hoffnungslose Lage auf dem Arbeitsmarkt verstärkt würde«, durchaus für legitim, daß die Frauen freiwillig ihren Arbeitsplatz räumen würden:

»Wenn aber dieses Volk um seiner Erhaltung und Gesundheit willen es nötig hätte, daß die Frauen, besonders die Frau in den gehobenen Berufen, das Feld räumt, so kann zwar nicht ein Herr Dr. X mit Zwangsmaßnahmen die Frau aus ihrer bisherigen Stellung vertreiben, aber wir würden freiwillig das tun, was das Wohl des Volkes verlangt, Ich betone, daß ich hier nicht eine Privatmeinung ausspreche, sondern daß ich mich hier solidarisch fühle mit dem größten Teil der augenblicklich studierenden Frauen«.

Ich gebe diese Stellungnahme zum Nationalsozialismus deshalb so ausführlich wieder, weil sie, wie viele positive Zuschriften von Studentinnen und Studienreferendarinnen belegen, tatsächlich repräsentativ für die jüngere Lehrerinnengeneration war.

Auch wenn sie nicht alle dem Nationalsozialismus zustimmten, so sind sie doch einhellig einer Meinung gegenüber der »alten« Frauenbewegung, daß sie durchaus deren frühere Leistungen anerkennen würden, aber zu ihr »in ihrer heutigen Erscheinungsform schwerlich eine Beziehung« finden könnten. Sie fühlen sich zwar durchaus als Erbinnen der Frauenbewegung, meinen aber, ihre Aufgaben besser erfüllen zu können, indem sie »ihre Kräfte für die Gestaltung der Gemeinschaft einsetzen würden«. Anhand dieser Stellungnahme wird klar, daß einige

Frauen durchaus an eine mögliche Verbindung von »alter« Frauenbewegung und Nationalsozialismus glaubten. In einigen Diskussionsbeiträgen wird deutlich, daß einige Lehrerinnen auch hinter denjenigen Zielen des Nationalsozialismus standen, die zuvor in dem Beitrag jener Studentin immerhin noch als »Auswüchse« bezeichnet worden waren. So schrieb eine Lehrerin in der DLZ:

»Eugenisch und wirtschaftlich betrachtet steht es mit unserem Volke so, daß die erbgesunde Familie ausstirbt, daß aber der Nachwuchs, der unser Volk intellektuell, seelisch und körperlich immer mehr schwächt, bedrohlich ansteigt . . . Die dringende Forderung, die Eugeniker, Volkswirtschaftler immer wieder erheben, ist daher: ›Sorgt für gesunden Nachwuchs in erbgesunden Familien, schafft dem gesunden Manne, der die zeugende Kraft ist, Brot, da er Familie bilden kann.‹ Dieser Ruf geht aufs engste und tiefste auch die Frau an.«

Aus diesem Grunde forderte sie ebenfalls für die Berufstätigkeit der Frau, daß, wo sie nicht unbedingt im Erwerbsleben stehen müsse, sie dem Manne Platz machen solle.

Die jüngere Generation der Lehrerinnen war gegenüber dem Nationalsozialismus positiv eingestellt, da dieser ihnen »scheinbar« die Lösung ihres Problems anbot – der Rückzug in das Privatleben wurde »belohnt« durch die Aufwertung der traditionellen Frauenrolle der Mutter und Hausfrau –, das hauptsächlich darin bestand, daß sich ihr Studium als wertlos erwies, weil sie nicht damit rechnen konnten, in akademischen Bereichen eine Arbeit zu finden.[31]

Hinzu kam, daß »der Unterschied zwischen dem Berufspathos der älteren Generation, die sich das Studium erst erobern mußte, und der relativ gleichgültigen Routine von heute, schneidend« war.[32] Die jungen Akademikerinnen waren von ihrem Studium enttäuscht, von der »spezialisierten Kälte des Wissenschaftsbetriebes, von seiner Unübersehbarkeit und seiner männlichen, allzu männlichen Wertfremdheit«.[33] Die jüngere Generation sah auch nicht mehr die Notwendigkeit ein, sich in der Frauenbewegung zu organisieren, sie erstrebte nicht länger die Gleichwertigkeit, sie wollte nur gleichartig mit dem Manne sein.[34]

Bei den hier kommentierten Beiträgen einer Diskussionsreihe in der DLZ (1932/33) »Um Stellung und Beruf der Frau«, deren eigentliches Thema »Die Stellung der Lehrerinnen gegenüber dem NS« war, ist der Zusammenhang von Generationszugehörigkeit und Einstellung zum Nationalsozialismus unübersehbar. Die ältere Generation der Lehrerinnen lehnte im Gegensatz zu der jüngeren den Nationalsozialismus ab, da sie erkannte, daß er ihren Kampf um die Berufstätigkeit und Selbständigkeit zunichte machte und daß die Frauen, wenn sie die NSDAP unterstützten, »die Verantwortung auf sich laden würden für einen Rückschritt der Menschheit, wie er kaum je erlebt wurde«.

ERIKA SAID

# Zur Situation der Lehrerinnen in der Zeit des Nationalsozialismus

## Einleitung

Die politische Einstellung und das Verhalten der Lehrerinnen[1] nach der Machtergreifung durch die Nationalsozialisten kann nicht analysiert werden, ohne daß geklärt ist, auf welcher Grundlage Ideologie und politisches Bewußtsein der Lehrerinnen in der Weimarer Republik, insbesondere in der Endphase, basierten. Es sollen deshalb die für das weitere Verständnis wesentlichen Aspekte bezüglich dieses Zeitraumes noch einmal kurz zusammengefaßt werden.[2]

Die Vorstellungen der Lehrerinnen, insbesondere die des Vereins katholischer deutscher Lehrerinnen (VkdL) und die des Vereins Deutscher Evangelischer Lehrerinnen (VDEL), hinsichtlich der Mädchenbildung orientierten sich auch in der Weimarer Republik an der Rolle der Frau als Mutter. Die Lehrerin als geborene Erzieherin des eigenen Geschlechts verkörperte in ihrem Beruf selbst jene Mütterlichkeit, die als Dienst am jungen Menschen, letztlich als Dienst am »Volksganzen« aufgefaßt wurde.

Eine qualifizierte Ausbildung forderte man insbesondere für die Mädchen an höheren Schulen. Dies hatte seine Ursache in dem implizit vorhandenen »Elitebewußtsein« der Lehrerinnen selbst als Vertreterinnen der »gebildeten« Frauenschicht.

Das gesellschaftspolitische Engagement der Lehrerinnen konzentrierte sich, bedingt durch die sich immer wiederholenden frauenfeindlichen Maßnahmen staatlicher Behörden und die Konkurrenz der Lehrer, auf entsprechende Abwehrkämpfe. Man beschränkte sich somit auf frauenspezifische Probleme, ohne zu einer übergreifenden gesellschaftlichen Analyse zu gelangen.

Die Schichtzugehörigkeit zum mittleren und gehobenen Bürgertum und die spezifische Stellung als Beamtin bestimmten die dieser Berufsschicht eigenen Bewußtseins- und Verhaltensstrukturen.

Forderungen erfolgten über den Weg von Stellungnahmen, Gesprächen, Eingaben und Bittgesuchen. Demzufolge gab es keine Gewerkschaftskämpfe vergleichbar denen der Arbeiterschaft. Man verstand sich selbst auch nicht als gewerkschaftlichen Verband, sondern wollte »Fraueninteressen« im Sinne einer formal-rechtlichen Gleichstellung der Frau durchsetzen. Die Mitverantwortung für das gesamtgesellschaftliche Wohl aber stand im Vordergrund, aus der heraus man selbst von einer »Staatsloyalität« und einer Art Gehorsam der jeweiligen Regierung gegenüber sprach.

In der Auseinandersetzung mit dem Nationalsozialismus lehnten insbesondere die älteren Vertreterinnen des ADLV und ehemalige Frauenrechtlerinnen scharf dessen frauenfeindliche Ideologie ab. Zugleich berief man sich aber immer wieder auf entsprechende eigene Vorstellungen »frauengemäßer« Bildung und Berufstätigkeit. In der Zeit wachsender ökonomischer Unsicherheit und Konkurrenz auf dem Arbeitsmarkt waren viele junge Lehrerinnen angezogen von der Radikalität der Nationalsozialisten und ihrem neuen Verständnis des Geschlechterverhältnisses. In einer Art Hilflosigkeit den gesellschaftlichen Realitäten gegenüber wollten einige dieser Frauen sogar gern einwilligen, »wenn man (ihnen) die Verantwortung wieder abnehmen und sie wieder unmündig machen will«.[3]

Ihre Angriffe auf die Nationalsozialisten beschränkten sich fast ausschließlich auf deren Frauenpolitik. Zum Antisemitismus und Antikommunismus nahmen sie keine Stellung. Mit Hilfe von Argumenten versuchte man, gegen den Nationalsozialismus Front zu machen. Eine Mobilisierung der Organisation, um politischen Druck auszuüben, oder die Bildung einer Aktionseinheit gegen den Nationalsozialismus wurde nie auch nur in Erwägung gezogen.

Diese Form politischen Verhaltens zeigt zum einen eine bürgerlich-liberale Basis des Selbstverständisses des ADLV und der konfessionellen Lehrerinnen, zum anderen aber auch eine Parallele zu ihrer »Mutterschaftsideologie«. Still im Hintergrund und mit Hilfe verbaler und verständnisvoller Argumentation versuchte man einzuwirken.

Auch durch die Zugehörigkeit der Lehrerinnen zu vorwiegend konservativen Parteien wie Zentrum, DVP und DDP nahmen sie sich selbst die Möglichkeit, konsequent gegen den Nationalsozialismus zu kämpfen.

## Anmerkungen zur Literaturlage

Trotz umfassender Literaturangebote zum Thema »Nationalsozialismus« gibt es keine grundlegenden Arbeiten, die sich mit der Situation der Beamtinnen und Lehrerinnen im Dritten Reich auseinandersetzen.

D. Winkler und J. Stephenson behandeln die Lehrerinnen gar nicht oder nur ungenügend. I. Gahlings beschäftigt sich speziell nur mit der Volksschullehrerin. H. Mommsen liefert in seinem Buch: »Beamtentum im Dritten Reich« zwar umfassendes Material zur Situations- und Bewußtseinslage der Beamtenschaft, zur spezifischen Situation der Beamtin aber findet sich nichts. Auch im Buch von R. Eilers: »Nationalsozialistische Schulpolitik« bleiben Lehrerinnen unberücksichtigt.

Dieser Aufsatz basiert deshalb im wesentlichen auf Zeitschriften. Für die Endphase der Weimarer Republik lieferten die »Deutsche Lehrerinnen Zeitung« (DLZ), das Organ des ADLV, die Zeitschrift des VkdL »Mädchenerziehung auf christlicher Grundlage« und die des Vereins evangelischer Lehrerinnen, »Die Evangelische Lehrerin«, das Material.

Die Zeitschrift »Die Frau« vom Bund Deutscher Frauenvereine (BDF), die Jahrbücher und das Nachrichtenblatt des BDF waren weitere Quellen. »Die Frau« erschien als einzige Zeitschrift noch während des Nationalsozialismus bis 1941 in relativ gleichbleibender personeller Besetzung. Da der BDF mit dem ADLV in enger personeller und ideologischer Verbindung stand, diente »Die Frau« als Quelle für Äußerungen von Lehrerinnen und Frauenrechtlerinnen auch während des Nationalsozialismus, zumal die DLZ von Ende 1933 bis Mitte 1934 bereits unter nationalsozialistischer Leitung stand. Ab 1934 diente die »Nationalsozialistische Mädchenerziehung« des NSLB (Nationalsozialistischer Lehrerbund) als Informationsquelle. Oppositionelle Meinungen konnten hier nicht (mehr?) gefunden werden. Solche fanden sich in »Die Deutsche Kämpferin«, die unabhängig von der NSDAP erschien. Kritik wurde hier jedoch von seiten konservativer Frauenrechtlerinnen geäußert, die sich schon früh dem Nationalsozialismus zugewandt hatten und sich zum Rassismus und Antisemitismus bekannten. »Die Deutsche Frauenfront«, herausgegeben von L. Gottschewsky, die die gesamte Frauenbewegung im Nationalsozialismus repräsentieren sollte, erschien nur sehr kurze Zeit. Die Stellungnahmen der Lehrerverbände zu ihren weiblichen Kollegen und Zahlenmaterial wurden der Zeitschrift des Philologenverbandes »Deutsches Philologen Blatt« und der Zeitschrift des Deutschen Lehrervereins »Allgemeine Deutsche Lehrerzeitung« entnommen.

Weiteres Material zum Thema lieferten Zeitungen, die der NSLB herausgab: »Nationalsozialistische Erziehung«, »Der Deutsche Erzieher« mit seinen beiden Beilagen »Wirtschaft und Recht« und »Der Deutsche Erzieher im Ausland«, »Der Deutsche Volkserzieher « für den Volksschulbereich, »Die Deutsche Höhere Schule« für den Bereich des höheren Schulwesens.

Durch die Kriegssituation wurden ab 1941 die meisten Zeitungen eingestellt. Die Materiallage ist somit für diesen Zeitraum sehr ungünstig.

## Ideologischer Wechsel und sich wandelnde gesellschaftliche Realität nach der Machtergreifung durch die Nationalsozialisten

### *Zur Weiblichkeitsideologie der Nationalsozialisten*[4]

Das Frauenbild der Nationalsozialisten war nicht programmatisch festgelegt. Es setzte sich zusammen aus Äußerungen Hitlers, führender Nationalsozialisten[5] sowie den während der Zeit des Nationalsozialismus erlassenen Gesetzen und Maßnahmen zu seiner Realisierung. Es basierte auf der Idee einer Polarität der Geschlechter, die eine totale Unterordnung der Frau unter den Mann und ihre Funktionalisierung als »Gebärerin« der »arischen Rasse« bedeutete. Dies hatte u.a. die Forderung nach einer drastischen Beschränkung gesellschaftspolitischer Aktivitäten von Frauen zur Folge.

Ihre Berufstätigkeit wurde aber nicht nur auf eine Ersatzbeschäftigung für Nichtverheiratete reduziert, sondern zugleich inhaltlich festgelegt. Frauen sollten sich in Bereichen aktivieren, die nach nationalsozialistischem Verständnis weiblicher Wesensart nicht zuwiderliefen. Krankenschwester, Fürsorgerin, Lehrerin oder Berufe, in denen die Frau lediglich Hilfeleistungen für den Mann auszuführen hatte, waren anerkannte Bereiche. Die konsequente Verwirklichung einer »artgebundenen« Berufstätigkeit der Frau führte nicht dazu, ihnen nun entsprechende Arbeitsplätze, die von Männern besetzt waren, zu geben. Man benutzte diese Theorie nur dazu, sie verstärkt aus attraktiven Berufspositionen zu verdrängen. Insofern war der Angriff auf das Arbeitsrecht akademisch gebildeter Frauen (Lehrerinnen) nur allzu logisch.

Man konnte zudem auf ein bereits in der Weimarer Republik vorhandenes Denkmuster zurückgreifen, wonach diese Frauen als gesellschaftliche Minderheit in egoistischer Weise nur die Männer »kopieren« wollen.[6] Daraus ergab sich für die Nationalsozialisten mit zwingender Notwendigkeit, daß sowohl die Frauen- als auch die Lehrerinnenorganisationen aufzulösen bzw. gleichzuschalten waren.[7]

In den Aussagen und Stellungnahmen der Nationalsozialistinnen zeigt sich keine einheitliche Auffassung zur männlich geprägten Weiblichkeitsideologie. Paula Siber,[8] Lydia Gottschewsky[9] und Gertrud Scholz-Klink[10] sahen die Frau entsprechend offizieller Ideologie gebunden an ihre »Wesenhaftigkeit« und an das »Mutterdasein«. L. Gottschewsky strebte in diesem Sinne die Schaffung einer nationalsozialistischen Frauenbewegung an und forderte den Abbau weiblicher Berufsqualifizierung. Eine Gegenposition entwickelte Sophie Rogge-Börner zusammen mit anderen Frauen in »Die Deutsche Kämpferin«.[11] Sie forderte das Recht der Frau auf Berufstätigkeit auch in gehobenen Positionen und ihre gesellschaftliche Gleichstellung mit dem Mann, ausgehend von gleicher »Rassenzugehörigkeit«.[12] Aufgrund des hier explizit vertretenen Rassismus konnte diese Position jedoch keine Ausgangsbasis zur Realisierung wirklicher Frauenrechte sein, da sie von vornherein die Gruppe »nichtarischer« Frauen von diesen Rechten ausschloß.

## *Aspekte der Frauenpolitik der Nationalsozialisten nach 1933*

Konnten die Nationalsozialisten ihre Weiblichkeitsideologie auch wirkungsvoll propagieren, so setzten ökonomische Notwendigkeiten ihrer Realisierung Grenzen. Die absolute Zahl weiblicher Erwerbstätiger stieg aufgrund des wirtschaftlichen Wachstums auch nach 1933 kontinuierlich an. Zum anderen waren die meisten Frauen aus ökonomischen Gründen gezwungen, arbeiten zu gehen, und die Wirtschaft benötigte sie zugleich als billige Arbeitskräfte.[13]

Die Frauenarbeit wurde von den Nationalsozialisten deshalb auch nie gesetzlich eingeschränkt. Der Anstieg berufstätiger Frauen aber beschränkte sich auf wenige und schlecht qualifizierte Berufe. Die Zahl der Frauen in qualifizierten Berufen dagegen (Beamtinnen, Akademikerinnen, Selbstständige) nahm ständig ab. Parallel dazu stieg die Zahl der männlichen Beamten z.B. von 1933 bis 1939 um 23,8%.[14]

Die Gruppe der Beamtinnen und Akademikerinnen war also die einzige, gegen die der Nationalsozialismus konsequent vorging.

*Die Einschränkung des Frauenstudiums*

Da Intellekt als unweiblich galt, erübrigte sich auch eine Förderung entsprechender Fähigkeiten bei Frauen. Aber nicht nur die Ideologie von der Frau, sondern auch das allgemeine gesellschaftliche Bewußtsein einer Zeit extremer Arbeitslosigkeit schaffte Voraussetzungen, Frauen den Weg zu gehobenen Berufspositionen möglichst früh zu verbauen.

Das Frauenstudium wurde erwartungsgemäß durch Gesetz eingeschränkt. Die Zahl der Abiturientinnen durfte bereits 1933 nur 10% der Abiturienten betragen. Die Zahl der Studentinnen sank von 18315 im Sommersemester 1932 auf ein Minimum von 5447 im Jahr 1939.[15]

*Veränderung zum Gesetz zur Rechtsstellung weiblicher Beamter und die These des »Doppelverdienertums«*

Um bereits im Beruf stehende Beamtinnen und Akademikerinnen aus ihren Positionen zu verdrängen, bedurfte es einer konsequenteren Anwendung bzw. einer Ausweitung gesetzlicher Möglichkeiten.

Ab 1933 benutzten auch die Nationalsozialisten die These vom »Doppelverdiener«, um begehrte Arbeitsplätze berufstätiger Frauen freizumachen und so ihre versprochene Arbeitsbeschaffung zu realisieren. Grundlage dafür war das Gesetz zur Rechtsstellung weiblicher Beamter vom 12. Mai 1932.[16] Es wurde durch das Gesetz zur Änderung von Vorschriften auf dem Gebiete des allgemeinen Beamten- und Besoldungs- und des Versorgungsrechts, Kap. III, vom 30. Juni 1933 geändert.[17] Die Behörde konnte jetzt ohne Antrag eine Entlassung der Beamtin, soweit sie »wirtschaftlich versorgt« war, verfügen. Ihre Entlassung hatte jetzt auch zwingend und bereits nach einem Monat zu erfolgen.

Weiterhin wurde ermöglicht: »Bei der Besoldung der weiblichen Beamten kann von den Vorschriften des Artikels 128 Abs. 2 der Reichsverfassung abgewichen werden.«[18]

Sollte für den ausgeschiedenen weiblichen Beamten durch Tod, Scheidung etc. die wirtschaftliche Sicherstellung wegfallen, ». . . so hat er keinen Rechtsanspruch auf Wiedereinstellung«.[19]

Die verfassungsmäßig garantierte Gleichstellung von Mann und Frau wurde damit aufgehoben!

Außerdem wurde eine Beschränkung dieser Vorschrift auf »Verheiratete« durch Änderung vom 31. Mai 1934 aufgehoben und auf alle Beamtinnen ausgedehnt.[20]

In Kap. II § 1 a wurde 1933 neu geregelt, daß weibliche Beamte erst nach dem 35. Lebensjahr zu planmäßigen Beamten auf Lebenszeit berufen werden.

Nichtarier oder Personen, die mit Nichtariern verheiratet waren, wurden entlassen. Man entließ entsprechende Lehrerinnen ohne Abfindungssummen.[21]

Wie hoch aber war nun wirklich die absolute Zahl dieser im Beruf stehenden Beamtinnen? Von insgesamt 191 000 Beamten waren 1933 89 100 Frauen.[22] Ihr Anteil an der Gesamtzahl weiblicher Erwerbstätiger jedoch war verschwindend gering. Er betrug nur 1,1 %.[23]

Von einer wirklichen Entlastung des Arbeitsmarktes durch den Abbau sogenannter »Doppelverdiener« konnte auch nach 1933 nicht die Rede sein. Die Zahl der wirklich durch Ehe und Verdienst des Ehemannes versorgten Frauen hatte die Zahl von ca. 1000 im Jahre 1932 kaum überschritten. Hinzu kommt, daß die meisten Frauen Familienangehörige ganz zu versorgen (32,6 %), mitzuversorgen (71,7 %) oder teilweise zu versorgen (39,1 %) hatten. Viele hatten zudem erwerbslose Ehemänner.[24]

Die Doppelverdienerkampagne hatte primär ideologische Funktion. »Die Frau« schrieb bereits 1931: »Der wirtschaftliche Effekt von Abbaumaßnahmen fällt hier, bei der Kleinheit der Zahlen, überhaupt nicht ins Gewicht. Um aber den Anschein zu erwecken, es geschähe wirklich etwas zur Bekämpfung der Arbeitslosigkeit, sucht man eine kleine Gruppe unter Ausnahmerecht zu stellen.«[25]

Die Beamten unterstützten zumeist solche Vorgehensweisen gegen ihre Kolleginnen, und ihre Stellungnahmen zeugen vom Konkurrenzgedanken um gut bezahlte, also attraktive Arbeitsplätze.

Obwohl die Bezeichnung »Doppelverdiener« richtiger angewandt wäre auf wirklich doppelt verdienende Personen, subsumierte man nur die berufstätige Frau darunter. Die DLZ schrieb: Es handelt sich um eine ». . . Abneigung gegen die arbeitende Frau, eine Abneigung, die teils durch die Konkurrenz, teils durch gewisse Vorstellungen über Moral und Familienleben bedingt ist«. Man zog den logischen Schluß: ». . . wer doppelt verdienen will, der lebe entweder im Konkubinat oder lasse sich, wenn er sich bereits voreilig trauen ließ, wieder scheiden.«[26]

Kultusminister Rust erweiterte das Gesetz zur Rechtsstellung weiblicher Beamter durch Erlaß auch bald auf Studienreferendarinnen und Studienassessorinnen. Selbst vertretungsweise beschäftigte Lehrerinnen und Schulamtsanwärterinnen, die mehr als zwölf Wochenstunden beschäftigt waren, wurden vom Erlaß erfaßt.

»Die Deutsche Kämpferin« übte Kritik an diesen Maßnahmen, da sie dadurch gerade alle »werthaften Frauen« aus dem öffentlichen Leben verdrängt sah.[27] Bei der Entlassung von »Nichtarierinnen« übten diese Frauen sicher keine Kritik! Die »Nationalsozialistische Mädchenerziehung« und die »Evangelische Lehrerin« appellierten an die Moral des einzelnen, einem Arbeitslosen freiwillig den Arbeitsplatz zu räumen, obwohl letztere an der Auffassung festhielt, daß der Beruf wichtig für die Charakterbildung der Frau sei.

Bereits Ende 1933 aber sah sich Reichsminister Frick gezwungen, eine allzu drastische Entfernung weiblicher Beamter zu stoppen. Er räumte jedoch ein, daß grundsätzlich bei gleicher Eignung dem Mann der Vorzug zu geben sei!

### *Das Deutsche Beamtengesetz in seiner Bedeutung für weibliche Beamte*

Das Deutsche Beamtengesetz vom 16. Januar 1937 sollte durch reichseinheitliche Regelungen die Zersplitterung und Uneinheitlichkeit im Beamtenrecht und -gesetz beseitigen. Zugleich aber war es Ausdruck eines neuen Verhältnisses der Beamten zum nationalsozialistischen Staat. Sie standen nun als »Vollstrecker des Willens« des neuen Staates zu diesem in einem besonderen Treueverhältnis und hatten »unbedingten Gehorsam« und »äußerste Pflichterfüllung« abzuleisten.[28]

Alle Regelungen bezüglich weiblicher Beamter wurden im Deutschen Beamtengesetz endgültig fixiert. Sie wurden hier nochmals mit dem neuen Ideal der Frau und ihren »wesenseigenen Aufgaben« begründet. Weiter wurde jede unterschiedliche Behandlung weiblicher Beamter, die im Artikel 128, Abs. 2 der Reichsverfassung unmöglich gemacht war, nun legalisiert. Selbst eine Nachversicherung fand für entlassene weibliche Beamte, da sie ja nun »versorgt« waren, nicht mehr statt. Bezüglich des Waisen- und Sterbegeldes waren Kinder von weiblichen Beamten schlechter gestellt, da es in diesem Falle zu einer Ermessensfrage der Behörde wurde, ob und wieviel gezahlt wurde.

### *Auswirkungen dieser Maßnahmen auf die Situation der Lehrerinnen*

Als Folge dieser gesetzlichen Erweiterungen wurde eine große Anzahl von Beamtinnen entlassen. Gerade der Schulbereich und die Schulverwaltung, traditionelle Betätigungsfelder von Beamtinnen, wurden durch Entlassungen ihrem erst mühsam erkämpften Einfluß entzogen. Gertrud Bäumer[29] wurde als erste Frau am 27. 2. 1933 von ihrem Amt im Reichsministerium beurlaubt. Emmy Beckmann[30] wurde zusammen mit acht Frauen aus verschiedenen Städten im April 1933 aus hoher Position in der Schulverwaltung beurlaubt bzw. in den Ruhestand versetzt.[31] Im Mai 1933 folgten weitere acht Frauen: Schulrätinnen, Professorinnen und Dozentinnen.

Alle neun staatlichen Mädchenschulen Hamburgs wurden im Juli 1933 unter männliche Kontrolle gestellt.[32] An 19 Volksschulen Hamburgs wurden Direktorinnen durch männliche Leiter ersetzt. Lediglich hauswirtschaftliche Berufsschulen und die höheren Handelsschulen beließ man unter weiblicher Aufsicht. In der Schulverwaltung Hamburgs gab es zu diesem Zeitpunkt keine Frau mehr. Ende August 1933 wurden weitere 103 fest angestellte Lehrerinnen und 68 in nicht fester Stellung beschäftigte verheiratete Lehrerinnen aufgrund »wirtschaftlicher Versorgtheit« entlassen.[33]

»Die Frau« berichtet davon, daß durch Entlassungen der Frauen aus Schulleitung und Verwaltung ihr Anteil an diesen Stellen in Preußen auf den Stand von 1911 zurückgebracht worden sei.[34] Durch den allgemeinen Abbau des höheren Mädchenschulwesens sank zusätzlich die Zahl der dort arbeitenden Lehrerinnen. Gab es 1932 noch 1782 Direktorinnen, Oberstudienrätinnen und Studienrätinnen, so waren es 1938 nur noch 1540. Dagegen stieg die Zahl sogenannter Hilfskräfte (Oberschullehrerinnen, Studienassessorinnen und Hilfskräfte) an höheren Mädchenschulen an.[35] Auch im Bereich des höheren Mädchenschulwesens zeigte sich also der Trend, Frauen aus qualifizierten Berufspositionen in weniger qualifizierte abzudrängen.

Durch den drastischen Abbau der Bekenntnisschulen verloren viele konfessionelle Lehrerinnen ihren Arbeitsplatz. 1939 wurden in Bayern alle weiblichen Ordenskräfte entlassen.[36]

Die zunehmenden Entlassungen von Frauen nach 1933 aus Schule und Verwaltung brachte zwar Kritik und Empörung in den Reihen der Lehrerinnenorganisationen, insgesamt aber gab man sich maßvoll und überdeckte sie mit allgemeiner Zustimmung zu langfristigen Zielen der Nationalsozialisten. Die DLZ äußerte ihre Hoffnung, ». . . manches jetzt brachliegende wertvolle Können zum Besten unserer weiblichen Jugend wieder wirksam werden zu lassen«.[37]

Hedwig Förster, Referentin für Mädchenbildungsfragen im preußischen Unterrichtsministerium, wehrte sich gegen diese Entlassungen, da der »Klassenkampf der Geschlechter« in einer wirklichen Volksgemeinschaft keinen Platz haben sollte.[38] »Die Deutsche Kämpferin« beklagte, daß an höheren Mädchenschulen Schülerinnen jetzt nur noch zu 44,3% von Lehrkräften eigenen Geschlechts, Knaben dagegen zu 100% von Lehrern erzogen würden.[39]

Neben einem Abbau der Beamtinnen fand in starkem Umfang ihre »Dequalifizierung« im Bereich des Schulwesens statt. Die Frauen wurden aus hohen Positionen in die mittleren Schulen, Volksschulen und außerschulische Bereiche der Frauenarbeit abgedrängt.

Trotz anerkannter und gewünschter Funktion der Lehrerinnen für die weibliche Erziehung gab es klare Kompetenzgrenzen, die sie nicht zu überschreiten hatten. Hier zeigt sich die reale Minderbewertung der Frau durch die Nationalsozialisten, die in Gegensatz steht zur offiziell propagierten, aber nur scheinbaren Aufwertung ihrer Funktion für das »Volksganze«. Gerade Frauen, die kraft ihrer Bildung in der Lage waren, höhere Berufsqualifikationen zu erlangen, stellten damit die von den Nationalsozialisten propagierte männliche Überlegenheit und somit entsprechende Vorrechte in Frage. Hitler selbst empfand nur den Beruf der Volksschullehrerin als der Frau angemessen.[40]

Neben den Lehrerinnen in gehobenen Positionen waren es im wesentlichen Juristinnen und Ärztinnen, die systematisch aus ihren Positionen verdrängt wurden. Juristinnen wurde gänzlich der Beruf verboten. Ärztinnen wurde indirekt das Zölibat aufgezwungen.[41]

Gegen eine Reihe politisch oppositioneller Beamter (Beamtinnen) konnte mit Hilfe von § 4 des Gesetzes zur Wiederherstellung des Berufsbeamtentums vorgegangen werden, um sie ihrer Positionen zu entheben.[42]

**Auflösung der Lehrerinnenorganisationen und Überleitung in den NSLB**

Der Nationalsozialistische Lehrerbund (NSLB), bereits 1927 von Hans Schemm gegründet, hatte, parallel zur politischen Gleichschaltung der Lehrer, die Funktion, die große Zahl der bestehenden Lehrer(innen)organisationen allmählich in sich zu vereinigen, deren Autonomie, Zeitschriften etc. aufzulösen, um eine im nationalsozialistischen Sinne einheitlich ausgerichtete Lehrerorganisation zu schaffen. Von 6000 Mitgliedern im Jahre 1932 stieg die Zahl der Mitglieder auf 220000 im Jahre 1933.[43]

Bereits im März 1933 forderte Schemm die Lehrer(innen)organisationen auf, Vorstandsämter und Schriftleitungen Nationalsozialisten zu übergeben. Der ADLV löste sich als einer der ersten Verbände bereits am 7. Mai 1933 mit 448 gegen 5 Stimmen auf. Es hatte vergebliche Versuche wie Neubildung des Vorstandes und Gespräche gegeben, um als eigenständige Organisation im NSLB bestehen zu können.

Trotz gegenteiliger Zusicherungen gab es auch bald Angriffe gegen die konfessionellen Lehrerinnenverbände und die Bekenntnisschulen. Wächtler, Schemms Nachfolger, schaltete 1935 diese Verbände konsequent gleich, indem er eine Doppelmitgliedschaft im NSLB und einem anderen Verband einfach verbot.

Der VkdL erklärte sich zur karitativen Organisation im Sinne des Artikels 31 des Reichskonkordats und konnte so seine Zeitschrift bis 1937 halten.

Die endgültige Liquidation der Lehrerinnenverbände erfolgte mit Hilfe des Gesetzes über die Beamtenvereinigungen vom 27. Mai 1937, indem man noch bestehende Verbände der Beamten einfach auflöste.[44] Die Zeitschriften und Finanzen der Organisationen wurden vom NSLB beansprucht.

Immerhin ist bemerkenswert, daß sich eine größere Zahl katholischer Lehrerinnen selbst aus dem NSLB ausschloß, weil sie ihre Mitgliedschaft in ihrem Verein nicht aufgaben.[45]

Der NSLB gliederte sich in verschiedene Fachschaften, besaß aber keine besondere für Frauen. Mit Hilfe einer eigenen Ehrengerichtsbarkeit besaß der NSLB ein politisches Druckmittel, um Lehrer auszuschließen, die der offiziellen ideologisch-politischen Richtung entgegenstanden.[46] Der NSLB wurde zu einer Art Durchführungsorgan der NSDAP, da er deren schulpolitische Vorstellungen und gewünschte Personalpolitik zu verwirklichen hatte. Über diese Funktion kam er nicht hinaus.

### *Die Einstellung der Lehrerinnen hinsichtlich der nationalsozialistischen »Neugestaltung«*

Die vergeblichen Versuche des ADLV, als eigenständige Organisation weiterbestehen zu können, bedeuteten nicht eine grundsätzliche Oppostionshaltung dem Nationalsozialismus gegenüber. Im Gegenteil wurde die »nationalsozialistische Revolution« später sogar begrüßt. Weil diese Umgestaltung Ausdruck des Willens der Regierung und des Volkes sei, so der ADLV, so ». . . stimmen (wir) deshalb der geforderten Umschaltung und Gleichschaltung mit freudiger Hoffnung und dem Glauben an die Notwendigkeit zu«.[47]

Man wagte zwar noch zu bezweifeln, ob die neue Bewegung in positiver Einstellung zur Frau stehe, wollte sich aber nicht der Pflicht des »Dienstes am Volk« entziehen. Am 10. Sept. 1933 ging die Zeitschrift des ADLV in nationalsozialistische Hände über. Hedwig Förster war bis zur Einstellung der DLZ im April 1934 Herausgeberin.

Die konfessionellen Lehrerinnen unterstützten willig die neue Bewegung. Der Verein der Evangelischen Lehrerinnen glaubte, nun zusammen mit den Nationalsozialisten gegen die »marxistische« Vergiftung weltlicher Schulen vorgehen zu können.

Nach Auffassung G. Bäumers war es gar beliebig, unter welchen gesamtgesellschaftlichen Bedingungen Frauen ihre Rechte und Möglichkeiten realisierten. »Die Frau« glaubte sogar feststellen zu können, ». . . daß der Nationalsozialismus vieles erstrebt, was uns Frauen, insbesondere den berufstätigen, am Herzen liegt«.[48] Die Frauen sollten sich ihrer Meinung nach nicht an »Einzelgeschehnissen« der neuen Bewegung stören, sondern sich an der großen »neuen Linie« orientieren.

Trotz der vor 1933 eingebrachten Bedenken gegen die nationalsozialistische Frauenideologie zeugen die Äußerungen der Lehrerinnen jetzt von derselben Qualität wie die der übrigen Beamtenschaft, die sich willig in den Dienst der neuen Machthaber stellte.[49]

## Zur Situation der Lehrerinnen in der Zeit von 1933 bis 1938

### *Neuordnung des Schulwesens – Ideologie und Praxis der Mädchenbildung*

Das Schulwesen erfuhr nach 1933, insbesondere aber nach seiner Reform am 20. 3. 1937, eine drastische Umgestaltung, um einen »neuen« Menschen ganz im Sinne des Nationalsozialismus erziehen zu können. »Schulung« und »Auslese« wurden wichtigste Erziehungsmittel.[50]

Die verschiedenen höheren Schultypen wurden zur »Deutschen Oberschule« zusammengefaßt. Diese gliederte sich in den altsprachlichen, neusprachlichen und naturwissenschaftlichen Zweig. Für Mädchen blieb nur die Wahl zwischen neusprachlichem und hauswirtschaftlichem Zweig.

Das Mädchenschulwesen wurde ab 1933 konsequent unter Leitgedanken weiblicher Eigenart gestellt. Durch Erlaß von 1934 wurde die sogenannte dreijährige Frauenoberschule als die Oberschulform für Mädchen deklariert. Im Mittelpunkt standen hauswirtschaftliche Fächer und körperliche Erziehung. Nach 1933 beschleunigte sich der Abbau des privaten höheren Mädchenschulwesens, ohne durch den Ausbau öffentlicher Schulen kompensiert zu werden. Die Zahl der Abiturientinnen sank drastisch. Durch die Beseitigung des Faches Latein und eine defizitäre Schulbildung wurde Mädchen der Zugang zur Hochschule systematisch verbaut.

### *Die Einstellung der Lehrerinnen zur nationalsozialistischen Mädchenbildung*

Da gleiche Bildungschancen für Mädchen wichtigste Grundlage für Emanzipationsmöglichkeiten sind, ist die Einstellung der Lehrerinnen zur neu definierten Mädchenbildung, ihrer eigentlichen Domäne seit dem 19. Jahrhundert, ein wichtiges Indiz für ihre gesellschaftspolitische Position.

In den Artikeln der DLZ registrierten die Lehrerinnen den ideologischen Wechsel im Bereich der Mädchenbildung kaum, denn die »wesenseigene« Erziehung war ihrer Meinung nach schon vor 1933 auch das Ziel des ADLV gewesen. Ihre vor 1933 aufgestellte Forderung nach gleichen Bildungsmöglichkeiten für Mädchen und Knaben trat nun nicht mehr auf. Eine getrennte Erziehung von Jungen und Mädchen entsprach der Forderung eines großen Teils der Lehrerinnen im ADLV. Allerdings kann vermutet werden, daß sich die Lehrerinnen dadurch auch unter nationalsozialistischer Herrschaft eine Sicherung ihrer Arbeitsplätze versprachen. Über die Vorstellung vom »Primärberuf« der Mutter für die Frau gab es keine wesentlichen Differenzen mit der neuen Ideologie.

Für die konfessionellen Lehrerinnen stand dieses Ziel von jeher fest, und man erklärte sich sogleich identisch mit den neuen Vorstellungen zur Mädchenbildung. Von einer religiössittlichen Erneuerung versprachen sie sich den Erhalt der Familie.

»Die Frau« fragte in sprachlich angepaßter Form lediglich an, ob denn die harte, körperliche Ausbildung auch »weiblich artgemäß« sei. Emmy Beckmann betrachtete die sich durchsetzende Frauenoberschule gar als eine für Mädchen adäquate Schulform.

In Stellungnahmen nationalsozialistischer Frauen, insbesondere in »Die Deutsche Kämpferin« und in der »Nationalsozialistischen Mädchenerziehung« zeigte sich mehr Kritik als von seiten der ehemals im ADLV organisierten Lehrerinnen und Vertreterinnen der Frauenbewegung, allerdings aus ihrer rassistischen Grundhaltung heraus. Auf der Basis gleicher »Rassenbedingtheit« forderte man eine gleichwertige Erziehung für beide Geschlechter und zugleich den starken Fraueneinfluß im Bereich der Mädchenbildung.

### *Die berufliche Dequalifizierung der Lehrerinnen durch Zuweisung neuer Arbeitsgebiete*

Neben den Lehrerinnenorganisationen waren auch die bürgerlichen Frauenorganisationen gleichgeschaltet worden. In der NS-Frauenschaft und dem Deutschen Frauenwerk sollten deutsche Frauen aller Schichten neu organisiert, ideologisch geschult und im wesentlichen zur perfekten Hausfrau ausgebildet werden.

1936 gab es in diesen Organisationen etwa 60000 Führerinnen. 25000 Anwalterinnen waren in der Arbeitsfront tätig, der Frauendienst verfügte über 800 Führerinnen.[51] Eine große Anzahl arbeitsloser Frauen, insbesondere Lehrerinnen, wurden in diesen Organisationen absorbiert. Solche Arbeit wurde nun zum Berufsziel der Mädchen, denen ein Studium verwehrt blieb. Die Lehrerinnen leiteten Schulungskurse und Lehrgänge. Die Besoldung betrug bei freier Unterkunft und Verpflegung sowie Dienstkleidung monatlich 12 bis 50 RM. Lagerführerinnen bekamen 80 bis 150 RM monatlich.[52]

In der DLZ wurde die Schaffung dieser neuen Frauenberufe begrüßt. G. Bäumer glaubte in diesen Arbeitsbereichen eine Legitimation für den nationalsozialistischen Staat und seine positive Einstellung Frauen gegenüber zu finden, da diese Arbeit den Rahmen der Familie sprenge und die Frau öffentlich tätig werden lasse.[53]

Mit dem Abdrängen der Frauen auf diese Bereiche konnte vielen eine neue Arbeitsmöglichkeit im Sinne der Nationalsozialisten geschaffen werden. Zugleich kam man dem Drang vieler Frauen nach Aktivität und gesellschaftlicher Betätigung nach. In gewissem Umfang gab es auch Aufstiegsmöglichkeiten. Indem man diesen Frauen ein Aktionsfeld gab, war von Anfang an ein eventuell möglicher Widerstand gegen eingeschränkte Frauenrechte von seiten gut ausgebildeter, aktiver und organisatorisch versierter Frauen ausgeschaltet und eine Legimitation Kritikern gegenüber geschaffen.

Die Arbeit dieser Frauen, die sich ja letztlich auf das Bewußtsein und Verhalten der vielen Hausfrauen auswirkte, war gesamtgesellschaftlich wichtig für die Autarkie- und Kriegspolitik der Nationalsozialisten. Sie war aber weder eigenständig noch politisch einflußreich, da sie bereits auf unterster Ebene kontrolliert wurde, und entsprach damit durchaus nationalsozialistischer Vorstellungen von frauengemäßer Arbeit. Die noch stärkere Festlegung der Frauen auf traditionelle Funktionen innerhalb der Familie war zudem Ziel all dieser Schulungen in den Frauenorganisationen.

Für die Lehrerinnen bedeutete diese Arbeit eine Dequalifizierung sowohl inhaltlicher als auch finanzieller Art. Für den nationalsozialistischen Staat bedeutete es zusätzliche Einsparung, da Ausbildungskosten und Gehälter hier viel niedriger lagen als z.B. bei den in Schulen tätigen Frauen oder den Juristinnen.

### *Zur Situation der Lehrerinnen an den Schulen*

Da die Gruppe der Beamtinnen und Akademikerinnen die einzige innerhalb der weiblichen Berufstätigen war, denen man mit Hilfe gesetzlicher Maßnahmen und Verschärfungen das Recht auf Arbeit einschränkte, war die Zahl der Lehrerinnen zurückgegangen, und ihr Betätigungsfeld hatte sich auf das Volksschulwesen, das mittlere Schulwesen, die Unterstufe höherer Schulen und die Landschulen verlagert.

An den öffentlichen Schulen des deutschen Reiches gab es 1935 36639 hauptamtliche Lehrkräfte, davon waren nur 6357 Frauen. Die 4357 an privaten höheren Lehranstalten unterrichtenden Frauen verloren durch den Abbau des privaten höheren Mädchenschulwesens langfristig ebenfalls ihren Arbeitsplatz. Gehobene Positionen an höheren Mädchenschulen wurden zunehmend von Männern besetzt.

Die folgende Tabelle zeigt den drastischen Rückgang weiblicher Direktoren, Oberstudienrätinnen und Studienrätinnen an den öffentlichen höheren Mädchenschulen Preußens:[54]

| | Direktorinnen | Oberstudienrätinnen | Studienrätinnen | Zusammen |
|---|---|---|---|---|
| 1932 | 67 | 87 | 1628 | 1782 |
| 1933/34 | 68 | 81 | 1596 | 1745 |
| 1934/35 | 36 | 65 | 1527 | 1628 |
| 1935/36 | 32 | 62 | 1453 | 1547 |
| 1936/37 | 33 | 61 | 1432 | 1526 |
| 1937/38 | 32 | 56 | 1439 | 1527 |
| 1938/39 | 28* | 54 | 1458 | 1540 |
| 1939/40 | 26* | 48 | 1483 | 1557 |

* dazu eine Direktorin an einer Jungenschule

An den öffentlichen Knabenschulen war die Zahl der Lehrerinnen steigend, da sie hier vorzugsweise in den untersten Klassen eingesetzt wurden.[55] An den mittleren Schulen sank die Zahl der Lehrerinnen von 5318 im Jahr 1931 auf 4299 im Jahr 1936. Erst die Kriegssituation machte die Arbeit der Lehrerinnen wieder notwendig. 1942 stieg ihre Zahl auf 6346.[56]

Gefördert und idealisiert wurde die Landlehrerin. Sie verkörperte alle für den Nationalsozialismus positiven Eigenschaften einer Lehrerin schlechthin wie Volksnähe, Heimatsinn, praktische und hauswirtschaftliche Fähigkeiten, Mütterlichkeit sowie eine bewegliche Einstellung auf die jeweilige gesellschaftliche und völkische Lage. Die Zahl der Landlehrerinnen erhöhte sich von 5674 im Jahre 1933 auf 8774 im Jahre 1938. Entsprechend stieg die Zahl der ländlichen Hauswirtschaftsschulen in derselben Zeit von 890 auf 2024 an.[57]

Mit dem Anstieg ländlicher Berufsschulen, in denen eine rein »frauliche Berufsbildung« erfolgte, stieg auch die Zahl hier tätiger Lehrerinnen. 1938 waren neben nur 16 Lehrern 339 Lehrerinnen hauptamtlich tätig, die meisten als sogenannte »Wanderlehrerinnen«.[58]

Neben ihrer beschränkten Tätigkeit in niedrigen Positionen oder als Ergänzung männlicher Kollegen lag auch ihre Besoldung unter der des Mannes. Kürzungen der Gehälter waren weiterhin, wie bereits in der Weimarer Republik, für Beamtinnen nicht nur legal, sondern diese Ungleichbehandlung wurde, wie bereits berichtet, jetzt sogar gesetzlich festgelegt.[59] Ab Juli 1933 betrug z.B. das Gehalt einer ledigen Studienrätin etwa 82% des Gehaltes eines kinderlos verheirateten Studienrates derselben Gehaltsgruppe.

Auch das Beamtengesetz von 1936 hob die Minderbezahlung der Beamtinnen nicht auf.

### *Zur Arbeitslosigkeit unter den Lehrerinnen, insbesondere unter den Assessorinnen*

Die Arbeitslosigkeit unter den Lehrerinnen, insbesondere unter den Assessorinnen, konnte nach 1933 nur wenig abgebaut werden. Die Schrumpfung des höheren Mädchenschulwesens[60] und die gesetzlichen Einschränkungen erschwerten ihre Einstellung. Obwohl die Zahl arbeitsloser Assessoren höher lag als bei den Frauen, fanden sie leichter eine Anstellung. Zudem muß erwähnt werden, daß viele arbeitslose Lehrerinnen nicht in den Arbeitslosenstatistiken erschienen, da sie offiziell wirtschaftlich versorgt waren. In individuellem Existenzkampf versuchte man sich durch Privatstunden, Vertretungen oder Teilzeitbeschäftigungen über Wasser zu halten. Viele Lehrerinnen waren gezwungen, eine berufliche Dequalifizierung in Kauf zu nehmen, um einen Arbeitsplatz zu erhalten. Sie wurden auf Stellen sogenannter Laienkräfte in ländliche Schulen gesetzt, oder sie kamen im freiwilligen Arbeitsdienst und den Frauenorganisationen unter.

Die frauenfeindlichen Maßnahmen zur Bekämpfung der Arbeitslosigkeit, wie z.B. die Kampagne gegen »Doppelverdiener«, wurde von seiten der Philologen gutgeheißen. Entschieden aber wehrte man sich gegen Maßnahmen zu eigenen Lasten wie Gehaltskürzungen, Stundenkürzungen, Herabsetzung der Pensionsgrenze etc. Die Vertretung insbesondere männlicher Standesvorrechte konnte während des Nationalsozialismus verstärkt aufrechterhalten werden.

### *Die Lehrerinnen im NSLB, ihr politisches Bewußtsein und ihre Einflußmöglichkeiten*

»Wir sind mit Begeisterung in den NSLB gegangen, mit Vertrauen warten wir darauf, daß man uns die Aufgaben zuweist, welche es zu lösen gilt in der neuen Mädchenerziehung . . .«[61] So kennzeichnete Auguste Reber-Gruber, Reichsreferentin für Erzieherinnen im NSLB, die Erwartungen der Lehrerinnen. Sie verwies darauf, daß die deutschen Lehrerinnen bereits vor 1933 in ihrer Zeitung nur »wenig berührt« waren von den zerstörenden Kräften des Marxismus. Die Zeitschrift sei stets Ausdruck eines Nationalbewußtseins und »geistiger Mütterlichkeit« gewesen.[62]

Insgesamt aber wurde der ADLV als »verlogene Gemeinschaft«, die von »Ideen des Liberalismus« und der »Herrschaft des Verstandes« geleitet war, abgelehnt. Man wollte nun mit »gleichem Marschschritt« und »gleichem Herzschlag« in »ergänzender Gemeinsamkeit« mit dem Mann in der großen Erziehergemeinschaft arbeiten.[63] Man versicherte, sich willig der männlichen Führung zu unterstellen. Das Berufsethos sollte jetzt im Vordergrund stehen. Man fühlte sich als »Diener des Volkes«, der im nationalsozialistischen Sinne eine »Sendung« zu erfüllen habe.

Für die Lehrerinnen gab es im NSLB keine eigene Fachschaft. Die einzelnen Fachschaften hatten lediglich eine Leiterin für den Bereich der Mädchenerziehung, die aber unter männlicher Kontrolle stand. Ausgehend von der Kreisreferentin sollten grundlegende Fragen zur weiblichen Erziehung über die Gaureferentin zur Reichsreferentin gelangen, die direkt der Reichsleitung des NSLB unterstand. Aber auch die Reichsreferentin hatte keinerlei Einflußmöglichkeiten auf Entscheidungen, auch nicht auf den begrenzten Bereich der Mädchenbildung. Die Lehrerinnen jedoch glaubten sich trotzdem in maßgeblichen Positionen, von denen aus sie Einfluß auf wichtige Aufgabenbereiche nehmen könnten.

Ängste vor immerhin als möglich erachteter frauenfeindlicher Politik der Partei überdeckte man mit dem unbeirrbaren Glauben an das »Große« und »Wahre« der nationalsozialistischen Epoche. Wenn man Forderungen, wie z.B. die Mitwirkung der Frau im Unterrichtsministerium, stellte, so blieb man in der Argumentation auf der Ebene offizieller Frauenideologie, die damit indirekt bestätigt wurde.

Der Reichsleiter des NSLB formulierte recht eindeutige Anweisungen an die erzieherische und politische Arbeit der Lehrerinnen. Primär hatten sie die Mädchen zur »Wehrhaftigkeit« im Sinne einer geistigen Haltung zu erziehen. Die Mädchen sollten zur Aktivität an drei »Kampffronten« erzogen werden: an der wirtschaftlichen Kampffront durch bewußtes Kaufen und Verwenden von Lebensmitteln, an der Kampffront gegen das internationale Judentum und an der der rassischen Erneuerung.[64]

Außerschulisch hatten sich die Lehrerinnen im BDM, der NS-Frauenschaft, dem Deutschen Roten Kreuz, dem Luftschutz und dem Winterhilfswerk zu engagieren. Die verbindliche ideologische Schulung erfolgte für Lehrerinnen insbesondere in Rassenkunde, Rassenhygiene und Vererbungslehre, gepaart mit politischer Erziehung.

### *Die Vorstellung der Lehrerinnen zur inhaltlichen Arbeit im Bereich der Mädchenbildung*

Trotz ihres eingeschränkten Arbeitsfeldes gab es ab Oktober 1934 eine eigene Zeitschrift der Lehrerinnen, die »Nationalsozialistische Mädchenerziehung«.

Inhaltlich beschränkte man sich aber auf rein »frauliche« Bereiche wie Hauswirtschaft, Nadelarbeit, Geschmacksbildung, Sitten und Gebräuche, Ahnenkunde, Basteln usw. Neben dem primären Ziel der Körperbildung forderte man die geistige Bildung für Mädchen, damit diese sich besser an »neue Aufgaben und Bedingungen des Lebens geistig anpassen« können und ihrem Ehemann eine »verständige Ehegattin« werden.[65] Trotzdem forderte man das Recht des Frauenstudiums und späterer Berufstätigkeit, wenn auch in »artgemäßer« Weise.

Eine enge Verbindung mit der NS-Frauenschaft und dem BDM wurde von den Lehrerinnen begrüßt. 1936 waren 27000 Mitglieder des NSLB in der NS-Frauenschaft tätig.[66]

Die Forderung nach einer Beibehaltung weiblicher Schulleiter stellte man ebenso wie früher der ADLV. Hedwig Förster forderte die Abschaffung von »Geschlechtervorrechten« bei der Besetzung hoher Positionen. I. Gahlings sieht in der Herausgabe einer Zeitung und den o.g. Forderungen der Lehrerinnen noch »Reste liberalistischen Denkens«.[67] Diese These ist zumindest fragwürdig, wenn man bedenkt, daß Rassismus und Antisemitismus ihrer »kritischen« Haltung und den Forderungen zugrunde liegen.

Trotzdem ist eine Identifikationsbereitschaft großer Teile ehemaliger ADLV-Mitglieder mit dem NSLB durch solche kritischen Stellungnahmen nationalsozialistischer Führerinnen gefördert worden. Sie glaubten ihre Interessen nun durch diese Frauen weiter vertreten zu wissen.

Über politische Opposition im NSLB gab es lediglich einen Hinweis in »Die Frau«. Schulamtsbewerberinnen und Lehrerinnen, die sich nicht zu den Zielen des NSLB bekannten, waren ausgeschlossen worden. Ist auch anzunehmen, daß über Widerstandsaktionen kaum öffentlich berichtet wurde, so kann man doch davon ausgehen, daß es solche von seiten der Mehrheit der Lehrerinnen nicht gegeben hat.[68]

*Kriegsbedingter Lehrermangel*

Mit Kriegsbeginn setzte ein verstärkter Lehrerbedarf ein, da die Stellen der zum Krieg einberufenen Lehrer besetzt werden mußten. Durch die »eroberten« Ostgebiete wurden zusätzliche Lehrkräfte benötigt.[69] Eine Behebung dieses Mangels war nur möglich, wenn man die Frauen wieder verstärkt in die verschiedenen Positionen zurückholte.[70]

Als Voraussetzung für die neuen Berufspositionen mußten die Studienmöglichkeiten für Frauen wieder erweitert werden. Die Zahl der Studentinnen stieg sprunghaft an.[71] Durch eine allgemeine Verkürzung der Lehrerausbildung konnte man den Lehrerbedarf zum Teil kompensieren. Für Abiturienten gab es jetzt die Möglichkeit, nach einem Jahr Studium als Volksschullehrer zu arbeiten.[72] Eine Ausbildung von sogenannten Schulhelferinnen sollte ab 1940 ebenfalls den Lehrermangel beheben.

Im April 1942 wurden die Hochschulen für Lehrerbildung in Lehrerbildungsanstaltungen umgewandelt. Nach dem Hauptschulabschluß wurde man hier in fünf Jahren zum Volksschullehrer ausgebildet.[73] Insgesamt gab es 1942 221 Lehrerbildungsanstalten, davon 129 für Lehrer und 92 für Lehrerinnen.[74]

Im Bereich des Mädchenschulwesens gab es entsprechende Veränderungen, um Mädchen wieder ein Studium zu ermöglichen. Ab 1940 durften Mädchen an Knabenschulen wieder Latein lernen. Den Abiturientinnen mit dem Abschluß des landwirtschaftlichen und hauswirtschaftlichen Zweiges wurde ein Studium ermöglicht.[75] Trotz des erhöhten weiblichen Arbeitskräftebedarfs aber blieben qualifizierte Ausbildungen den Mädchen der mittleren und gehobenen Schicht vorbehalten. Auch die Kriegssituation änderte nichts an dieser schichtenspezifischen Selektion.

*Beamtenrechtliche Veränderungen für Lehrerinnen*

Schon 1938 zwangen erste Anzeichen eines Lehrermangels dazu, die strengen gesetzlichen Regelungen gegenüber Beamtinnen zu lockern. Die sich weiter negativ entwickelnde personelle Situation an den Schulen brachte ab 1940 eine Rücknahme wesentlicher gesetzlicher Bestimmungen, durch die nach 1933 die Beamtinnen aus ihren Positionen verdrängt worden waren.

Mit der Verordnung über Maßnahmen auf dem Gebiet des Beamtenrechts vom 3. Mai 1940 änderte man die Bestimmung des DBG § 63 dahingehend, daß bezüglich der Entlassung von Beamtinnen aus einer Muß- eine Kannvorschrift wurde. Die bereits aus Gründen wirtschaftlicher Versorgtheit entlassenen Beamtinnen konnten wieder eingestellt werden. Sie wurden zu gegebener Zeit sogar in das Beamtenverhältnis auf Lebenszeit berufen.[76]

Auch für aushilfsweise voll angestellte Lehrerinnen und Schulamtsbewerberinnen war nun die Berufung in das Beamtenverhältnis möglich. Ruhestandsbeamtinnen wurden ebenfalls als Beamtin auf Widerruf oder als Angestellte wieder eingestellt.[77] Die Kürzungen des Witwen- und Waisengeldes wurden aufgehoben, es wurde ab 1. September 1941 sogar erhöht.[78]

Volksschullehrerinnen konnten jetzt bereits vor ihrem 35. Lebensjahr im Grundgehalt aufrücken. Die Regelung allerdings, wonach das Gehalt der Beamtinnen grundsätzlich um 10% zu kürzen sei, wurde beibehalten.

### *Zur Situation der Lehrerinnen an den Schulen während des Krieges*

Aufgrund der genannten gesetztlichen Abänderungen stieg die Zahl weiblicher Lehrkräfte an allen Schultypen wieder rasch an. In Preußen gab es 1942 358 Studienrätinnen und 199 Oberstudienrätinnen mehr als 1940. Die Zahl der Studienassessorinnen an Knabenschulen stieg im gleichen Zeitraum um 209, die an Mädchenschulen um 986 an.[79] Allein in Brandenburg wurden 1940 49 männliche Lehrkräfte an höheren Schulen durch Frauen ersetzt.[80]

Die Frauen nahmen jetzt auch wieder Positionen an Hochschulen und in der Verwaltung ein. Gab es 1939 nur 26 Dozentinnen an deutschen Universitäten, so erhöhte sich ihre Zahl für »Großdeutschland« auf 41 im Jahr 1941. Allerdings hatte keine eine ordentliche Professur.[81]

1941 wurden 7 Regierungsrätinnen, 1942 4 Regierungsrätinnen, darunter auch wieder G. Bäumer, ernannt.[82]

Auguste Reber-Gruber kennzeichnete die verstärkte Berufstätigkeit der Frauen im Krieg als die ». . . Verteidigung des inneren, unsichtbaren Vaterlandes . . .«, die jetzt den Frauen obliege.[83]

Die konkrete Arbeit der Lehrerinnen änderte sich. Sie hatten sich auf »Kriegsbedingungen an der Heimatfront« einzustellen. Sie waren zuständig als Wachen im Schulgebäude, arbeiteten beim Luftschutz, in Abwanderungslagern, schrieben Lebensmittelkarten und absolvierten Rote-Kreuz-Kurse. Als Kriegsreferentinnen arbeiteten sie sogar in der Kriegsverwaltung, da alle Männer an der Front waren. Außerdem betreuten und verpflegten sie ausrückende Soldaten. Die Lehrerinnen hatten in den Schulferien aber auch fehlende Arbeitskräfte bei der Ernte, in den Fabriken oder in kinderreichen Familien zu ersetzen. Auch zum »tätigen Hilfsdienst« im Osten warb man Erzieherinnen an.

In ihrer Zeitung äußerten die Lehrerinnen sich positiv über diese neuen Arbeitsgebiete. Der Krieg schuf diesen Frauen Gelegenheit, verstärkt und ohne männliche Kontrolle gesellschaftlich aktiv zu werden.

Die Funktion des NSLB während des Krieges bestand im wesentlichen in der »ideologischen Stärkung« der Lehrerschaft und der Organisierung von Hilfeleistungen und Schüleraktivitäten. Am 2. März 1943 wurde im Zuge kriegsbedingter Vereinfachungen die Arbeit der NSLB stillgelegt. R. Eilers nennt als Gründe jedoch die negativen finanziellen Verhältnisse.[84]

### *Zur Einschätzung der neu erworbenen Frauenrechte*

Sowohl im Schul- und Verwaltungsbereich als auch in der gesamten Industrie hatten Frauen auf allen Ebenen wieder Arbeitsplätze besetzt. Sie waren auch wieder in gehobenen Positionen als Direktorinnen oder Regierungsrätinnen zu finden.

Diese Qualifikations- und Aufstiegsmöglichkeiten waren aber nicht Ausdruck erweiterter Frauenrechte, sondern allein aus ökonomischen Notwendigkeiten begründet.

Die Frauen waren weder massenweise in qualifizierten Berufspositionen zu finden, noch konnten sie ihre neu erworbenen Arbeitsplätze lange halten, da sie durch die Ausnahmesituation des Krieges bedingt waren. Hitler selbst vertrat die Auffassung, daß der Fraueneinsatz nach dem Krieg rückgängig gemacht und die Frauen wieder der Familie zurückgegeben werden müßten. Sie waren nur gedacht als Ersatz für die noch fehlenden Männer in der Phase des »Kulturaufbaus« nach dem Krieg.

Trafen auch diese Zukunftsvisionen der Nationalsozialisten nicht ein, so setzte doch das Kriegsende und damit der Rückstrom männlicher Arbeitskräfte und Studierwilliger dieser Entwicklung ein Ende.

## Resümee

Die von den Nationalsozialisten konsequent betriebene Verdrängung akademisch gebildeter Frauen aus ihren Berufspositionen, hier insbesondere der Lehrerinnen, konnte auf einer bereits in der Weimarer Republik vorhandenen Basis gesellschaftlichen Bewußtseins und gesetzlicher Maßnahmen diesen Frauen gegenüber aufbauen.

Die Weimarer Republik hatte den Frauen hinsichtlich ihrer Emanzipationsmöglichkeiten widersprüchliche Bedingungen geschaffen. Neben rechtlich-formaler Gleichstellung und Gleichberechtigung verhinderte eine noch immer fest verankerte traditionelle Frauen- und Familienideologie und die zunehmende ökonomische Krise ihre Realisierung bzw. Weiterentwicklung.

Den mühseligen Kämpfen der Akademikerinnen um Anerkennung und Mitwirkung in höheren Berufspositionen und gesellschaftlich einflußreichen Funktionen wurde aufgrund wirtschaftlicher Krisen sogar die gesetzliche Basis eingeschränkt. In Zeiten zunehmender Arbeitslosigkeit, die zwangsläufig zur Konkurrenz um Arbeitsplätze führt, wurden Frauen mit Hilfe dieser traditionellen Ideologie aus den von Männern begehrten Berufspositionen verdrängt.

Aufgrund der ökonomischen Krise und verstärkter Konkurrenzangst zogen es viele Frauen sogar selbst vor, in den für sie sicheren Bereich der Familie zurückzukehren.[85]

Zudem hatte sich die ökonomische Emanzipation der Frauen in der Weimarer Republik auf breiter gesellschaftlicher Basis noch nicht vollzogen. Es handelte sich noch immer um eine Minderheit von Frauen, die sich in bisher männlich majorisierte Bereiche gewagt hatten.

Die Nationalsozialisten fanden so für die Realisierung ihrer Weiblichkeitsideologie ein vorbereitetes Feld.

Obwohl das Gesetz zur Rechtsstellung weiblicher Beamter vom 12. Mai 1932 ein eindeutiger Verstoß gegen Artikel 128 der Reichsverfassung war, wurde es vom Reichstag verabschiedet. Rechtlich warf es die Frauen in das vorige Jahrhundert zurück. Dieses Gesetz bot den Nationalsozialisten die Basis, von der aus sie weitere Einschränkungen gegen Beamtinnen vornehmen und im Beamtengesetz endgültig festschreiben konnten.

Auch die Nationalsozialisten gingen primär gegen die akademisch gebildete Frau in qualifzierten Berufspositionen vor.

Die Frauenpolitik der Nationalsozialisten war allerdings

nicht nur eine radikale Weiterentwicklung der bereits in der Weimarer Republik betriebenen Politik. Neben ihrer kontinuierlichen Weiterentwicklung stellte sie zugleich qualitativ etwas Neues dar. Die Nationalsozialisten entzogen den Frauen nun ganz das Recht auf gleiche Bildungs- und Berufsmöglichkeiten und nahmen ihnen durch die Auflösung und Gleichschaltung ihrer Organisationen und Zeitschriften die Basis selbständiger gesellschaftspolitischer Aktivität und Einflußnahme. Zudem wurden die Lehrerinnen, ebenso wie alle anderen gesellschaftlich relevanten Gruppen, »ausgerichtet« auf die nationalsozialistische Ideologie und ihre Wertmaßstäbe. Durch brutale Unterdrückung wurde jegliche Opposition bereits im Keime erstickt.

Die im Selbstverständnis der Lehrerinnen vorhandenen Momente konservativer Frauenideologie waren eine wichtige Voraussetzung für ihre schnelle Eingliederung in die nationalsozialistische Bewegung. Waren auch die Intentionen verschieden, so konnte die Forderung der Lehrerinnen nach dem ausschließlichen, zumindest aber besonderen Recht der Frau als Erzieherin des eigenen Geschlechts mit der der Nationalsozialisten nach konsequent getrennter Erziehung von Jungen und Mädchen in Einklang gebracht werden.[86] Ihre inhaltlichen Vorstellungen zur Mädchenbildung, die noch immer stark orientiert waren an der späteren »Mutterfunktion« der Mädchen, und die »Mütterlichkeitsfunktion« der Lehrerinnen selbst bei ihrer Berufsausübung erschwerten eine Opposition gegen entsprechende nationalsozialistische Vorstellungen. Ihre Grundidee vom »Dienst am Volk« machte es den Lehrerinnen leichter, auch dem nationalsozialistischen Staat ihre willige Mitarbeit anzubieten. Selbst in niedrigsten Positionen und einflußlosesten gesellschaftlichen Bereichen konnte ihnen mit dieser Idee eine besondere Wertigkeit suggeriert werden.

Durch eine in verschiedene Gruppen und Interessensrichtungen gespaltene Frauenbewegung der Weimarer Republik waren geschlossene Abwehrkämpfe von Frauenseite gegen den Nationalsozialismus nicht möglich. Sie wurden auch nicht diskutiert oder angestrebt. In ihren männlichen Kollegen, insbesondere den im Philologenverband organisierten, konnten die Lehrerinnen keinen Partner im Kampf gegen den Nationalsozialismus finden, denn dieser hatte sich bereits früh und in eindeutiger Form dem Nationalsozialismus zur Mitarbeit angeboten.

Aufgrund ihres eigenen, eher dem konservativen Lager zuzuordnenden politischen Standorts kamen andere Bündnispartner, wie z.B. die SPD oder gar die KPD für die Lehrerinnenverbände von Anfang an nicht in Frage. Trotz ihrer frauenrechtlerischen und liberalen Grundhaltung gehörten auch die Lehrerinnen bewußtseinsmäßig zum konservativen Beamtentum.[87] Die deutsche Beamtenschaft verfügte über ein spezifisches bürgerliches Bewußtsein, dessen liberale Elemente sich seit dem Ende des 19. Jahrhunderts durch verstärkten Nationalismus und Sozialdarwinismus in neuer Form geprägt hatten.[88] Ihr Konservativismus drückte sich u.a. aus in der Hoffnung, daß der Nationalsozialismus der deutschen Beamtenschaft wieder soziale Privilegien und eine entsprechende gesellschaftliche Stellung sichern werde.

Die deutsche Lehrer- und Lehrerinnenschaft war zudem in ihrer pädagogischen Grundhaltung beeinflußt von einer »kulturkritischen Reformpädagogik« der Jahrhundertwende, welche in ihrer antiliberalen und völkischen Tendenz starke ideologische Gemeinsamkeiten mit dem Nationalsozialismus aufwies.[89]

Indem die Nationalsozialisten auf breiter Ebene und in differenziertester Weise ihre Ziele propagierten, konservative Grundideen mixten mit radikalen Forderungen nach Erneuerung, Veränderung und sogar sozialer Gerechtigkeit, wurde auch die zu diesem Zeitpunkt große Gruppe arbeitsloser Lehrerinnen von der Radikalität dieser Parolen angezogen. Es war ». . . die Kunst der Nazis, mit eisernem Besen das Verrottete auszukehren, um es dadurch erst zu bringen. Dynamik, Leben, Jugend aufzurufen gegen Onkels, Tanten, Filzpantoffeln, Muff und gute Stube, damit der Muff von gestern desto sicherer wiederkehre«.[90]

Viele der alten Frauenrechtlerinnen fühlten sich von der Rassentheorie der Nationalsozialisten angezogen. Sie erhofften sich von der Zugehörigkeit zur »nordischen Rasse« als nun »auserlesene Frau« in Rückbesinnung auf germanische Urzeiten breitere gesellschaftliche Aktivierungsmöglichkeiten.

Die Warnungen der ADLV-Führerinnen vor dem Nationalsozialismus waren ein Ausdruck spezifischer Betroffenheit als Frau, da die nationalsozialistische Ideologie und Politik von ihnen im wesentlichen nur auf diesen Bereich hin analysiert worden war. Sie implizierten nicht die Ablehnung nationalsozialistischer Ideologie und Politik in ihrer Gesamtheit. Trotzdem gehören diese Warnungen und die später während des Nationalsozialismus geäußerte Kritik von seiten dieser Frauen mit zu einem latent vorhandenen Widerstandspotential von bürgerlich-liberaler Seite. Die Nationalsozialisten konnten durch eine geschickte und zugleich repressive Politik dieses Potential politisch unter Kontrollc halten.

Der Nationalsozialismus hat es zudem verstanden, die verschiedenen ideologischen Strömungen und die durch die ökonomische Krise entstandenen Ängste und Vorurteile aufzufangen und für seine Zwecke nutzbar zu machen.

IRMGARD WEYRATHER

# Numerus Clausus für Frauen – Studentinnen im Nationalsozialismus

Nachdem in langen Kämpfen durchgesetzt worden war, daß Frauen ohne Beschränkungen zum Studium zugelassen wurden, stieg der Anteil der Studentinnen an der Zahl der Studierenden in der Weimarer Republik stark an. Mit dem steigenden Anteil der Studentinnen (1932: 18,8%) steigerte sich der Widerstand der konservativen Männer.

Bis heute gelangte die wissenschaftliche Untersuchung des Frauenstudiums zu eigenartigen, irreführenden Ergebnissen.[1] M. Kater vertritt die These, daß die Studentinnen der Weimarer Republik noch nationalsozialistischer waren als die Studenten. J. Stephenson und besonders J. Pauwels versuchen nachzuweisen, daß der Nationalsozialismus trotz seiner Propaganda und der gegen das Frauenstudium gerichteten Maßnahmen und Gesetze nicht in der Lage war, auf die progressive Entwicklung des Frauenstudiums Einfluß zu nehmen. J. Pauwels und J. Stephenson gehören zu den Historikern, die die These vertreten, daß der Faschismus als »antiquierte« Bewegung nicht nur vergeblich versuchte, die »Modernisierung« der Gesellschaft aufzuhalten, sondern daß sie im Gegenteil unter seiner Herrschaft schneller voranschritt, daß sich also das Frauenstudium relativ unbeeinflußt weiterentwickelte. Vergleicht man die absoluten und die relativen Zahlen der Studentinnen von 1932 und von 1944, so haben sie auf den ersten Blick recht: Noch nie in der Geschichte des Frauenstudiums studierten so viele Frauen wie 1944: 28378 und 49,5% aller Studierenden. Andererseits war bis 1939 die Anzahl der studierenden Frauen drastisch zurückgegangen. Die Frage ist jedoch, was der kurzfristige Anstieg des Frauenstudiums im Krieg für eine Bedeutung hatte und welche langfristigen Folgen die Politik und Propaganda der Nazis gegen das Frauenstudium hatte.

Die politische Entwicklung der Studentinnen und die Organisation der NS-Studentinnen kann nicht unabhängig von der Entwicklung der Studenten betrachtet werden. Die Studenten der Weimarer Republik waren in ihrer Mehrheit rechts, und die Nationalsozialisten fanden bei ihnen ihre entschiedensten Anhänger. Als gegen Ende der Weimarer Republik die Akademikerarbeitslosigkeit stieg, trug der Kampf der Nationalsozialisten gegen das Frauenstudium mit dazu bei, daß sich das NS-Bewußtsein unter den Studenten durchsetzte. Daß sich jedoch auch Studentinnen bei den Nationalsozialisten organisierten, obwohl diese ihr Studium bekämpften, ist nicht ohne weiteres verständlich; die Gründe dafür liegen in der sozialen und politischen Entwicklung der Studentinnen in der Weimarer Republik, die von der Entwicklung der Studenten natürlich nicht unbeeinflußt blieb. Aus Raumgründen kann ich auf diese Entwicklung hier jedoch nicht näher eingehen, sondern konzentriere mich auf diejenigen Studentinnen, die sich – paradoxerweise – den Nationalsozialisten anschlossen.[2]

Typisch für das Bewußtsein vieler Studentinnen in der Weimarer Republik waren ihre Identitätskonflikte zwischen der von ihnen erwarteten Rolle als Ehefrau und Mutter und der späteren Berufstätigkeit. Das Nachwirken der traditionellen Frauenrolle, also die konservative Seite des Identitätskonflikts, wurde von den Nationalsozialisten aufgegriffen und propagiert. Schon als 1926 die NS-Hochschulgruppen gegründet wurden, waren Studentinnen beteiligt gewesen, und der Nationalsozialistische Deutsche Studentenbund (NSDStB) wandte sich auf seinen Versammlungsplakaten im Gegensatz zu den rechten Korporationen auch an die Studentinnen. NS-Studentinnen bekamen Sitze in einzelnen ASten und besetzten auch manchmal Ämter in der studentischen Selbstverwaltung.[3]

Die Studentinnen wurden im NSDStB jedoch nur während seiner Anfangsjahre als Mitglieder akzeptiert. Nachdem der NSDStB unter den Studenten an Einfluß gewonnen hatte, wurden die Studentinnen nicht mehr gebraucht. Schirach, der Reichsstudentenbundführer, ordnete Anfang 1930 an, daß die Studentinnen in den Hochschulgruppen eigene Sektionen gründen und sich dort zu »bewußtem deutschen Frauentum« erziehen sollten, sie sollten »gesondert die Themen behandel(n), wofür der Mann, als vorwiegend politisches Wesen, nicht das Interesse und die Zeit hat«.[4] Diese Trennung der NS-Studentinnen von den Studenten reichte ihm jedoch nicht. Im Juli 1930 verordnete er den Studentinnen strengste politische Enthaltung und forderte sie auf, sich den Frauenorganisationen der Partei anzuschließen. Die Studentinnensektionen wurden aufgelöst, und die Studentinnen, die AStA-Sitze innehatten, wurden aufgefordert, zurückzutreten, sie sollten durch

Uniform der nationalsozialistischen Studentinnen, Februar 1938
*(Foto: Ullstein Bilderdienst, Berlin).*

NS-Studenten ersetzt werden. Gegen diesen Befehl erhob sich offenbar großer Protest unter den NS-Studentinnen und auch unter einigen Hochschulgruppenführern. Es wurde Schirach vorgehalten, daß die Studentenschaft nicht nur aus Männern bestände und die »Notzeit« die Frauen zwänge, mit den Männern »in Wettbewerb zu treten«.[5] Die Bonner Studentinnensektion z.B. bat Schirach, den Ausschluß der Studentinnen rückgängig zu machen, und beschwerte sich, da dieser auf ihren Brief nicht antwortete, direkt bei Hitler (der allerdings auch nicht antwortete). Bei dem »Ausschluß der Studentinnen« handele es sich »letzten Endes um die prinzipielle Stellung der Frau im Nationalsozialismus«, und deshalb wirke er »besonders jetzt vor der Wahl sehr ungünstig«. Die NS-Studentinnen wiesen darauf hin, daß noch viele andere Studentinnen Beschwerden an Schirach geschickt hätten, da dieser aber anscheinend gleich nach seiner Anordnung verreist sei, sollte der »verehrte Führer« die Verfügung »überprüfen« lassen.[6]

Auf diese Proteste hin gründete Schirach im August 1930 die Arbeitsgemeinschaft Nationalsozialistischer Studentinnen (ANSt) und setzte Raba Stahlberg als Reichsleiterin ein. Die ANSt wurde zunächst als »selbständige Schwesternorganisation« bezeichnet, die aber in »engster Fühlung« mit dem NSDStB arbeiten mußte. Die Reichsleiterin war Schirach jederzeit zur Rechenschaft verpflichtet, auf der Hochschulebene waren die einzelnen Gruppenleiterinnen jedoch noch von den Hochschulgruppenführern unabhängig. Das Abschieben der Studentinnen in die ANSt wurde damit begründet, daß ihnen eine Organisationsform gegeben werden sollte, in der sie »die spezifischen Aufgaben der deutschen Studentin in der NS-Bewegung« erfüllen könnten.[7] Daß es aber nicht mehr als ein Ausschluß war, sieht man daran, daß die Reichsleiterin sich darüber beklagte, daß sie von Schirach »keinen Pfennig zum Aufbau unserer Organisation« erhalten hatte und die Studentinnen um Spenden bitten mußte.[8]

Die NS-Studentinnen waren nicht ohne weiteres bereit, aus dem NSDStB auszutreten und eine ANSt-Gruppe zu gründen, und die NS-Studenten wollten keine zahlenden Mitglieder verlieren. In einem Aufruf der ANSt-Reichsleiterin vom Dezember 1930, doch endlich ANSt-Gruppen zu gründen, heißt es u.a.: »Ich weiß, daß an manchen Orten eine Abneigung dagegen besteht, eine ANSt-Gruppe zu gründen (. . .) Die Einrichtung der ANSt ist nun einmal da. Ob wir sie für wünschenswert halten oder nicht, steht nicht zu Debatte.« Und: »Finanzielle Verluste für den NSDStB dürften keine Rolle spielen.«[9]

Bei den nächsten AStA-Wahlen durften auf Anordnung Schirachs keine NS-Studentinnen mehr kandidieren, da dies dem Grundsatz der Partei, keine Frauen in die Parlamente zu schicken, widersprechen würde.[10] Die NS-Studentinnen waren mit dieser Anordnung wahrscheinlich nicht ganz einverstanden, denn im Januar 1931 mußte die Reichsleiterin »nochmals« eindringlich »darauf hin(weisen), daß die ANSt zu den AStA-Wahlen keine Listen aufstellt«. »Ausnahmen« dürften »in keinem Fall gemacht werden«. Die NS-Studentinnen waren aber selbstverständlich verpflichtet, »die Listen des NSDStB zu wählen und die Wahlarbeit nach Kräften zu unterstützen«,[11] also für eine Studentengruppe zu werben, zu der sie keinen Zutritt und auf die sie keinen Einfluß hatten.

Da sich wohl kaum eine Studentin bewußt einer politischen Gruppe anschließen konnte, in der sie nichts zu sagen hatte, warb die ANSt gleich um das »Unterbewußtsein« der Studentinnen. In einem Flugblatt der Dresdner ANSt hieß es 1932: »Deutsche Studentin! (. . .) Wenn Du den ›Ruf der Zeit‹ in dir verspürst – warum schließt Du Dich uns nicht an? (. . .) Wenn Du Dich gefühlsmäßig hingezogen fühlst und nur noch vernunftmäßige Bedenken zu überwinden hast, so folge Deinem gesunden Instinkt!«

Die ANSt-Studentinnen verließen sich bei ihrer Werbung also ganz auf die Richtigkeit der alten Ideologie, daß Frauen hauptsächlich vom Gefühl gelenkt werden. Außer dem »Gefühl« hatte die ANSt noch eine weitere angeblich weibliche Eigenschaft parat, die sie glaubte, bei den Studentinnen ansprechen zu können – die »Opferfähigkeit«: »Gerade die deutsche Studentin, der man ein Erstarren der Gefühlswelt und Opferbereitschaft vorwerfen möchte, sollte beweisen, daß bei ihr (. . .) das natürliche Empfinden und der gesunde Instinkt über Intellekt und feig egoistische Erwägung siegen (. . .) Opferfähigkeit aber ist der Prüfstein für die Frau, wie der Mut für den Mann.«[12]

In den Flugblättern und im Programm der ANSt wurde niemals auf die materielle Situation der Studentinnen oder überhaupt auf ihre Situation an der Universität eingegangen, obwohl manche ANSt-Mitglieder nicht einmal in der Lage waren, ihre Beiträge zu bezahlen. Die ANSt beschränkte sich darauf, die Studentinnen allgemein für den Nationalsozialismus zu werben – »Du kannst es nicht ertragen, beiseite zu stehen . . .« – und ihnen außerdem die Führungsrolle über die »gesund empfindenden, aber ungeistigen Massen« anzubieten.[13]

Die Aufgaben der ANSt-Mitglieder beschränkten sich darauf, um neue Mitglieder zu werben und den Nationalsozialismus unter den Studentinnen zu verbreiten. Es wurde hauptsächlich »bedingungslose Treue zu Idee und Führer und Hingabe im täglichen Leben« verlangt. Auf keinen Fall sollte die »Weltanschauung des NS« diskutiert werden. Sie mußte den Mitgliedern schon »in Fleisch und Blut übergegangen sein«. Ab und zu sollten sich die ANSt-Gruppen »mit den Sonderfragen weiblicher Interessen und Kulturpolitik auseinandersetzen«. Diese Fragen mußten aber »gegenüber denen, die die Gesamtheit des Volkes angehen«, »ganz entschieden zurückgestellt werden«.[14] Die ANSt war also von vorneherein nur als eine Hilfsorganisation des NSDStB gedacht. Da von den Nationalsozialisten Frauen an der Universität überhaupt nicht gewünscht waren, war die ANSt in einer paradoxen Situation: Konsequenterweise hätte die ANSt den Studentinnen empfehlen müssen, sich zu exmatrikulieren.

Soweit dachten die NS-Studentinnen jedoch nicht, denn die allgemeinen Anschauungen des NS über die Aufgaben der Frau hatten sich in der ANSt noch nicht durchgesetzt. Bis 1933 herrschte hier noch eine relative ideologische Freiheit, die wohl auf der Marginalität aller NS-Frauenorganisationen von vor 1933 beruhte. Die Stellungnahmen, die die ANSt zum »Frauenstudium« und zur Berufstätigkeit der Frauen abgab, waren sehr widersprüchlich. Für Raba Stahlberg, die erste Reichsleiterin, hatten die Studentinnen nur die Aufgabe, den Nationalsozialismus in der Universität zu verbreiten. Wenn dieser sich durchgesetzt hatte, mußten und »durften« sie wieder in die Familie zurück. Sie schrieb: »Die Stellung der Frau im Dritten Reich (darf) ihrer gegenwärtigen Stellung im öffentlichen Leben nicht mehr gleichen. Die vorherrschende Berufstätigkeit der Frau, die die Frauenbewegung sich noch immer als Verdienst anzurechnen wagt, ist eines der traurigsten Momente unserer an Dekadenz überreichen Zeit. Fragen Sie einmal alle Mädchen zwischen 18 und 25, die Sie kennen, und sie werden erfahren, daß höchst selten eine in ihrem Beruf etwas anderes zu sehen gewohnt ist als den durch wirtschaftliche Notlage ihr aufgezwungenen Broterwerb.« Die »wirtschaftliche Notlage« sei eine Folge der »Schandverträge«, die NSDAP werde diese beseitigen und sei damit »die einzige Partei, der wir Frauen das Vertrauen entgegenbringen, daß sie auch uns einmal die Möglichkeit wiedergibt, zu unserem wesenhaften Beruf, der im Umkreis der Familie beschlossen liegt, zurückzukehren«.[15] Mit dieser »Argumentation« konnten die Studentinnen angesprochen werden, die sich, in einem Identitätskonflikt zwischen Familie und Berufstätigkeit befanden. Maria Nau, die im Dezember 1930 als neue ANSt-Reichsleiterin von Schirach eingesetzt wurde, war mit der Ablehnung der Berufstätigkeit von Frauen etwas vorsichtiger. In dem Arbeitsprogramm der ANSt, das auf einem Flugblatt an alle Studentinnen verteilt wurde, schrieb sie: »Eine Frau im Beruf ist gewiß kein Ideal. Doch wird diese Erscheinung sich auch in einem Zukunftsstaat nicht beseitigen lassen.« Sie müßte aber in »gesunde Bahnen« gelenkt werden.[16] Eine andere Variante der Haltung der ANSt zum »Frauenstudium« war die schon von manchen Studentinnenvereinen bekannte, daß die Akademikerinnen, falls sie das »höchste Ziel jeder Frau, Mutter im biologischen Sinne« zu sein, nicht erreichten, immerhin das »ebenso wichtige Ziel, Erzieherin der jungen Generation zu werden«, erreichen könnten. Die Frauen seien zwar anders »veranlagt« als die Männer, aber »nicht geistig minderwertig«. Die Studentinnen müßten »von ihrem Fachstudium her – sei es Theologie, Jura, Medizin oder Philosophie – zu dem innersten Wesen der Frau durchdringen«. Sie sollten sich in ihrem Beruf die Aufgabenfelder suchen, »in denen sie ausgesprochen mehr leisten (können) als der Mann, kraft ihrer andersartigen Veranlagung«. Es gebe in jedem Beruf »solche Aufgaben, und es muß gezeigt werden, hier ist eine Frau nötig! Von der Ablehnung des Frauenstudiums und der Degradierung der Frau zum rein vitalen Wesen kann im Nationalsozialismus nicht die Rede sein«.[17]

In der ANSt waren also verschiedene Ansichten über das »Frauenstudium« zugelassen, sofern die Studentinnen ihr Verhältnis zu ihrem eigenen Studium nur irgendwie mit der nationalsozialistischen Ideologie in Einklang bringen konnten. Sie durften ihre »Befreiung« vom Studium durch den Nationalsozialismus »erhoffen«, und sie durften demselben durch die Erfüllung der »weiblichen Aufgaben« im Beruf dienen. Die späteren Maßnahmen der Nationalsozialisten gegen das »Frauenstudium« und gegen Akademikerinnen standen kaum im Zusammenhang mit den Vorstellungen der ANSt. Weder »befreiten« sie die Studentinnen von der Notwendigkeit, nach dem Studium Geld zu verdienen, noch erlaubten sie ihnen nach dem Examen als Lehrerinnen an höheren Schulen »Erzieherin der jungen Generation« zu werden. Die ANSt durfte vertreten, was sie wollte, wenn sie nur Studentinnen für die Nationalsozialisten warb. Daß in der ANSt gegensätzliche Ansichten über das »Frauenstudium« vertreten wurden, stand der Werbung neuer Studentinnen nicht entgegen, denn so konnten sich Studentinnen mit den verschiedensten Haltungen zum Studium angesprochen fühlen.

Das Verhältnis der ANSt zur Frauenbewegung war am Anfang genauso vielfältig wie das zum »Frauenstudium«. Es fällt auf, daß sich die ANSt ständig mit der Frauenbewegung auseinandersetzte. Schon im Arbeitsprogramm der ANSt wurde als erster Punkt genannt, daß sich die ANSt-Gruppen einen »historischen Überblick über die Geschichte der Frauenbewegung in Deutschland verschaffen« sollten.[18]

In der »Bewegung«, der Zeitschrift der nationalsozialistischen Studenten, wurden im Dezember 1930 die »unvergänglichen Werte« der Frauenbewegung gelobt: »Sie verlangte, daß die deutsche Frau (. . .) vollen Anteil haben sollte an allen Bildungsmöglichkeiten zur Entfaltung ihres Wesens, und sie verlangte freie Bahn für wirtschaftliche Selbständigkeit in einer Zeit des Frauenüberschusses und einer Zeit, in der die Männer durch ihre wachsende Entartung immer weniger begehrenswert wurden.« Die Werte der Frauenbewegung müßten »selbstverständlich« in der NS-Bewegung erhalten bleiben, und die »Ansprüche des Mannes« an eine gebildete Frau dürften nicht zurückgeschraubt werden »zugunsten eines kümmerlichen Männchenstandpunktes«.[19] Dagegen steht der Artikel einer ANSt-Studentin, die die »alte« Frauenbewegung völlig ablehnte, aber die ANSt zur »Vorläuferin« der »neuen nationalsozialistischen« Frauenbewegung machen wollte. Sie lehnte »das Frauenrechtlertum, vor allem seine Vertreterinnen, aus dem Innersten ab, weil sie von uns verlangen, daß wir unser Innerstes – eben unser Frau-Sein – verleugnen sollen (. . .) Wir lehnen die Jagd nach Gleichberechtigung ab. Wir wollen gar nicht dasselbe leisten wie der Mann«. Das Ziel der »neuen« Frauenbewegung sei es, Mutter zu werden im biologischen wie im »geistigen« Sinn.[20]

Von einer anderen Studentin wurde den NS-Studentinnen die Aufgabe gestellt, »die Synthese zu finden zwischen dem Ideal der alten Frauenbewegung, der Frauenrechtlerin, und dem Frauenbild, das als Lebensaufgabe ansieht: Schön zu sein und Kinder zu kriegen«. Die »deutsche Studentin« habe »den Typ der NS-Frau zu schaffen«. Sie sollte »Mittlerin« sein zwischen »den Frauen der unteren und denen der oberen Stände«, indem sie den anderen Frauen die »deutschen Kulturgüter« vermittle.[21]

Das Bild, das die ANSt in der Öffentlichkeit gab, war also sehr vielschichtig und uneinheitlich. Ein Teil der ANSt-Studentinnen übernahm nur die bereits in den konservativen Studentinnenvereinen herrschende Ideologie von der Gleichwertigkeit und der Ablehnung der Gleichberechtigung der Frau, während ein anderer Teil die mehr »frauenrechtlerisch« orientierten Studentinnen ansprach und bei ihnen den Eindruck erwekken konnte, daß die NS-Studentinnen es schon schaffen würden, sich gegen die NS-Studenten durchzusetzen. Das heißt, daß die Verachtung und gewünschte Erniedrigung der Frauen, die schon seit 1923 in den Schriften von Rosenberg, Himmler und Hitler enthalten waren, nicht dem entsprach, was die Mehrheit der Studentinnen wahrnahm.

Die »ideologische Freiheit« und auch die relative Selbständigkeit der ANSt auf der Hochschulebene wurden im März 1932 stark eingeschränkt. In den neuen Richtlinien der Reichsleiterin wurde die Bekämpfung der Frauenbewegung zu einem der wichtigsten Ziele erklärt: »Der NS-Studentin (fällt) die Aufgabe zu, die noch immer auftauchenden Gedanken der liberalistisch-marxistischen Frauenbewegung, die heute fast vollkommen von jüdischem Volkstum zersetzenden Geist getragen ist, zu *bekämpfen* und *auszurotten*.«[22] Gleichzeitig wurde eine neue Hierarchie zwischen NSDStB und ANSt festgelegt. Die ANSt wurde jetzt ausdrücklich als »Unterorganisation« des NSDStB bezeichnet. Die NS-Studentenbunds-Kreisleiter bekamen das Recht, die ANSt-Kreisleiterinnen ein- und abzusetzen, und die ANSt-Hochschulgruppenleiterinnen wurden verpflichtet, mit dem Hochschulgruppenleiter des NSDStB »kameradschaftlich« zusammenzuarbeiten. Die Hochschulgruppenleiterinnen wurden zwar nur von der Reichsleiterin ein- und abgesetzt, waren aber, da diese sie oft gar nicht kannte und selber vom NSDStB-Reichsführer abgesetzt werden konnte, praktisch vom Hochschulgruppenleiter ihrer Universität abhängig.

Diese Machtstruktur, die auch nach 1933 beibehalten wurde, diente der völligen Kontrolle der ANSt-Studentinnen durch den NSDStB. Die ANSt-Akten sind voll von Schriftwechseln wegen Konflikten (und Denunziationen) zwischen ANSt-Studentinnen und NSDStB-Studenten und zwischen verschiedenen ANSt-Gruppen- und Kreisleiterinnen, die immer zugunsten des NSDStB entschieden wurden.

Im September 1932 wurde die Unterstellung der ANSt unter den NSDStB noch verstärkt. Gerd Rühle, der neue NSDStB-Reichsführer, ordnete an: »Das öffentliche Auftreten der ANSt als Organisation an der Hochschule (. . .) unterliegt der Genehmigung des Hogruf« (Hochschulgruppenführer).[23] Diese untergeordnete Stellung der ANSt wurde von den Mitgliedern im wesentlichen akzeptiert. Wie hätte sonst die ANSt-Jena sogar auf einem Flugblatt verbreiten können: »Die ANSt ist nur ein kleines und bescheidenes Werkzeug in der Hand unseres Führers, als Standesorganisation gedacht, der zunächst die Aufgabe zufällt, in ihren Kreisen die geistigen Grundlagen der ns Weltanschauung zu vermitteln«?[24]

Die ANSt-Gruppen entwickelten sich zum Teil zu kostenlosen »Arbeitskräften« für die Partei und den NSDStB. Die ANSt-Jena stellte sich zum Beispiel der Partei für Büroarbeit und Botengänge zur Verfügung. Ein NSDStB-Kreisführer wies 1931 die Reichsleiterin darauf hin, daß es »mancherorts üblich ist, (...) die ANSt-Gruppen lediglich zur wirtschaftlichen Hilfsorganisation für die SA herauszubilden«. Andere Gruppen begannen dagegen schon rechtzeitig damit, sich auf die Aufgaben der »deutschen Frau« im kommenden Krieg vorzubereiten. Die ANSt-Dresden organisierte bereits 1932 Gas-Schutzkurse für ihre Mitglieder.[25] Die ANSt schien für die Studentinnen nicht sehr attraktiv gewesen zu sein, denn die ANSt-Gruppenleiterinnen klagten häufig über mangelnden Zulauf. In dem Bericht über eine ANSt-Kreistagung vom Dezember 1931 heißt es z.B.: »Unter den Studentinnen scheint das Interesse für die nat.soz. Bewegung noch gering. Man glaubt mit regelmäßigem Kolleg- und Seminarbesuch das Nötigste für das Vaterland getan zu haben.« Die Königsberger ANSt klagte ebenfalls über die Gleichgültigkeit der Studentinnen gegenüber politischen Fragen, die Studentinnen glaubten, daß Politik eine Frau nichts anginge. Die ANSt-Dresden schrieb im November 1932 unter »Werbetätigkeit für neue Mitglieder«: »Bis jetzt wurden 10 Kommilitoninnen schriftlich eingeladen und aufgefordert, uns beizutreten. 2 davon haben aus inneren Gründen abgesagt, die anderen haben nicht geantwortet.« Noch Ende 1932 schrieb die ANSt-Leiterin des Kreises Leipzig in Hinblick auf die kommenden AStA-Wahlen, daß die ANSt überhaupt erst mal bekannt werden müßte, da die meisten Studentinnen nichts von ihr wüßten. Sie erklärte sich das damit, daß »der größte Teil der Reaktion (...) nun einmal immer noch unter den Studentinnen stecke«.[26] Berichte darüber, daß die ANSt-Gruppen schnell anwuchsen und die Studentinnen sich besonders für die ANSt interessierten, sind für die Zeit vor April 1933 in den Akten der ANSt nicht zu finden.

Obwohl die soziale Lage und die Berufsperspektive der Studentinnen noch schlechter waren als die der Studenten, liefen sie nicht in größerer Zahl zu den Nazis über. Die Studentinnen waren im Gegenteil seltener bereit, für den Nationalsozialismus aktiv zu werden. Die ANSt hatte Anfang 1933 nur 4,1% aller Studentinnen als Mitglieder gewonnen, während der entsprechende Prozentsatz bei den Studenten doppelt so hoch war.[27] Bei der einzigen mir bekannten AStA-Wahl, bei der die Ergebnisse nach Geschlechtern getrennt veröffentlicht wurden, wählten die Studentinnen nicht nur wesentlich seltener die Nationalsozialisten, sondern auch viel seltener rechte und viel häufiger demokratische und linke Gruppen als die Studenten.[28] Die Studentinnen waren also – entgegen den herrschenden Vorurteilen über Frauen – für reaktionäre Politik weniger anfällig als die Studenten.

Elitebewußtsein und gleichzeitige Angst vor dem sozialen Abstieg, ein Zustand, der reaktionäres Bewußtsein fördert, war bei den Studentinnen von vornherein – im Vergleich zu den Studenten – nur reduziert vorhanden. Sie hatten ja schon im (meist konservativen) Elternhaus lernen müssen, daß die wahre Elite die Männer sind. Auch ihre Berufserwartungen waren nicht so hoch wie die der Studenten: Als Frauen erwarteten sie nämlich meist nur Beschäftigungsmöglichkeiten in den unteren Rängen bestimmter sozialer und erzieherischer Berufe.

Auch der Nationalsozialismus versprach den Studentinnen – anders als den Studenten – keine Berufsmöglichkeiten: Die NS-Propaganda wollte ja gerade auf dem Rücken der Frauen (und der Juden) die Akademikerarbeitslosigkeit beseitigen. Die Drohung des sozialen Abstiegs müßte durch die Aussicht, im NS überhaupt keine Stelle mehr zu bekommen, verstärkt worden sein und somit eher als Grund gewirkt haben, die Nationalsozialisten zu bekämpfen, es sei denn, die Studentinnen hofften, führende Rollen in den NS-Frauenorganisationen zu bekommen, oder durch die »Rettung« des Mittelstandes im »Dritten Reich« vom Geschäft der Eltern oder des Ehemanns leben zu können.

Die Mitglieder der ANSt machten also vor 1933 nur einen sehr geringen Teil unter allen Studentinnen aus. Wieweit sie und andere, nicht in der ANSt organisierte Studentinnen, sich praktisch an den Aktionen der NS-Studenten gegen liberale und jüdische Professoren und gegen republikanische, sozialistische, kommunistische und jüdische Studenten und Studentinnen beteiligte, darüber geben die ANSt-Akten keinen Aufschluß. Der Bericht einer ANSt-Kreistagung zeigt, daß sie die Aktionen zumindest ideologisch unterstützten: »Besonders der Fall Dehn (ein von NS-Studenten verfolgter Professor) interessierte die auswärtigen Mitglieder sehr. Wir stellten fest, daß wir jeden Kampf wider den undeutschen Geist auf den Hochschulen stets mit unserer ganzen Kraft unterstützen werden.«[29]

Die ANSt-Studentinnen gingen also auf »allgemeinem«

ideologischem Gebiet mit den Studenten konform. Unterschiede zeigten sich nur bei der Beurteilung des »Frauenstudiums«. Hier setzten sich die männlichen Nationalsozialisten nach ihrem Sieg 1933 in einem solchen Maße durch, daß es selbst die ANSt-Studentinnen empörte. Jetzt glaubten sie nämlich, endlich freie Hand zu haben, die Frauen ihren Vorstellungen von »wahrer Weiblichkeit« anzupassen, d.h. sie aus dem »männlichen Lebensraum« zu entfernen. Soweit es sich um das »Frauenstudium« und um Akademikerinnen handelte, wurden sie dabei von der schon lange währenden Mißgunst der akademischen Berufsverbände und Beamten unterstützt.

Die schon in der Weimarer Republik begonnene Gesetzgebung gegen »Doppelverdiener« wurde 1933 verschärft, die Zahl der Lehrerinnen an höheren Mädchenschulen wurde so drastisch reduziert, daß für die Studentinnen, die Lehramtsfächer studierten, keine Aussicht auf eine Einstellung mehr bestand. Außer dem Philologenverband kamen auch die Ärzteverbände mit ihren langjährigen Forderungen gegen die Ärztinnen endlich zu einem Erfolg. Im Dezember 1933 erklärte der Führer des Reichsärztebundes, daß es das Ziel der NSDAP sei, Deutschland von allen Ärztinnen und Medizinstudentinnen zu »befreien«. Der Reichsärztebund forderte, daß nur noch 1,5% der Medizinstudenten Frauen sein dürften. Diese Forderung wurde allerdings nie realisiert. Der Reichsverband der angestellten Ärzte und Apotheker schloß 1933 alle weiblichen Mitglieder aus. Sie sollten sich von nun an im Verband der weiblichen Angestellten organisieren.[30]

Obwohl die medizinischen Berufe mit den Aufgaben des »Heilens und Pflegens« den üblichen Vorstellungen vom Frauenberuf entsprachen, wurden den Ärztinnen, auch den Kinder- und Frauenärztinnen große Schwierigkeit bereitet. Sie bekamen kaum Stellen, auf denen sie die obligatorische dreijährige Assistenzzeit ableisten konnten, außer in allgemein gemiedenen Bereichen wie Altersheimen und »Anstalten für Geisteskranke«. Die Krankenhäuser stellten auf Anweisung der Behörden keine Medizinerinnen mehr ein. Allen verheirateten Ärztinnen, deren Mann »genügend« verdiente, wurde Anfang 1934 die Kassenzulassung entzogen. Bei den neuen Zulassungsbewilligungen sollte grundsätzlich der verheiratete Arzt dem unverheirateten vorgezogen werden, aber eine verheiratete Ärztin mußte auch hinter einem unverheirateten Arzt zurückstehen, damit dieser die finanzielle Möglichkeit zur »Familiengründung« bekäme.[31] Darüber hinaus wird es auch für unverheiratete Ärztinnen schwer geworden sein, eine Praxis zu übernehmen, da hierzu in der Regel die Zustimmung des Berufsverbandes notwendig ist.

Für Juristinnen wurde die Lage noch aussichtloser, denn Hitler verkündete 1936, daß Frauen weder Richterinnen noch Staats- oder Rechtsanwältinnen werden dürften. Zu den besonders gegen Frauen gerichteten Maßnahmen kam noch die allgemeine politische und antisemitische Säuberung: Viele Frauen wurden aus politischen Gründen oder weil sie Jüdinnen waren entlassen. Von den 54 Dozentinnen, die es in Deutschland gab, waren insgesamt 16 zur Emigration gezwungen. 1938 lehrten nur noch 27 Dozentinnen in den deutschen Universitäten.[32]

Da es für Frauen ab 1933 praktisch aussichtslos war, in den akademischen Berufen eine Stelle zu finden, gingen die Studentinnenzahlen sofort zurück. Im Wintersemester 1933/34 waren die Exmatrikulationen bei den Studentinnen fast viereinhalbmal so hoch wie die Immatrikulationen, im Sommersemester 1933 waren sie anderthalbmal so hoch gewesen. Bei den Studenten gingen »nur« knapp doppelt so viele ab, wie neue hinzukamen. Dieser Rückgang reichte den Nationalsozialisten jedoch nicht. Im Dezember 1933 bestimmte Frick, daß die Zahl der Studienanfänger in jedem Jahr nur 15000 betragen und daß davon nur 1500 Frauen sein dürften. Diese Quote wurde auf die einzelnen Länder im Verhältnis zu ihrer Einwohnerzahl verteilt. In keinem Land durfte die Höchstgrenze von 10% für Frauen überschritten werden. Diese Maßnahme kam einem geschlechtsspezifischen Numerus Clausus gleich. Die Auswahl der Abiturientinnen und Abiturienten wurde durch die Trennung von Abitur und Hochschulreife möglich gemacht, die mit dem »Gesetz gegen die Überfüllung der Deutschen Schulen und Hochschulen« im April 1933 eingeführt worden war. Für die Hochschulreife war ein Sondergutachten der Schule notwendig. Wer die Hochschulreife zugesprochen bekam, sollte nach geistiger und physischer Entwicklung, »Charakter« und politischer Zuverlässigkeit entschieden werden. In Sachsen wurde die Hochschulreife so vergeben: Alle Abiturienten und Abiturientinnen mußten sich unter der Leitung eines staatlichen Psychologen auf »Charakter, seelische Weite, Tiefe und Reife« hin begutachten lassen. Die Ergebnisse wurden in Punkten ausgedrückt. Während die Abiturienten noch mit 153 Punkten zugelassen wurden, mußten die Abiturientinnen 163 Punkte erreichen.[34]

1933 hatte der Anteil der Frauen an den Studienanfängern noch 16,7% betragen, 1934 sank er auf 12,5%. 1936 wurde der

Numerus Clausus wieder aufgehoben, da die Zahl aller Studienanfänger weit unter die Höchstgrenze gesunken war.[35] Außer den wirklich durchgeführten Maßnahmen wurden von amtlichen Stellen noch eine ganze Reihe Vorschläge gemacht, wie die Studentinnenzahlen verringert werden könnten. Zum Beispiel wurde Anfang 1934 vorgeschlagen, daß die Zulassung zur Universität von einer bestimmten Durchschnittsnote des Abiturzeugnisses abhängig gemacht werden sollte und diese bei den Abiturientinnen besser sein müßte als bei den Abiturienten. In einem Gutachten »akademischer Berufsberater« wurde gefordert, daß in Zukunft bei den Frauen nur noch die »wissenschaftlich Hochbegabten« zum Studium zugelassen werden sollten, während bei den Männern auch eine geringe »Begabung« ausreichen sollte.[36] Wahrscheinlich wurden diese Vorschläge deshalb nicht durchgeführt, weil die dazu erforderlichen Tests amtlich festgestellt hätten, daß die zum Studium zugelassenen Frauen durchschnittlich »intelligenter« waren als die Männer.

Außer durch die direkten Maßnahmen wurde den Studentinnen auch durch die NS-Studenten und -Professoren das Studium erschwert. 1933 schrieb die Zeitschrift »Wissen und Dienst«, die sich »Organ der Berliner Fachschaften« nannte: »Die Hochschule gehört den Männern.« Studentinnen dürfen nur noch Gäste an der Universität sein, und sie nur besuchen, um sich auf bestimmte »soziale Fürsorgetätigkeiten« wie »Ärztin, Zahnärztin, Lehrerin usw.« vorbereiten zu können.[37] Der Studentenschaftsführer der Handelshochschule Leipzig machte 1934 in der Hochschule einen Anschlag, auf dem er jeder Studentin, »die ihr Studium gegen Heirat vertauscht, ein Geschenk im Wert von RM 40« anbot. Die Studentin könnte sich das Geschenk selbst aussuchen. Der ANSt-Kreisreferentin von Leipzig erklärte er, »daß er kämpfen wolle, bis die letzte Studentin von der Handelshochschule verschwunden sein würde«. Der öffentliche Anschlag des Geschenkangebotes sollte nach seinen Worten ein »Druckmittel« sein.[38]

In Greifswald »lehrte« Anfang 1934 ein Professor in seiner Vorlesung über Bevölkerungspolitik, daß eine Frau sich bis zum 20. Lebensjahr geistig nicht überanstrengen dürfte und bei jedem Kind geistig stehenbliebe. Es sollten nur die Frauen studieren dürfen, die »körperlich wenig Ergiebigkeit versprechen«.[39]

Die Propaganda und die Maßnahmen der Nationalsozialisten gegen »Hochschulüberfüllung« und »Frauenstudium« hatten schnelle Folgen: Die Zahl der Studenten an den Universitäten sank von 75409 im Wintersemester 1932/33 auf 34868 im

Sommersemester 1939, also auf weniger als die Hälfte. Die Zahl der Studentinnen sank von 17192 auf 5777, also auf fast genau ein Drittel. Der Anteil der Studentinnen an allen deutschen Hochschulen, also auch der Technischen, an denen er schon immer gering war, sank von 15,7% im Wintersemester 1932/33 auf 11,2% im Sommersemester 1939.[40]

Die Maßnahmen gegen das Frauenstudium wirkten sich besonders gegen Studentinnen aus der Unterschicht aus. Im Sommersemester 1933 verließen so viele »Unterschichtstöchter« die Universitäten, daß die Deutsche Hochschulstatistik dies mit einem Extra-Satz vermerkte, obwohl sie den Studentinnen sonst wenig Beachtung schenkte. Die Studentinnen aus der »Unterschicht« konnten ihr Studium hauptsächlich durch die drastische Kürzung der Stipendiengelder der »Studienstiftung des deutschen Volkes« und durch die Einschränkungen der Hilfen anderer Institutionen nicht mehr fortsetzen. Zwischen 1932 und 1934 sank die Zahl der durch die »Studienstiftung des deutschen Volkes« geförderten Studentinnen von 470 auf 270, ihr Anteil an allen Geförderten von 11 auf 7%.[41]

Auch bei der Förderung durch das Studentenwerk wurden Frauen jetzt offiziell benachteiligt: In einem Merkblatt des Studentenwerks von 1935 heißt es: »Studentinnen werden nur in den Studiengängen gefördert, deren Berufsziel Frauen zugängig ist, und nur in dem Ausmaße, wie es dem Anteil der Frau an den akademischen Berufsplätzen entspricht.«[42] Die Zahl der Unterschichttöchter sank noch, als die Studentinnenzahlen schon längst wieder stiegen. 1941 war der Anteil der Arbeitertöchter an allen Studentinnen 0,31% (in absoluten Zahlen 97).[43]

Die Maßnahmen, die die Frauen vom Studium zurückhalten sollten, setzten nicht erst auf der Universitätsebene, sondern schon in den Schulen ein. Der Prozentsatz der Mädchen an allen höheren Schulen sank von 37% 1933 auf 34,5% 1938.

Außer der Zahl der Schülerinnen wurde auch die Qualität ihrer Bildung reduziert. Ab 1935 mußte der Stundenplan jeder Mädchenklasse in den höheren Schulen zwei Stunden Handarbeit in der Woche enthalten, dafür mußten eine Stunde Englisch und eine Stunde Mathematik ausfallen,[44] wodurch sich die Voraussetzungen zum Studium für die Mädchen verschlechterten.

Im Frühjahr 1935 ordnete der Reichserziehungsminister an, daß alle Schülerinnen nach der Obersekunda eine Hauswirtschaftsprüfung ablegen mußten, bevor sie zur Oberstufe zugelassen wurden. In den Ausführungsbestimmungen zu diesem

Erlaß drückt sich weniger der Versuch einer »Auslese« aus als das Bemühen, den »gebildeten« Mädchen zu zeigen, daß sie, wenn sie nicht beweisen konnten, daß sie später ihrem Ehemann ordentlich die Betten machen würden, auch kein Recht hatten, das Abitur zu machen. So wurde z.B. unter Punkt 2 verlangt: ». . . Abwaschen des Eß- und Kochgeschirrs, Reinigen der Bestecke, Reinigen der Küche und des Kochherdes, Herrichten des Schlafzimmers (Lüftung, Säuberung, Bettenmachen) . . .« Unter Punkt 1, Kochen, heißt es z.B.: »a) Getränke: Milch, Kakao, Kaffee, Tee . . . i) Eierspeisen: Gekochte Eier, Spiegeleier, Rührei . . .« Die verlangten Leistungen waren sehr einfach, mußten aber wahrscheinlich sehr ordentlich ausgeführt werden.[45]

Durch die »Neuordnung des höheren Schulwesens« von 1938 wurde die Ausbildung für Mädchen weiter verschlechtert. Die ersten fünf Schuljahre in allen höheren Schulen wurden zu einer allgemeinbildenden Phase erklärt, in der Oberstufe sollten sich die Schüler dann spezialisieren. In der allgemeinbildenden Phase konnten die Mädchen kein Latein lernen, was aber für viele Studienfächer Voraussetzung war, und hatten statt dessen Handarbeits- und zusätzlichen Musikunterricht. In der Oberstufe konnten die Mädchen nur zwischen einem sprachlichen und einem hauswirtschaftlichen Zweig wählen, wobei letzterer nicht zum Studium berechtigte.

Höhere Jungenschulen durften von Mädchen nur noch dann besucht werden, wenn es in ihrem Bezirk keine höhere, aber auch keine Mittelschule für Mädchen gab. Nach der »Neuordnung« von 1938 wurden Mädchen an Jungenschulen besser auf die Universität vorbereitet als an Mädchenschulen, weil sie dort mehr Naturwissenschaften und Latein hatten. Um dies zu verhindern, ordnete der Reichserziehungsminister im August 1938 an, daß Mädchen in den unteren Klassen der Jungenschulen nicht am Lateinunterricht teilnehmen durften. Da von ihnen aber in der Oberstufe das gleiche Wissen verlangt wurde, mußten sie Latein im Privatunterricht lernen.[46]

Die »Neuordnung des höheren Schulwesens« von 1938 und der Ausbau der Frauenschulen hatte neben der inhaltlichen Veränderung der Mädchenbildung den Zweck, die Studentinnenzahlen zu verringern. Heute wirken die Vorschriften, wann und in welchen Klassen Mädchen kein Latein und weniger Mathematik und Naturwissenschaften und dafür mehr Hauswirtschaft lernen durften bzw. mußten, und der bis in alle Einzelheiten der Hausarbeit gehende Erlaß (einschließlich Bettenmachen, Schlafzimmerlüften) über die zwingend vorgeschriebene Hauswirtschaftsprüfung lächerlich.

Sie zeigen jedoch, daß es den Nationalsozialisten bei der heute in der Frauenbewegung diskutierten »Qualifizierung der Frauen für Hausarbeit« weniger auf eine echte »Qualifizierung« ankam, d.h. auf ein Erlernen von Sparsamkeit bei der Haushaltsführung im Zusammenhang mit der Autarkiepolitik der Nazis, sondern daß sie darauf zielten, allen Frauen zu zeigen, daß sie um die Haushaltsführung nicht herumkommen konnten, welche Lebensperspektive sie sich auch immer für sich gedacht hatten. Mit den geschlechtsspezifischen Eingriffen in den Schulunterricht für Mädchen versuchten die Nazis, alle sogenannten »arischen« Frauen dem NS-Frauenideal der »Hausfrau und Mutter« gleichzumachen. Sie ergänzten die übrigen Maßnahmen der Nazis gegen eine qualifizierte Berufsausbildung für Frauen. Die Einschränkung der Berufsausbildung, ihre inhaltliche Verknüpfung mit Hauswirtschaft, die öffentliche, ständige Propagierung der Hauswirtschaft und der Kindererziehung als das »Wesensgebiet« der Frau und der Versuch, alle Frauen zu zwingen, sich mit Hauswirtschaft zu beschäftigen, bedeuteten Diskriminierung und Erniedrigung der Frauen, ihre Reduzierung auf dienende Funktionen.

Der Versuch der Nazis, die Frauen auf die Familie festzulegen, sie von Berufstätigkeit und Politik auszuschließen, wird in der heutigen Diskussion über die NS-Frauenpolitik manchmal positiv bewertet, da er den Interessen der Frauen entgegengekommen sei. So schreibt z.B. Thomas Schmid in »Über den Mangel an politischer Kultur in Deutschland«: »Die Nazis aber haben gesagt: die Frauen sollen in der Familie bleiben, und sie sind als Frauen in der Familie wichtig. Die Frauen sahen sich *als* Frauen ernst genommen, sie sahen sich in ihrer Verweigerung gegenüber der Politik bestätigt. Die Frauen hatten gute Gründe, ihre reale Macht in der Familie nicht zugunsten eines Kampfes um die fremde politische Macht aufzugeben. Das hatten die Nazis begriffen.« Oder Gisela Erler: »Sie (die Frauen) waren aber auch nicht nur die Opferschafe, die blökend ja und amen sagten, sondern sie entschieden sich für eine kurzsichtige politische Interessenvertretung durch die Nazis, weil da ihr Leben, Tun, ihre geleistete Arbeit wenigstens anerkannt wurden, auch materiell, während die kritische politische Intelligenz den Alltag, die Reproduktion ausklammerte, verachtete und nie zum Thema von Politik machte.«[47]

Diese Beurteilung der NS-Frauenpolitik geht von den – vermeintlichen – Interessen von unpolitischen verheirateten Hausfrauen und Müttern aus, scheint andere Fraueninteressen nicht zu kennen, und hält sich damit selber an das konservative Frauenbild.

Wie stark und wie schnell sich die »Rollenzuweisung« durch die Nazis auf das Leben der Frauen auswirkte und wie groß neben dem gesetzlichen der soziale Zwang zur Weiblichkeit war, zeigt auch die Änderung der Studienfachwahl durch die Abiturientinnen. Da viele Berufe für Frauen praktisch nicht mehr zugänglich waren, blieben, wenn die Berufsperspektive beachtet wurde, nur noch bestimmte Entscheidungen offen: Eine Tendenz zu den als für Frauen geeignet angesehenen Fächern läßt sich allerdings schon zwischen 1932 und 1933 feststellen, was sich leicht daraus erklären ließe, daß sich die Ideologie über das »Wesen der Frau« schon während der Weltwirtschaftskrise verstärkt durchsetzte. Im Sommersemester 1928 hatten 19,1 % aller Studentinnen ein medizinisches Fach – Allgemeine Medizin, Zahnmedizin oder Pharmazie – studiert, im Wintersemester 1932/33 waren es 35,8 % und im Sommersemester 1938 55,2 %. Naturwissenschaften dagegen, eine verhältnismäßig »unweibliche« Fachrichtung, studierten im Sommersemester 1928 20,9 % aller Studentinnen, im Wintersemester 1932/33 14,1 % und im Sommersemester 1938 7,6 %. Der Anteil der Jurastudentinnen war schon vor dem Nationalsozialismus von 6 % 1928 auf 5,2 % im Wintersemester 1932/33 gesunken, sank dann aber infolge der NS-Maßnahmen gegen Juristinnen kontinuierlich bis auf bloße 0,6 % im Sommersemester 1938. Entsprechendes läßt sich auch über die anderen Fächer sagen.

Wie wenig die plötzliche Änderung des Studienfachs den wirklichen Wünschen der Studentinnen entsprach, zeigt sich daran, daß die Zahlenverhältnisse sich während des Krieges wieder umkehrten und die Studentinnen jetzt, wo sie dringend gebraucht wurden, die Gelegenheit wahrnahmen, »Männerfächer« zu studieren. In den naturwissenschaftlichen Fächern an den Universitäten (Chemie, Physik, Mathematik und Geologie) stieg ihr Anteil an der Gesamtheit der Studierenden von 10,8 % 1939 auf 63,5 % 1943 und lag damit über ihrem durchschnittlichen Anteil an allen Fächern, der an den Universitäten 1943 44,5 % betrug. An den Technischen Universitäten stieg ihr Anteil in demselben Zeitraum von 1,9 % auf 23,5 %, in absoluten Zahlen von 271 auf 2087, blieb aber weit unter dem Durchschnitt. Ähnlich war es in Jura, wo sich der Studentinnenanteil immerhin von 2,5 % 1939 auf 16,4 % 1944 erhöhte, in absoluten Zahlen bedeutete das allerdings nur eine Steigerung von 151 auf 561. In Medizin, dem Fach, in dem sie schon vor dem Krieg am stärksten vertreten gewesen waren, erreichten die Studentinnen nur einen Prozentsatz von 35,9% 1943, obwohl ihre Zahl von 1939 bis 1943 von 3352 auf 14078 stieg und sich damit vervierfachte.[48]

Wie reagierten nun die Studentinnen auf die gesetzliche Rollenzuweisung? Da nach 1933 von den Studentinnenverbänden nur noch die ANSt in der Öffentlichkeit auftrat und die anderen Studentinnenverbände aufgelöst wurden, kann diese Frage hier nur für die NS-Studentinnen beantwortet werden.

Weil sich die nationalsozialistische Politik an den Universitäten nach 1933 auch direkt gegen die Studentinnen richtete, war es den ANSt-Studentinnen nicht möglich, die NS-Maßnahmen gegen sie zu bejahen und gleichzeitig weiterzustudieren. Die ANSt-Mitglieder schienen nicht damit gerechnet zu haben, daß die Nationalsozialisten ihre Drohungen in bezug auf die studierenden Frauen ernst machen würden. In der ersten Zeit nach der »Machtergreifung« zeigten sie sich sehr empört. Mit der direkten Infragestellung ihres Studiums war natürlich auch die Politik der ANSt ins Wanken geraten. Offiziell war die ANSt zwar weiter geduldet, die örtlichen Studentenführer und Parteistellen glaubten jedoch häufig, daß sie mit den Studentinnen von der Universität zu verschwinden habe. In einem Brief an Gisela Brettschneider, der neuen ANSt-Reichsleiterin, vom Juli 1933 wurde diese Situation so beschrieben: »Im Kreis IV herrscht die reinste Epidemie; fast alle Gruppenleiterinnen sehen sich veranlaßt, ihr Amt niederzulegen. (...) Da bisher jede eindeutige Stellungnahme von seiten der Bundesleitung betr. ANSt-Arbeit und Aufgabe der ANSt gefehlt hat, wissen die Kameradinnen nicht, wie sie sich zu den verschiedenartigsten Äußerungen verhalten sollen, welche von unmaßgeblichen Parteistellen über die Stellung der Frau im ns Staat auf die Menschheit losgelassen werden.«[49]

Der Numerus Clausus für Frauen lag keinesfalls auf der politischen Linie der ANSt, es lassen sich in den ANSt-Akten keine Äußerungen finden, die diesen NC befürworten, sondern nur solche, die sich dagegen richten. In dem Vortrag einer ANSt-Studentin vom Juli 1934 hieß es: »Wie sollen wir uns an der Universität eine Stellung schaffen, wenn nur noch 10% aller Studentinnen zugelassen werden und der Frau oft in sehr brutaler Weise – auch von alten Parteigenossen – ihr Menschtum genommen wird?«[50] Eine Studentin drückte ihre Enttäuschung über die »Kommilitonen von der SA« in einem Brief an den preußischen Ministerpräsidenten aus: »Wir Mädels müssen es leider nur zu oft hören, daß die Frau nichts in der heutigen politischen Hochschule zu suchen habe.« Es könne nicht »Sinn des kameradschftlichen Zusammenarbeitens im Studium sein«, daß »die Nicht-Beachtung der Kommilitonin in Nicht-Achtung und Haß ausartet«. Die Studenten lehnten die »Kameradschaft mit den Mädels« ab und wenn sie »dagegen nur ein Wort laut werden ließen«, würde sie das »in den Ruf übelster Frauenrechtlerinnen bringen«, was ihnen »himmelweit entfernt liegt«.[51] Zufriedenheit mit den NS-Maßnahmen gegen das »Frauenstudium« zeigte die ANSt an keiner Stelle.

Die NS-Studentinnen versuchten zu beweisen, daß ihr Studium mit der NS-Idologie in Einklang zu bringen sei; wie verschieden die dabei verwendeten Argumentationen waren, zeigen die folgenden Zitate: »Sie (die Gegner des Frauenstudiums) glauben, und dies oft mit Recht, daß wertvolle Eigenschaften der Frau verkümmern (. . .), wir können diesen Vorwurf nicht entkräften (. . .) Wir wollen nicht Ministerialrätin werden, große Namen und Gehälter bekommen, sondern dienen wollen wir, dienen am Staat, überall da, wo ein Platz für uns ist (. . .)«[52] Neben diesem Versuch, sich das Studium durch Unterwürfigkeit zu erhalten, stand der Versuch, gerade die angebliche Unfähigkeit der Frauen zum Studium zu ihrer besonderen Fähigkeit zum Studium zu erklären: »Die Gefahr der Blutlosigkeit, der Abkapselung vom Leben, der ›Wissenschaft an sich‹, diesen Gefahren der gewesenen Universität waren wir Frauen nie so ausgeliefert wie der Mann. Wir sind totaler, wir leben tiefer in der Einheit von Blut und Geist, wir denken und arbeiten immer aus der Ganzheit des Lebens. Man wirft uns vor, wir könnten nicht ›objektiv‹, nicht ›vorurteilsfrei‹ denken, wir könnten nicht ›abstrahieren‹, heute wissen wir wieder, daß dies eine Kraft ist. Wir sind den natürlichen und wirklichen Dingen tiefer verhaftet als der Mann (. . .)«[53]

Die Vorstellung, daß Frauen gerade wegen ihrer angeblichen Unfähigkeit zum abstrakten Denken dazu berufen sind, wichtige Funktionen in der Gesellschaft und in der Wissenschaft wahrzunehmen, ist typisch für eine bestimmte Denkrichtung unter den NS-Studentinnen; eine von ihnen schrieb z.B. in der »Deutschen Kämpferin«: »Die Maschine in ihrer logisch durchdachten und künstlich errechneten Konstruktion ist ein Werk des männlichen Geistes. Der Kapitalismus, dieser Krebsschaden der Weltwirtschaft mit seinem Aktien-, Banken- und Wechselwesen ist ein Werk männlichen Rechnergeistes. Niemals hätte eine Frau, wenn sie nur zum Denken offiziell zugelassen und darüber hinaus etwa gar um ihre Meinung gefragt worden wäre, eine so entsetzliche Herabwürdigung des Menschen zugeben können.«[54] Die Ursachen für das Unbehagen an der entfremdeten Welt wurden nicht analysiert, sondern die Schuld daran zunächst der Technik und dem logischen Denken und diese dann den Männern zugeschoben. Diese Sündenbockdenkweise ist typisch für die gesamte NS-Ideologie, nur daß die Schuld an der »Entfremdung«, die von den Nazis natürlich nie als solche verstanden wurde, von den NS-Männern den Intellektuellen oder den Juden angehängt wurde, was in der »Deutschen Kämpferin« an anderen Stellen auch üblich war.

Die NS-Studenten brauchten nach dem Sieg der Nationalsozialisten keine Rücksicht mehr auf die Wahlstimmen der NS-Studentinnen zu nehmen. Sie verhielten sich jetzt auch ihnen gegenüber als die »Herren« der Universität, die sie ja auch – zumindest 1933 – waren. Die ANSt-Leiterinnen beschwerten sich häufig über die Unterordnung unter den NSDStB, vor allem über die »willkürliche« Absetzung von Leiterinnen durch die Studentenbundführer. Es lassen sich kaum Akten finden, in denen die »Zusammenarbeit« mit dem NSDStB gelobt wurde. Dagegen fragte z.B. eine ANSt-Leiterin kurz vor ihrem Rücktritt, »ob die ANSt das Dienstmädchen des Studentenbundes sein soll?«[55] Die Leiterinnen des obersten Studentinnenamtes baten sogar den Innenminister, »eine Verfügung an die Reichsleitung der DSt herauszugeben, in der es den Studentenschaften untersagt wird, die ruhige Arbeit der Studentinnen (...) zu stören.«

Sie regten sich darüber auf, daß in Leipzig sieben »Fakultätsarbeitsgruppen« für Studenten und nur eine für Studentinnen eingerichtet worden waren, daß die NS-Studentenführer in Berlin »als einzige Fachschaftsarbeit für sämtliche Studentinnen (...) ›Kochen‹ angesetzt« hatten und daß in Königsberg die Fachschaftsarbeit »in SA Kameradschaftshäuser verlegt und damit die Studentin von vorneherein ausgeschlossen« wurde. Außerdem beschwerten sie sich über die ständige Zensur ihrer Briefe, die auf dem Dienstweg stets über den nächsthöheren Studentenschaftsführer liefen.[56] Um die Unterordnung der ANSt unter den NSDStB noch weiter zu verfestigen, wurde die ANSt im Januar 1934 »als selbständige Organisation« aufgelöst und »endgültig in den NSDStB eingegliedert«.[57] Die Protestrücktritte einzelner Frauen konnten also die Gleichschaltung der bis 1934 organisatorisch noch etwas selbständigen ANSt mit dem NSDStB nicht aufhalten.

Der NSDStB hatte anscheinend keine Mühe, vereinzelten Widerspruch von Frauen einzudämmen. Viele ANSt-Leiterinnen wachten selber darüber, daß die Mitglieder ihrer Organisation sich an das NS-Frauenbild anpaßten. Die Bundesleiterin verbot den ANSt-Studentinnen, »öffentlich«, z.B. in der Mensa, zu rauchen. Die ihr untergeordneten Leiterinnen wachten darüber, daß das Verbot eingehalten wurde.[58] Eine Studentin wurde aus der ANSt beurlaubt, weil sie sich darüber beschwerte, daß die ANSt-Mitglieder das Büro der NSDStB-Hochschulgruppe putzen mußten. Eine andere Studentin wurde aus der ANSt ausgeschlossen, weil sie nach Ansicht der Leiterin, »stark zum Mondänen neigt; im Laboratorium pflegt sie, in Zigarettenqualm gehüllt, Aufsehen zu erregen«. Eine Studentin wurde ausgeschlossen, weil sie in einem »Reitkostüm« zu einer »Unterredung« kam, eine andere, weil sie während eines Ausflugs »mit einem jungen Mann ins Heu« ging, eine dritte, weil sie durch ihre »typische Haltung als unweibliche, vom Studium verbogene Frau« die ANSt »ziemlich schädigte«.[59] Der Versuch, sich dem »traditionellen Frauenbild« anzupassen, ging – soweit aus den ANSt-Akten ersichtlich – nicht von den Studentinnen selber aus, sondern wurde von den jeweiligen ANSt-Leiterinnen als Herrschaftsanspruch den untergeordneten ANSt-Mitgliedern gegenüber vorgebracht, vielleicht, um durch die Übererfüllung der Forderungen des jeweils vorgesetzten NS-Studentenführers selber mehr Macht zu bekommen.

Trotz der organisatorischen Einordnung der ANSt in den NSDStB blieben – zumindest in den ersten Jahren nach der »Machtübernahme« – die Widersprüche in der Politik der ANSt erhalten, es kamen allerdings bald keine Proteste gegen die NSDStB-Führer mehr zum Ausdruck. Neben den ANSt-Gruppen, die sich dem »traditionellen Frauenbild« unterzuordnen hatten, gab es auch solche, deren Beschäftigung mit den »traditionellen« Aufgaben der Frau überhaupt nicht in Einklang zu bringen waren. Einige ANSt-Leiterinnen ließen die Studentinnen z.B. »am Gewehr- und Maschinengewehr« ausbilden oder verpflichteten sie zu einem »Reit-, Schieß- oder Jiu-jitsu-Kursus«.[60] Mit solchen Kursen kann die ANSt das Bedürfnis mancher NS-Studentinnen angesprochen haben, den NS-Studenten gleichgestellt zu sein. Dieses Bedürfnis drückt sich auch in manchen Berichten über Gasschutz und Luftschutzkurse aus und in einem Gedicht, das eine Philosophiestudentin über den »Luftschutz« schrieb. In dem Gedicht wundert sich ein »braver Bürger«, daß die Studentinnen »in Hosen« einen Luftschutzkeller bauen. Mit Maske und Stahlhelm dienen die Studentinnen bei einem Brand »wie der Mann, der Waffen trägt«, dem »Vaterland«.[61]

Diese verdrehten »Emanzipationsversuche« waren jedoch gegenüber der allgemeinen Tendenz, die Studentinnen dem

»traditionellen Frauenbild« anzupassen, von untergeordneter Bedeutung. Sie zeigen aber, wie widersprüchlich die Politik der ANSt war. Mit der Frauenbewegung verhielt es sich ähnlich. Obwohl der ANSt schon 1932 das Ziel gesetzt worden war, die Frauenbewegung »auszurotten«, blieb sie auch in den ersten Jahren nach 1933 ein wichtiges Thema. In dem für die Studentinnen von der DSt herausgegebenen »Schulungsprogramm für: Die Frauenbewegung« wurden u.a. Bebel, Helene Lange, Gertrud Bäumer und Lily Braun als Lektüre empfohlen. In den Schulungen sollten die »Ursprünge der ns Frauenbewegung« gelehrt werden, welche nach dem Text des Schulungsprogramms in den »geistig seelischen« und »nationalbürgerlichen« Strömungen der Frauenbewegung lagen.

Die »marxistisch-proletarische Frauenbewegung«, die der NS-Frauenbewegung gegenübergestellt wurde, hatte ihren Ursprung in der Strömung, die die Unabhängigkeit der Frau forderte, was nach dem Text des Schulungskurses eigentlich noch nichts Schlimmes war, wenn sich nicht unter dem »Einfluß jüdischer Führerinnen« »die Tendenz zum Geschlechterkampf durchgesetzt« und diese Richtung nach 1918 über die »national-politischen« Frauenorganisationen gesiegt hätte.[62] Die ANSt legte also Wert darauf, daß die NS-Frauenorganisationen in der Frauenbewegung ihren Anfang hatten, natürlich bevor sie von Jüdinnen und Marxistinnen »zersetzt« wurde. Sie wollte die Energie und die Sympathie, die viele Studentinnen für die Frauenbewegung aufgebracht hatten, für sich gewinnen, während sie gleichzeitig die politischen Ziele der Frauenbewegung bekämpfte.

1933 stiegen die Mitgliederzahlen der ANSt schnell an. Vor 1933 war in den ANSt-Akten meist von 7 bis 10 Studentinnen pro Hochschulgruppe die Rede, jetzt waren es 60 oder 80, in Berlin sogar 300.[63] Die ANSt-Göttingen betonte, sie hätte »fast sämtliche Studentinnen bekommen«, obwohl diese noch immer nicht wüßten, worum es ginge.[64] Adam erklärt den schnellen Anstieg der Mitgliederzahlen des NSDStB nach 1933 mit der Abhängigkeit der Studenten von der Unterstützung des Studentenwerks und von Vergünstigungen wie Kolleggeld-Nachlaß, die ja fast nur noch an Mitglieder des NSDStB vergeben wurden.[65] Ein weiterer Grund für den Anstieg der Mitgliederzahlen liegt darin, daß bei der Zulassung zur Universität BDM-Mitglieder bevorzugt wurden. Diese wurden an der Universität automatisch ANSt-Mitglieder. Natürlich wird auch politischer Druck, Opportunismus, Angst um die Berufsaussichten oder späte Begeisterung bei dem Anstieg der Mitgliederzahlen eine Rolle gespielt haben. Ab dem Januar 1933 mußten alle ANSt-Mitglieder auch in der NSDAP sein.[66]

Nach dem Sieg der Nationalsozialisten wurde in der Deutschen Studentenschaft (DSt) auf jeder Ebene neben vielen anderen »Hauptämtern« das »Hauptamt VI für Studentinnen« eingerichtet. In diesen »Hauptämtern« wurde ab November 1933 die Personalunion zwischen Hauptamtsleiterin und ANSt-Leiterin durchgesetzt.[67] Die Hauptämter konnten Verordnungen erlassen, die für alle Studentinnen gültig waren. Da also jetzt die ANSt ihren Einfluß auf die Studentinnen über die DSt ausüben konnte, versuchte sie ihre Mitgliederzahl wieder zu verringern. Ende 1933 wurden neue Studentinnen nur als Anwärterinnen aufgenommen und auch das nur, wenn sie vorher in einem »Kolloquium« bewiesen hatten, daß sie »Mein Kampf« und das Programm der NSDAP von Alfred Rosenberg gelesen hatten. Vom 15. Januar bis zum 1. April 1934 hatte die ANSt ebenso wie der NSDStB Mitgliedersperre. Ende 1933 und 1934 wurden alle aus der ANSt ausgeschlossen, die nicht »fraulich« genug oder nicht »100% arisch« waren. In der ANSt des Kreises V z.B. durften nur die »ständig Opferbereiten« bleiben. Die ANSt-Göttingen schrieb im Dezember 1933: »Im allgemeinen hat die ANSt jetzt keine Mitglieder mehr, die auffallend ungemäß sind.« Ab November 1935 wurden nur noch Erstsemester und diese nur als »Anwärterinnen« aufgenommen. Aus den Mitgliederzahlen der ANSt – die im Krieg wieder stark stiegen – kann man also für die Zeit nach 1933 wenig auf die Zustimmung der Studentinnen zur NS-Politik schließen, denn die Mitgliederzahl wurde direkt durch die NSDStB-Führung gesteuert.[68]

Die NS-Studenten hatten über die DSt die Macht, den Studenten und Studentinnen Pflichten zu verordnen und auch auf die Zulassung der Abiturienten zum Studium Einfluß zu nehmen. Im Februar 1934 schrieb die DSt jedem Abiturienten und jeder Abiturientin, die die Hochschulreife hatten und studieren wollten, einen halbjährigen Arbeitsdienst vor. Die Abiturientinnen kamen meistens in ein Arbeitsdienstlager auf dem Land. Wer zum Arbeitsdienst »nicht tauglich« war, mußte »Ausgleichsdienst« beim NSV-Werk »Mutter und Kind« machen. Der Ausgleichsdienst galt als Auslesestation, wer sich nicht »gut führte« oder Opposition zum Nationalsozialismus erkennen ließ, dem verweigerte die Lagerleiterin das »Pflichtenheft«, das bei der Immatrikulation unbedingt vorgelegt werden mußte. Die Lagerleiterin schrieb auch einen ausführlichen »Beurteilungsbogen« über jede Abiturientin, auf dem über ihre

»Kameradschaft«, »Fleiß«, »Weltanschauung« etc. Auskunft gegeben und der an die Studentenschaft derjenigen Universität geschickt wurde, an der die Abiturientin studieren wollte.[69]

Mit der Ableistung des Arbeitsdienstes hatten die Studentinnen aber noch lange nicht die »Pflichten der deutschen Studentin« erfüllt. Das Hauptamt für Studentinnen der DSt schrieb den Studentinnen ab dem Wintersemester 1933/34 zahlreiche »Pflichten« vor, von deren Erfüllung später die Zulassung zum Examen abhängig gemacht werden sollte. Alle »Pflichten« wurden im Pflichtenheft »an- und abtestiert«. Die Studentinnen mußten jede Woche drei Stunden Sport machen, wobei die einzelnen Sportarten vorgeschrieben waren, und an einer kurzen Wanderung im Semester teilnehmen. Sie wurden verpflichtet, Kleider, Schuhe und Spielzeug zu sammeln und dies in Arbeitskreisen zu reparieren, außerdem mußten sie zu jedem »Gemeinschaftsabend« Holz, Kohle oder Kartoffeln mitbringen. Dieses Material wurde dann von »geeigneten Studentinnen« an von der Nationalsozialistischen Volkswohlfahrt (NSV) ausgewählte Familien verteilt. Zusätzlich mußten »geeignete Studentinnen« in den NSV-Küchen arbeiten.

Gleichzeitig wurden die »Arbeitskreise für Gemeinschaftspflege« eingerichtet, die für die Studentinnen des 1. bis 3. Semesters verpflichtend waren. Sie sollten das »Hüten der deutschen Kultur« und das »Verwachsen mit dem Heimatboden« fördern. Die Studentinnen des »Gemeinschaftspflegekreises« mußten jeden Monat einen »größeren Heimabend« mit Volkstänzen, Laienspielen usw. und jedes Semester einen »öffentliche(n) Abend in größerem Rahmen« veranstalten, an dem alle Studentinnen teilnehmen und ein Eintrittsgeld bezahlen mußten, das für die NS-Winterhilfe bestimmt war. Die NS-Studentinnen bedienten sich mit der Arbeit und dem Geld aller Studentinnen, um ihre NS-Organisationen zu finanzieren, ganz abgesehen von dem Zwang, den sie auf alle Studentinnen ausübten, an ihren Propagandaveranstaltungen teilzunehmen. Außer zu den Arbeits- und ideologischen Verpflichtungen wurden die Studentinnen gezwungen, bei den Kriegsvorbereitungen mitzumachen. Jede Studentin zwischen dem 1. und 6. Semester mußte an den »Frauendienst-Kursen« teilnehmen, die Luftschutz, Erste Hilfe und Nachrichtenwesen zum Thema hatten.[70]

Je nachdem wie eifrig die ANSt-Leiterin war, gab es an den einzelnen Universitäten noch zusätzliche Verpflichtungen, wie z.B. die Vorlage eines Freischwimmerzeugnisses bei der Meldung zum Examen oder unentgeltliches Bedienen der Studenten in der Mensa.

Außer der Macht, nach ihrer Willkür »Pflichten« vorzuschreiben, hatten die ANSt-Leiterinnen auch die Möglichkeit, Studentinnen vom Studium ausschließen zu lassen. So setzte sich eine Greifswalder ANSt-Leiterin persönlich dafür ein, daß eine Medizinstudentin, die an »sämtlichen kommunistischen Umzügen teilgenommen« habe, »aus der Klinikerschaft ausgeschlossen werde«.[71] Die ANSt-Leiterinnen gingen aber nicht nur aus politischen Gründen gegen Studentinnen vor. Sie entschieden auch darüber, wer »den Anforderungen des Studiums gewachsen« war. In dem Brief einer Hauptamtsleiterin von 1934 heißt es über eine Studentin: »Da sie geistig den Anforderungen des Studiums nicht gewachsen ist, möchte ich nach Rücksprache mit dem damaligen Leiter der Oberprima und den Professoren, bei denen sie belegt hat, bewirken, daß sie im kommenden Semester nicht mehr zur Hochschule zugelassen wird.« Zum Beweis legte sie den Brief einer ehemaligen Mitschülerin der Studentin bei, der mit dem Satz beginnt: »I. gehörte in den 6 Jahren, die ich mit ihr in einer Klasse verbrachte, zu den Minderbegabten der Klasse.«[72] Die Machtstellung der ANSt-Leiterin bot die Möglichkeit zu jeder politischen und persönlichen Denunziation.

Die ANSt-Leiterinnen konnten den Studentinnen nicht nur »Pflichten« verordnen und sie von der Universität werfen lassen, sie spielten sich auch als Sittenwächterinnen über alle Studentinnen auf. Gisela Brettschneider, die Reichsleiterin der ANSt und des Hauptamtes VI 1933/34, hatte vor, alle neuimmatrikulierten Studentinnen einer »gesundheitspolitischen« Untersuchung unterziehen zu lassen. Hierdurch sollten nicht nur Studentinnen mit »ansteckender Krankheit« und besonders die mit Geschlechtskrankheiten, sondern auch alle »Nicht-Jungfrauen« vom Studium ausgeschlossen werden. Diese Maßnahme sollte der zunehmenden »moralischen Entartung« der Studentinnen entgegenwirken, die sich nach Brettschneiders Ansicht u.a. daran zeigte, daß »ein hoher Prozentsatz der Studentinnen während der Ferien« angeblich »heimliche Abtreibungen« hatte. Brettschneiders Kommilitoninnen in der Reichsleitung der ANSt brachten sie jedoch davon ab. Gisela Brettschneider selber setzte im Dezember 1933 eine Greifswalder ANSt-Leiterin ab, die auf eigene Faust durchzusetzen versucht hatte, daß mit Hilfe einer medizinischen Untersuchung nur noch Jungfrauen zum Studium zugelassen wurden. Brettschneider schrieb ihr: »Keinesfalls dürften Säuberungs- und Abwehrmaßnahmen, die man persönlich für wünschenswert hält, einfach in die Tat umgesetzt werden.«[73]

Die Pflichten der ANSt-Mitglieder gingen über die der übrigen Studentinnen noch hinaus. Sie mußten noch zusätzlich an Schulungen und »Volkstumsarbeit« teilnehmen. Die ANSt-Mitglieder wurden auch zur »Betreuung« von »NSV-Familien« eingesetzt. Diese galt weniger sozialen, als propagandistischen Zwecken. In den ANSt-Richtlinien hieß es hierzu, daß es nicht auf das »Wohltun« ankomme, sondern darauf, »das deutsche Volk in seinen wertvollen Bestandteilen zu erhalten und zu fördern. Unsere Hilfe darf nicht zu einer Verweichlichung und Verwöhnung der von uns Betreuten führen«. Außer der Propaganda diente die »Betreuung« der von der NSV ausgesuchten Familien durch die ANSt deren Kontrolle und Ausspionierung. So mußten die betreffenden Studentinnen am Ende des Semesters Bericht erstatten über: »1. Die Stellung der betreuten Familie unserer Weltanschauung gegenüber, 2. Die Familie vom erbbiologischen Standpunkt aus betrachtet (Krankheiten, Geisteszustand usw.)«.

ANSt-Studentinnen beteiligten sich auch an den Vorbereitungen zur Ermordung der Juden. In einem Semesterbericht von 1936 heißt es unter »Karteiarbeit im Rassenpolitischen Amt«, daß sich für die »Aufstellung der Judenkartei 30 Studentinnen zur Verfügung gestellt (haben). (. . .) Es ist bis jetzt eine Kartei über ca. 2000 Juden aufgestellt worden«. In einem anderen heißt es: »Die Zelle Ursel Thiemes führte die Aufstellung der Judenkartei im Leipziger Polizei-Präsidium in Verbindung mit dem Rassenpolitischen Amt weiter.«[74]

Auch an der Vorbereitung von Zwangssterilisationen waren nationalsozialistische Studentinnen beteiligt. In dem Bericht der medizinischen Fachschaft steht folgendes: »Arbeit im Erbarchiv: Es werden seit einigen Semestern von den Medizinerinnen die Krankengeschichten der Nervenheilanstalt durchgearbeitet und die Resultate in Karteien eingetragen. Diese Arbeit hat sich in Württemberg dadurch sehr gelohnt und lohnt sich noch, weil zum großen Teil die Bewohner nicht sehr viel verzogen sind und man dadurch sehr leicht Erbkrankheiten feststellen kann. Hauptsächlich leistet die Kartei bei der Eheberatung sehr gute Dienste, und wir haben schon oft diese Eheberatung auf sicheren sichtbaren Grundlagen geben können.« Dieselben Medizinstudentinnen beteiligten sich auch an der Registrierung der sogenannten »Asozialen«: »Bei der Sippenforschung werden die hauptsächlich asozialen Familien (die miteinander, wie es sich herausgestellt hat, versippt sind) in Stammbäumen herausgestellt. Es wird gesucht nach Kriminalität, Schwachsinn, Sittlichkeitsvergehen, Alkoholismus u.a.

Hier arbeiten nur einzelne Studentinnen mit, weil dies ein gutes Einarbeiten erfordert.«[75]

In den ANSt-Schulungen wurden den Studentinnen die ideologischen Voraussetzungen für diese Verbrechen eingeimpft. In den Schulungsprotokollen stellt sich das Ergebnis dieser Indoktrination so dar: »Die Begriffe wurden noch einmal durchgesprochen, Rasse (...), Volk (...), Nation (...). Der Mensch gehört nicht sich selbst. Von diesem Standpunkt aus das Sterilisationsgesetz zu verstehen. Sorge für das Gute und gesunde Leben, dafür möglichst bald die Möglichkeit zur Tötung des Ungesunden notwendig.« Und an einer anderen Stelle: »Unsere Aufgabe ist schwer. Wir kämpfen um die Verwirklichung der Idee auf Erden, d.h. wir wollen eine Scheidung und Ausscheidung der Schwächen aus dem gesunden Volksleben; nicht nur bei uns, sondern auch in den anderen Staaten. Dies Deutschlands Mission auf Erden.«[76]

Nach 1936 entwickelte sich die ANSt genauso wie der NSDStB immer mehr zu einem Instrument der ideologischen Kontrolle und politischen Selektion der Studentinnen und später im Krieg zur möglichst umfassenden und reibungslosen Ausbeutung ihrer Arbeitskraft. 1936 übernahm auf Befehl Himmlers Gustav Scheel, der nach seinem Studium schon eine schnelle Karriere in SS und SD gemacht hatte, die Macht in DSt und NSDStB und wurde zum »Reichsstudentenführer« ernannt. Er besetzte sofort alle Posten mit SS-, SA- und SD-Mitgliedern, setzte auf allen Ebenen seine Spione ein und richtete ein eigenes Disziplinargericht, ein »Selbständiges Rechts- und Gerichtsamt«, ein, das für alle Studenten und Studentinnen zuständig war und dessen Strafen von Verweisen bis zum Ausschluß aus der Universität reichten.[77] Die Zahl der ANSt-Mitglieder stieg wieder an. Nach den Angaben von Jill Stephenson waren 1936 65% und 1937 75% aller Studentinnen in der ANSt.[78]

Zur Durchführung des Vierjahresplans, der im September 1936 veröffentlicht wurde, waren viel mehr Ingenieure, Chemiker und andere Wissenschaftler notwendig, als zur Zeit in Deutschland vorhanden waren. Die Studentenzahlen waren stärker zurückgegangen, als es den Nationalsozialisten im Hinblick auf die bevorstehende verstärkte Aufrüstung lieb war. Im Frühjahr 1937 forderte Rust, daß mehr Abiturienten zum Studium ermutigt werden sollten.[79] Sogar die Studentinnen wurden allmählich wieder »rehabilitiert«. 1938 warb Anna Kottenhoff, Leiterin des »Amtes Studentinnen« in der Reichsstudentenführung, die Abiturientinnen für das Studium. Sie wies darauf hin, daß die Erfordernisse des Vierjahresplans die Ansicht, ein Hochschulstudium sei für Frauen aussichtslos, überholt hätten. Leider seien die Wirkungen der »Gegenpropaganda« nicht so schnell auszuschalten. Zwar sei »dieser oder jener akademische Beruf« für die Frauen weiterhin faktisch geschlossen. Es hätten sich aber andere Berufsmöglichkeiten ergeben. Sie warb die Studentinnen der medizinischen, geisteswissenschaftlichen und juristischen Fächer, nach ihrem Studienabschluß in NS-Organisationen zu arbeiten, für diejenigen, die Naturwissenschaften studierten, waren sogar schon Stellen in der Industrie vorhanden.[80] Ihre Werbung war jedoch nicht sehr erfolgreich, denn der Anteil der Studentinnen sank weiter. Erst nach Kriegsbeginn im Herbst 1939, als sich durch die Wehrmachtseinberufungen die Zahl der Studenten an den Universitäten auf 28696 verringerte, stieg der Anteil der Studentinnen sprunghaft auf 18,9% an, obwohl ihre absolute Zahl weiter gesunken war. Ab 1940 stieg dann die absolute und relative Zahl der Studentinnen kontinuierlich an und erreichte im Wintersemester 1943/44 an den Universitäten mit 28378 und 49,5% eine noch nie dagewesene Höhe. Die Zahl von 49,5% ist jedoch nicht mehr so verwunderlich, wenn man bedenkt, daß die Gesamtzahl der Studierenden 1944 nur noch halb so hoch war wie 1932.[81]

Wegen des steigenden Akademikermangels im Krieg machten die Nationalsozialisten verstärkte Propaganda für das Studium. Da sie die Studenten dringend im Krieg brauchten, waren ihnen jetzt auch die Studentinnen recht, ihr Zugang zur Universität wurde erleichtert, ihre Berufsaussichten verbesserten sich. Den Abiturientinnen sollte jetzt nicht mehr wie vorher bei der Studienberatung vom Studium abgeraten werden, sondern sie sollten auf bestimmte Studienfächer hingelenkt werden. Das Studentenwerk schrieb 1941 zur Studienberatung, daß die Abiturientinnen auf »für den weiblichen Berufseinsatz vorbestimmte Gebiete« hingelenkt werden sollten, es fügte aber geradezu zynisch gleich hinzu: »Freilich darf das nicht so verstanden werden, daß der Einsatz der Mädchen auf ganz bestimmte Ausbildungszweige beschränkt werden soll. Eine bestimmte Begrenzung dieser Art wäre angesichts der Vielseitigkeit des Lebens immer ein Unrecht.« Die Studentinnen sollten sich in jedem Fach »entsprechend den tatsächlichen Verhältnissen« auf ein »besonders für Frauen geeignetes Gebiet« vorbereiten. Das Studentenwerk klagte darüber, daß zu wenige Frauen Jura studierten, obwohl es einen großen Bedarf an »weiblichen Rechtswahrern« in den NS-Organisationen gebe.[82] Trotz dieser Werbung, Jura zu studieren, blieb es den Frauen bis zum Ende des Nationalsozialismus verboten, Richterin oder Anwältin zu werden.

Obwohl die Nationalsozialisten durch die Notwendigkeit des Krieges gezwungen waren, für das »Frauenstudium« zu werben, wurde ihre Ideologie von der »idealen Mädchenerziehung« nicht erschüttert. 1938, als sich der Akademikermangel schon ankündigte, wurden ja gerade erst durch die »Neuordnung des höheren Schulwesens« die Voraussetzungen der Mädchen zum Studium entscheidend verschlechtert. Allerdings durften ab 1940 Mädchen in Jungenschulen wieder Latein lernen, es galt aber nur als vorübergehende Maßnahme. Da die »Neuordnung« nicht rückgängig gemacht werden, aber auch mehr Frauen studieren sollten, bestimmte Rust im Januar 1939, daß Abiturientinnen des hauswirtschaftlichen Zweiges studieren konnten, wenn sie vorher eine Prüfung in Physik, Mathematik, Geschichte und in zwei Sprachen ablegten. Da diese Erleichterung offensichtlich noch nicht ausreichte, bestimmte er im August 1939, daß ab dem Frühjahr 1941 der Abschluß des hauswirtschaftlichen Zweiges genauso zum Studium berechtigte wie der des sprachlichen.[83] Führende Nationalsozialisten änderten ihre Ansichten über studierende Frauen deshalb nicht. Im Zusammenhang mit den Widerstandsaktionen der Weißen Rose ist die Rede des Gauleiters Giesler bekannt, der in seiner Ansprache zur 470-Jahrfeier der Münchner Universität im Januar 1943 davon sprach, die Studentinnen sollten sich nicht an den Universitäten herumdrücken, sondern »lieber dem Führer ein Kind schenken«, er sähe nicht ein, warum sie nicht in jedem Universitätsjahr ein Zeugnis in Gestalt eines Sohnes vorweisen sollten. Als die Zuhörer unruhig wurden, setzte er noch hinzu: »Wenn einige Mädels nicht hübsch genug sind, einen Freund zu finden, werde ich gern jeder einen von meinen Adjutanten zuweisen (. . .) und ich kann ihr ein erfreuliches Erlebnis versprechen.«[84]

Im Krieg wurde die Überwachung der Studenten und Studentinnen weiter verschärft. Es waren jetzt fast alle Studentinnen in der ANSt.[85] Trotzdem klagten die ANSt-Leiterinnen häufig über Disziplinlosigkeit der Studentinnen. Die Leiterin des »Gau Sachsen« schrieb 1940: »An der Universität war die Arbeit teilweise recht schwer, die vielen ersten Semester (. . .) verdarben jede Disziplin und zeigten an Einsatz und Opferwillen zunächst herzlich wenig.« Die Leiterin der ANSt-Frankfurt klagte darüber, daß »die straffe Ordnung verlorengegangen sei« und daß sich neuerdings Studentinnen immatrikulieren könnten, ohne sich vorher beim »Amt Studentinnen« anzumelden, und so von der DSt nicht erfaßt würden.[86] Die ANSt-Leiterinnen wurden von der RSF angewiesen, alle Studentinnen zu melden, die sich vor den Einsätzen drückten, die Prüfungen hinausschoben oder vermieden, die ihr Studium »ohne Grund« fortsetzten, die längere Zeit fehlten oder die ihr Studium vernachlässigten, um ihrem »persönlichen Vergnügen« nachzugehen, die den Eindruck machten, daß sie nach dem Studium nicht gleich arbeiten wollten, und überhaupt alle diejenigen, denen die »weltanschauliche Reife« fehlte.[87] Ab 1940 wurde jeder Studierende vor der Ablegung einer Prüfung einer Kontrolle über seine Eignung, Leistung und Haltung unterzogen.[88] Schon allein deshalb werden viele Studentinnen der ANSt beigetreten sein, da sie sich sonst der Gefahr aussetzten, schon zur Zwischenprüfung nicht zugelassen zu werden.

Die kleinsten »Vergehen« wurden disziplinarisch verfolgt. In Tübingen wurde eine Studentin vor den Disziplinarausschuß zitiert, weil sie Hosen trug und Pfeife rauchte. Im Krieg wurde trotz verschärfter Überwachung die politische Selektion der Studentinnen dadurch erschwert, daß sie dringend gebraucht wurden. SD-Berichte klagten darüber, daß die Studentinnen »wenig Gefühl für den Ernst der Zeit« hätten. Der RSF wurden laufend »Vergehen« von Studentinnen gemeldet, wie z.B. Abtreibungen, Vergehen gegen die Kriegswirtschaftsbestimmungen, Teilnahme an verbotenen Tanzfesten, Beziehungen mit Ausländern einschließlich »Fremdrassigen«, Abhören ausländischer Radiosender und »subversive Ansichten«.[89] Widerstand gab es jedoch nur sehr wenig,[90] es sei denn, man wollte schon die bloße Teilnahme an einem verbotenen Tanzfest als Widerstand bezeichnen. Die aufgezählten »Vergehen« von Studentinnen sind Zeichen dafür, daß es den Nationalsozialisten nicht gelang, ihre Ideologie im Privatleben und im Bewußtsein aller Studentinnen durchzusetzen und das persönliche Leben vollkommen zu kontrollieren. Daß eine größere Zahl von Studentinnen gegen Kriegsende bewußte Gegner des Nationalsozialismus waren oder sogar Widerstand leisteten, kann man aus diesen Meldungen nicht schließen.

Während des Krieges bildeten die Studentinnen – zunächst während der Semesterferien, ab September 1944 ständig – ein jederzeit verfügbares, flexibles Arbeitskräftereservoir. Sie wurden jedoch bis September 1944 von der totalen Dienstverpflichtung ausgenommen, damit die wissenschaftlichen Aufgaben unmittelbar »nach dem Kriege wenigstens in Angriff genommen und so lange durchgetragen werden« könnten, bis

»männlicher Nachwuchs wieder in ausreichendem Maße vorhanden« wäre. Es wurde zwar vom Reichserziehungsminister immer wieder betont, wie wichtig das Studium der Studentinnen sei, aber die Nazis gingen selbstverständlich davon aus, daß Frauen nach dem Krieg nur so lange studieren sollten, bis wieder genug Studenten da waren.[91] Wären die Nationalsozialisten nach dem Krieg an der Macht geblieben, so hätten sie die Studentinnenzahlen wieder gewaltsam reduziert.

Nach 1945 sorgten die Zerstörungen des Krieges dafür, daß die Zahl der Studienplätze sehr begrenzt war. Viele Universitäten waren geschlossen, bei ihrer Wiedereröffnung gab es in fast jedem Fach einen engen Numerus Clausus. Studenten und Studentinnen mußten sich neu um einen Studienplatz bewerben. Weil zuerst die Kriegsteilnehmer ein Recht auf einen Studienplatz hatten, mußten viele Studentinnen jahrelang warten, bis sie ihr Studium fortsetzen konnten. 1948 wies der von den Amerikanern eingesetzte »Studienausschuß zur Hochschulreform« darauf hin, daß »im allgemeinen die Zahl studierender Frauen auffallend gering ist. Sie liegt bei einzelnen Hochschulen unter 20%«. Er erklärte dies damit, daß »zunächst die Kriegsteilnehmer den Vorrang hatten«.[92] Der Anteil der Studentinnen bewegte sich nach dem Nationalsozialismus wieder auf dem Niveau, das schon in den 20er Jahren erreicht worden war. Die Entwicklung des Frauenstudiums wurde durch den Nationalsozialismus in Deutschland 30 Jahre zurückgeworfen, die ideologische Ablehnung des Frauenstudiums blieb bis in die 60er Jahre wirksam.

DAGMAR REESE

# Bund Deutscher Mädel – Zur Geschichte der weiblichen deutschen Jugend im Dritten Reich

Beginnen wir die Darstellung des Bundes Deutscher Mädel[1] (BDM) mit dem Zitat eines ausländischen Kritikers, sozusagen eines »unverdächtigen« Zeitgenossen: »In 1936 some two million uniformed girls were marching through Germany, wearing navy blue skirts, trim white blouses, brown jackets and twin pigtails. Foreign visitors to Germany cannot fail to be impressed with the fresh healthy faces of these girls, the enthusiasm of their songs and the optimism and vitality, which they radiate.«[2]

Zunächst erstaunt uns die durchaus positive Einstellung, die wir sonst nur bei unseren sich verteidigenden Müttern zu finden meinten oder solchen Personen, deren unerschütterlicher Glaube an die »Errungenschaften« des Nationalsozialismus uns ohnehin verdächtig war. Der Bund Deutscher Mädel jedoch, so müssen wir feststellen, erfreut sich Sympathien auch über ideologische Grenzen hinweg. Im Gegensatz zur männlichen HJ haftet dem Mädelbund etwas merkwürdig Unpolitisches an.

Damit berühren wir ein zentrales Problem in der Diskussion über den Nationalsozialismus. Allzuoft wird die Bedeutung eines Phänomens oder einer Organisation nur im Hinblick darauf bemessen, welches ihr Anteil an Massenvernichtung und Krieg war. Eine solche Betrachtung muß in der letzten Konsequenz zur Statuierung eines »guten« und eines »schlechten« Nationalsozialismus führen. Diese Vorgehensweise impliziert zweierlei:

1. Auf der subjektiven Ebene unterscheidet der einzelne Betroffene zwischen einem einfachen Parteimitglied und dem eigentlichen Nazi.

2. Auf der Ebene der gesellschaftlichen Analyse läßt sich sodann der Nationalsozialismus als einmalige Entgleisung betrachten, wodurch die Kontinuität bestimmter Phänomene begrenzt bzw. der Zusammenhang zwischen Nationalsozialismus und bürgerlicher Demokratie verwischt wird.

Die folgende Untersuchung bietet keine umfassende Analyse des BDM, sondern beschränkt sich auf die Beschreibung der historischen Entwicklung und des Funktionsmechanismus der Institution. Es wurde bewußt verzichtet auf die Darstellung der ideologischen Prämissen nationalsozialistischer Mädchenerziehung.[3] Auch die hinter den formulierten Richtlinien sich verbergende konkrete Wirklichkeit ist nicht erfaßt, da die bislang vorhandenen wenigen Zeugnisse (Romane, Autobiographien, Befragungen etc.) zuverlässige Aussagen nicht zulassen. Eine Gesamteinschätzung des BDM kann deshalb nach dem bisherigen Forschungsstand nicht geleistet werden.[4]

## Nationalsozialistische Mädchengruppen vor 1933

Der BDM ist eine von Männern geschaffene Einrichtung zur Rekrutierung der »deutschen Frau«. Der Mädelbund ist eine allein dem Machtkonsens des Nationalsozialismus entspringende Organisation, der seine Bedeutung folgerichtig erst nach 1933 bekommt.

Wie bei den meisten nationalsozialistischen Organisationen läßt sich die Geschichte der nationalsozialistischen Mädchengruppen bis in die frühen 20er Jahre hinein verfolgen.[5] Im Gegensatz zu den männlichen Jugendlichen verfügten sie jedoch nicht über eine einheitliche Organisation, sondern waren zersplittert in kleine Grüppchen, die sich entweder nationalsozialistischen oder völkischen Jugend-, Frauen- oder Schülerverbänden zurechneten. Die Gruppen waren meistens klein. Nach einer HJ-internen Mitgliederstatistik vom 1. 1. 1932[6] zählte man 42306 Hitlerjugendgruppen, aber nur 1735 Mädchengruppen. Die Gründe dafür liegen einerseits darin, daß die Bemühungen der Nationalsozialisten vorwiegend der Rekrutierung von Männern und männlichen Jugendlichen galten;[7] Frauen und Mädchen spielten zunächst eine nachrangige Rolle. Andererseits hatte dies auf die Mädchen die Auswirkung, daß Motivation und Begeisterung gering waren, dem BDM oder einer anderen nationalsozialistischen Mädchenorganisation beizutreten. Dem politischen Kampf sollten die Mädchen aus propagandistischen Gründen fernbleiben.[8] Man wollte das bürgerliche Lager nicht verprellen, in dem die Erinnerung an sogenannte »Flintenweiber« mit »Revolution« und »Gleichmacherei« verbunden war.

Was den Mädchen blieb, waren karitative Aufgaben, Vorbereitung von Weihnachtsabenden, Arbeit in SA-Küchen, kleine Basteleien für Kinder, Ausbessern der Wäsche von ledigen SA-Männern. Das waren Tätigkeiten, die sich von ihren häusli-

Jungmädel, 1939 *(Foto: Ullstein Bilderdienst, Berlin).*

chen Pflichten nur wenig unterschieden und die für die Mädchen wenig reizvoll waren.

Die Geschichte der nationalsozialistischen Mädchengruppen beginnt im Mai 1923. Anläßlich des ersten Jahrestages der Gründung des »Jugendbundes der NSDAP« fand im Hackerbräukeller in München ein Treffen aller nationalsozialistischer Jugendverbände statt.[9] Unter den Jugendlichen, welche aus allen Teilen Deutschlands anreisten, waren auch viele Mädchen. Obwohl es an einigen Orten schon Mädelgruppen gab, wurde jetzt offiziell eine eigene Mädchenabteilung gegründet, deren erste Leiterin Marieluise Theisinger war.[10] Adolf Lenk,

Gründer des »Jugenbundes der NSDAP« erklärt dazu:

»Die Mädchengruppen, die sich als notwendig erwiesen und auch schon vor der Tagung vielfach errichtet wurden, hatten das Ziel vor Augen, einmal gute deutsche Hausfrauen zu werden. Gerade in jenen Jahren, in denen man der deutschen Jugend systematisch den Glauben an das Große, Reine und Gewaltige nahm und alles, was rein, sittlich und moralisch erhaben vor uns stand, mit Dreck und Verleumdungen bewarf, in denen das Judentum das deutsche Mädel zum Freiwild erkor für seine Verbrechen, war es notwendig, mit harter und entschlossener Hand etwas zu schaffen, was als Gegenwehr gegen die vorhandene und stark um sich greifende Versuchung unseres Volkes und unserer Jugend entgegen stellen zu können. In den Mädchengruppen sollte etwas wachsen, sollte eine Angriffswaffe entstehen gegen solche hohle seichte Verderbtheit der vorhandenen traurigen Inflationszeit.«[11]

Diese Mädchengruppen existierten nur kurz. Anläßlich des Münchner Putschversuches vom 8./9. 11. 1923 wurden auch sie verboten. Drei Jahre später, unter der ersten Reichsleitung der Hitlerjugend unter Kurt Gruber, wurde der zweite Versuch gemacht, eine eigene Abteilung für Mädchen einzurichten. Führerinnen waren Helene Kunold und Anna Bauer.[12]

Im Juli 1927 wird in einer Hitlerjugendzeitschrift zum ersten Mal eine »Schwesternschaft der HJ« erwähnt.[13, 14] Auf der ersten Reichsführertagung der Hitlerjugend im Nonnenturm in Plauen vom 28. 12. bis 31. 12. 1928 wird die Hitlerjugend erweitert um die beiden neuen Gliederungen der Jungmannschaften und der Schwesternschaft.[15] Die Führung übernimmt Martha Aßmann.[16] Anfang des Jahres 1930 erwähnt ein Polizeibericht die Umbenennung der Schwesternschaften der HJ in »Bund Deutscher Mädel in der HJ«.[17] Offiziell wird die Namensänderung am 1. 6. 1930 im »Völkischen Beobachter« bekanntgegeben.

Neben den Mädchenabteilungen innerhalb der nationalsozialistischen Jugendverbände, bestanden Mädchengruppen in den verschiedenen nationalsozialistischen oder völkischen Frauenorganisationen. Sie waren klein, zersplittert und bekämpften sich ebenso heftig wie die jeweils übergeordneten Frauenverbände.[18] Ende 1923 bildete der »Deutsche Frauen Orden« (DFO)[19] die ersten »Jungmädelgruppen«.[20] Aus einer Abspaltung vom DFO gingen die »NS-Jungmädel« hervor. Adolf Lenk und Gerhardt Roßbach gründeten den »Völkischen Mädchenbund«. Dieser hatte Verbindungen zum »Königin-Louise-Bund«, einer Organisation von Frauen und Mädchen, die die gleichen Ziele hatten wie »Stahlhelm« und »Werwolf«. 1924 entstand der »Deutsche Mädel Ring«, ein Vorläufer des »Nationalsozialistischen Schülerinnenbundes«. Von Anfang an bestand ein Konkurrenzverhältnis zwischen den Frauenverbänden und der Jugendorganisation um den Führungsanspruch in den nationalsozialistischen Mädchengruppen. Die Auseinandersetzungen verschärften sich dadurch, daß personelle Überschneidungen in der Frühzeit der NSDAP recht häufig waren; die Rechte war zahlenmäßig schwach und überschaubar. Martha Aßmann, erste Führerin der »Schwesternschaften der HJ«, war 1925 zunächst vom DFO beauftragt worden, Mädchengruppen in Sachsen zu gründen, ehe sie zur Hitlerjugend überwechselte. Hilde Königsbauer, Leiterin des BDM/München, war vordem Führerin des »Deutschen Mädel Rings« gewesen. Der Kampf um die Mädchen wurde mit unterschiedlichen Argumenten geführt. Während die Frauen auf ihren traditionellen Rechten an der Erziehung der Mädchen pochten, gab sich die Hitlerjugend »progressiv«. In einem 1923 erschienen Papier betont von Schirach[21] die Notwendigkeit einer einheitlichen staatsbürgerlichen Erziehung von Jungen und Mädchen.[22, 23] Auch sollen die Mädchen nicht länger unter der Kuratel alter Frauen stehen, sondern ebenso wie bei den Jungen soll hier das Prinzip gelten: »Jugend muß von Jugend geführt werden.« Der Slogan, der jugendliches Eigenleben suggeriert, wurde aber durch die strikte organisatorische Hierachie und das »Führerprinzip« ad absurdum geführt. Er diente, in dem er an die Attraktivität der Jugendbünde anknüpfte, in der Kampfzeit der Werbung und half nach 1933 die eigentliche Unmündigkeit der Jugendlichen zu verdecken.

Anfang der 30er Jahre werden die immer heftiger werdenden Differenzen zwischen den beiden Organisationen bürokratisch gelöst. Am 7. 7. 1932 erläßt Strasser[24] eine Anordnung, derzufolge sämtliche Mädchengruppen aufzulösen und in den BDM zu überführen sind. Von nun an untersteht die Mädchenerziehung ausschließlich der männlich dominierten Hitlerjugend.[25]

Die Frauenschaft will sich jedoch nicht so schnell geschlagen geben. Am 8. 11. 1932 wendet sich von Schirach an Strasser und berichtet über die Gründung von »NS-Mädchenschaften« durch die Frauenschaft, mit der diese einen organisatorischen Zusammenschluß der 18- bis 21jährigen Mädchen zu erreichen versucht.[26] Ein Brief von Lydia Gottschewski[27] an Robert Wagner vom 23. 2. 1933 belegt die schnelle Ausbreitung des »NS-Mädchenbundes« und die daraus entstehende Bedrohung für den BDM.[28]

Ende März/Anfang April wird die Altersgrenze für den BDM auf 21 Jahre hinaufgesetzt. Damit sind zugleich auch die »NS-Mädchenschaften« aufgelöst. Anstelle von Elisabeth Zander übernimmt Lydia Gottschewski die Führung der Frauenschaft. Eine Weile noch soll die Personalunion zwischen Frauenschaft und BDM den Einfluß der Frauenschaft auf den BDM suggerieren und damit vorläufig die Wogen glätten.

**Staatsjugend**

Obwohl im letzten Jahr der Weimarer Republik ein höherer Zulauf von Mädchen zum BDM zu verzeichnen ist als in den Jahren zuvor, blieb der Bund im Gegensatz zur HJ eine recht unbedeutende Gruppe. Für diejenigen Mädchen, welche sich aktiv am Kampf um die Macht beteiligen wollten, bot der Bund keine Möglichkeiten. Seine Ziele, die Erziehung zur »Deutschen Frau und Mutter«, schlossen politisches Engagement aus. Andererseits herrschte in der frühen Hitlerjugend – und daher auch im BDM – ein rüder, angriffslustiger Ton, der viele Mädchen, vor allem aus bürgerlichen und kleinbürgerlichen Familien, abgeschreckt haben wird.[29] Mit dem Aufstieg der NSDAP zur größten Partei innerhalb des Weimarer Parteienspektrums, wird der BDM »salonfähig«; mit der Ernennung Adolf Hitlers zum Reichskanzler am 30. 1. 1933 durch Hindenburg beginnt der Aufstieg des BDM zur größten Organisation weiblicher Jugendlicher in Deutschland.

Die Entwicklung der Hitlerjugend in den Jahren 1933 bis 1939 ist gekennzeichnet durch:
1. Die Vergrößerung der Mitgliedszahlen durch
   a) freiwilligen Beitritt[30]
   b) Einverleibung anderer Vereine (»Gleichschaltung«)
   c) Ausübung von Zwangsmaßnahmen
   d) Ausdehnung von Interessengebieten
2. Ausbau und Strukturierung der Organisation
3. Abnehmendes Interesse der Mitglieder an der Organisation.

Von Ende 1932 bis Ende 1934 stieg die Zahl der in der Hitlerjugend organisierten Jugendlichen um 3469609, von 107956 auf 3577565 Mitglieder an.[31] Grund dafür sind einmal die sogenannten Gleichschaltungsmaßnahmen, die Auflösung anderer Jugendverbände und die Überführung ihrer Mitglieder in die Hitlerjugend.[32] Daneben stoßen viele Jugendliche zur Hitlerjugend, die bisher noch nicht organisiert waren und jetzt an der »Bewegung« teilhaben wollen, darunter auch viele Mädchen.[33] Der gigantische Zuwachs sprengte die ursprüngliche Organisation. Es mangelte vor allem an Führungskräften und an Raum. In aller Eile wurden Führer/innen ausgebildet.[34] Bei den Mädchen, wo ein höherer Prozentsatz als bei den Jungen nie zuvor in einer Jugendgruppe organisiert gewesen war, war der Mangel an Führerinnen größer, die Auswahlkriterien zufälliger, die Schulung improvisierter. Von den Kenntnissen, die ein einzelner Führer/in mitbrachte, hing die Qualität des HJ-Dienstes ab. Er konnte langweilig sein, aber auch große Begeisterung hervorrufen, und dementsprechend variierte das Engagement der Jugendlichen.[35] Die Anstrengungen der Hitlerjugend konnten nicht ausschließlich der Steigerung der Mitgliederzahlen gelten.

Zugleich mußte die Kontrolle über die bereits organisierten Jugendlichen gewährleistet bleiben. Das machte organisatorische Veränderungen und Neuerungen notwendig.

Der Apparat der Hitlerjugend wurde neu gegliedert.[36] Die Einheiten wurden endgültig festgelegt. Die HJ umfaßte die 14- bis 18jährigen Jungen, das Deutsche Jungvolk (DJ) die 10- bis 14jährigen. Im BDM waren die 14- bis 21jährigen Mädchen organisiert,[37] im Jungmädelbund (JM) die 10- bis 14jährigen.[38]

Die Schulung der Führerinnen wurde ausgebaut und ein genauer Werdegang für die Führerinnenlaufbahn festgelegt.[39] Der »Dienst« in der Hitlerjugend war einheitlich und bestand aus einem wöchentlichen Heimabend und einem Sportnachmittag.[40, 41] Die auf dem Heimabend zu vermittelnden Inhalte wurden in Schulungsheften festgehalten, die den Führerinnen zur Verfügung standen. Es gab genaue Richtlinien zur Durchführung der obligatorischen Lager und Fahrten und schließlich den Zwang zum Tragen einer Einheitskleidung.[42, 43] Der Zugriff der Nationalsozialisten auf die Jugendlichen wurde umfassender, das Netz der sozialen Kontrolle enger. Die RJF schloß mit verschiedenen Institutionen Abkommen, die eine Zusammenarbeit bezüglich der Jugendlichen regelten. Dadurch wurde es für die Jugendlichen schwieriger, sich zu entziehen. So wurde z.B. durch das Abkommen mit dem Reichssportführer von Tschammer und Osten[44] der gesamte Sport mit Ausnahme des Leistungssportes der über 14jährigen der RFJ unterstellt. Damit wurde die Sportausübung faktisch an die Mitgliedschaft in der Hitlerjugend gebunden. Ähnliche Abkommen gab es mit der Reichsstudenten/innenschaft[45] oder dem Reichsnährstand.[46] Besonders gravierend wirkte sich die Zusammenarbeit der Hitlerjugend mit der Nationalsozialistischen Volkswohlfahrt (NSV)[47] und der Deutschen Arbeitsfront (DAF)[48] aus.

So war die NSV-Jugendhilfe gehalten, von ihr betreute Jugendliche zur Mitgliedschaft in der Hitlerjugend zu bewegen, umgekehrt verpflichtete sich die Hitlerjugend, »gefährdete« Jugendliche an die NSV zu überweisen. Damit schmälerte sich das Feld der Möglichkeiten für abweichendes soziales Verhalten von Jugendlichen. Der Zwang zur Anpassung wuchs, oppositionelles Verhalten wurde schon im Keim erstickt.[49]

Betraf das Abkommen mit der NSV vor allen Dingen die Aussteiger, sicherte sich die RJF durch die Zusammenarbeit mit der DAF den Einfluß über die berufstätige Jugend, die Masse der Arbeiterjugend. Sie hatte beratende Funktion bei allen Fragen, die Jugendliche betrafen, sie wirkte mit bei der Berufsberatung und Lehrstellenvermittlung. Umgekehrt war das »Vertrauensmädel im Betrieb«, eine Art gewerkschaftlicher Vertretung der weiblichen Jugendlichen, immer Mitglied des BDM. Diese Zusammenarbeit war für die Mädchen von entscheidender Bedeutung, da durch die RJF nachhaltiger Einfluß auf den beruflichen Werdegang der Mädchen genommen, ideologische Vorstellungen zur Berufstätigkeit von Frauen durchgesetzt werden konnten.[50]

Der vordringlichste Beruf einer Frau im nationalsozialistischen Staat war der der Hausfrau und Mutter. Das schloß Erwerbsarbeit nicht aus. Die Möglichkeit, als Frau berufstätig zu sein, leitete sich jedoch nicht aus individuellen Rechten ab oder aus wirtschaftlichen Zwängen, sondern war begründet in der Pflicht, im Rahmen der eigenen Fähigkeiten zum Volksganzen beizutragen. Damit war jedoch die Art weiblichen Schaffens fest umrissen. Es umfaßte die traditionell den Frauen zugerechneten Berufe, Berufe des sozialen und erzieherischen, des hauswirtschaftlichen und landwirtschaftlichen Bereichs, Berufe, welche durchweg reproduktiver Art sind, d.h. eben auch auf einem niedrigen technischen Niveau liegen, unterbezahlt bzw. niedrig bezahlt wurden und daher meist unter Nachwuchsmangel litten. Hinzu kamen Berufe in der Textil- und Bekleidungsindustrie.

Auf dieser Grundlage läßt sich die Haltung der Nationalsozialisten gegenüber der Berufstätigkeit von Mädchen so charakterisieren, daß:

1. eine Berufstätigkeit aller Mädchen angestrebt wurde,[51]
2. auf eine Berufsausbildung von Mädchen Wert gelegt wurde,
3. die Mädchen sich einer hauswirtschaftlichen Grundausbildung im Rahmen des Pflichtjahres unterziehen sollten.

Konkret galten die Anstrengungen der RJF der Werbung für Berufe der weiter oben genannten Bereiche, der Vermittlung von Mädchen in die Landwirtschaft und der hauswirtschaftlichen Unterweisung.

Von Anfang an bemühten sich die Nationalsozialisten, der Landwirtschaft jugendliche Arbeitskräfte zuzuführen bzw. zu erhalten. Damit wollte man einerseits der Landflucht entgegentreten, andererseits galt die »Arbeit an der Scholle« dem »arischen« Menschen als »artgemäß«. Hervorragende Einrichtungen waren die »Landhilfe«, das »Landjahr« und der »Landdienst«.

Die »Landhilfe« war eine Maßnahme aus der ersten Zeit des Nationalsozialismus, die vor allem dem Kampf gegen die Arbeitslosigkeit galt. Dabei handelte es sich im Grunde um nichts anderes als eine Subventionierung von Arbeitskräften in der Landwirtschaft. Bedingung zur Beantragung der Subvention war einmal, daß es sich um städtische Jugendliche unter 25 Jahren handelte, zum anderen, daß die Höfe, auf denen die Jugendlichen eingesetzt wurden, eine Nutzfläche von 60 Hektar nicht überschritten.

Das »Landjahr« hatte rassenideologische Ursprünge. Durch die Schule, die Hitlerjugend, die NSV und das Arbeitsamt wurden unter den schulentlassenen städtischen Volksschülern/innen Mädchen und Jungen aufgrund von »erbbiologischen«, »rassischen« und »charakterlichen« Merkmalen ausgewählt. Die Wahl galt als Auszeichnung, der Antritt des neunmonatigen »Landjahres« als Pflicht. Am Ende des »Landjahres« wurde ein »Landjahrpaß« ausgestellt, der eine bevorzugte Vermittlung in eine Lehrstelle garantierte.

Die »Landhilfe« wurde in einem Erlaß vom 6. 2. 1937 der Reichsanstalt für Arbeit durch den »Landdienst« der Hitlerjugend abgelöst. Der »Landdienst« galt als Sonderformation der Hitlerjugend. Er entwickelte sich aus dem »Artamanenbund«.[52] Die zunächst ausschließlich männlichen Jugendlichen arbeiteten im Betriebsgruppeneinsatz auf Großgrundbesitz. Ab 1936 wurden verstärkt Mädchen in den Landdienst einbezogen. Bedingt durch die Art der von ihnen ausgeübten Tätigkeit, welche meist aus der Hilfe im bäuerlichen Haushalt bestand, arbeiteten sie im Dorfgruppeneinsatz. Die Zahl der Landdienstgruppen für Mädchen vermehrte sich rasch. 1936 bestanden ca. 80 Gruppen mit jeweils 10 Mädchen, 1937 311 Gruppen mit 3492 Mädchen, 1938 586 Gruppen mit 7000 Mädchen, 1939 hatte sich diese Zahl verdoppelt.[53] Bei Eintritt in den Landdienst verpflichteten sich die Mädchen für 12 Monate. Während ihres Aufenthaltes wurden sie von der Hitlerjugend betreut, mußten aber nicht selber Mitglied im BDM sein.

Vorrangige Bedeutung in der Mädchenerziehung hatte die hauswirtschaftliche Unterweisung. Sie durchzog die inhaltliche Arbeit des BDM seit seiner Entstehung. Ab 1938 wurden die Bemühungen vestärkt. In diesem Zusammenhang wurde die »Anordnung zur hauswirtschaftlichen Ertüchtigungspflicht des BDM« erlassen[54] und wenig später im Rahmen des Vierjahresplanes die »Anordnung zum verstärkten Einsatz von weiblichen Arbeitskräften in der Haus- und Landwirtschaft«,[55] mit der das sogenannte »Pflichtjahr« eingeführt wurde.[56] Diese Maßnahmen intendierten eine breitere Vermittlung hauswirtschaftlichen Wissens und Könnens. Sie waren auf Bestrebungen zur Rationalisierung der Hausarbeit zurückzuführen, ein notwendiges Pendant zur Autarkiepolitik der Nationalsozialisten und angesichts des kommenden Krieges von hervorragender Bedeutung. Durch bewußte Kalkulation konnten nicht nur Mittel, sondern auch Zeit gespart werden. Damit war es möglich, daß Frauen einer Arbeit nachgehen konnten, ohne daß darüber die Familie vernachlässigt wurde.[57] Der Nationalsozialismus bedeutete somit eine systematische Erziehung zur Doppelbelastung von Frauen.[58]

Die Hitlerjugend wurde zu einem immer totaleren Instrument der Erfassung von Jugendlichen. 1938 lebte der alte Streit zwischen der NS-Frauenschaft und der Hitlerjugend wieder auf. Anlaß des Streites bildete die Frage nach der Organisierung der 18- bis 21jährigen Mädchen, die beide Verbände für sich beanspruchten. Am 20. 4. 1938 verfügte Jutta Rüdiger[59] die Zusammenfassung der 18- bis 21jährigen Mädchen zu sogenannten »Sondereinheiten des BDM«. Hier war der Pflichtdienst verkürzt auf eine Wochenstunde, der Pflichtsport entfiel. Die Mädchen wurden in Sonderscharen überwiesen, die sich mit einem Themenschwerpunkt, dem Luftschutz, dem Sport etc. befaßten. Der inhaltliche Aufbau entsprach dem des BDM-Werkes »Glaube und Schönheit«, welches im Herbst des Jahres gegründet wurde und der Leitung von Clementine zu Castell unterstand. Das BDM-Werk war der Hitlerjugend zugehörig, arbeitete jedoch eng mit der Frauenschaft zusammen.

Zunehmend wurde auch das berufliche Fortkommen abhängig von einem erfolgreichen Dienst in der nationalsozialistischen Jugendorganisation. So wurde am 25. 10. 1935 die Aufnahme in die Partei von einem vierjährigen Dienst in der Hitlerjugend abhängig gemacht. Am 1. 11. 1935 wurde in einem Runderlaß des Reichsministers des Inneren verfügt, daß die Bewerber für eine staatliche Stelle eine erfolgreiche Tätigkeit in der Hitlerjugend nachzuweisen haben.

Trotzdem waren noch 1935 von 8172000 Jugendlichen zwischen 10 und 18 Jahren nur 3900000 Mitglieder der Hitlerjugend.[60]

Im Dezember des Jahres 1935 waren in der HJ 829361 Jungen organisiert.[61] Während des Jahres 1935 hatte die HJ 43361 neue Mitglieder gewonnen, das sind 5,5%. Im Gegensatz dazu war die Mitgliederstärke im BDM geringer. 569717 Mädchen wurden im Dezember 1935 gezählt. Jedoch war die Zunahme des Bundes absolut und relativ größer: 97773 Mädchen waren hinzugestoßen, ein Zuwachs von 20,7%. Während die HJ in manchen Gegenden eine Abnahme verzeichnete,[62] kam dies im BDM nur vereinzelt vor und kann vernachlässigt werden.[63]

Eine Erhebung über die Zugehörigkeit von Jungen und Mädchen zur Hitlerjugend an den hessischen Schulen im Dezember 1935 ergab folgendes Bild: Schüler und Schülerinnen fast aller öffentlichen höheren Schulen waren zu über 90% in der nationalsozialistischen Jugendorganisation. In höheren Privatschulen dagegen lag der Gesamtdurchschnitt der Mitgliedschaft nur bei 59%. In den Volksschulen bestand eine deutliche Differenz zwischen dem Prozentsatz der organisierten Jungen und dem der Mädchen. Während von den Jungen 91% der HJ bzw. dem DJ angehörten, waren es von den Mädchen nur 82,7%. In den Berufsschulen sank der Prozentsatz der Hitlerjugend-Mitgliedschaft wiederum signifikant ab und auch hier wieder bei den Mädchen deutlicher als bei den Jungen. 73,7% der Jungen, aber nur 45,1% der Mädchen waren Mitglieder der Hitlerjugend. Dahingegen wiesen die gewerblichen Unterrichtsanstalten eine recht hohe Mitgliedschaft auf; 89,4% bei den Jungen und 96,5% bei den Mädchen. Allerdings fallen die Schülerzahlen in diesen Anstalten kaum ins Gewicht.[64]

Daraus wird ersichtlich, daß einerseits der Zuwachs der Hitlerjugend im letzten Jahr der freiwilligen Mitgliedschaft vor allem auf ein Anwachsen der Mädchenorganisation zurückzuführen ist, während die Jungenorganisation stagnierte. Andererseits machen die Zahlen deutlich, wie sehr berufliches bzw. schulisches Fortkommen von der Zugehörigkeit zur Hitlerjugend abhängig war. Daß von daher die Mädchen zu einem geringeren Prozentsatz organisiert waren als die Jungen, ergibt sich aus der traditionellen Vorstellung von der Zweitrangigkeit einer beruflichen Laufbahn für Mädchen.

Am 19.4.1936, am Vorabend von Hitlers Geburtstag, wurde der Jahrgang 1926 zu 90% aufgenommen. Von Schirach unterstrich seine Hoffnung, daß auch die restlichen 10% sich der Hitlerjugend anschließen würden, mit einer Verfügung über die totale Mitgliedersperre für die Hitlerjugend.[65] Von nun ab sollte der Eintritt in die Hitlerjugend nur noch jeweils am 20. 4. eines jeden Jahres erfolgen. Trotzdem waren am Ende des Jahres 1936 erst 60% aller 10- bis 18jährigen Mitglieder der Hitlerjugend; aus einer Gesamtzahl von 9656000 Jugendlichen nur 5400000.[66]

Um die deutsche Jugend total zu erfassen, mußte sich die Hitlerjugend entschließen, Zwangsmaßnahmen zu ergreifen.[67] Am 1. 12. 1936 wurde das »Gesetz über die Hitlerjugend« verabschiedet, am 25. 3. 1939 die erste und zweite Durchführungsverordnung dazu. Damit wird die Hitlerjugend zur Staatsjugend. § 2 sieht vor: »Die gesamte deutsche Jugend ist außer in Elternhaus und Schule, in der Hitlerjugend körperlich, geistig und sittlich im Geiste des Nationalsozialismus zum Dienst am Volk und zur Volksgemeinschaft zu erziehen.« Als dritte Erziehungsinstanz trat die Hitlerjugend neben Elternhaus und Schule.

## BDM im Krieg

Der Ausbruch des Krieges veränderte das Gesicht der Hitlerjugend. Der Pflichtdienst trat zurück zugunsten der Kriegseinsätze der Jugendlichen; der aufgeblähte Apparat wurde als Folge des durch den Krieg bedingten Personals- und Geldmangels vereinfacht und mit immer mehr Frauen durchsetzt.

Grundlage der Kriegseinsätze der Hitlerjugend bildete die 2. Durchführungsverordnung zum »Gesetz über die Hitlerjugend«: »Darin wird angeordnet, daß alle 16- bis 18jährigen Angehörigen der HJ zu öffentlichen Diensten herangezogen werden können. Bei den Jungen sind dies vorzugsweise Ernteeinsätze, während die Mädchen vor allem als Haushaltshilfe in kinderreichen Familien arbeiten.«[68]

Zwar gab es solche Dienste schon seit 1933, jedoch beruhten sie bis 1939 auf Freiwilligkeit. Noch während desselben Jahres wurden Richtlinien für den Einsatz der 10- bis 15jährigen Jungen und Mädchen erlassen.[69] Zum Kriegseinsatz verpflichtet waren nunmehr alle Jungen und Mädchen, welche das 10. Lebensjahr vollendet und Mitglieder der Hitlerjugend waren. Darüber hinaus konnten alle übrigen Jugendlichen unter Berufung auf ihre Pflicht gegenüber »Vaterland und Führer« herangezogen werden, wobei deren Erfassung dem Geschick der einzelnen HJ-Führer überlassen blieb.[70] Der Einsatz der Hitlerjugend im Krieg umfaßte schon in den ersten Kriegsmonaten über

1 Million Jugendliche (1 091 000). Damit war jeder 8. Angehörige der Hitlerjugend betroffen. Im ersten Kriegsjahr wurden 9 035 862 Mädchen eingesetzt. Sie leisteten 11 149 850 Arbeitsstunden ab, davon ca. ein Drittel in der Landwirtschaft. Diese Anzahl steigerte sich im zweiten Kriegsjahr auf 9 760 321 Mädchen und 76 411 740 Arbeitsstunden und umfaßte schließlich im dritten Kriegsjahr 14 560 304 Mädchen, welche 151 468 656 Arbeitstunden ableisteten.[71] Der Einsatz von Jugendlichen war umfassend. Er erfolgte vor allem in wirtschaftlich problematischen Bereichen, z.B. der Landwirtschaft, im kommunalen und sozialen Bereich. Der Ertrag der Kriegseinsätze von Jugendlichen ist vielfältig. Einerseits konnten wirtschaftliche Engpässe behoben werden. Im Gebiet Berlin hat der »Hilfseinsatz des Bundes Deutscher Mädel« das Personal der BVG vom November 1941 bis August 1942 mit 6601 Arbeitsstunden entlastet. Damit wurden zwischen 20 und 30 Arbeitskräfte eingespart.[72] Andere Einsatzarten stellten jedoch eher eine Beschäftigung und Beaufsichtigung von Jugendlichen dar wie z.B. die umfangreichen Tee- und Kräutersammlungen. Die Einsätze in der Landwirtschaft halfen nicht nur einen akuten Arbeitskräftemangel beheben, zugleich entlasteten sie die Städte von der Versorgung der Jugendlichen mit Nahrungsmitteln und verhinderten eine Verwahrlosung und Radikalisierung der jungen Menschen. Und nicht zuletzt hat der permanente Einsatz für »Volk und Vaterland« verhindert, daß die Jugendlichen sich der unhaltbaren politischen Situation bewußt wurden.[73]

Der Kriegseinsatz der Hitlerjugend war unterteilt in verschiedene Einsatzarten:

*1. Parteieinsatz*

Der Parteieinsatz erfolgt auf Anforderung des zuständigen Hoheitsträgers der Partei. Er wird von allen Einheiten der Hitlerjugend ausgeführt. Der Parteieinsatz umfaßt:
a) Kurier- und Wachdienst bei den Dienststellen der Partei
b) Verteilung von Propagandamaterial
c) Einsatz gegen die »Flüsterpropaganda«
d) Hilfe bei der Rückführung von Volksgenossen aus den geräumten Gebieten

*2. Einsatz für Staat und Gemeinden*

Während das DJ und der JM einfache Meldedienste beim Reichsluftschutzbund und der Feuerwehr verrichteten, kamen für den BDM, das BDM-Werk »Glaube und Schönheit« und die HJ folgende Einsätze in Frage:

a) Verteilung von Lebensmittelkarten
b) Beteiligung an Luftschutzmaßnahmen
c) Hilfsdienst bei der Feuerwehr
d) Hilfsdienst bei der Polizei (Flugmeldedienst)
f) Bahnhofsdienst (in Verbindung mit dem NSV Bahnhofsdienst)
g) Verpflegung (Ausgabe und Zubereitung) von Flüchtlingstransporten
h) Hilfsdienst bei Behörden (Telefondienst)

*3. Einsatz bei der Wehrmacht*
Der Einsatz erfolgte unter Anforderung der Wehrmachtsdienststellen und war in einer entsprechenden Vereinbarung mit dem Oberkommando geregelt. Der Einsatz betraf im allgemeinen nur HJ und BDM bzw. BDM-Werk, ausnahmsweise konnten jedoch auch JM und HJ herangezogen werden.

Für die Mädchen sind die Aufgaben beschränkt auf:
a) Telefondienst
b) Verpflegungsausgabe bzw. Verpflegungszubereitung bei Wehrmachtstransporten

*4. Wirtschafts- und Betriebseinsatz (Wehreinsatz)*
Der Wehreinsatz sollte vor allem die Versorgung der Bevölkerung mit Lebensmitteln und Kohlen sichern. Die Jugendlichen wurden dabei eingesetzt zur Warenverteilung, Mithilfe beim Verkauf in den Lebensmittelgeschäften; die Älteren wurden zusätzlich in Arbeitskommandos für öffentliche Arbeiten eingeteilt oder zur Viehbetreuung in besetzten und geräumten Gebieten eingesetzt; die Jungen außerdem zu Entladearbeiten bei Kohlentransporten.

*5. Einsatz im Winterhilfswerk (WHW)*
Dieser Einsatz erfolgte vor allem durch:
a) Reichsstraßensammlungen
b) die Herstellung von Werkarbeiten
c) den Einsatz bei anderen Sammlungen, vor allem Kleidersammlungen[74]

Das WHW, später KWHW (Kriegswinterhilfswerk), war eine Einrichtung, welche seit dem 17. 10. 1933 bestand. Die Ergebnisse der Straßensammlungen hatten sich zwischen 1933 und 1939 kontinuierlich, zwischen 1939 und 1943 dann sprunghaft erhöht.[75] Der sprunghafte Anstieg der Sammelergebnisse in den Kriegsjahren ist nicht so sehr auf die größere Bereitschaft der Bevölkerung zu spenden zurückzuführen, sondern auf die Unverfrorenheit, mit der die Hitlerjugend ihr Geld eintrieb, während der Kriegsjahre z.B. durch Straßensperren und zusammen mit den Parolen: »Blockadekrieg der Hitler-Jugend« oder »Niemand kommt durch unsere Minensperre«.[76] Das gesammelte Geld kam dem Roten Kreuz zugute.

*6. Altmaterialsammlung*
Es werden verschiedene Altmaterialsammlungen unterschieden:

a) gewerbliche
b) Schulsammlungen: Die Schüler lieferten täglich in dafür eingerichteten Sammelstellen der Schule Altmaterialien ab.
c) Haussammlungen: In jedem Haus war eine Vorsammelstelle einzurichten, in der zwei Behälter aufgestellt waren, jeweils einer für Papierabfälle und einer für sonstige Altmaterialien.
d) Stoßaktionen: Zusätzlich zu den langfristigen Sammlungen wurden Stoßaktionen im Einvernehmen mit dem »Reichskommissar für Altmaterialverwertung« durchgeführt.

*7. Sammlung von Teekräutern, Heilpflanzen und Wildfrüchten*
In dieser Sammlung wurden die meisten Jugendlichen, meisten Pimpfe und Jungmädel, eingesetzt.

*8. Sammlung von Fallobst und Laub*

*9. Land- und Ernteeinsatz*
»Der zusätzliche Land- und Ernteeinsatz der Hitlerjugend gewinnt infolge des Mangels an Arbeitskräften und Fahrzeugen im Kriege besondere Bedeutung.«[77]

G. Kaufmann zufolge beteiligte sich die Hitlerjugend im Sommer 1937 zum ersten Mal auf Anforderung der RJF an dem Einholen der Ernte, an Aussaat- und Pflegearbeiten.[78] 1937 beteiligte sich die Hitlerjugend an der Landarbeit mit 1,5 Mill. Tagwerke, 1938 mit 2. Mill. Tagwerke.[79] Für die auf dem Land arbeitenden Mädchen wurde eine Gemeinschaftsunterbringung angestrebt, welche vom Ortsbauernführer geregelt wurde. Während des Krieges war die Land- und Erntehilfe der Hitlerjugend der bedeutendste und arbeitsintensivste Einsatz von Jugendlichen. Er diente vor allem der Entlastung von Frauen, welche nach dem Einzug ihres Mannes in den Krieg die schwere Landarbeit alleine zu bewältigen hatten. Während die Jungen vor allem grobe Arbeiten übernehmen sollten, wurden die Mädchen in erster Linie in der Hausarbeit eingesetzt. Sie waren mit der Wartung der Kinder beauftragt und hatten Hausarbeit, Garten und Kleintiere zu versorgen. Dadurch sollte der Bäuerin die Feldarbeit ermöglicht werden, in der sie sich am besten auskannte.

Am 11. 4. 1942 schließlich wurde von dem »Generalbevollmächtigten für den Ernteeinsatz« Saukel eine Anordnung erlassen, welche den »Kriegseinsatz der Jugend zur Sicherung der Ernährung des deutschen Volkes« grundsätzlich regeln sollte.[80] Danach gab es zwei Formen des Einsatzes:

a) Langfristiger örtlicher oder auswärtiger Einsatz

An diesem, zwischen dem 15. 4. und dem 15. 11. jeden Jahres stattfindenden Einsatz beteiligten sich die 5. und 6. Klassen der mittleren und höheren Jungenschulen sowie die 7. Klassen der Mädchenschulen. Der Einsatz erfolgte klassenweise. In der Zeit des Einsatzes wurden die Klassen am Schulort geschlossen, die Jugendlichen wurden jedoch am Einsatzort von der Schule und der Hitlerjugend schulisch und erzieherisch betreut. Die Mädchen wurden vom Sozialen Amt der RJF betreut. Sie wurden, wie vorher erwähnt, vor allem zur Entlastung der Bäuerin von der Hausarbeit eingesetzt, waren also vorwiegend Helferinnen in bäuerlichen Haushalten, vor allem bei kinderreichen Familien, Helferinnen in Erntekindergärten, in Einsatzlagern im Osten, Helferinnen in Kindertagesstätten und in Erholungsheimen, Mutter-und-Kind-Heimen und Säuglingsheimen. Eine schulische Betreuung fand bei ihnen während der Einsatzzeit nicht statt. Anders als die Jungen wurden die Mädchen niemals einzeln, sondern immer in Gruppen von mindestens fünf Mädchen eingesetzt.[81]

b) Kurzfristiger örtlicher Einsatz

Zu diesem Einsatz wurden die volksschulpflichtigen Schüler und Schülerinnen ab dem 10. Lebensjahr herangezogen, die 5. und 6. Klassen der mittleren und höheren Mädchenschulen sowie die bereits durch die erste Form des Einsatzes beanspruchten Klassen, soweit sie nicht schon im auswärtigen Einsatz eingesetzt waren. Der kurzfristige örtliche Einsatz durfte höchstens drei Tage hintereinander dauern. Die Zeit des Einsatzes wurde auf die unterrichtsfreie Zeit angerechnet. Die Mädchen waren vor allem zu Landarbeiten einzusetzen und erst dann im kommunalen Bereich bzw. in staatlichen sozialen Einrichtungen.

### *10. Hauswirtschaftlicher und sozialer Hilfsdienst (NSV-Einsatz)*

BDM und BDM-Werk werden hier eingesetzt:

a) bei kinderreichen Familien zum Einkauf, Kochen, Nähen, Flicken, Kinderbewahrung

b) Leitung und Hilfe in Kindergärten
c) Krankenpflege, Altenbetreuung
d) Dienst in Küchen, Verpflegungsausgabe
e) Dienst in den Flüchtlingslagern
f) Einsatz in Näh- und Flickstuben
g) Bahnhofsdienst
h) Einsatz in Werkstuben

*11. Flugmeldedienst des BDM*
Im Rahmen des erhöhten Bedarfs an weiblichem Personal für den Flugmeldedienst wurden den Luftgauen ab 1941 Angehörige des BDM-Werkes zur Verfügung gestellt.[82]

*12. Sammlung ausgekämmter Haare*
In einer Anordnung vom Organisationsamt der RJF wurden die Mädchen ab 1938 angehalten, ausgekämmte Haare im eigenen Haushalt zu sammeln und beim Friseur abzuliefern.[83] Die Haare wurden zur Fabrikation von Filzstoffen genutzt.

*13. Einsatz für die Kohleversorgung*
Der Einsatz betraf vor allem das Abladen der Kohlentransportzüge am Bestimmungsort. Diese Arbeit wurde ausschließlich von der HJ ausgeführt.

*14. Sammlung von alten Schallplatten*

*15. Einsatz im Gesundheitsdienst*
Feldschere und Gesundheitsdienstmädel (GD-Mädel) wurden, soweit sie nicht für die gesundheitliche Versorgung des BDM benötigt wurden, eingesetzt:
a) Deutsches Rotes Kreuz
b) NSV
c) Krankenhäuser
d) Luftschutz
e) Transportzüge
f) Flüchtlingslager
Die Mädchen wurden außerdem der NS-Schwesternschaft, die Jungen der Feuerwehr zur Verfügung gestellt.

*16. Einsatz des »HJ-Streifendienstes«*[84]
Der »HJ-Streifendienst« wurde zusätzlich zu seiner allgemeinen Tätigkeit, der Überwachung Jugendlicher, von den Dienststellen der Sicherheitspolizei angefordert und eingesetzt. Außerdem wurde er aufgrund einer Vereinbarung mit dem

»Reichsführer SS und dem Chef der deutschen Polizei« als Jugendfeuerwehr ausgebildet.

*17. Kultureller Einsatz der Hitlerjugend*
Zur Entspannung und Aufheiterung der Bevölkerung wurden schließlich die Spiel- und Musikeinheiten der Hitlerjugend entboten.

*18. Osteinsatz des BDM*
Im Sommer 1940 wurden von der Hitlerjugend auf Anordnung des Reichsstatthalters Arthur Greiser und in Zusammenarbeit mit der SS zum ersten Mal BDM-Führerinnen im Warthegau zur Verfügung gestellt.[85] Aufgabe der BDM-Mädchen war es, die Spuren der Gewalt aus den von der SS geräumten polnischen Dörfern zu beseitigen, die Häuser zu säubern und für die volksdeutschen Umsiedler vorzubereiten. Vor allem aber sollte der BDM den Ansiedlern während der ersten Zeit in ihrer »neuen Heimat« helfend zur Seite stehen. Sie waren entwurzelt und orientierungslos, oft hatten sie lange Zeit in sogenannten Umsiedelungslagern gelebt, sie kannten vielfach die Erzeugnisse des Bodens nicht, ein für einen Bauern nicht zu unterschätzender Mangel, oder sie beherrschten die deutsche Sprache nicht.[86]

Durchschnittlich 15 Mädchen wurden zu einem Lager zusammengefaßt; als Räumlichkeiten dienten ehemalige polnische Schulen oder alte Pfarrhäuser.[87] Der Einsatz dauerte ca. 6 Wochen. Da sich dieser Zeitraum als zu kurz erwies, wurde 1942 neben dem kurzfristigen vierwöchigen Einsatz der langfristige BDM-Einsatz geschaffen, welcher ein halbes Jahr oder auch ein Jahr betrug und auf das »Pflichtjahr« angerechnet werden konnte.

1941 wurden die Mädchen außer im Warthegau auch in den Gauen Danzig-Westpreußen und Oberschlesien, ab 1942 auch in Südostpreußen und im Generalgouvernement eingesetzt. 1943 umfaßte der Einsatz die Gebiete Niederschlesien, Oberschlesien, Warthegau, Danzig-Westpreußen, Ostpreußen und das Generalgouvernement. Die Zahl der eingesetzten Mädchen stieg ständig. 1940 waren es 1400, 1941 bereits 9973 Mädchen. 1942 schließlich kamen 16092 Mädchen zum Einsatz, von denen 298 in festen Lagern untergebracht waren. 1943 wurden außer 12901 Mädchen noch 6326 HJ-Führer eingesetzt. Um den organisatorischen Ablauf zu erleichtern, wurden »Patenschaften« geschaffen, d.h. ein Entsendegebiet des »Altreichs« betreute ein oder mehrere Kreise in einem bestimmten Aufnahmegebiet im besetzten Polen.[88] Der Einsatz war zunächst ausschließlich auf BDM-Führerinnen beschränkt. Ab 1942 wurde jeder Führerin dann noch ein Mädel beigegeben.[89]

Während ihres Einsatzes wurden die Mädchen zu Gruppen zusammengefaßt: 10 bis 15 Mädchen betreuten unter der Leitung einer »Mädel-Ringführerin« oder »Bannmädelführerin« ca. drei bis vier Dörfer. Lediglich im Generalgouvernement war eine solche Zusammenfassung der Mädchen aufgrund der großen Entfernungen unmöglich. Hier waren immer zwei Führerinnen in einem Dorf eingesetzt. Die Mädchen und Führerinnen mußten bei Antritt des langfristigen Einsatzes 16 Jahre alt sein. Im Generalgouvernement war ein Mindestalter von 17 Jahren, bei einem Einzeleinsatz von 21 Jahren erforderlich. Sie mußten »haltungsmäßig einwandfrei« und körperlich gesund sein. Bei Aufnahme eines Osteinsatzes war grundsätzlich die Lösung ihres Arbeitsverhältnisses zu gestatten, es sei denn, sie arbeiteten in einer Bedarfsstelle mit besonders wichtigen Kriegsaufgaben oder als Hausgehilfinnen in kinderreichen Familien.

Dem Einsatz ging eine eintägige Schulung voraus, in der allgemeine Ostschulung, Volkstumsfragen, Gesundheitsführung und Fragen der Hauswirtschaft behandelt wurden. Wichtigste Aufgabe war hierbei wohl, den Mädchen jegliche Skrupel gegenüber der polnischen Bevölkerung zu nehmen. Als Rechtfertigung für die unmenschliche Behandlung der Polen dienten die sogenannten »Septembermorde« in Bromberg, deren Ursachen jedoch verschwiegen und deren Auswirkungen grotesk übertrieben wurden.[90]

In den ersten Jahren arbeiteten die Mädchen lediglich im Rahmen der Siedlerhilfe. Nachdem die Dörfer geräumt worden waren, beseitigten sie die letzten Spuren des gewaltsamen Geschehens und empfingen dann die neu eintreffenden Volksdeutschen. Diese machten sie vertraut mit der Einrichtung des Hauses, mit der Art der Bodenbestellung und mit der Zubereitung von Mahlzeiten mit den neuen Erzeugnissen. Sie halfen bei der Kinderbetreuung, gingen im Haushalt zur Hand und sorgten für den Aufbau einer Dorfgemeinschaft. Der Umfang ihres Einsatzes nahm schnell zu. 1943 waren von 6125 kurzfristig im Warthegau eingesetzten Mädchen 4112 in der Familien- und Siedlerhilfe tätig. 1003 leiteten Kindergärten, 501 halfen in Kindergärten, 123 waren »BDM-Schulhelferinnen«, und 386 arbeiteten in Dienststellen der Partei.[91]

Zunehmend wurde empfohlen, den Osteinsatz mit der praktischen Berufsvorbereitung zu verbinden, wobei soziale Berufe, wie z.B. Kindergärtnerin, Gemeindeschwester oder hauswirtschaftliche Berufe wie Hauswirtschaftleiterin, Hauswirtschaftslehrerin überwogen. Ein weiteres Aufgabengebiet des BDM war die Übernahme der Schulen in den besetzten Gebieten. Die »BDM-Schulhelferin« war ebenfalls eine Schöpfung von Arthur Greiser, des »Reichsstatthalters« im Warthegau. Seit 1940 unterrichteten BDM-Führerinnen in den polnischen Schulen als Volksschullehrerinnen; nebenbei waren sie nachmittags und abends in Berufsschulen und Deutschkursen der DAF tätig. Ihre Auswahl richtete sich »nicht nach der schulischen Vorbildung, vielmehr dagegen nach der erzieherischen Eignung, weltanschaulichen Klarheit, der körperlichen Gesundheit und der anlagemäßig bedingten Bildungsfähigkeit«.[92]

72% hatten lediglich die Volksschule sowie einige Jahre eine aufbauende Schule besucht, wie z.B. eine Handels- und Wirtschaftsschule. 26% hatten die Mittlere Reife, und nur 2% waren Abiturientinnen. Seit 1942 wurde ihre Ausbildung durch Erlaß geregelt. In vierteljährlichen Kursen wurden sie auf ihre Tätigkeit vorbereitet. Seit Mai 1942 waren in Elbing an der ehemaligen Hochschule für Lehrerbildung Sonderlehrgänge für Schulhelferinnen eingerichtet worden, im selben Jahr wurde dazu eine Lehrerinnenbildungsanstalt in Posen gegründet, die sich ausschließlich der Ausbildung von BDM-Schulhelferinnen widmete. Außerdem bestand an dieser Lehrerinnenbildungsanstalt in Posen die Möglichkeit, nach ein oder zwei Jahren einer praktischen Tätigkeit einen neunmonatigen Lehrgang zu absolvieren, der mit der 1. Prüfung auf das Lehramt in den Volksschulen endete. Die Ausbildung als »BDM-Schulhelferin« schloß mit einem 14tägigen Führerinnenlehrgang der Hitlerjugend.

Nicht ohne Zynismus bezeichnete man die Entwicklung von der BDM-Führerin zur Schulhelferin als »praktische Begabtenförderung«.[93, 94] Jede zweite von ihnen, so wurde stolz ausgeführt, hatte schon während der Schulzeit den Wunsch gehabt, Lehrerin zu werden, diese Ausbildung jedoch aufgrund fehlender finanzieller Mittel nicht aufnehmen können. 58% hatten statt dessen einen kaufmännischen Beruf ergriffen, 16% eine hauswirtschaftliche Tätigkeit ausgeübt, 11% hatten einen erzieherischen Beruf ausgeübt, 2% waren in einem Betrieb tätig gewesen, 6% kamen direkt aus der Schule, und 7% hatten noch keinen Beruf ausgeübt.[95]

Die Zahl der eingesetzten Mädchen erhöhte sich ständig, 1941 waren 141 BDM-Führerinnen als BDM-Schulhelferinnen zum Einsatz gekommen. 1942 waren es bereits 499 und 1943 arbeiteten allein in den Reichsgauen Wartheland und Danzig-Westpreußen insgesamt 261 BDM-Schulhelferinnen.[96]

Bei Kriegsausbruch zählte die Hitlerjugend 8870000 Mitglieder und 765 Führer, von den ca. 8000 beruflich geschulte Jugendführer waren.[97] Etwa ein Viertel der Führer meldete sich sofort bei Kriegsausbruch zum Dienst, woraus der Hitlerjugend eine akute Führerkrise erwuchs. Zwar verfügte man über eine große Anzahl von ehrenamtlichen Führern (zwischen 20000 und 30000), jedoch sah man sich trotzdem gezwungen, einmal das Alter von HJ-Führern stark herabzusetzen[98] zum anderen verstärkt BDM-Führerinnen einzusetzen.[99] Um den umfangreichen Apparat der Hitlerjugend kontrollierbar zu machen, wurde sogleich nach dem Amtsantritt Arthur Axmanns – er löste den am 8. 8. 1940 als »Reichsstatthalter« nach Wien berufenen von Schirach ab – eine Gleichschaltung zwischen den regionalen Einheiten der Hitlerjugend und denen der Partei durchgeführt, so daß ein NSDAP-Kreis einem Hitlerjugend-Bann entsprach.[100] Ferner wurde die längst hinfällig gewordene Trennung von Jungvolk und HJ bzw. Jungmädeln und BDM aufgegeben. Ab dem 1. 2. 1941 werden keine Jungbanne bzw. JM-Untergaue mehr aufgestellt.[101]

Die angespannte Kriegssituation führte Anfang des Jahres 1943 dazu, daß der Führungsstab von Hitlerjugend und BDM zusammengelegt wurde.[102] Es wurden immer mehr weibliche Kräfte in den Führungsstab übernommen.[103] Zwar versuchte man, die leitenden Funktionen denjenigen HJ-Führern zu übertragen, die für den Wehrdienst nicht tauglich waren, bzw. den BDM aus traditionell männlichen Bereichen, wie der Wehrertüchtigung, auszuschließen, doch scheint der Bedarf an weiblichen Kräften recht groß gewesen zu sein, wie aus einer Anordnung zur Abstellung von ehrenamtlichen Führerinnen der Gebiete zu hauptamtlichen Zwecken innerhalb der RJF deutlich wird. Der bürokratische Apparat der Hitlerjugend wurde immer mehr von Frauen durchsetzt. Zunehmend wurden jedoch auch die Mädchen in den aktiven Kriegsdienst eingezogen. Sprachbegabte Mädchen wurden als Nachrichtenhelferinnen des BDM bei der Marine eingesetzt.[104] Es wurden Nachrichteneinheiten des BDM bei der Marine gebildet, in denen 16- bis 17jährige Mädchen eine Funk- und Fernschreibeausbildung erhielten.[105] Anfang 1945 wurden im »Reichsbefehl«[106] die 18- bis 21jährigen Mädchen zur freiwilligen Meldung im Wehrmachtshelferinnencorps aufgerufen. Als Ehrendienst der deutschen Frau im Krieg wurde die Ersatzgestellung von »kriegsverwendungsfähigen Soldaten« durch Frauen und Mädchen bezeichnet. Bis zum 15. 12. 1944 sollten 50000, zum 15. 1. 1945 150000 Frauen und Mädchen gestellt werden.[107]

Falls durch die Meldungen nicht genügend Mädchen herangezogen würden, sollten die Frauen eingesetzt werden, die infolge der Maßnahmen des »Reichsbevollmächtigten für den totalen Kriegseinsatz« zur Verfügung standen.[108]

Und schließlich fanden die Mädchen in den Flakbatterien ihren Einsatz, wie z.B. in Wien-Kagran in der 6. Flakbatterie, Einheit 61.[109]

»Wiederherstellung der Familie heißt darum: Sinn und Ordnung in den völkischen Lebensraum bringen, das Chaos durch eine auf die natürlichen Lebensmächte zurückgreifende Sozialordnung beenden. Die Frau ist aus der öffentlichen Lebenssphäre in Privatkreis und Familie zu führen, wo sie die geborene Herrscherin ist, und wo ihr auch keinerlei geistige Entfaltung verwehrt sein soll. Im öffentlichen Leben hat sie nichts verloren und bleibt subaltern: die politische Amazone, das Symbol feminer Zeitalter, ist Karikatur auf Mannheit und Weibheit gleichzeitig.«[110]

Mit dem Anspruch, »die natürliche Ordnung« wiederherzustellen, war der Nationalsozialismus 1933 angetreten. In der Erziehung durch den BDM entfaltete er seine Vorstellung vom »Wesen der Frau«. Was er erreichte, vermögen wir bislang nur annähernd einzuschätzen.[111] Auf den ersten Blick jedoch fällt uns der Widerspruch auf zwischen dem in den Friedensjahren 1933 bis 1939 geprägten »Mädchenbild« und den Forderungen, welche aufgrund der Kriegssituation schließlich an die Mädchen herangetragen wurden. Nicht nur, daß zum ersten Mal in der deutschen Geschichte Mädchen in den aktiven Kriegsdienst einbezogen wurden; ebenso einmalig und den eigenen Erziehungszielen gänzlich widersprechend war auch die Tatsache, daß innerhalb der Hitlerjugend bzw. des BDM[112] Karrieren für Mädchen möglich wurden wie niemals zuvor und auch niemals später. So ergibt sich das Paradox, daß gerade diejenigen Mädchen, welche das Erziehungsideal des Nationalsozialismus nach außen hin verkörpern sollten, im Grunde eher der vom Nationalsozialismus heftig bekämpften aktiven, engagierten und selbstbewußten Frau entsprachen, die ihre Erfüllung nicht nur im innerfamiliären Bereich suchte.

*Übersicht 1: Die Einheiten des BdM*

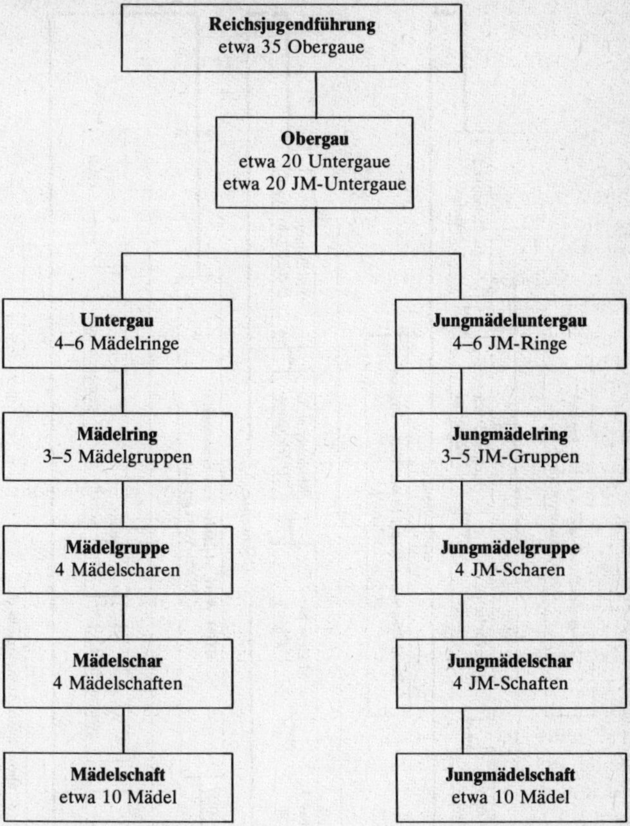

*Übersicht 2: Der Weg des Deutschen Mädels*

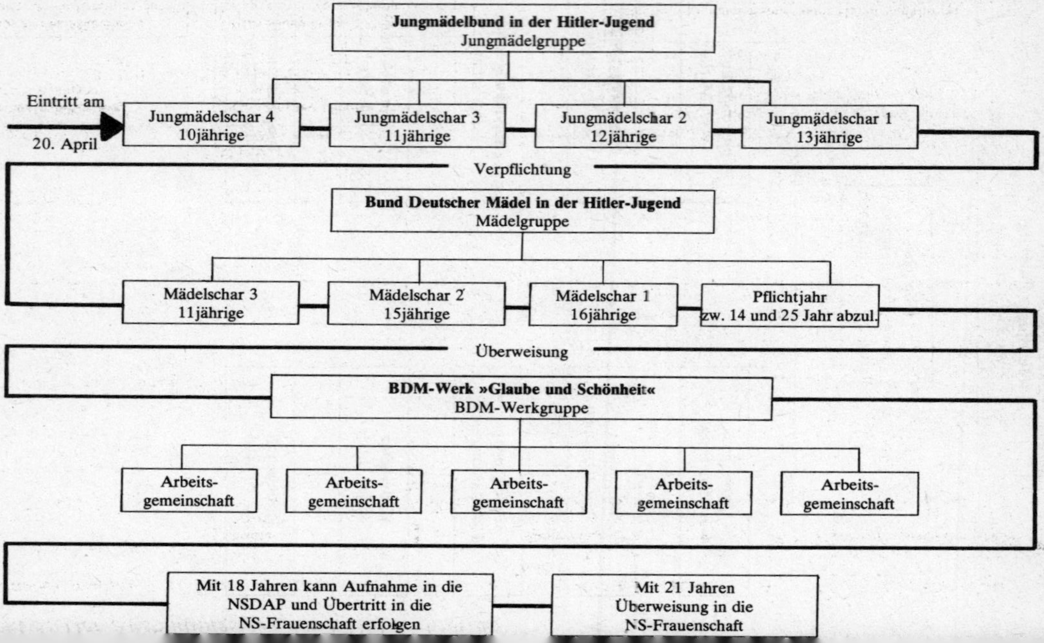

## Übersicht 3: Der Ausbildungsweg der BDM-Führerin

### der Jungmädelführerin

**Auslese**
während des ganzen Jahres

**Führerinnenvorbereitungsdienst**
**in der Stadt** 1 Jahr Führerinnenvorbereitungsdienst in Ausbildungseinheiten mit Abschlußlager
**auf dem Lande** 1 Jahr Vertreterin der Führerin einer Mädelschaft, Führerinnenvorbereitungsdienst in Wochenendschulungen und Abschlußlager

**Einsatz**
Führerin einer Jungmädelschaft (Helferin der Führerin einer Jungmädelschar)

Nachwuchslehrgang für Führerinnen von Jungmädelscharen

**Einsatz**
Führerin einer JM-Schar

**Führerinnenausbildungsdienst**
1. Wochenendschulungen
2. Führerschulungswerk d. HJ (freiw.)

**Überweisung in den Mädelbund**
Kurzschulung zur Vorbereitung auf die Übernahme einer Mädeleinheit

### der Mädelführerin

**Auslese**
während des Sommers

**Führerinnenvorbereitungsdienst**
**in der Stadt** $^1/_2$ Jahr Führerinnenvorbereitungsdienst in Ausbildungseinheiten mit Abschlußlager
**auf dem Lande** 1 Jahr Vertreterin der Führerin einer Mädelschaft, Führerinnenvorbereitungsdienst und Abschlußlager in Wochenendschulungen

**Einsatz**
Führerin einer Mädelschaft (Helferin der Führerin der Mädelschar)

Nachwuchslehrgang für Führerinnen von M-Scharen

**Einsatz**
Führerin einer Mädelschar

**Führerinnenausbildungsdienst**
1. Wochenendschulungen
2. Führerschulungswerk d. HJ (freiw.)

**Überweisung in das BDM-Werk**
Lehrgang zur Vorbereitung auf die Arbeit als Führerin einer Arbeitgemeinschaft

### oder: der Jungmädelführerin

**Führerinnenschule des Gebietes**
Nachwuchslehrgang für Führerinnen von Jungmädelgruppen

**Einsatz**
Führerin einer Jungmädelgruppe

**Führerinnenschule des Gebietes**
Hauptlehrgang für Führerinnen von JM-Gruppen

**Einsatz**
Führerin eines JM-Ringes oder JM-Gruppe

### oder: der Mädelführerin

**Führerinnenschule des Gebietes**
Nachwuchslehrgang für Führerinnen von M-Gruppen

**Einsatz**
Führerin einer Mädelgruppe

**Führerinnenschule des Gebietes**
Hauptlehrgang von M-Gruppen

**Einsatz**
Führerin eines Mädelrings oder M-Gruppe

### (gemeinsam)

**Reichsschule für Ringführerinnen**
1. Hauptlehrgang für Führerinnen von Ringen
2. Ausleselehrgang für Akademieanwärterinnen

**Führerinnenlehrgang a. der Akademie für Jugendführung**
1. Einjähriger Ausbildungslehrgang für Mädelführerinnen der Banne. 2. $^1/_2$jähriger Ausbildungslehrgang für berufserfahrene Führerinnen

**Einsatz**
Mädelführerin eines Bannes oder Hauptringführerin

**Reichsführerinnenschule**
Hauptlehrgang für Mädelführerinnen der Banne. 2. Sonderlehrgang für Stabsleiterinnen und Schulführerinnen

LORE KLEIBER

# »Wo ihr seid, da soll die Sonne scheinen!« – Der Frauenarbeitsdienst am Ende der Weimarer Republik und im Nationalsozialismus

## Der Freiwillige Arbeitsdienst für Frauen am Ende der Weimarer Republik

Die Diskussion um die Einrichtung eines Frauenarbeitsdienstes und einer Frauendienstpflicht reicht zurück bis in die Zeit des Ersten Weltkrieges. Damals forderten bürgerliche Frauenrechtlerinnen eine Dienstpflicht für Frauen als Äquivalent zur Wehrpflicht der Männer. Sie sahen darin einen Schritt zur Gleichberechtigung der Frauen. Zu jener Zeit wurde die Frauendienstpflicht als Emanzipationsforderung nicht durchgesetzt. Das Interesse an einer Emanzipation auf diesem Wege ging in dem Maß zurück, wie Frauen in der Kriegswirtschaft Männerarbeitsplätze übernehmen mußten.

In den 20er Jahren wurde in Phasen mit großer Jugendarbeitslosigkeit immer wieder der Ruf nach Installierung eines staatlichen Arbeitsdienstes laut. Bis 1930 waren es aber vor allem Notstandsprogramme, die staatlicherseits für arbeitslose Jugendliche eingerichtet wurden, um sie vorübergehend zu beschäftigen.[1] Gleichzeitig hatten völkische, demokratische und religiöse Gruppen der Jugendbewegung bereits zahlreiche Arbeitsdienste auf dem Land organisiert, so daß der Begriff nicht unbekannt war und verschiedene inhaltliche Vorstellungen damit verknüpft wurden. Allerdings war der Anteil der Mädchen an diesen Arbeitsdiensten sehr gering. Die Folgen der Weltwirtschaftskrise hatten die Lage auf dem Arbeitsmarkt so weit verschärft, daß die Dauerarbeitslosigkeit ständig zunahm – besonders auch unter Jugendlichen. Auf der Suche nach Instrumenten zur Bewältigung dieser Situation wurde nun die Einrichtung eines Arbeitsdienstes immer häufiger von verschiedenen Parteien gefordert, wobei die rechten Parteien sofort die pflichtmäßige Einziehung zum Arbeitsdienst verlangten. Die Vorschläge für einen staatlich finanzierten Arbeitsdienst konkretisierten sich in erster Linie in einer Maßnahme für männliche Arbeitslose. Die Gründe hierfür sind einmal in der unterschiedlichen politischen Bewertung des männlichen und weiblichen Arbeitslosenpotentials zu suchen. Darüber hinaus fand die Arbeitsdienstpflicht für junge Männer bei den rechten Parteien solchen Anklang, weil sie schon früh die Möglichkeit sahen, den Arbeitsdienst als paramilitärische Einrichtung zu organisieren.

Bis zur Weltwirtschaftskrise war der Anteil berufstätiger Frauen ständig gewachsen. Gerade in einigen – ehemals traditionellen – Männerarbeitsbereichen waren Frauen zunehmend zu einer Konkurrenz für die männlichen Arbeitskräfte geworden. In dem repressiven Klima der Krisenzeit 1929/30 wurden viele erwerbstätige Frauen zugunsten von Männern als Resultat des Personalabbaus aus ihren Arbeitsplätzen gedrängt. Margarete Ehlert, die Direktorin der Reichsanstalt für Arbeitsvermittlung und Arbeitslosenversicherung (RAVAV), schätzte 1932, daß es ca. 400000 arbeitslose Frauen unter 25 Jahren und etwa 1 Million arbeitslose Männer der gleichen Alterskategorie gab. Durchschnittlich waren ein Fünftel aller Arbeitslosen Frauen – unter den 14- bis 25jährigen betrug ihr Anteil jedoch ein Drittel.[2] In dieser Altersgruppe gab es die meisten berufstätigen Frauen. Die Relevanz eines eigenen Einkommens war für diese Frauen besonders groß, da ihre Familien sie in der Notzeit häufig nicht mehr miternähren konnten, besonders wenn bereits ein oder mehrere Familienmitglieder Unterstützungsempfänger waren. Selbst wenn es die Not nicht erzwang, hatten viele junge Frauen das Bedürfnis, ein von den Eltern unabhängiges Leben zu führen. Die Ehe konnte ihre Rolle als Versorgungsinstitution nicht mehr erfüllen, da die Einkünfte der Männer häufig nicht für den Familienunterhalt ausreichten und so die Berufstätigkeit der Frau weiterhin erforderlich blieb. Obwohl also die Berufstätigkeit für die meisten Frauen lebensnotwendig war, wurde die weibliche Arbeitslosigkeit als das weitaus geringere soziale und politische Problem angesehen. Aus der Sicht der Arbeitsämter stellten arbeitslose Männer einen größeren Unruheherd dar – folglich wurde ihnen auch mehr Aufmerksamkeit zuteil, wie sich am Beispiel des Arbeitsdienstes als Versuch eines Beschäftigungsprogramms zeigen läßt. Das Argument, Frauen können sich immer irgendwie beschäftigen, war eine verbreitete Haltung gegenüber weiblichen Arbeitslosen: »Sie können sich – wenigstens häufiger als der junge Mann – während ihrer Erwerbslosigkeit in der nächsten Familie ernst und nützlich betätigen; gerade im unauffälligen Dienst an anderen. Den natürlichen Vorrang einer solchen Arbeit darf der freiwillige Arbeitsdienst nicht antasten oder ihre Ausführung gefährden.«[3]

Es versteht sich, daß diese Ansicht auch die Prioritäten in der Arbeitsvermittlung von Frauen bestimmte. Viele Frauen dürften daher die Arbeitssuche über das Arbeitsamt bald ganz eingestellt haben. Nachdem ihre Unterstützungszeit abgelaufen war, wurden sie in der Arbeitslosenstatistik nicht mehr erfaßt. Sie vergrößerten aber den Anteil an der versteckten Arbeitslosigkeit. Eventuell tauchten sie in der Rubrik »mithelfende Familienangehörige« noch auf. Diese Ausgangssituation prägte das gesamte staatliche Bemühen um die weiblichen Arbeitslosen – gleichgültig, welche Qualifikation sie aufwiesen. Entsprechend zögernd wurden auch nur Maßnahmen zur Bekämpfung der weiblichen Arbeitslosigkeit entwickelt.

### *Die gesetzlichen und politischen Rahmenbedingungen für die Einführung des Freiwilligen Arbeitsdienstes*

Nachdem sowohl Vertreter der bürgerlich-demokratischen wie auch der völkisch-nationalen Parteien und Verbände ein nachhaltiges Interesse an der Einrichtung eines Arbeitsdienstes artikuliert hatten, wurde von der Regierung im Frühjahr 1931 eine Gutachterkommission unter Vorsitz des ehemaligen Arbeitsministers Brauns eingesetzt. Das Ergebnis dieser Beratung war eine Empfehlung an die Regierung, den *freiwilligen* Arbeitsdienst zu fördern. Von einer Arbeitsdienst*pflicht*, wie sie alle politisch rechts stehenden Parteien verlangten, wurde aus Kostengründen abgeraten. In der Notverordnung vom 6. 6. 1931 setzte die Regierung die Bedingungen fest, unter denen der Arbeitsdienst zukünftig finanziert und institutionalisiert werden sollte. Man unterschied dabei zwischen dem Träger des Dienstes, der die Unterstützungsgelder für eine vorgesehene Arbeit beantragte, und dem Träger der Arbeit, der die Organisation und Durchführung der Arbeiten übernehmen sollte. Träger des Dienstes konnten Verbände konfessioneller und politischer Art sein; als Träger der Arbeit kamen Körperschaften des öffentlichen Rechts und gemeinnützige Stiftungen in Frage.

Es sollten anfangs nur solche Arbeitslosen am Arbeitsdienst teilnehmen, die Arbeitslosen- oder Krisenunterstützung erhielten bzw. die wegen ihres zu geringen Alters noch keinen Anspruch auf diese Hilfe hatten. Wohlfahrtsempfänger waren zunächst vom Freiwilligen Arbeitsdienst (FAD) ausgeschlossen.

Frauenarbeitsdienst in der Ostmark, 1934 *(Foto: Ullstein Bilderdienst, Berlin).*

Mit dem Gesetz vom 16. Juli 1932 wurde diese Regelung aufgehoben. Der Arbeitsdienst unterbrach nun den Zeitraum mit Anspruch auf Unterstützung, so daß hier ein gewisser Anreiz für Arbeitslose gelegen haben mag, an Arbeitsmaßnahmen teilzunehmen. Sie konnten auf diese Weise das Ende ihres Unterstützungsanspruchs hinausschieben. Die Tätigkeiten, die im Arbeitsdienst ausgeführt werden durften, sollten den Kriterien *gemeinnützig, sinnvoll, zusätzlich* und *volkswirtschaftlich wertvoll* genügen. Diese formale Einschränkung war einerseits eine Konzession an die Gewerkschaften: Man versuchte auf diese Weise zu vermeiden, daß arbeitslosen Fachkräften eine mögliche Beschäftigung weggenommen wurde. Andererseits nahm man Rücksicht auf die Interessen der Privatwirtschaft, der keine Aufträge entzogen werden sollten, indem man von den Arbeiten das Prädikat »zusätzlich« verlangte, d.h., ohne den Arbeitsdienst wären diese Arbeiten nicht ausgeführt worden. Die Vermittlung von »Arbeitsdienstwilligen« übernahmen die Arbeitsämter. Die Reichsanstalt für Arbeitslosenversicherung und Arbeitslosenvermittlung stellte die finanziellen Mittel zur Verfügung. Die Höhe der Förderung war gestaffelt und lag zwischen 1,60 RM und 2 RM pro Tag und pro Teilnehmer, je nach

Bedeutung der Arbeiten und nach Finanzlage der RAVAV. Von diesem Betrag zog der Träger des Dienstes seine Unkosten ab, die durch Verpflegung und eventuelle Unterbringung der Teilnehmer entstanden. Als Entgelt für die geleistete Arbeit bekamen die Teilnehmer nur zwischen 20 Pfg. und 50 Pfg. pro Tag gutgeschrieben. Nach Ablauf der 20- bis 40wöchigen Arbeitsdienstzeit wurde dieses Geld ausbezahlt. Dieser organisatorische Rahmen war für den männlichen wie für den weiblichen FAD gleichermaßen verbindlich.

Alle Arbeitsdienstmaßnahmen wurden von sogenannten »Führern« bzw. »Führerinnen« geleitet. Während anfangs jeder nach einem 14tägigen Kursus diese Funktion übernehmen konnte, wurde mit dem Gesetz vom 16. Juli 1932 ein sechswöchiger staatlicher Führerschulungskursus zur Pflicht. Danach durfte ein Führer für zwei Jahre im Arbeitsdienst tätig sein gegen ein monatliches Entgelt von 30 RM. Nach einem Erlaß des Reichskommissars Syrup vom 10. November 1932 galten für die Zulassung als Arbeitsdienstführerin folgende Kriterien: Neben einer haus- oder landwirtschaftlichen Vorbildung sowie pädagogischen Kenntnissen sollten die zukünftigen Führerinnen längere Zeit als »Dienstwillige« im Arbeitsdienst verbracht haben. Konnten diese Voraussetzungen nachgewiesen werden, so reichte ein 8- bis 14tägiger Kursus aus, um als Arbeitsdienstführerin zugelassen zu werden. Viele der späteren Arbeitsdienstführerinnen waren entlassene oder gerade examinierte Lehrerinnen oder waren vorher in dem Bereich der Sozialarbeit tätig gewesen.

Bei der Frage der Unterbringung von Arbeitsdienstteilnehmern hatte man die formale Unterscheidung in »offene«, »halboffene« und »geschlossene« Arbeitsdienstmaßnahme getroffen. Zunächst wurden vor allem halboffene Arbeitsdienste finanziert, bei denen die Jugendlichen zehn Stunden täglich zusammen waren. Davon sollten vier bis sechs Stunden Arbeitszeit sein und der Rest gemeinsam in einem Heim oder Lager verbrachte Freizeit. Mit dem Erlaß vom 16. Juli 1932 wurden keine offenen Maßnahmen mehr finanziert. Der Schwerpunkt der Förderung verlagerte sich immer stärker auf die Gründung von Arbeitsdienst*lagern*, besonders beim männlichen FAD, in denen man während der gesamten Arbeitsdienstzeit zusammenwohnte und lebte. Für den weiblichen FAD waren in der Mehrzahl halboffene Projekte vorgesehen, da man bei den Mädchen keine große Motivation vermutete, in ein Barackenlager oder Heim zu ziehen. Geschlossene Lager wurden für sie erst im Sommer 1933 durchgesetzt.

Diese forciert betriebene Zusammenfassung von Jugendlichen in Heimen und Lagern hatte zum einen das Ziel, sie »von der Straße« zu holen. Zum andern bot sie für die religiösen und politischen Trägerorganisationen beste Voraussetzungen für eine umfassende Einflußnahme auf die Teilnehmer am Arbeitsdienst. Obwohl den Organisatoren jegliche politischen oder staatsfeindlichen Aktivitäten untersagt waren und mit Förderungsentzug bestraft werden sollten, waren kaum Kontrollen vorhanden. Der Staat hatte sich, indem er die Initiative zur Beschäftigung arbeitsloser Jugendlicher den nichtstaatlichen Organisationen überließ, weitgehend der Möglichkeit begeben, auf den Sektor Jugendarbeit Einfluß zu nehmen. Diesen Freiraum verstand die NSDAP politisch zu nutzen.

»Die Ausgestaltung und Verbesserung des Freiwilligen Arbeitsdienstes durch die Gesetzesbestimmungen v. 16. Juli 1932 veranlaßten die NSDAP – wenn auch noch getarnt – sich in stärkerem Maß dem Freiwilligen Arbeitsdienst zuzuwenden. (...) So ließ der Beauftragte für den Arbeitsdienst der NSDAP, Oberst Hierl, im ganzen Reich Dienstträgerverbände gründen. Wegen ihrer Tarnung traten sie überall unter anderen Namen auf. Bereits nach einem halben Jahr waren sie der stärkste Dienstträgerverband, aber natürlich unerkannt von den Behörden.«[4]

Von den übrigen Parteien waren die KPD und die mit ihr sympathisierenden Organisationen die einzigen, die sowohl den freiwilligen Arbeitsdienst als auch die Arbeitsdienstpflicht kategorisch ablehnten und keine eigenen Lager unterhielten. Die SPD, die sich anfangs ebenfalls gegen einen freiwilligen Arbeitsdienst gewendet hatte, änderte ihre Haltung im Laufe der Zeit. Schließlich richtete sie bzw. ihre Jugendorganisationen Arbeitsdienstlager ein, um das Terrain nicht völlig den rechten Parteien und Verbänden zu überlassen. SPD und Gewerkschaften sprachen sich lediglich eindeutig gegen eine Arbeitsdienst*pflicht* aus, da sie ein Instrument der Krisenpolitik nicht auf Dauer institutionalisiert sehen wollten. Dagegen strebten die völkisch-nationalen Parteien seit Beginn der Diskussion eine pflichtmäßige Einziehung der Jugendlichen eines bestimmten Alters an.

### *Der weibliche FAD in der Praxis*

Der Umfang des weiblichen FAD erreichte nur einen Bruchteil der Größe des männlichen Arbeitsdienstes, zwischen 5 und 10%.

Obwohl die Bestimmungen einen relativ breiten Ermessensspielraum ließen, wurden nur sehr zögernd überhaupt »finanzierungswürdige« Arbeiten für Mädchen und Frauen gefunden. Margarete Ehlert von der RAVAV führte den geringen Umfang darauf zurück, »daß bei den Mädchen die aktive Selbsthilfe der Bünde, auf der der Freiwillige Arbeitsdienst als den gegebenen Trägern des Dienstes entscheidend aufbaut, weit weniger entwickelt ist als bei der männlichen Jugend«.[5] Die fehlende Eigeninitiative, die hier beklagt wurde, hing auch zusammen mit der Art der in Frage kommenden Arbeiten. Sie reichten in den meisten Fällen nicht über das klassische Repertoire einer Hausangestellten und Putzfrau hinaus. Häufig waren es Dienstleistungen für Arbeitsdienstlager der Männer – deren Wäsche säubern und ausbessern, kochen und sonstige Küchen- und Räumarbeiten oder z.B. Flickarbeiten für das Winterhilfswerk. Dazu kamen in ländlichen Gebieten landwirtschaftliche und gärtnerische Arbeiten bei Siedlern und Bauern. Die typischen Träger von Arbeitsdiensten für Mädchen waren völkische und konfessionelle Frauenorganisationen wie der Königin-Luise-Bund, die Schwesternschaften des Jungdeutschen Ordens, der katholische Jugendbund werktätiger Mädchen und der Jugendverband evangelischer Arbeiterinnen.[6] Anfang 1932 waren in München 327 Mädchen im Alter zwischen 17 und 21 Jahren in Arbeitsdiensten beschäftigt, die das Rote Kreuz, der Verein für Fraueninteressen, der katholische Frauenbund, die städtische soziale Frauenschule, die Werkgruppe der Sportverbände und die Werkgruppe des Instituts für soziale Arbeit durchführten. Die Arbeit, die die Mädchen hier ausführten, bestand in Kinderbetreuung, Kochen für Kindergärten und für sich sowie im Nähen von Kleidung. Die Arbeitszeit betrug mindestens vier Stunden täglich, hinzu kam Unterricht in Hauswirtschaft, Ernährungs- und Nahrungsmittellehre, Säuglings- und Krankenpflege. Für frühere Büroangestellte wurden auch kaufmännische Kurse eingerichtet.[7] In der verbleibenden Freizeit waren Museumsbesuche, Wandern und Sport vorgesehen. Aus den ausführlichen Schilderungen der Arbeitsdienste in München und Berlin läßt sich schließen, daß der Arbeitsdienst auch den Charakter von Jugendarbeit mit pädagogischer Betreuung annehmen konnte. Doch muß man hierbei berücksichtigen, daß mit dem Einsetzen der Wirtschaftskrise die Jugendarbeit insgesamt bereits solchen Kürzungen unterworfen worden war, daß der FAD weder vom Umfang her noch von seiner Qualität hier einen Ausgleich schaffte.

Sehr häufig wurden Mädchen aus der Stadt in die Landarbeit

geschickt. Die hier möglicherweise erworbenen Kenntnisse aus der Landwirtschaft konnten nach der Rückkehr vom Arbeitsdienst in die Stadt nicht weiter verwendet werden.

Bei W. Schlicker findet sich der Hinweis auf Gruppen junger Frauen und Mädchen, die von Berliner Arbeitsämtern zur Waldarbeit in die Mark Brandenburg geschickt wurden. Im Mai 1931 versuchte das Hörder Arbeitsamt, ca. 300 Jungarbeiterinnen nach Ostpreußen zu »exportieren«. Die geschlossene Weigerung der Mädchen wurde mit dem Entzug des Unterstützungsgeldes für sechs Wochen bestraft.[8] Es gab eine ganze Reihe von Fällen, in denen Widerstand gegen eine »Eingliederung« in den FAD geleistet wurde. E. Rasche nennt Beispiele von Berliner Mädchen, die ihre Dienstverpflichtung nach Dortmund verhinderten, wo sie Uniformjacken für die SA nähen sollten. In Gera weigerten sich junge Arbeiterinnen, trotz Unterstützungssperre, an einem landwirtschaftlichen Umschulungskurs teilzunehmen.[9] Die Reaktion der Behörden zeigt, daß diese bei Bedarf den ökonomischen Hebel ansetzten und eine Teilnahme am FAD zu erzwingen versuchten.

»( . . .) bei den Gemeinden als Träger des Dienstes habe man leider die Erfahrung gemacht, daß sie in Verkennung des Arbeitsdienstes versuchten, ihre Wohlfahrtserwerbslosen unter Androhung der Entziehung der gemeindlichen Unterstützung zwangsweise einzugliedern.«[10]

## *Zusammenfassung*

Der FAD war vom Beginn seiner staatlichen Finanzierung eine sehr ambivalente Einrichtung. Nach außen trug er das Etikett der sogenannten produktiven Arbeitsfürsorge, einer etwas hilflosen Krisenmaßnahme, in der junge Arbeitslose gegen ein Taschengeld arbeiteten und ihre Freizeit gemeinsam verbrachten.

Die Zulassungsbestimmungen für die Dienstträger erschienen auf den ersten Blick pluralistisch, offen für jede politische und konfessionelle Gruppe, sofern sie nicht »staatsfeindlich« eingestellt war. Die Politisierung und Polarisierung hatten am Ende der Weimarer Republik allerdings bereits einen Grad erreicht, bei dem vorauszusehen war, daß der FAD nicht von einer politischen Vereinnahmung ausgespart bleiben würde. Nachdem sich die mit der KPD und SPD sympathisierenden Verbände anfangs klar gegen jeden Arbeitsdienst ausgesprochen hatten, wußten die jeweiligen Regierungskabinette sehr genau, wem sie mit ihren Verordnungen zum FAD einen Gefallen erweisen würden und wer im Arbeitsdienst die Initiative ergreifen würde.

Anhand der Verteilung der staatlichen Gelder für Arbeitsdienstmaßnahmen war abzulesen, wie der Schwerpunkt der Förderung zunächst auf die halboffenen Arbeitsdienstlager und später auf die geschlossenen Lager gelegt wurde, so daß hier die Steuerung zu einer Arbeitsdienstform, wie sie die nationalsozialistischen Verbände anstrebten, bereits frühzeitig deutlich wurde. Der Arbeitsdienst bot von seiner Konstruktion her, d.h. Zusammenleben in Lagern, tagsüber oder während der gesamten Dienstzeit unter der Leitung eines Führers bzw. einer Führerin, günstige Voraussetzungen für eine politische Einflußnahme und Disziplinierung der Teilnehmer.

Das politische und ökonomische Interesse an der Entwicklung eines Arbeitsdienstes lag deutlich bei einem Arbeitsdienst für männliche Arbeitslose, für dessen Durchführung eine weitaus stärkere Lobby aus rechtsstehenden Parteien und Verbänden kämpfte. Die Frauen wurden von diesen Verbänden in ihre Forderung nach einer allgemeinen Dienstpflicht miteingeschlossen.

Während der Weimarer Republik erreichte der FAD für weibliche Arbeitslose ca. 5% der Stärke des männlichen Arbeitsdienstes. Der Finanzierungsspielraum war für den weiblichen Arbeitsdienst weitaus enger, d.h., die für eine Förderung in Frage kommenden Arbeiten lagen hauptsächlich im Bereich der erweiterten Haus- und Gartenarbeit sowie der sozialen Hilfstätigkeiten. Dadurch war auf der einen Seite der Anreiz für die Frauen gering, sich freiwillig zu melden, da sie diese Arbeiten zu Hause ohnehin verrichten mußten und sie keine berufliche Perspektive beinhalteten. Auf der anderen Seite blieb durch diese Finanzierungspraxis der Kreis der Dienstträger klein. Nur in wenigen Fällen führte der Arbeitsdienst Kurse durch, die einer beruflichen Bildung für die Zukunft dienten. Häufig leisteten die Frauen im Arbeitsdienst unbezahlte Sozialarbeit auf einem Sektor, der in der Krise stark an Bedeutung gewonnen hatte und durch Einsparungen und den Abbau von Fachkräften große Lücken aufwies. In diesem Fall mußten Frauen, die häufig selbst Opfer der staatlichen Krisenpolitik waren, die Auswirkungen dieser Krise lindern.

## Die Entwicklung zum Reichsarbeitsdienst für die weibliche Jugend

> »Man stößt bei dem Abbau der sogenannten Errungenschaften der Frauenbewegung auf das definitive Hemmnis der einfachen Tatsache, daß die Frauen nun einmal in dem letzten Jahrhundert anders geworden sind. Darum gibt es auf die Dauer kein ›Zurück ins Haus‹ im reaktionären Sinn des Wortes.«[11]

Kennzeichnend für die Zeit unmittelbar nach der nationalsozialistischen Machtübernahme war, daß das Problem der Arbeitslosigkeit unvermindert weiter bestand. Die Nationalsozialisten standen unter dem Druck – entsprechend ihrer Propaganda –, auf diesem Sektor möglichst schnell Erfolge vorweisen zu können. Das Reichsarbeitsministerium startete verstärkt Kampagnen und Programme, um vor allem junge Arbeitslose in die Landarbeit zu vermitteln und so die dortige Lücke an Arbeitskräften zu füllen. Die nationalsozialistische Regierung zeigte anfangs kein sehr deutliches Interesse an einem Arbeitsdienst für Frauen, da er für rasche Erfolge in der Senkung der Arbeitslosenzahl wegen seiner organisatorischen Struktur und seiner geringen Kapazität nicht geeignet schien.[12] Der männliche Arbeitsdienst genoß für lange Zeit absolute Priorität. Seine Befürworter konnten auf die mehr als 100000 »Arbeitsmänner« verweisen, die die Statistik günstig beeinflußten und dazu auch sichtbare Zeichen ihrer Arbeitsleistung setzten. Während die Männer durch das Bauen von Deichen, Straße und Wegen »Neues« zu schaffen schienen, übernahmen die Frauen im Arbeitsdienst wie bisher die »bewahrende Funktion«, indem sie z.B. durch Flick- und Näharbeiten dafür sorgten, daß keine Materialien vergeudet wurden. »Während der Mann seine Aufgabe im Arbeitsdienst in erster Linie erfüllen werde durch werteschaffende Arbeit mit Hacke und Schaufel, falle der Frau im wesentlichen die werteerhaltende Tätigkeit mit Willen und Gemüt zu.«[13]

Es gab eine Reihe von Frauen, die starkes Interesse an einer Fortsetzung und am Ausbau des weiblichen Arbeitsdienstes hatten. Dazu gehörten einmal diejenigen Frauen, die bereits länger in der nationalsozialistischen Bewegung engagiert waren, und solche, die besonders das nationalsozialistische Frauenbild favorisierten, z.B. Teile der völkischen und konfessionellen Frauenverbände. Beide Gruppen sahen in einem Ausbau des FAD ein in ihrem Sinn wirksames Beschäftigungs- und vor allem Erziehungsinstrument. Besondere Aktivitäten zugunsten des Arbeitsdienstes entwickelten auch nationalsozialistische Studentinnen, die das sogenannte »Werkhalbjahr« für Abiturientinnen und Studentinnen als Pflicht proklamierten. Die Motive hierfür entsprangen einer romantischen »Zurück-zur-Natur«-Strömung und dem Bedürfnis, auch körperliche Arbeit zu leisten. Korrespondierend dazu kam die in der nationalsozialistischen Propaganda versuchte Aufwertung der Handarbeit und die Blut-und-Boden-Ideologie.

Die Vertreterinnen der genannten Gruppen traten nun verstärkt an die Öffentlichkeit, was sich in zahlreichen Artikeln über den weiblichen Arbeitsdienst in NS-Publikationen niederschlug. Die publizistischen Aktivitäten führten dazu, daß die Zeitschrift »Der Arbeitsdienst«, die bis dahin nur über den männlichen Arbeitsdienst berichtet hatte, nun eine Frauenseite einrichtete. Hier erschienen in unregelmäßigen Abständen Berichte aus der Praxis des Frauenarbeitsdienstes, kleine Erlebnisse, im Stil von Jungmädchenbüchern geschildert, oder Tips, wie man sich zum Arbeitsdienst melden kann. 1935 wurde sogar ein Sonderheft über den Frauenarbeitsdienst herausgegeben. Schriftleiterin dieser Seite war Maria Burgstaller, die auch dafür sorgte, daß der Frauenarbeitsdienst in anderen Publikationen wie dem »NS-Frauenbuch« und den »Nationalsozialistischen Monatsheften« mehr Aufmerksamkeit erlangte.

### *Organisatorische Veränderungen im FAD 1933/34*

Die Machtübernahme durch die Nationalsozialisten brachte für den FAD einige organisatorische Veränderungen. Im Rahmen der voranschreitenden Gleichschaltung wurde die bisherige relative Vielfalt der Dienstträger, die Arbeitsdienstmaßnahmen durchführten, so weit eingeschränkt, bis im August 1933 nur noch nationalsozialistische Verbände zugelassen wurden. Bereits am 14. Juli 1933 wurden sämtliche sogenannten halboffenen Lager des Frauenarbeitsdienstes geschlossen. Da es sich bei diesen Einrichtungen vorwiegend um solche der städtischen Jugendhilfe gehandelt hatte, bedeutete die Verordnung eine Lahmlegung des bisherigen Arbeitsschwerpunkts. Die Ausrichtung des FAD auf die Land- und Siedlungshilfe deutete sich an. In den Richtlinien vom Januar 1934 wurde nun ausdrücklich die Unterordnung des Arbeitsdienstes unter die wirtschafts- und bevölkerungspolitischen Ziele des Nationalsozialismus verlangt.

»Die im deutschen Frauenarbeitsdienst zu leistende Erziehungsarbeit muß von der nationalsozialistischen Weltanschauung getragen sein, der deutsche Frauenarbeitsdienst gleichzeitig den von der Reichsregierung gesteckten Zielen der Bevölkerungs- und Wirtschaftspolitik dienen und somit die Umstellung der Frauenberufsarbeit in Deutschland auf die in der Familie und der Siedlung liegenden Aufgaben unmittelbar fördern.«[14]

Mit dieser Neuordnung wurde eine organisatorische Loslösung des Frauenarbeitsdienstes vom männlichen Arbeitsdienst eingeleitet. Staatssekretär Konstantin Hierl, der spätere Reichsarbeitsdienstführer, beauftragte Gertrud Scholtz-Klink mit der Leitung des Frauenarbeitsdienstes. Sie hatte bereits mehrere Posten in der nationalsozialistischen Funktionärshierarchie inne, wie z.B. die Leitung des Deutschen Frauenwerks und der NS-Frauenschaft. Sie unterstand dem Reichsarbeitsminister Seldte und Hierl. Die relative Eigenständigkeit des Frauenarbeitsdienstes währte nicht lange, da nun, nach einer weiteren Umorganisation, Hierl allein alle wichtigen Personalentscheidungen treffen konnte. Die Finanzierung des weiblichen Arbeitsdienstes gab auch nach den zahlreichen organisatorischen Veränderungen ständig Anlaß zu Klagen, da beide Arbeitsdienste eine Zeitlang einen gemeinsamen Etat hatten. Davon erhielt der männliche Arbeitsdienst immer den Löwenanteil, und der Frauenarbeitsdienst wurde mit dem Rest abgefunden. Die Finanzierung lag weiterhin bei der Reichsanstalt für Arbeitsvermittlung und Arbeitslosenversicherung, die zunächst einen Höchstförderungssatz von 1,84 RM pro Tag und pro Person gewährte; die Summe wurde aufgeschlüsselt zwischen den Unkosten der Lager und den Landesstellen. Darin waren auch enthalten die Kosten für Bekleidung, d.h. für die neu eingeführte Uniform, Verpflegung, Sozialversicherungsbeiträge und das tägliche Taschengeld in Höhe von 20 Pfennig. Ab 1. April 1934 wurde dieser im Vergleich zum Männerarbeitsdienst geringe Fördersatz noch auf 1,64 RM gesenkt. In der RAVAV war man der Meinung, daß der Frauenarbeitsdienst der Forderung nach »Schaffung eines produktiven Wertes« nicht genügen konnte, obwohl der Männerarbeitsdienst das Kriterium der Wirtschaftlichkeit genausowenig erfüllte.

»Erst nachdem der Begriff des Werteschaffens in einem anderen Sinne verstanden und der Arbeitsdienst als umfassende Erziehungseinrichtung der deutschen Jugend anerkannt wird, konnte der weibliche Arbeitsdienst dem männlichen nach Aufgabe und Inhalt gleichgeordnet werden.«[15]

Aber auch nach einer Umbewertung seiner Arbeitsleistung blieb der Frauenarbeitsdienst u.a. wegen der knappen Mittel über Jahre hinweg kontingentiert. Jährlich wurde eine bestimmte Anzahl von Plätzen projektiert, die aber meistens nicht erreicht wurde. So waren für 1933 5000 Plätze für Mädchen vorgesehen, 1934 sollten es schon 10000 sein; tatsächlich nahmen aber nur 7347 Mädchen am Arbeitsdienst teil. Im Vergleich dazu gab es bereits 220000 »Arbeitsmänner«.[16]

Mit der Verordnung vom Januar 1934 war es für Abiturientinnen Pflicht geworden, vor Aufnahme ihres Studiums einen sechsmonatigen Arbeitsdienst abzuleisten, andernfalls erhielten sie keinen Studienplatz. So mußten z.B. Abiturientinnen, die für Ostern 1934 zum Studium zugelassen waren, ab Mai für 26 Wochen zum Arbeitsdienst.[17] Dadurch stieg nun der Anteil der Abiturientinnen in den vorhandenen Lagern steil an und führte gleichzeitig zu einer Verknappung der Plätze. Vorübergehend galt der weibliche Arbeitsdienst als eine Domäne der höheren Töchter. Da es bis 1935 immer mehr Bewerberinnen als Plätze im Arbeitsdienst gab, wurde der Eindruck noch verstärkt, daß die Teilnahme am Arbeitsdienst ein Privileg wäre. Um dem entgegenzuwirken, wurde der Anteil von Abiturientinnen pro Lager auf 20% der Belegschaft begrenzt und die weiterhin arbeitsmarktentlastende Aufgabe des Arbeitsdienstes betont. »Überwiegend sollen Mädchen zur Einstellung gelangen, die in Anbetracht der Entwicklung des weiblichen Arbeitsmarktes ihre Stelle verloren oder aufgegeben haben, sowie solche, die innerhalb von zwei Jahren nach ihrer Schulentlassung eine Lehr- oder Arbeitsstelle nicht gefunden haben.«[18]

Allerdings gab es zur gleichen Zeit Stellungnahmen, die den Arbeitsdienst gern von dem »Ballast« der Arbeitslosenbeschäftigung befreit sahen und der Idee einer Arbeitselite nachhingen. So meinte eine Vertreterin des evangelischen Frauenwerks: »Man sollte überhaupt den Freiwilligen Arbeitsdienst in allen seinen Formen nicht mit ›Fürsorgemädchen‹ belasten; die Gefahr, aus einer falschen Humanität heraus durch sie den ganzen weiblichen Freiwilligen Arbeitsdienst in Mißkredit zu bringen, ist groß.«[19]

Diese Ansicht setzte sich nicht durch, da weiterhin eine Integration von Mädchen aus allen Schichten unter dem NS-Banner – die Bildung der Volksgemeinschaft im Arbeitsdienst – angestrebt wurde.

Zur Profilierung gegenüber den zahlreichen anderen NS-Jugendorganisationen und auch, um in diesem Punkt mit dem männlichen Arbeitsdienst gleichzuziehen, erhielten die Arbeitsdienstmädchen eine Uniform. Verstimmt hatten die Nationalsozialistinnen im Arbeitsdienst festgestellt, daß ihre Organisation noch häufig mit dem Bund Deutscher Mädel verwechselt wurde.

»Die für das gesamte Reich vorgeschriebene einheitliche Arbeitsdienstkleidung besteht in einem waschbaren kurzärmeligen Arbeitskleid nach einfachstem Schnitt. Als Ausgehanzug werden dazu ein kleidsames Käppchen als Kopfbedeckung getragen. Das Abzeichen (eine Brosche) des Deutschen Frauenarbeitsdienstes bildet für beide Kleider den einzigen Schmuck.«[20]

Ein Eid verpflichtete die Teilnehmerinnen, » . . . ihre ganze Kraft für die große Sache einzusetzen, den Führerinnen zu gehorchen und die Arbeiten gewissenhaft durchzuführen, den anderen am Deutschen Frauenarbeitsdienst Beteiligten eine gute Kameradin zu sein und sich in Betragen und Führung der Ehre würdig zu erweisen, dem Deutschen Frauenarbeitsdienst anzugehören.«[21]

Um die Erziehung im nationalsozialistischen Geist zu gewährleisten, wurde jeder der 13 Landesstellen eine Schulungsleiterin zugeteilt. Ihre Aufgabe war, die politische Schulung in den Lagern ihres Bezirks zu überwachen.

### *Entwurf eines neuen Frauentyps*

Das in der nationalsozialistischen Propaganda entwickelte Frauenbild war ein Konglomerat aus ideologischen, wirtschafts- und bevölkerungspolitischen Komponenten. Dieser Entwurf hatte einerseits den Zweck, die Frauen in einer bestimmten Weise für zukünftige Pläne zu erziehen, gleichzeitig ging es um eine möglichst effektive Ausnutzung der Frauen als Arbeitskräfte in der gegenwärtigen Situation. Auf der bevölkerungspolitischen Ebene spielten folgende Überlegungen für die nationalsozialistische Politik eine Rolle:

– Die sinkende Geburtenrate sollte gestoppt werden.
– Die »Qualität der deutschen Rasse« sollte sich vor allem auch in zahlenmäßiger Stärke ausdrücken.
– Für die langfristigen imperialistischen Ziele wurde »Menschenmaterial« benötigt.

Daraus folgte der Appell an die Frauen, sich ihrer Gebärfähigkeit zu entsinnen und sich auf eine gesteigerte Kinderproduktion einzustellen. Der mehrfache Muttertitel sollte jeder verheirateten arischen Frau verliehen werden können.

Auf der Ebene der Wirtschafts- und Arbeitsmarktpolitik traten folgende Ziele in den Vordergrund:
– Es mußten kurzfristig Arbeitsplätze für Männer geschaffen werden; dies bedeutete, auch traditionelle Frauenarbeitsplätze vorerst mit Männern zu besetzen und so eine Umschichtung der Beschäftigten vorzunehmen.
– Autarkie als politisches Ziel rückte die Landwirtschaft als Produktionssektor stärker in den Mittelpunkt.

Da an eine Mechanisierung der Landwirtschaft langfristig nicht gedacht war, ließ sich hier ein andauernder Arbeitskräftebedarf vorhersagen. So war es nicht schwer, die Landwirtschaft und Siedlungsarbeit als ideales »wesensgemäßes« Betätigungsfeld für Frauen zu entdecken. Die Blut-und-Boden-Propaganda ermöglichte eine ideologische Überhöhung der Landarbeit und ihrer Bedeutung für die Ernährung des Volkes. In der Siedlungsarbeit im Grenzgau konnten auch Frauen ihren Beitrag leisten, indem sie dem Feind im Osten »trotzten« und dort das Deutschtum verteidigten.

Die Vorstellung von der idealen nationalsozialistischen Frau wurde ergänzt durch eine von den Frauen erwartete, ablehnende Haltung zum »Luxus«, zu Alkohol und Nikotin, zum Schminken und zur modischen Kleidung. Der Titel eines Aufsatzes im »NS-Frauenbuch« von 1934 lautete »Wie kleide ich mich deutsch, geschmackvoll und zweckmäßig« und enthielt die entsprechenden Ratschläge. Gertrud Scholtz-Klink faßte die Ansprüche an eine deutsche Frau so zusammen: »Die deutsche Frau, wie wir sie uns denken, muß verzichten können auf Luxus und Genuß . . . Sie muß so sein, daß sie alles, was von ihr gefordert wird, gern tut.«[22]

Eine Reihe von Männern fühlte sich ebenfalls aufgerufen, über das Wesen und die Aufgaben der Frau zu sinnieren und daraus klare Ansprüche an einen gut funktionierenden Haushalt und ein idyllisches Familienleben zu formulieren, in dessen Mittelpunkt der umsorgte Mann stand:

»Zu den Tugenden der Hausfrau gehört, daß sie sparsam und ordnungsliebend ist . . . Das Wirtschaftsgeld, oft die Quelle häuslichen Unfriedens muß reichen . . . Die Frau sollte darum über jeden Pfennig mit peinlicher Genauigkeit Buch führen . . . Bei aller Arbeit wird im Arbeitsdienst nicht vergessen, die Mädel in einfacher, für den häuslichen Bedarf ausreichender Buchführung zu unterweisen. Denn – in Geldsachen muß Ordnung sein, wie in allen anderen Dingen auch, Ordnung im Haushalt, Ordnung an sich selbst; denn kein rechter Mann schätzt eine schlampige Frau . . . Läuft der Haushalt in geregelten Gleisen . . ., wird die Frau immer noch ein Stündchen für sich und ihre Familie finden und ihre Kräfte schonen.«[23]

Der Frauenarbeitsdienst war von seiner organisatorischen Struktur her *eine* mögliche Institution, um Mädchen für die oben genannten Zwecke zu schulen. Die nötigen Fähigkeiten konnten im Unterricht vermittelt und durch Disziplinierung eingeübt werden. Inwieweit diese Normen akzeptiert wurden, hing einerseits von der individuellen Disposition jedes Mädchens ab; darüber hinaus befanden sich die Mädchen während ihrer Arbeitsdienstzeit in einer Ausnahmesituation, in der sie von ihren bisherigen Kontakten völlig abgeschnitten und z.T. erheblichem Druck ausgesetzt waren. Das vermittelte reaktionäre Frauenbild konnte in dieser Zeit von anderer Seite keine Korrektur erfahren.

### *Der Alltag im weiblichen Arbeitsdienst*

> »Sich selbst überwinden und den Dingen, den Forderungen des Tages gehorchen, ganz eingehen in den Dienst, um Glied zu sein im Volksganzen, aus dieser harten beglückenden Einstellung erwächst die Kameradschaft.«[24]

Die Darstellung der Anfangsphase des nationalsozialistischen Frauenarbeitsdienstes ist geprägt von der ausführlichen Schilderung der materiellen und personellen Schwierigkeiten, die zu überwinden waren. Bei den Behörden bestanden Vorurteile, und gegen die Konkurrenz des Männerarbeitsdienstes war zu kämpfen. Diese Bedingungen schienen das Alltagsleben in den Lagern zu prägen, das in seiner enormen Dürftigkeit sehr auf Improvisation abgestellt war. Von den »radikalen« Anhängerinnen wurde diese Not zur Tugend gemacht und die aufgezwungene spartanische Lebensweise in eine Herausforderung umgemünzt, die es zu meistern galt. Diese Umstände bestanden lange Zeit, da der ständig wachsende Männerarbeitsdienst sämtliche Unterstützung absorbierte. So bereitete allein schon die Organisation von Unterkünften und deren Möblierung große Schwierigkeiten:

»Sie (die NS-Frauenschaften) helfen auch, die Behörden weich zu machen, denn zu Beginn des Unternehmens winkt niemand auch nur mit einer Mark! ( . . .) Das Ausleihen aus Militärbeständen, das die Einrichtung der Lager vor zwei Jahren etwa unterstützte, hat längst aufgehört; was örtlich zu verleihen war, haben die männlichen Lager in Besitz genommen.«[25]

Auch die Behörden und Kommunalverwaltungen blockierten den Ausbau des Frauenarbeitsdienstes und schienen eine »diskriminierende Ignoranz« an den Tag zu legen: »Die Stadtverwaltungen wissen gar nicht, was sie den Mädels antun, wenn sie ihnen sagen: ja, die männlichen Lager, die nützen uns, aber von den Mädels haben wir zuwenig Vorteil, um Kosten für Räume aufwenden zu können. (. . .) Wie brennt da der Ehrgeiz auf! Wie wird geschafft, gegraben, gepflanzt und geerntet, um nicht in minderer Anerkennung zu stehen.«[26] Auch diese Schwierigkeiten wurden – zumindest von dieser Autorin – wieder zu einer Herausforderung stilisiert, mit der sich Tatkraft beweisen ließ.

Die Mädchen leisteten im Arbeitsdienst unbezahlte, z.T. sehr schwere Arbeit und sollten sich zusätzlich dauernd mit dem Vorwurf auseinandersetzen, eine uneffektive Einrichtung zu sein. »Wir mußten dem Staat beweisen, daß das Geld für ein Mädchenlager nicht völlig nutzlos verausgabt ist. (. . .) Denn wir wollen uns auch vor der deutschen Wirtschaft rechtfertigen und behaupten.«[27]

Allerdings war die Frage nach der Wirtschaftlichkeit der Arbeitsdienste für den männlichen Arbeitsdienst gleichermaßen problematisch bzw. zu verneinen. Der permanente Rechtfertigungszwang provozierte anfangs unter den nationalsozialistischen Lagerführerinnen auch eine Wettbewerbshaltung in Fragen der Lagerdisziplin und im militärischen Auftreten. So gingen die Mädchen – den Berichten zufolge – wie die »Arbeitsmänner« mit geschultertem Spaten oder Axt zu ihrer jeweiligen Arbeitsstelle und im Gleichschritt zum Essen![28] Sie lernten zu SA-Liedern marschieren und hatten dreimal täglich Appelle mit militärischen Kommandos zu absolvieren.

»In dieser Stunde (Turnstunde) lernten wir auch marschieren; wenn wir in unserer ›Kluft‹ durch die Straßen von B. zogen, dann blieben die Leute oft stehen und freuten sich über das exakte Marschieren und die stramme Haltung dieser Mädel aus dem Freiwilligen Arbeitsdienst; und das machte uns natürlich nicht wenig stolz! Deshalb wurden wir das Drillen in den Turnstunden auch nicht leid.«[29]

Es scheint im weiblichen Arbeitsdienst – wie auch in anderen NS-Frauenorganisationen eine kämpferische Anfangsphase gegeben zu haben, in der sich auch ein anderer Frauentyp profilierte als der in der Propaganda entworfene. Erst allmählich wurde diese Entwicklung von der Partei durch neue Richtlinien und eine umfassende Hierarchisierung und Bürokratisierung des Frauenarbeitsdienstes unterbunden. »Zuweilen drängt sich die Befürchtung auf, daß der Stil reichlich rauh wird für Mädchen, die später einmal als Gattin und Mutter ihrer Familie die Wärme eines Heims geben sollen.«[30]

Es wurde nun auch in Publikationen immer deutlicher davor gewarnt, den Frauenarbeitsdienst in zu starker Anlehnung an den männlichen Arbeitsdienst auszubauen. Der Kasernenhofdrill dürfte auch unter den Arbeitsdienstmädchen auf Ablehnung gestoßen sein. Allerdings liegen hierüber kaum zugängliche Quellen vor – wie überhaupt Kritik und Konflikte in Arbeitsdienstlagern nur in Andeutungen erscheinen. Wenn Kritik schriftlich geäußert wurde, so vielleicht in privaten Briefen und Tagebüchern. Für die Frühphase des nationalsozialistischen Arbeitsdienstes geben nur die im folgenden zitierten Berichte von Abiturientinnen ein etwas detaillierteres Bild vom Lagerleben. Einige dieser Berichte sind von erheblichem Standesdünkel geprägt. Manche der Abiturientinnen fühlten sich offenbar als nationalsozialistische Elite und blickten auf die anderen Mädchen im Lager herab. Bei der täglichen Arbeit glaubten die Abiturientinnen bei sich eine »größere Hingabe« festzustellen, während die anderen Mädchen sie »stumpf und gleichgültig« zu erledigen schienen. Sie hatten auch bereits die Normen des NS-Schönheitsideals akzeptiert und grenzten sich in den Schilderungen von denjenigen Mädchen ab, die immer noch auffällige Kleidung bevorzugten, sich puderten und schminkten, die Augenbrauen rasierten und die Haare färbten. Diese Mädchen waren offenbar auch durch lange Diskussionen nicht davon abzubringen.[31] Sollte eine Veröffentlichung dieser Berichte auch die Vorzüge des Arbeitsdienstes vermitteln, dem Gedanken einer Verwirklichung der Volksgemeinschaft und der Zusammenführung aller Schichten im Arbeitsdienst – wie sie immer postuliert wurde – diente sie sicher nicht.

### *Der Tagesablauf*

Der Tagesablauf in einem Arbeitsdienstlager begann durchschnittlich morgens um halb sechs. Die Mädchen mußten nach dem Waschen 15 Minuten Frühsport treiben und frühstückten anschließend. Das Frühstück wurde von den Mädchen bereitet, die gerade Hausdienst hatten. Danach stellten sich alle draußen im Kreis um die Hakenkreuzfahne, die nun hochgezogen wurde. Die Mädchen faßten sich an den Händen, und der Tagesspruch wurde ausgegeben. Bevor sie zu ihren Arbeitsstellen bei den Bauern oder Siedlern gingen, sangen sie noch eine halbe Stunde. Gegen 15 Uhr kehrten die Mädchen ins Lager zurück und aßen gemeinsam. Danach war eine einstündige Ruhepause vorgesehen. In der Zeit bis zum Abendbrot wurde Unterricht erteilt abwechselnd in Politik, Hauswirtschaft, Erblehre, Rassenkunde und Geographie. Weitere Fächer waren Singen, Musizieren und Laienspiel, mit dem auch ein großer Teil der Freizeit ausgefüllt wurde. Etwa um halb neun gingen die Mädchen ins Bett. Zuvor wurde die Fahne wieder mit einer Zeremonie eingeholt.

Wie beim Militär gab es auch beim weiblichen Arbeitsdienst zahlreiche Appelle und Kontrollen etwa der Schuhe, der Kämme, der Zahnputzgläser und des Bettenbaus. Es bestanden hierbei Normen, die eingehalten werden mußten, andernfalls wurden die Mädchen mit mehr oder weniger ausgeklügelten Sanktionen belegt und mußten die entsprechenden Handgriffe üben. Jeder vierte Sonnabendnachmittag und Sonntag war für die Mädchen frei. Wollten sie an diesen Wochenenden Eltern oder Verwandte besuchen, so mußten diese den Besuch durch ihre Unterschrift bestätigen. Verstöße gegen diese Vorschrift oder gegen andere Punkte der Lagerdisziplin wurden auf dem Führungszeugnis vermerkt, das jede »Maid« nach Ablauf ihrer Dienstzeit erhielt. Während ihres Aufenthalts im Lager durften die Mädchen keine Pakete oder Geld von zu Hause erhalten. Die Bücher, die sie lesen durften, wurden ihnen vorgeschrieben.[32]

### *Die Arbeitsdienstführerin*

> »Daß in solcher Lagergemeinschaft die Führerin praktisch nicht Jugendpflegerin oder gar Fürsorgerin zu sein hat (...) ist selbstverständlich. Sie ist die Führerin, die strengste Dienstauffassung, Treue, sachliches Können und Festigkeit zu diesem Amte befähigen.«[33]

Die hier (1934) formulierten ideologischen und fachlichen Ansprüche an eine Arbeitsdienstführerin verraten bereits die neue Linie des Arbeitsdienstes, der sich nun im Sinne einer nationalsozialistischen Frauenschulung verstand. Die Anforderungen standen in starkem Kontrast zur realen Ausstattung dieser Funktion in Hinblick auf soziale Absicherung und Entlohnung. Führerin zu sein sollte eine Berufung sein, war aber zunächst nicht mehr als eine mit einem Taschengeld abgegoltene Tätigkeit. Es gab unter den Führerinnen eine ständige Fluktuation, so daß der Mangel an Führerinnen nicht nachließ und in der Literatur immer beklagt wird. Die älteren Führerinnen suchten sich nach einer Weile beständigere Arbeitsplätze, denn im Arbeitsdienst tätig zu sein, bedeutete, häufig umzuziehen und große Pausen zwischen den einzelnen Arbeitsdienstmaßnahmen in Kauf zu nehmen. Trotz dieser Nachteile wurde von den Führerinnen äußerste Anspruchslosigkeit und ein Durchhalten auch unter primitivsten Bedingungen gefordert. Frauen mit »Führernatur« waren gefragt und »selbstverständlich muß jede Führerin im deutschen Frauenarbeitsdienst, der im Nationalsozialismus seine Prägung empfing, bis in die tiefste Seele Nationalsozialistin sein«.[34] Der jeweiligen politischen Einstellung wurde in einer Überprüfung nachgegangen. In (zum Zwecke der Propaganda) veröffentlichten Schilderungen von Arbeitsmaiden erschien die Führerin häufig als asketische, harte, weit über ihnen stehende Persönlichkeit: »Sie wurde mit störrischen Menschenkindern genauso reibungslos gütig fertig, wie sie Scheuerlappen und Schmierseife handhabte, wenn es nottat.« Eine andere Führerin war » . . . hart und energisch bis zur Rücksichtslosigkeit. Für sie war es selbstverständlich zu handeln, nie zu reden«.[35]

Allerdings wird hier noch einem Frauentyp gehuldigt, der in der Propaganda der späteren Jahre als Vorbild zurückgenommen wurde. Durchgängig blieb jedoch die Betonung der Führungsposition innerhalb der Hierarchie und der allgemeine Führerkult erhalten. Zweifellos war das Amt der Lagerführerin mit einiger Autorität ausgestattet und erlaubte innerhalb des Lagers einen großen Entscheidungsspielraum. Verglichen mit anderen beruflichen Positionen, die Frauen im Alter von 23 bis 26 Jahren etwa erreichen konnten, konnte die Laufbahn in einer NS-Organisation wie dem Arbeitsdienst einen gewissen Reiz bieten. Mit der Aussicht auf eine solche Karriere wurden Frauen als Führerinnen verstärkt angeworben, nachdem ab 1934 Führerinnen zumindest sozialversichert waren und einen Angestelltenvertrag erhielten. Die Verbeamtung sowie die Gliederung des Arbeitsdienstes in untere, mittlere und gehobene Laufbahn wurden 1940 eingeführt. Man war bemüht, für die Arbeitsdienstführerin ein festes Berufsbild zu entwerfen, mit genauen Einstellungskriterien und einem Ausbildungsweg, der innerhalb der arbeitsdiensteigenen Schulen absolviert werden konnte. Die Differenzierung der verschiedenen Dienstgrade erfolgte in Anlehnung an militärische Vorbilder; so entstanden Titel wie »Maidenunterführerin« und »Maidenhauptführerin«. Der Lagerführerin unterstanden 40 bis 60 Mädchen als »Gefolgschaft«. Diese gliederte sich in Kameradschaftsführerinnen und Gehilfinnen der Lagerführerin. 11 Maiden bildeten eine »Kameradschaft«, für die die Kameradschaftsälteste verantwortlich war. Jede Lagerführerin hatte zu ihrer Unterstützung eine Gehilfin, eine Verwalterin und eine Wirtschafterin, die zum ständigen Lagerpersonal gehörten.

### *Die Landwirtschaft als Arbeitsschwerpunkt*

Der nationalsozialistische Arbeitsdienst verlagerte den Schwerpunkt seiner Arbeit sehr zielstrebig auf die Land- und Siedlungsarbeit. Mit der Verwendung von Schlagworten wie »Brotfreiheit«, »Ernährungsschlacht« in Reden und Schriften war bereits angedeutet worden, daß der Landwirtschaft und dem Siedlungswesen ideologisch und wirtschaftlich eine große Bedeutung beigemessen wurde. Mit dem »Bauerntum« wurde der »Deutsche Boden«, die »dampfende Scholle« in all ihren mystischen Dimensionen entdeckt und propagandistisch aufbereitet. Diese erdnahe, nationale Komponente wurde von den Nationalsozialisten zu einem Teil des deutschen Wesens erklärt. Dies sollte die Bereitschaft zur Übernahme einer Siedlerstelle im Osten stärken, um dort – im Grenzgau – das Deutschtum zu stärken. Kam dieser Schritt nicht in Frage, so sollten zumindest die Arbeitslosen für längere Zeit in die Landarbeit vermittelt werden. Damit die Bauern sahen, daß sie nicht nur mit Worten bedacht wurden, mußte das Problem des Arbeitskräftemangels in der Landwirtschaft angegangen werden. Hier griffen die Nationalsozialisten durch massive Arbeitskräftelenkung ein; beinahe jede NS-Massenorganisation schickte ihre Mitglieder eine Zeitlang zur Arbeit aufs Land. Zum Teil wurde ein geringes Entgelt gezahlt, häufig wurde die Arbeit aber auch unbezahlt geleistet, wie etwa durch den Arbeitsdienst.

Innerhalb der gesamten Landbevölkerung war die Situation der Bäuerinnen am schlechtesten. Ihr Arbeitstag war am längsten, teilweise 18 Stunden, da sie die Doppelbelastung als Hausfrau in einem rückständigen und arbeitsintensiven Haushalt, meistens mit Kindern, und als Arbeitskraft auf dem Feld und dem Hof voll tragen mußte. Mit der Abwanderung der männlichen Arbeitskräfte des Hofes in Industriebetriebe waren den Bäuerinnen mit der Zeit immer weitere Tätigkeitsbereiche zugefallen, die sie, solange die traditionelle geschlechtliche Arbeitsteilung bestanden hatte, noch nicht ausfüllen mußten.

Diese ungeheure Arbeitsbelastung schlug sich in der Statistik über die Sterblichkeit von Müttern und Säuglingen nieder: »Auf 100 Gestorbene kommen in Pommern 19,1% Kinder im ersten Lebensjahr. In den Wochenbetten wirkt sich die Arbeitsüberlastung ebenfalls katastrophal aus. Auf 100 Wochenbetten kommen bei den Bauernfrauen 2,34% Todesfälle.«[36]

Hier Unterstützung zu leisten wurde zur vordringlichsten Aufgabe erklärt, denn die Bäuerinnen konnten ihre Funktion als Gebärerin und Hüterin des Heims nicht mehr wahrnehmen. Deshalb sollten sie in ihrem »Nebenberuf« als mithelfende Familienangehörige entlastet werden: »Daß es für die Frauen neben dieser Arbeitsüberlastung unmöglich ist, ihren eigentlichen Aufgaben als Frau und Mutter gerecht zu werden, wird jedem klar sein, der einmal auf einem Bauernhof gewesen ist.«[37]

Neben der Garten- und Feldarbeit war die Unterstützung der Bauers- und Siedlerfrauen die Hauptaufgabe der Arbeitsdienstmädchen. Die Einrichtung von Kindergärten während der Erntezeit, die Übernahme der täglichen Hausarbeit, die Versorgung des Kleinviehs und die Hilfe beim Melken sollten die Bäuerinnen entlasten. Das Zusammentreffen von Arbeitsdienstmädchen mit den Lebensbedingungen in Landgebieten, die jahrelang von jeglichen Infrastrukturmaßnahmen zur Verbesserung der sanitären und hygienischen Zustände und der medizinischen Versorgung ausgenommen waren, verlief nicht immer positiv. So stellten sich nicht nur Solidaritätsgefühle mit der unterprivilegierten Landbevölkerung ein, sondern auch eine gewisse Herablassung der »zivilisierten« Städterin brach durch. Zufrieden wurde festgestellt, daß man denen auf dem Land erst einmal gezeigt hat, was Sauberkeit heißt.[38] Naserümpfend wurde von einer Studentin vermerkt, daß »das Bauerntum« nicht immer dem Bild entsprach, das die nationalsozialistische Ideologie von ihm entworfen hatte. Daher bekam es die fehlenden folkloristischen Attribute aufgepfropft. Eine Studentin versuchte, den Bauern Volkstänze beizubringen und hatte dabei keinen Erfolg. »Man wundert sich, wie sehr unsere ältere Dorfjugend bereits allen Geschmack für den schlichten ländlichen Tanz verloren hat ...«[39]

Ähnlich wurden alte, vorindustrielle Produktionsweisen, die bei den meisten Bauern nicht mehr üblich waren, wie etwa Spinnen und Weben, wiederbelebt. Die Bäuerinnen waren vermutlich froh, wenn sie solche Arbeiten nicht mehr verrichten mußten. Aber gerade diese »urweiblichen« Tätigkeiten waren es, die zum Genrebild der NS-Idealfrau gehörten und vom Arbeitsdienst wieder aufgegriffen wurden.

Auch bei großem Pioniergeist haben die meisten Arbeitsmaiden nicht an ein langfristiges Verbleiben auf dem Land gedacht. Besonders für Studentinnen, die den Arbeitsdienst häufig in Kontrast zu dem »dekadenten Stadtleben« gesetzt hatten, war klar, daß sie aufgrund ihrer weiteren Ausbildung kaum je wieder in dieser Form mit Landwirtschaft zu tun haben würden.

Innerhalb des Programms gegen die Landflucht war der Arbeitsdienst als Umschulungszeit gedacht, nach der die Mädchen als Arbeitskräfte in Land- und Siedlungsarbeit vermittelt werden sollten. Um zu unterbinden, daß die Mädchen sofort nach dem Arbeitsdienst wieder in Beschäftigungen in der Stadt zurückstrebten, gaben die Arbeitsämter ihre Zustimmung zur Wiedereinstellung in nichtlandwirtschaftliche Berufe erst dann, wenn die Mädchen noch ein weiteres halbes Jahr in der Haus- oder Landwirtschaft tätig waren.[40] Die Arbeitsämter übten hier einen ähnlichen Druck aus, wie sie den Arbeitslosen, die sich weigerten, in die Landhilfe zu gehen, mit dem Entzug der Unterstützung drohten. Die Praktiken zeigen, wie unpopulär eine Dauerarbeitsstelle auf dem Land gewesen ist. Obwohl sich keine genauen Prozentzahlen ermitteln ließen, wird der geringe Erfolg der Vermittlungsaktionen in Berichten immer wieder beklagt. Mit dem allmählich wieder steigenden Arbeitskräftebedarf der Industriebetriebe und Verwaltungen geriet die Kampagne gegen die Landflucht vollends in die Defensive.

*Schwerpunkte der Arbeit im weiblichen Arbeitsdienst*

| | | | |
|---|---|---|---|
| März 1934 | 261 Lager | davon | 85 der Gruppe Hauswirtschaft und soziale Hilfe |
| | | | 100 der Gruppe ländliche Hilfe |
| | | | 76 der Gruppe Siedlerhilfe |
| März 1935 | 364 Lager | davon | 42 der Gruppe soziale Hilfe |
| | | | 134 der Gruppe Bauernhilfe |
| | | | 188 der Gruppe Siedlerhilfe |
| August 1937 | – | | 75,84% ländliche Hilfe |
| | | | 12,65% Stadtrandhilfe |
| | | | 5,8% Kindergartenarbeit[41] |
| August 1940 | – | | 90,65% ländliche Hilfe |
| | | | 2,03% städtische Hilfe |
| | | | 1,78% Kindergartenarbeit |
| | | | 0,25% sonstige Arbeit, z.B. Kartoffelkäferbekämpfung[42] |

*Jugendliche im Reichsarbeitsdienst (RAD) 1935–38, saisonale Schwankungen*

| | | Männer | Frauen |
|---|---|---|---|
| 1935 | Dezember | 182370 | 10278 |
| 1936 | Juni | 204606 | 11739 |
| | Dezember | 186733 | 10175 |
| 1937 | Juni | 251066 | 14148 |
| | Dezember | 165576 | 17946 |
| 1938 | Juni | 297543 | 24652[43] |

## *Der weibliche Arbeitsdienst bis zum Kriegsbeginn*

> »Es ist ein gedankenloses Überbleibsel aus abgelaufenen Zeitabschnitten, die Verbindung der schönsten Worte: Arbeit und Dienst begrifflich gleichzusetzen mit Zwangsarbeit.«[44]

Mit dem Gesetz vom 26. Juni 1935 wurde die Arbeitsdienstpflicht für Männer und Frauen festgelegt. »Alle jungen Deutschen beiderlei Geschlechts sind verpflichtet, ihrem Volk im Reichsarbeitsdienst zu dienen. Sein Ziel ist die deutsche Jugend im Geiste des Nationalsozialismus zur Volksgemeinschaft und zur wahren Achtung der Handarbeit zu erziehen und gemeinsame Arbeiten durchzuführen.«[45]

Zunächst wurde das Gesetz nur auf den männlichen Arbeitsdienst angewandt. Die Durchsetzung im Bereich des weiblichen Arbeitsdienstes – sein korrekter Name lautete jetzt Reichsarbeitsdienst für die weibliche Jugend (RADwJ) – wurde vorerst zurückgestellt, weil sämtliche Voraussetzungen fehlten, um die Mädchen jahrgangsweise einzuziehen. So gab es weder ausreichende Unterbringungsmöglichkeiten noch genügend Führerinnen. Man versuchte nun, durch schrittweisen Ausbau des RADwJ, durch eine größere Anzahl von Lagern und verstärktes Werben für die Laufbahn einer Führerin, dem Ziel der allgemeinen Dienstpflicht für alle ledigen, arischen Mädchen zwischen 17 und 25 Jahren näherzukommen. Auch alle ehemaligen Arbeitsdienstführerinnen wurden im August 1939 – vor Kriegsbeginn – wieder dienstverpflichtet. Bis März 1938 waren 25000 Arbeitsdienstplätze für Mädchen projektiert; für April 1939 sollten es 30000 sein, und bis zum 1. April 1940 waren schließlich 50000 Maiden im Dienst vorgesehen.[46] Diese Zahlenangaben differieren in der Literatur sehr stark, z.T. mit Abweichungen bis zu 10000. Dahinter verbirgt sich das nun einsetzende Tauziehen um die Arbeitskräfte und die Kompetenzstreitigkeiten der einzelnen Ressorts. Denn bereits seit 1934/35 war die Nachfrage nach weiblichen Arbeitskräften wieder stark gestiegen; Ursachen hierfür waren das Abflauen der Krise und die Inangriffnahme des nationalsozialistischen Rüstungsprogramms. Der Ausbau des Arbeitsdienstes bedeutete in den nächsten Jahren in jedem Fall, daß dem Arbeitsmarkt Kräfte entzogen wurden. »Jede Vergrößerung des Frauenarbeitsdienstes muß also heute auf Mädchen zurückgreifen, die aus ihren Arbeitsstellen herausgezogen werden.«[47]

Mit dem Beginn des Vierjahresplans verschärfte sich die Situation weiter; sie führte zu erheblichen Kollisionen der ehrgeizigen Pläne in den verschiedenen Regierungsressorts und zu Verärgerung in der Industrie, die ihre gute Auftragslage nicht voll ausschöpfen konnte. Der Reichsarbeitsführer Hierl mußte sich Proteste von seiten der Wehrmacht, der Privatwirtschaft und der Verwaltung anhören wegen des einseitigen Arbeitsdiensteinsatzes in der Landwirtschaft. Daß Hierl sich dennoch mit seinen Vorhaben, wenn auch mit Kompromissen, weitgehend durchsetzen konnte, erklärt Winkler: »Hierl hatte den entscheidenden Vorteil auf seiner Seite, daß Hitler vom ideologischen, erzieherischen und auch praktischen Wert des weiblichen Arbeitsdienstes überzeugt war und Hierl, der stets unmittelbaren Zugang zum Führer behielt, deshalb unbesehen unterstützte.«[48] Er konnte daraus eine starke Position ableiten, die ihm auch gegenüber Göring, der ihn in Fragen des Arbeitsdienstes bedrängte, den Rücken stärkte.

Der Ausbau des Arbeitsdienstes konnte angesichts der Beschäftigungslage nur mit Hilfe intensivster Werbung unter den in Frage kommenden Mädchen vorgenommen werden. Teilweise wurde auch schon vor dem Inkrafttreten der Verordnung vom 4. September 1939 Druck auf die Mädchen ausgeübt.

Mit der Verordnung vom 4. September 1939 wurde der Reichsarbeitsführer ermächtigt, »ledige Mädchen im Alter von 17 bis 25 Jahren, die nicht berufstätig sind, nicht in beruflicher oder schulischer Ausbildung stehen und nicht als mithelfende Familienangehörige in der Landwirtschaft dringend benötigt werden, zur Erfüllung der Reichsarbeitsdienstpflicht heranzuziehen«.[49] Dieses Gesetz war mit einem Aufruf verbunden, der den Mädchen die moralische Notwendigkeit und Bedeutung dieses Dienstes vor Augen führen sollte. Sie sollten »in ihrer

Einsatzbereitschaft nicht hinter der an der Front stehenden männlichen Jugend zurückstehen«. Den deutschen Müttern, besonders den überlasteten Landfrauen, sollten sie nicht nur tüchtige Helferinnen, sondern jetzt im Kriege auch Kameradinnen in aller seelischen Not und Sorge sein![50] Gleichzeitig wurde als neue Richtzahl für die künftige Stärke des weiblichen Arbeitsdienstes 100 000 angegeben. Die oben genannten Ausnahmen bedeuteten bei diesem Gesetz noch Befreiung von der Dienstpflicht; die darauffolgende Verordnung vom Juli 1940 kannte für diesen Personenkreis nur noch die vorübergehende Zurückstellung.

### *Der RADwJ im Krieg*

»Wo ihr seid, da soll die Sonne scheinen!«[51]

Mit Beginn des Krieges in Deutschland wurden viele Arbeitsmaiden in die Grenzgebiete nahe der Front geschickt, um der Bevölkerung dort praktische und psychologische Unterstützung zu geben. So mußten sie z.B. an der Westfront bei der Evakuierung von Dorfbewohnern helfen, die Einquartierung von Soldaten organisieren oder die Ernte im Niemandsland einbringen. Zu der körperlich schweren Landarbeit kamen nun die ersten Erfahrungen mit den unmittelbaren Auswirkungen des Krieges. In den Propagandaschriften durften sich diese Mädchen als Heldinnen fühlen und wurden endlich den Soldaten gleichgestellt, weil sie auch ihr »Fronterlebnis« hatten. Beim Fliegeralarm sehen sie der Gefahr burschikos ins Auge; bei Schwierigkeiten ist das Gesicht der Lagerführerin ein Spiegel der Zuversicht.[52]

Währenddessen ging auf der Regierungsebene der Kampf um das Arbeitskräftepotential des Arbeitsdienstes weiter. Es wurde geradezu ein Zankapfel daraus. Die Wehrmacht verlangte, den Einsatz der Mädchen in der Landwirtschaft völlig zu stoppen, damit sie in den Rüstungsbetrieben eingesetzt werden konnten. Die Bauern sollten statt dessen durch Kriegsgefangene unterstützt werden. Hierl widersetzte sich dieser Forderung; die Landwirtschaft blieb weiterhin das Hauptarbeitsgebiet für die »Maiden«. Um schließlich doch den traditionellen Arbeitsbereich erweitern zu können, wurde im Sommer 1941 der Kriegshilfsdienst eingeführt.

Der Kriegshilfsdienst war eine sechsmonatige Beschäftigung

in Dienststellen der Wehrmacht, bei Behörden, in Krankenhäusern, Verkehrs- und Rüstungsbetrieben, die unmittelbar an die bisher übliche Arbeitsdienstzeit angehängt wurde.

»Die im Kriegshilfsdienst eingesetzten Maiden scheiden zwar aus dem aktiven Reichsarbeitsdienst aus, doch bleiben sie während des Einsatzes im Kriegshilfsdienst nach näherer Bestimmung des Reichsarbeitsdienstführers der Aufsicht, Betreuung und Dienststrafgewalt des Reichsarbeitsdienstführers unterstellt. Der Arbeitsdienst-Paß wird erst nach Ableistung des Kriegshilfsdienstes erteilt.«[53]

In der Praxis bedeutete der Kriegshilfsdienst eine Verlängerung der schon bestehenden Zwangsarbeit in Bereichen, aus denen ständig mehr Männer zur Front eingezogen wurden.

Allerdings wurde die Arbeit mit 45 RM monatlich entlohnt. Die Mädchen sollten im Idealfall weiterhin in Lagern zusammenleben und nur gruppenweise zur Arbeit eingesetzt werden. Oft war es aber für die Mädchen nicht möglich von ihren weit abgelegenen Lagern zu den vorgesehenen Arbeitsstätten zu gelangen. In solchen Fällen wurde die Arbeit in die Lager gebracht bzw. die Betriebe errichteten besondere Baracken, damit die »lagermäßige« Unterkunft gewährleistet wurde. »Die obligatorische Unterbringung der Arbeitsmaiden in Lagern blieb ein Hemmnis für einen effektiven Arbeitseinsatz, das Wehrmacht, Bürokratie und die Unternehmer für die Dauer des Krieges gerne abgeschafft hätten.«[54]

Bis zum Herbst 1943 erfüllten die Mädchen keine direkten militärischen Aufgaben und besaßen auch keinen militärischen Status. Um eine Freistellung von Soldaten für den Fronteinsatz zu erreichen, wurden die ersten 4000 »Maiden« im Luftwaffeneinsatz »verwendet«. Sie übernahmen dort Aufgaben im Flugmeldedienst. Zunächst war ihr Einsatz auf das Reichsgebiet ausgedehnt. Gegen Ende des Krieges waren in diesem Aufgabenbereich etwa 13000 Mädchen beschäftigt. Seit dem Frühjahr 1944 wurde der Einsatz bei Flakbatterien vorgesehen, außer der unmittelbaren Geschützbedienung wurden alle Tätigkeiten dort von Frauen übernommen; im Frühjahr 1945 waren es 25000.[55] Entsprechend einem Führerbefehl vom 8. April 1944 wurden alle Kriegshilfsdienstmaiden notdienstverpflichtet, was die Dauer der Dienstzeit auf 18 Monaten verlängerte. Im November 1944 wurde die Dienstzeit für unbefristet erklärt.

SUSANNA DAMMER

# Kinder, Küche, Kriegsarbeit – Die Schulung der Frauen durch die NS-Frauenschaft

Stand die Frauenbildung in der Weimarer Republik unter dem Motto: Kinder, Küche, Kirche, so wandelte sich während des Nationalsozialismus das »K« für Kirche in ein »K« für Kriegsarbeit. Die ideologische und praktische Schulung der Frauen im Hinblick auf den Krieg begann bereits 1933 und wurde nach 1936 innerhalb der Vierjahresplanwirtschaft zu einer wichtigen, offen ausgesprochenen und häufig diskutierten Zielsetzung politischer Bildung. Bei der Realisierung dieses Bildungszieles spielte die NS-Frauenschaft eine wichtige Rolle. Nach der Machtergreifung sollten alle Frauenverbände aus- oder gleichgeschaltet werden: Die gewerkschaftlich und parteipolitisch gebundenen Frauenverbände wurden verboten, die anderen Frauenorganisationen wurden aufgefordert, sich der NS-Frauenschaft anzuschließen, was anfangs nur von einer kleinen Anzahl von Frauenorganisationen befolgt wurde. Dies lag unter anderem an der Radikalität der damaligen Führerin (Lydia Gottschewski) und dem desolaten Zustand der NS-Frauenschaft durch interne Machtkämpfe. Viele Frauenorganisationen zogen es vor, sich aufzulösen, um so der Gleichschaltung zu entgehen (u.a. auch der »Allgemeine Deutsche Lehrerinnen-Verein« und der »Bund Deutscher Frauenvereine«).

Gleichzeitig neben den Verboten und dem Versuch der Gleichschaltung aller Frauenverbände wurde der Kampf gegen die Frauenbewegung auf ideologischer Ebene geführt. Die NS-Frauenschaft verstand sich als die »Erneuerin« der Frauenbewegung und wollte die Fehler der »alten Frauenbewegung« rückgängig machen. Sie wollte auf den eigentlichen Kern der Frauenbewegung zurückkommen, darunter verstanden die Nationalsozialistinnen die Betonung der Verschiedenartigkeit der Geschlechter und die daraus resultierende Akzeptierung der Trennung der Welt in zwei Hälften: eine dominant männliche und eine passiv weibliche, die sich ergänzen sollten.

Sie forderten daher keine *Gleichberechtigung*, sondern eine

*Gleichstellung*. Ihr Verständnis von Gleichstellung war abgeleitet von der Anerkennung des männlichen Führerprinzips, d.h., die politischen Tätigkeiten wurden als Aufgaben des Mannes akzeptiert. Die Nationalsozialistinnen unterwarfen sich den Entscheidungen der männlichen Führer. Durch die Anerkennung der männlichen Vorrechte begnügten sie sich mit der Position des zweiten Geschlechts. Allerdings darf uns dies nicht allzu sehr erstaunen, denn der Großteil der Frauenbewegung vor 1933 ging ebenfalls von einem spezifisch weiblichen Aufgabenbereich aus. Dies galt für die bürgerliche Frauenbewegung, die immer von einem »weiblichen Kulturauftrag« sprach, genauso wie für die sozialistische Frauenbewegung, die sich letztendlich ebenfalls nicht von dem mütterlichen Frauenleitbild trennen konnte. Beide Lager haben sich jedoch entschieden gegen die politische Entrechtung der Frauen durch die Faschisten zur Wehr gesetzt. Deshalb mußte sich die NS-Frauenschaft von der fehlgeleiteten »alten Frauenbewegung« abgrenzen. Die Nationalsozialistinnen griffen ebenso heftig wie ihre männlichen Genossen alle Frauen an, die sich für eine Gleichberechtigung der Frauen im gesellschaftlichen und politischen Leben einsetzten. Ihre Angriffe richteten sich vor allem gegen die politische Einstellung der Frauen: Der Kampf um das Wahlrecht sei zur falschen Zeit und mit falschen Mitteln geführt worden. Die Frauen im Parlament hätten versagt, an ihnen werde deutlich, welche Gefahr der Intellektualismus für die »weibliche Seele« bedeute. Die Frauenbewegung sei zu international eingestellt gewesen und hätte die Interessen des deutschen Volkes verraten. Die Frauen, vor allem die Pazifistinnen, wurden im Rahmen der Dolchstoßlegende für den verlorenen Krieg verantwortlich gemacht.[1] Die Dolchstoßlegende als das »Versagen der Heimatfront« hatte eine wichtige propagandistische Funktion bei der Ausschaltung politischer Gegner. Durch den Kampf gegen die Frauenbewegung stützten die Nationalsozialistinnen die Position der männlichen Führer, denn sie selbst hatten nicht die Möglichkeit, politische Macht auszuüben. Sie sorgten nur dafür, die Herrschaft und Macht des Nationalsozialismus auszubauen.

Nach der Machtergreifung entzündeten sich heftige Kämpfe um die Frage, wer die Führung der deutschen Frauen übernehmen soll: zwischen Staatsministerium und Parteiführern, zwischen Parteiführern, zwischen Männern und Frauen und zwischen den nationalsozialistischen Frauen. Wie auch in anderen Bereichen führten ungeklärte Kompetenz- und Befehlsgewalt zu einem länger dauernden Gerangel: Vor 1933 war Elsbeth

Hauswirtschaftliche Beratung durch die NS-Frauenschaft auf einem Wochenmarkt, 1939 *(Foto: Ullstein Bilderdienst, Berlin).*

Zander Leiterin der NS-Frauenschaft, die aber kein gutes Verhältnis zu Goebbels hatte und deshalb nach der Strasser-Affäre durch Lydia Gottschewski ersetzt wurde. Sie sollte durch die Gründung einer »Frauenfront« alle bestehenden Frauenverbände vereinigen. Das gleiche Ziel verfolgte Paula Siber, die vom Innenminister Frick beauftragt wurde, hierzu eine »Reichsarbeitsgemeinschaft deutscher Frauenverbände« zu gründen. Dieser Krieg um die Frauenführung zwischen Frick und Robert Ley, Stabsleiter der obersten Parteileitung, wurde nach wochenlangen persönlichen Diffamierungskampagnen und Intrigen vom »Stellvertreter des Führers« Rudolf Heß bereinigt.[2] An die Spitze der Frauenführung wurde ein Mann, Landrat Krummacher, gesetzt. Vermutlich traute man einem Mann eher zu, die schwierige Situation zu meistern. Die »Reichsarbeitsgemeinschaft deutscher Frauenverbände« und die »Frauenfront« wurden aufgelöst und durch eine neue Gründung ersetzt, und zwar das »Deutsche Frauenwerk«. Dieses erhielt den alleinigen Auftrag, alle noch bestehenden Frauenverbände in Form von Reichsarbeitsgemeinschaften zusammenzufassen. Krummacher wurde auch Führer des Deutschen Frauenwerkes, Paula Siber, die gleichzeitig Referentin im Innenministerium blieb, wurde seine Stellvertreterin, Lydia Gottschewski wurde als Leiterin der Frauenarbeit ins Reichsschulungsamt versetzt. Damit waren die Auseinandersetzungen nicht beendet, und die Ernennung Krummachers stellte sich als Fehler heraus. Der Großteil der nationalsozialistischen Frauenführerinnen, die vielfach aus bürgerlich-nationalistischen oder völkischen Kreisen der Frauenbewegung kamen, stellte offen die Forderung nach einer Selbsterziehung der Frau ohne männliche Bevormundung, um die teilweise Befreiung der Frau von »jahrhundertealten Fesseln auch sinnvoll auszunützen im Dienste der Verantwortung für die Volksgemeinschaft«.[3] Einen Mann als Führer ihrer Frauenorganisation wollten sie sich nicht stillschweigend vorsetzen lassen. Auch über die eigene Organisation hinaus erregte die Ernennung eines Mannes als Leiter der nationalsozialistischen Frauenorganisation erhebliche Kritik. Obwohl in den Publikationsorganen darüber nichts berichtet werden durfte, wurde indirekt die Frage nach weiblichen Führertum immer wieder aufgeworfen. Dies läßt sich aus Berichten in der »NS-Frauenwarte« (Illustrierte für die Frauen) und dem »Amtswalterinnenblatt« (parteiinternes Führerinnenblatt) ersehen. Auf einer Tagung führender nationalsozialistischer Frauen in Hamburg am 3. und 4. November 1933 war die Frage nach weiblichem Führertum der wichtigste Diskussionspunkt. Krummacher äußerte sich daraufhin beschwichtigend, daß es unberechtigt sei, die Befürchtung aufzustellen, der nationalsozialistische Staat dulde keine weiblichen Führer.[4] Da Krummacher sich weiterhin bei den Führerinnen durch seinen Umgangston und seine Vorgehensweise unbeliebt machte und er der organisatorischen Bewältigung seiner Aufgabe nicht gewachsen war, mußte er abtreten.

Allerdings trat keine der einflußreichen und kämpferischen Führerinnen die Nachfolge an. Diese Frauen, die sich mit vehementem Einsatz für den Nationalsozialismus und für die zukünftige Stellung der Frauen in einem nationalsozialistischen Staat eingesetzt hatten, waren den männlichen Führern zu radikal und entsprachen nicht ihrem Frauenbild. Aus diesen Gründen wurde am 24. Februar 1934 Gertrud Scholtz-Klink zur Führerin der NS-Frauenschaft und des Deutschen Frauenwerkes ernannt, obwohl sie von einer Reihe führender nationalsozialistischer Frauen abgelehnt wurde. Gertrud Scholtz-Klink kam wie viele andere Frauen über ihren Mann zur NSDAP. Sie unterstützte ihn anfangs bei seiner Parteiarbeit und arbeitete erst nach seinem Tod im Frühjahr 1930 selbst für die NSDAP. Sie wurde Frauenschaftsleiterin im Gau Baden. Am 1. Januar 1934 wurde sie vom Reichsarbeitsführer K. Hierl als Leiterin des weiblichen Arbeitsdienstes nach Berlin berufen. Dieses Amt behielt sie auch nach ihrer Ernennung als Frauenschaftsleiterin weiter.

Die Amtsleitung der Frauenschaft war weiterhin einem Mann, und zwar Hilgenfeld vorbehalten, der bereits Amtsleiter der NSV (Nationalsozialistische Volkswohlfahrt) war. Er sollte die Frauenarbeit schützen und die politische Führung und Verantwortung der Reichsleitung gegenüber übernehmen. Scholtz-Klink sollte das gleichwertige weibliche Element repräsentieren und die Angriffe der Gegner und auch die Bedenken der Nationalsozialistinnen selbst entkräften, die die NSDAP und ihre Politik als frauenfeindlich einschätzten. Dies geht deutlich aus den Berichten und Reden der ersten Parteitage hervor. Die Aufgabe von Gertrud Scholtz-Klink war es, nach den Direktiven der Parteiführung zu funktionieren. Ihr Status als verheiratete Frau – sie war wieder mit einem Parteigenossen, mit Heißmeyer, Mitglied der SS, verheiratet – und Mutter von elf Kindern sowie ihr »deutsches Aussehen« (blond bezopft), ihre Verkörperung des propagierten Wunschbildes der Frau, sollte sie zum Vorbild und Identifikationsobjekt aller deutscher Frauen werden lassen. Da von ihr keine eigenmächtigen, gegen Parteivorstellungen gerichteten Handlungen zu befürchten waren, wurde sie zur Propagandafigur »Reichsfrauenführerin« aufgebaut. Ihre Ernennung ist von Heß und seinen Parteigenossen ein taktisch kluger Schachzug gewesen. Es wurde dem Wunsch nach weiblicher Führung entsprochen, und gleichzeitig wurden die unbequemen alten Kämpferinnen, die über einen Rückhalt unter den Frauenschaftsmitgliedern und somit über eine gewisse Macht verfügten, zurückgedrängt. Scholtz-Klink blieb als brauchbares Instrument der Parteiführung bis zum Kriegsende im Amt. Auch Kritik aus den Reihen ihrer eigenen Mitarbeiterinnen scheiterten an der » . . . persönlichen Protektion von Heß, später Bormann und vor allem Hilgenfeld«.[5] Nach Aussagen von Alice Rilke, einer engen Mitarbeiterin, erregte der innere Führungsstil oft Unzufriedenheit, »da die Reichsfrauenführerin sich nur wenig für die Frauenarbeit einsetzte und statt dessen Intrigen spann, offensichtlich stark an der Mehrung ihres persönlichen Wohlstandes interessiert war und mitunter wochenlang ihrem Dienst fernblieb«.[6]

Im Grunde waren die NS-Frauenschaft und das Deutsche Frauenwerk zwei getrennte Organisationen. Die NS-Frauenschaft war die Eliteorganisation, in welcher nicht alle Frauen von vornherein Mitglied werden konnten, sie mußten sich erst hochdienen. Das Deutsche Frauenwerk dagegen war das Sammelbecken für alle Frauen, die entweder als Einzelmitglieder aufgenommen wurden – d.h., jede Frau konnte selbst Mitglied werden – oder durch Vereinsmitgliedschaft – alle bestehenden Frauenvereine waren Mitglied im Deutschen Frauenwerk – zum Frauenwerk gehörten. Organisatorisch unterschieden sich die beiden Institutionen folgendermaßen: Die NS-Frauenschaft war eine Gliederung der Partei, das Deutsche Frauenwerk war ein eingetragener Verein, der sein eigenes Vermögen nach vereinsrechtlichen Grundsätzen selbst verwalten konnte. Trotzdem waren beide Organisationen eng miteinander verbunden, und zwar deshalb, weil die jeweiligen Führerinnen der NS-Frauenschaft auch automatisch gleichzeitig Führerinnen im Deutschen Frauenwerk waren. Dies galt von der Reichsfrauenführung bis hinunter über Land-, Kreis- und Ortsfrauenführung auch für die Frauenführerinnen der einzelnen Blocks.

Die NS-Frauenschaft erhob den Anspruch auf die kulturelle, geistige und politische Führung der gesamten Frauenarbeit. Da laut Satzung nur Führerinnen der nationalsozialistischen Frauenarbeit Mitglied werden konnten, betrachtete sich die NS-Frauenschaft als die Eliteorganisation für Frauen. Sie hatte die Aufgabe, die Führerinnen im »nationalsozialistischen Geiste« zu erziehen. Die Führerinnen sollten befähigt werden, die »Lehre und das Gedankengut« des Nationalsozialismus in die »Köpfe und die Herzen aller deutschen Frauen zu versenken«, alle deutschen Frauen sollten so geschult werden, »daß sie in ihrer weltanschaulichen Einstellung wie in ihrem täglichen Handeln sich bewußt werden, ihrem Volke verantwortlich zu sein«.[7] Die NS-Frauenschaft war dafür verantwortlich, daß die Ausrichtung und die Arbeit aller Frauenverbände den Zielsetzungen der Partei entsprachen.

Die NS-Frauenschaft war anfangs bemüht, möglichst viele Frauen für sich zu gewinnen, da sie nicht auf genügend qualifizierte Frauen aus den eigenen Reihen zurückgreifen konnte. Erst nach 1936 verbesserte sich diese Situation, allerdings gab es an bestimmten Fachfrauen (Ärztinnen, Fürsorgerinnen) immer einen gewissen Mangel. Am 7. Januar 1936 wurde vorübergehend eine Mitgliedersperre eingeführt, die bald wieder aufgehoben wurde, danach konnten nur noch bestimmte Frauen Mitglied in der NS-Frauenschaft werden. Dies waren Frauen, die sich in anderen NS-Organisationen bewährt hatten: Mitglieder des Deutschen Frauenwerkes, die wichtige Ämter innehatten, konnten nach anderthalbjähriger praktischer Tätigkeit einen Antrag auf Übernahme stellen, ebenso Block- und Zellenwartinnen, wenn sie Mitglied im Deutschen Frauenwerk waren. BDM-Mädchen konnten, wenn sie seit dem 14. Lebensjahr der HJ angehörten und anderthalb Jahre vor der Übernahme Führerinnen waren, einen Antrag stellen, ebenso NS-Studentinnen oder Führerinnen des Reichsarbeitsdienstes. Die Aufnahme erfolgte ab dem 21. Lebensjahr. Die Frauen von 21 bis 30 Jahren wurden als Jugendgruppen der Frauenschaft geführt. Für viele Frauen bedeutete die Mitgliedschaft in der NS-Frauenschaft eine Auszeichnung, für andere war sie die Voraussetzung für eine berufliche Karriere, ein Teil der Akademikerinnen, z.B. Ärztinnen, Juristinnen konnten ihren Beruf nur innerhalb der NS-Frauenschaft und des Deutschen Frauenwerkes oder der NSV (Nationalsozialistische Volkswohlfahrt) ausüben.

Die NS-Frauenschaft wurde durch die »Verordnung der Durchführung des Gesetzes zur Einheit von Partei und Staat« vom 29. 3. 1934 eine Gliederung der Partei (wie die HJ, SS, etc.). Dadurch entfiel die Amtsleitung von Hilgenfeld, und die Reichsfrauenführung wurde direkt dem »Stellvertreter des Führers« unterstellt. Die Reichsfrauenführerin erhielt damit die formelle Stellung eines Reichsleiters, die sie allerdings nur repräsentierend aber nicht politisch genutzt hat. Die Frauenschaftsfunktionärinnen waren in ihrer jeweiligen Position als Gau-, Kreis- oder Ortsgruppenleiterin dem jeweiligen männlichen politischen Leiter der NSDAP disziplinär unterstellt. Die Ernennung von Frauenschaftsleiterinnen erfolgte durch die jeweiligen politischen Leiter im Einvernehmen mit der nächsthöheren Frauenschaftsleiterin. Die NS-Frauenschaft war also auf allen Parteiebenen auf das Wohlwollen der Parteigenossen angewiesen. Dies führte immer wieder zu erheblichen Schwierigkeiten und Kompetenzstreitigkeiten.[8] Die Frauenschaftsleiterinnen erhielten, wie auch andere Parteifrauen, die sinngemäß die Tätigkeit politischer Leiter ausübten, den gleichen Leiter-Ausweis wie die Männer, durften jedoch keine Uniform und keine Rangabzeichen tragen. Die anfangs eingeführte braune Kleidung für Frauenschaftsmitglieder wurde schon im November 1933 wieder abgeschafft. Es wurde ein »Ehrenkleid« in Anlehnung an die deutsche Tracht eingeführt, welches zu besonderen Anlässen getragen wurde. Alle Führerinnen erhielten Abzeichen (ein Fruchtbarkeitssymbol in Form einer Rune). Die Kreis- und Gauamtsleiterinnen durften eigene Dienstfahrzeuge benutzen (es gab eigene Frauenschaftsabzeichen dafür), es wurde ihnen aber ab Juni 1936 das eigene Chauffieren eines Parteiwagens untersagt.[9]

Die Organisation der NS-Frauenschaft sowie die Einteilung in Block-, Zellen- und Ortsgruppen war mit denen der NSDAP identisch. Nach 1936 wurde Block- und Zellensystem der Partei geändert, die Einteilung erfolgte nicht mehr nach der Anzahl der Mitglieder, sondern nach den Haushalten. Ein Block umfaßte 40 bis 60 Haushalte und eine Zelle 4 bis 6 Blocks. Die Blockleiterinnen hatten die Aufgabe, Beiträge zu kassieren, Propagandamaterial zu verteilen und eine Verbindung zwischen den einzelnen Mitgliedern und der Frauenschaftsleiterin herzustellen. Die Zellenleiterinnen hatten dieselben Aufgaben unter den einzelnen Blockleiterinnen wahrzunehmen. Die NS-Frauenschaft und das Deutsche Frauenwerk waren zwar politisch total abhängig von der NSDAP, waren aber in ihrer Zusammensetzung eine reine Frauenorganisation. Es hat allerdings immer einen Mann in ihren Reihen gegeben – auch im Mitarbeiterstab der Reichsfrauenführung –, und zwar als Kassenverwalter.

Die Reichsfrauenführung setzte sich aus neun Hauptabteilungen zusammen: I Finanzverwaltung, II Geschäftsleitung, III Personal, IV Presse – Propaganda, V Kultur – Erziehung – Schulung, VI Mütterdienst, VII Volkswirtschaft – Hauswirtschaft, VIII Grenz- und Ausland, IX Hilfsdienst und aus dem Referat Jugendgruppen und dem Referat Kindergruppen. Die Aufgliederungen in der Gau-, der Kreis- und Ortsfrauenschaftsleitung waren dieselben wie in der Reichsfrauenführung. Die Größe des jeweiligen Mitarbeiterstabes war den örtlichen Verhältnissen angepaßt. In vielen Ortsgruppen gab es nicht für alle Hauptabteilungen eine eigene Referentin. Die Reichsfrauenführerin hatte sich in kurzer Zeit eine Reihe von wichtigen Posten angeeignet. Sicher konnte sie ihren Aufgaben in diesen Ämtern nicht nachkommen, dies war wohl auch nicht beabsichtigt. Auf jeden Fall erweckte dies den Anschein, daß die gesamte Frauenarbeit allein in den Händen der Frauen lag. Kritische Stimmen über den Antifeminismus der NSDAP sollten so zum Schweigen gebracht werden. Die Reichsfrauenführerin war gleichzeitig Leiterin des Frauenamtes der DAF (Deutschen Arbeitsfront), des RAD (weiblichen Arbeitsdienstes), der Frauenarbeit des Deutschen Roten Kreuzes. Zur Zusammenarbeit mit der Reichsfrauenführung wurden die Referentinnen für Frauenfragen im Reichsschulungsamt und im Reichspropagandaministerium verpflichtet. Scholtz-Klink wurde Mitglied des Sachverständigen-Beirates für Bevölkerungs- und

Rassepolitik und der Akademie für Deutsches Recht. Durch genaue Abkommen wurde die Zusammenarbeit zwischen der Reichsfrauenführung und folgenden nationalsozialistischen Verbänden festgelegt: mit dem NSLB (Nationalsozialistischen Lehrerbund) zu Fragen der Mädchenerziehung, mit dem Reichsnährstand über die Landfrauenschulung, mit der NSV (Nationalsozialistische Volkswohlfahrt) über den Reichsmütterdienst, die Schulung von Erzieherinnen, Kindergärtnerinnen und Jugendleiterinnen, mit der Reichsjugendführung über die Erziehung der Mädchen im BDM (Bund deutscher Mädels) und mit der »Arbeitsgemeinschaft Nationalsozialistischer Studentinnen« über die weibliche Schulung der Studentinnen.

Das Deutsche Frauenwerk war durch die Personalunion seiner Führerinnen mit der NS-Frauenschaft eng mit dieser verschmolzen, und es ist bei vielen Tätigkeiten der Führerinnen nicht zu unterscheiden, ob sie die eine oder andere Tätigkeit als Mitglied der Frauenschaft oder als Mitglied des Deutschen Frauenwerkes ausführten. Das Deutsche Frauenwerk war mit der Intention gegründet worden, alle bereits bestehenden Frauenverbände aufzunehmen, um so die einheitliche Ausrichtung der Frauenarbeit zu sichern. Vor der Gründung des Deutschen Frauenwerkes waren ähnliche Versuche gescheitert, teils durch machtpolitische Querelen, teils durch ungeschicktes Vorgehen der damaligen Leiterin der NS-Frauenschaft Lydia Gottschewski, die von den Frauenverbänden bedingungslose Unterordnung verlangte, die diese nicht akzeptieren konnten. Nach diesen Erfahrungen wurde in der Ära Scholtz-Klink mit den Frauenverbänden taktisch klüger umgegangen, d.h., es wurde ihnen erst einmal mehr Eigenständigkeit innerhalb des Deutschen Frauenwerkes zugesagt. So hatten sich im Mai 1934 dem Deutschen Frauenwerk bereits 31 Frauenverbände angeschlossen. Im gleichen Jahr noch versuchte man, die Zahl der Verbände zu reduzieren, mit dem Ziel, die alten Verbandsbeziehungen und -ziele zu sprengen und die Frauen als Einzelmitglieder im Deutschen Frauenwerk zu behalten. In vielen Auseinandersetzungen konnten die nationalsozialistischen Frauen in den einzelnen Verbänden nicht ihre eigentlichen Interessen, d.h. die Interessen der NSDAP, durchsetzen, da die Macht der alten Frauenverbände mit ihren festverwurzelten Traditionen von ihnen nicht durchbrochen werden konnte. Die Zahl der Verbände wurde daher von Jahr zu Jahr reduziert; waren es im Jahr 1935 noch 22 Verbände, so waren es 1938 nur noch 13 Verbände. In der Regel blieben die Mitglieder der aufgelösten Verbände als Einzelmitglieder weiter im Deutschen Frauenwerk. Den Auflösungen gingen meist heftige Auseinandersetzungen voraus, die auch öffentlich bekannt wurden, wie z.B. der Streit mit der Evangelischen Frauenhilfe im Jahr 1936.

Bis zum Jahr 1936 hatte die NS-Frauenschaft über 2 Millionen Mitglieder, was zu einem vorübergehenden Aufnahmestopp führte, um den Elitecharakter nicht zu gefährden. Da später nur noch verdiente Frauen in die NS-Frauenschaft übernommen wurden, hat sich diese Zahl meines Wissens nicht wesentlich erhöht.[10] Bis 1939 hatten die NS-Frauenschaft und das Deutsche Frauenwerk zusammen etwa 3,3 Millionen Mitglieder, davon waren über 1 Million Frauen als Block- und Zellenleiterinnen, Abteilungsleiterinnen und Sachbearbeiterinnen tätig. Unterhalb der Kreisebene leisteten ca. 90% der Frauen die Arbeit ehrenamtlich. Die NS-Frauenschaft hatte ihr Ziel, möglichst alle Frauen zu erfassen, längst noch nicht verwirklicht. Allerdings war die Zahl der Frauen aller nationalsozialistischen Organisationen insgesamt mit 12 Millionen Frauen 1939 doch recht beachtlich. Als Frauenschaftsleiterin waren im Jahr 1939 tätig: 32 Gaufrauenschaftsleiterinnen, 725 Kreisfrauenschaftsleiterinnen, 22593 Ortsfrauenschaftsleiterinnen, 59802 Zellenfrauenschaftsleiterinnen, 223024 Blockfrauenschaftsleiterinnen.[11] Nach 1940 erhöhte sich die Zahl der Gaue auf 43 mit 892 Kreisen und 30605 Ortsgruppen.[12] Ein Block hatte durchschnittlich bis zu 10 Mitglieder, eine Zelle zwischen 11 und 50 Mitglieder und eine Ortsgruppe zwischen 51 und ca. 500 Mitglieder. Bis 1941 soll die Zahl der Mitglieder der NS-Frauenschaft und des Deutschen Frauenwerkes auf rund 6 Millionen gestiegen sein. »Geht man nun von einer ungefähren Gesamtzahl aller deutschen Frauen und Mädel über 18 Jahren von rund 30 Millionen aus, so bedeutet die Gesamtmitgliederzahl von rund 6 Millionen 1941, daß jede fünfte Frau allein durch die Organisation der NS-Frauenschaft/Deutsches Frauenwerk erfaßt wird.«[13]

Auf dem Frauenkongreß des Parteitages 1937 sollten erstmals BDM-Mädchen offiziell und feierlich in die NS-Frauenschaft und das Deutsche Frauenwerk übernommen werden. Dies war der Anlaß, innerhalb der Frauenschaft 1936 eine eigene Jugendgruppe einzurichten. Es hatte sich gezeigt, daß die Frauenschaft mit ihrem Nachwuchs Probleme hatte, jüngere Frauen waren kaum zu finden, entweder kamen sie erst gar nicht zu den Veranstaltungen, oder es gab zwischen den jüngeren und älteren Mitgliedern immer wieder Schwierigkeiten. In den Jugendgruppen sollten die 21- bis 30jährigen Frauen ihrem Alter entsprechend behandelt und in das Aufgabengebiet der

NS-Frauenschaft eingeführt werden. Die Jugendgruppen waren keine eigene Organisation, sie ermöglichten eine Trennung der verschiedenen Altersgruppen, welche die Attraktivität der Frauenschaft erhöhen sollte. Die Jugendgruppen waren für die Regelung der Zusammenarbeit zwischen den jüngeren und den älteren Führerinnen sicherlich eine nützliche Einrichtung, denn die Schwierigkeiten begannen nach 1937 erst richtig. Als die BDM-Mädchen oder Arbeitsdienstmädchen in die NS-Frauenschaft übernommen wurden, prallten zwei Generationen von Frauen aufeinander, mit völlig unterschiedlicher Sozialisation. Die jungen Führerinnen mit ihrer paramilitärischen Erziehung durch die Jugendorganisationen brachten eine ganz neue Atmosphäre in die Frauenorganisation, die sich mit dem bis dahin üblichen Umgangston nicht vereinbaren ließ.

Methodisch versuchte sich die NS-Frauenschaft von der außerschulischen Bildungsarbeit der Weimarer Republik abzugrenzen: »Die Einprägung des nationalsozialistischen Gedankengutes in Geist und Seele der deutschen Frauen hat fortan mit anderen Mitteln zu geschehen, als sie durch die demokratisch-parlamentarischen Möglichkeiten bisher gegeben und geboten waren ... Die nationalsozialistische Verpflichtung muß in alle Lebensgebiete der deutschen Frau eindringen und dort beherrschend sein.«[14]

Es steht außer Zweifel, daß die Frauenschaft ganz andere Möglichkeiten hatte als alle Frauenverbände vor ihr. Sie war die einzige Frauenorganisation und stand ohne Konkurrenz da, es fehlten ihr aber geeignete Fachfrauen, also war sie gezwungen mit den Kräften aus den alten Frauenverbänden zusammenzuarbeiten. Der Wille mag oftmals die Möglichkeiten der Frauenschaft überschritten haben. Trotzdem ist anzunehmen, daß die Veranstaltungen der Frauenschaft gut besucht waren. Aus Interviews mit Frauen, die diese Zeit selbst erlebten, geht hervor, daß sie gerne an Frauenveranstaltungen teilnahmen, da es für sie oftmals die einzige Möglichkeit war, ohne den Mann das Haus zu verlassen, um eine Veranstaltung zu besuchen.

Die Novemberrevolution von 1918 im Zusammenhang mit der Dolchstoßlegende hatte die Sozialpolitik der Nationalsozialisten stark beeinflußt, was Mason überzeugend nachgewiesen hat.[15] Dies galt auch für die nationalsozialistische Frauenbildung, wie für die Pädagogik überhaupt. Die Erziehung zu einer dem Lohn angemessenen Lebensführung und die sittliche Arbeitserziehung, die schon in der Weimarer Zeit eine Rolle spielte, wurden im Nationalsozialismus besonders ausgebaut.[16] Die Notwendigkeit hierzu ergab sich aus folgenden Tatsachen: Der deutsche Faschismus war auf Expansion, d.h. auf Krieg, programmiert. Krieg bedeutet Entbehrungen für die gesamte Bevölkerung, wie der Erste Weltkrieg gezeigt hatte, nicht nur für die kämpfenden Soldaten. Die Nationalsozialisten glaubten, wie andere nationalistische und völkische Gruppen auch, daß die Niederlage im Ersten Weltkrieg vor allem auf das »Versagen der Heimatfront« zurückzuführen war. Sie beschuldigten vor allem die Arbeiter und die Frauen, durch das »Novemberverbrechen« den Soldaten in den Rücken gefallen zu sein. Sie erkannten zwar auch, daß die Belastungen der Zivilbevölkerung – Hunger und Überarbeitung – sehr hoch gewesen waren, taten diese aber im Verhältnis zu den Fronterlebnissen der Soldaten als Bagatelle ab. Die Frauen und Männer in den Haushalten und Fabriken, die nicht an der Front standen, wurden als die wahren Schuldigen des verlorenen Krieges bezeichnet. Diese Legende und Hitlers Anschauung über die »Verführbarkeit der Masse« waren wichtig für das Konzept der weltanschaulichen Schulung und Propaganda. Die Interpretation des »Novemberverbrechens«, die Verachtung der Masse – vor allem der Frauen, von denen Hitler behauptete, daß sie alles glauben, was sie hören und lesen –, führte zu der Einstellung, daß es bei der Vermittlung der nationalsozialistischen Ideen nicht auf theoretisches Wissen und reflektierendes Erkennen ankäme.[17] Vielmehr sei es wichtig, durch Ansprechen von Emotionen eine quasi religiöse Zustimmung und Begeisterung zu wecken.

Die Wissensvermittlung wurde auf das Notwendigste beschränkt. Vorrang sollte immer die weltanschauliche Beeinflussung haben, die durch ein Zuviel an Wissen behindert worden wäre. »Im Liberalismus war das Ziel der Bildung die wissenschaftliche Haltung des Menschen. Dieser Haltung stellt unser Führer die nationalsozialistische Haltung gegenüber mit den Worten: ›Wir erstreben den Menschen mit dem herrlich schönen Körper, mit dem strahlenden Geist und mit der edelsten Seele.‹«[18]

Der Kampf gegen den Intellektualismus, die Reduzierung der wissenschaftlichen Bildung lassen die Furcht vor Kritikvermögen erkennen, das ja Voraussetzung für Widerstand ist. Die nationalsozialistische Frauenbildung sollte vom Wesen der Frau ausgehen, d.h., nicht theoretische Unterrichtung sollte im Vordergrund stehen, sondern durch praktische Anschauung, durch kleine Gesprächsgruppen, durch Ansprechen des Gemütes sollten die Inhalte vermittelt werden. Wenn Vorträge notwendig waren, so sollten sie nicht zu lange dauern, um die Frauen nicht zu überfordern und zu ermüden.

Der gesamte Frauenbildungsbereich war von einer intensiven praktischen Unterrichtung gekennzeichnet. Die Frauen wurden permanent zu Höchstleistungen in praktischen Tätigkeiten herausgefordert. Die Arbeitserziehung als solche war nicht nur inhaltlich, sondern auch methodisch von Bedeutung. Sie wurde eingesetzt, um Frauen mit geringerem Bildungsstand zu erreichen; um theoretisch ungeübten Frauen, ohne sie zu überfordern, die nationalsozialistische Idee zu vermitteln. Hier war die praktische Tätigkeit nur Mittel zum Zweck, um Frauen zu erreichen, die beispielsweise nicht zu einem Vortrag kamen. Indem diese Frauen Strümpfe für Soldaten strickten oder für Fabrikarbeiterinnen Wäsche ausbesserten, sollte ihnen die NS-Ideologie durch die Hintertür vermittelt werden. Da unumstritten feststand, daß Frauen nicht die gleichen Lernfähigkeiten hatten wie die Männer, wurde auf eine strikte Trennung zwischen Schulung der Männer und Schulung der Frauen geachtet. Es wurde immer wieder betont, die Frauenschulung dürfe nicht die Methoden der männlichen Schulung mechanisch kopieren. Bei der praktischen Schulung war die Abgrenzung zum Mann von der verschiedenen Aufgabenstellung her gegeben. Bei der Vermittlung des »weltanschaulichen Gedankengutes« war dies kaum noch möglich. Es traten Widersprüche auf, da ja prinzipiell von einer andersartigen Lernfähigkeit der Frauen ausgegangen wurde.

Das in der Frauenbildung für unentbehrlich gehaltene Kulturgut wurde auch in der Männerbildung intensiv eingesetzt. Mythen und Sagen spielten auch hier eine wichtige Rolle, vor allem in der SS. Die Erziehung zu soldatischem, befehlshörigem Heldentum war wie die Erziehung zur dienenden Mütterlichkeit auch nichts anderes als eine »Gemütsbildung«. Allerdings wurde in der Frauenbildung auf radikale Töne verzichtet. Da die Frauen sich aus den politischen Auseinandersetzungen heraushalten sollten, wurden sie nicht so aggressiv geschult.

Der NS-Staat hatte alle Organe der öffentlichen Meinungsbildung unter Kontrolle. Alles, was durch Zeitungen und Rundfunk für die Frauen publiziert wurde, war zuvor der jeweiligen politischen Lage entsprechend ausgesucht worden. Die Reichsleitung der NS-Frauenschaft war in diesen Fragen abhängig vom Reichspropagandaministerium und vom Reichsschulungsamt. Von letzterem wurden auch Richtlinien und Anweisungen für die Frauenschulung herausgegeben. Die NS-Frauenschaft ihrerseits gab an ihre Ortsgruppen bis ins kleinste Detail vorgeschriebene Kurspläne heraus. Alles, was nur möglich war, wurde geplant und vorstrukturiert. Dies ging manchmal bis in solche Einzelheiten wie die Tischdekoration.

Die NS-Frauenschaft war verantwortlich für die Vermittlung der nationalsozialistischen Weltanschauung an alle Frauen: durch die Schulung von Frauenschaftsleiterinnen, und zwar angefangen von der Blockleiterin bis zur Gaufrauenschaftsleiterin, durch die Schulung von Lehrkräften und Rednerinnen. Die Frauenschaft arbeitete Richtlinien und verbindliche Anweisungen über Inhalt, Methode und Zielsetzung der Schulung aus. Durch Zusammenarbeit und Beratung sollte die NS-Frauenschaft bestimmend für die weltanschauliche Schulung der Frauen in allen anderen Parteiorganisationen sein wie Frauenamt der DAF, Reichsnährstand, Luftschutzbund, weiblicher Arbeitsdienst. Die Schulung der Frauenschaftsleiterinnen erstreckte sich auf alle weltanschaulich-politischen Themen, die das Aufgabengebiet der Frauenschaft berührten. Die Leiterinnen konnten auch an den laufend stattfindenden Schulungsabenden der Ortsgruppe der NSDAP teilnehmen. Für jede Kreisfrauenschaft war eine Schulungsleiterin vorgesehen, deren Aufgabe es war, die in ihrem Kreis verantwortlichen Leiterinnen für die weltanschauliche Schulung richtig einzusetzen, ihre Arbeit zu kontrollieren und bei Unklarheiten selbst einzuschreiten. Besonders in kleinen oder schwierigen Ortsgruppen hatte sie selbst tätig zu werden. In Städten und verkehrsgünstig gelegenen Landkreisen sollten alle Führerinnen des Kreises oder der Ortsgruppen mindestens einmal im Monat zu einer Schulung zusammenkommen.

Für die weltanschauliche Schulung gab es eine eigene Abteilung: Kultur, Erziehung, Schulung, die erst nach 1937 richtig durchorganisiert war und zu der bis 1938 zwei Reichsschulen (Schloß Hohenfels in Coburg und die Reichsschule II in Berlin) und 32 Gauschulen gehörten. Hier wurden die Richtlinien der gesamten Frauenpropaganda und -schulung erarbeitet und weiter vermittelt, die für die kleinsten Frauengruppen bindend waren. Die wichtigste Aufgabe der NS-Frauenschaft war die Schulung der eigenen Führerinnen. Da die Schulung von dem Prinzip von oben nach unten ausging, wurde in der Führerinnenschulung ebenso verfahren. Erst was über die Gau- und Kreisleitungen gelaufen war, gelangte in die Ortsgruppen. Die Arbeit der Führerinnen war in manchen Gegenden, z.B. im Ruhrgebiet oder stark katholischen Orten, nicht immer erfolgreich. Das »Ringen um die Seele der deutschen Frauen« gestaltete sich angesichts der vielen trägen und widerspenstigen Frauenseelen mühsam und beschwerlich. Die Leiterinnen und Lehrkräfte mußten daher immer wieder moralisch und fachlich aufgerüstet werden. Neben den nationalsozialistischen und fachbezogenen Inhalten wurden vor allem das Entwerfen und Gliedern von Vorträgen geübt sowie Übungen in freier Rede, Wechselrede (Diskussion) durchgeführt sowie stimmungsvolles Erzählen durch Verknüpfen eigener Erlebnisse mit der NS-Ideologie erlernt. Eine der wesentlichsten Funktionen einer Frauenschaftsleiterin war die Weitergabe von Befehlen und Maßnahmen. Um möglichst wenig Fehler hierbei zu machen wurde eine Anweisung herausgegeben, wie eine »tüchtige« Frauenschaftsleiterin die Befehle der Reichsleitung weiterzugeben habe:

1. Sie muß eine gute, überzeugte Nationalsozialistin sein, dann weiß sie, daß die Maßnahme nicht vom grünen Tisch von lebensfremden Bürofrauen gemacht werden, sondern von Frauen, die dem Nationalsozialismus, sprich dem Volke dienen wollen (ergo ist es der Volkswille, der ihr hinabgereicht wird).
2. Mit der Anordnung als solcher muß sie sich genau vertraut machen, in Zweifelsfällen muß sie sich bei Fachleuten nochmals informieren.
3. Sie ist für das Vertrauensklima in ihrer Gruppe verantwortlich, d.h., sie hat dafür zu sorgen, daß die Frauen alle Anordnungen der Partei und der Frauenschaft widerspruchslos für richtig halten.
4. Die Übermittlung muß klar, und zwar in der Regel dem Wortlaut nach geschehen. Nur Verständnisfragen dürfen geklärt werden. Persönliche Randbemerkungen der Führerin, Bedauern, Entschuldigung und dergleichen unterbleiben natürlich.
5. Die Nacharbeit darf nicht in Kritik und Widerspruch ausarten oder das allerschlimmste, »in parlamentarisches Abstimmen« verfallen.[19]

Es ist schon erstaunlich, wie offen die Nazis ihren Herrschaftsanspruch formulierten. Ihrem Wunsch entsprechend, hätten sich die Frauen wie eine Herde führen lassen müssen.

In Zusammenarbeit mit der NS-Frauenschaft wurden ab 1934 an der Lessing-Hochschule im Rahmen einer Veranstaltungsreihe, die sich »Hochschule der Frau, Berlin« nannte, regelmäßig Monats- oder Zehntage-Kurse durchgeführt. Die Kurse umfaßten folgende Gebiete: 1. Deutsches Volk und deutscher Staat, 2. Gesundheitsfragen im deutschen Volk, 3. Fragen der Erziehung und Volkspflege, 4. Rechts- und Wirtschaftsfragen im deutschen Volk.[20] Diese Einrichtung sollte eine Ergänzung zu den reinen Parteischulungen sein. Es sollten hier Frauen des Bildungsbürgertums, die nicht zur Frauenschaft gehörten, angesprochen werden. Die Lessing-Hochschule als neutrale Einrichtung der Erwachsenenbildung versprach die Möglichkeit, auch Frauen zu erreichen, die sonst den Veranstaltungen der Partei ablehnend gegenüberstanden. Ab Januar 1935 wurden an der Deutschen Hochschule für Politik fortlaufend Seminare für Frauenschaftsleiterinnen abgehalten. Der Unterrichtsstoff wurde in Form von Vorlesungen und Arbeitsgemeinschaften durchgearbeitet. Das erste Seminar wurde von 500 Frauenschaftsleiterinnen besucht. Die Hörergebühr betrug 3 RM. Folgende Themen wurden behandelt:

*Die Frau in Haus und Familie:*
Der Wirtschaftskreislauf
Die Triebkräfte in der Wirtschaft
Die nationalsozialistische Wirtschaft
Verbrauch und Einzelhaushalt
Die besonderen Aufgaben des Einzelhaushalts in der gegenwärtigen Wirtschaftslage
Der Leistungsgedanke
*Die neue Mädchenerziehung in ihren Beziehungen zu Rasse, Volk, Heimat, Familie, Staat, Gott*
Deutschland als Ursprungsland nordischer Kultur
Die Anfänge von Haus und Hof im nordischen Kulturkreis
Die Altgermanen und ihre Nachbarn
Handwerk und Kunst bei den Altgermanen
Der Kulturkampf zwischen Römern und Germanen
Germanische Kultur vor Einführung des Christentums
Kultur und Sittlichkeit
Freiheit und Ehre
Deutsche Mystik
Nordisch-Germanische Kunst
Staat und Familie
Die Frau im Dritten Reich[21]

Außerdem wurden in allen Gauen und Kreisen ab 1934 regelmäßig Schulungskurse oder Frauentagungen neben den Veranstaltungen von der Reichsfrauenführung durchgeführt. Neben diesen auf Kurssystem beruhenden Veranstaltungen waren für die Schulung und Propaganda die großen und von den Nazis geschickt inszenierten Aktionen wie die Reichsparteitage, Ausstellungen und Sportveranstaltungen von großer Wirksamkeit. Beispielsweise wurde vom 14. bis 19. Juni 1936 sehr wirkungsvoll auf der Insel Norderney eine Reichsschulungstagung veranstaltet, an der ca. 3000 Frauenschaftsleiterinnen teilnahmen. Das Programm wurde geschickt, der Blut-und-Boden-Ideologie gemäß, auf die reizvollen landschaftlichen Bedingungen abgestimmt. Die Gymnastik fand am Strand statt. Segel- und Bootsfahrten, Singstunden in den Dünen, Tänze und andere volkstümlichen Aufführungen, Ausstellungen über Volkskunst und eine Sonnenwendfeier wurden in den Tagungsablauf eingeplant. Dies ergab, angereichert mit vielen Fotos, eine Fülle von wirksamem Werbematerial für die Frauenschaft. Da zu dieser Tagung alle Funktionärinnen, angefangen von den Blockleiterinnen bis zu den Gaufrauenschaftsleiterinnen, eingeladen waren (Scholtz-Klink war natürlich auch anwesend), konnte nach innen und nach außen die Harmonie der nationalsozialistischen »Volksgemeinschaft« demonstriert werden.

Neben den spektakulären Großveranstaltungen waren für die Frauenschaftsmitglieder die wöchentlich stattfindenden Frauenschaftsabende wichtig für die ideologische Beeinflussung. Einmal im Monat fand ein Pflichtabend statt, an dem alle Frauenschaftsmitglieder teilnehmen mußten. Längeres Fernbleiben ohne ausreichende Begründung konnte mit Geldstrafe oder mit Ausschluß geahndet werden. Die Richtlinien für die Durchführung der Frauenschaftsabende wurden von der Reichsfrauenführung erlassen. An den Pflichtabenden sollten jeweils wichtige, vor allem weltanschauliche Themen behandelt werden. Die Pflichtabende sollten so gestaltet werden, daß die Frauen es nicht als Zwang empfanden, dort hinzugehen. Sie sollten eher den Charakter einer Feierstunde haben, in der sich die Frauen entspannen und ein Gemeinschaftsgefühl entwikkeln konnten – ohne schulmeisterliche Belehrungen oder lange anstrengende Vorträge. Oberster Grundsatz war, daß diejenige Erziehungsarbeit am wirkungsvollsten sei, die als solche gar nicht erst wahrgenommen werde. Selbst in der kleinsten Ortsgruppe sollte die nationalsozialistische Ideologie ständig an die Frauen herangetragen werden. Jede kleine Frauenschaftsleiterin eine Demagogin. Wie dies allerdings in der Praxis ausgesehen hat, ist eine andere Frage. Die laufende Werbung nach geeigneten qualifizierten Frauen läßt darauf schließen, daß durch den Mangel an fähigen Mitarbeiterinnen die Frauenschaftsabende nicht immer den von oben gewünschten Richtlinien entsprochen haben. Durch konkrete und detaillierte Anweisungen zur Durchführung und Gestaltung der Frauenschaftsabende sollten die bestehenden Mängel abgeschafft werden, die in den kleineren Ortschaften wohl am größten waren.

Die Frauenschaftsabende und Frauenfeste wurden von bürgerlichen, bzw. kleinbürgerlichen oder ländlichen Vorstellungen geprägt. Die bürgerlichen Komponenten gehen eindeutig aus den Themen hervor: Das deutsche Wohnhaus, Bildschmuck und Plastiken im Wohnhaus, Kunstgewerbliche Arbeiten als Schmuck im Haus, Die deutsche Hausbücherei, Das Lied im Hause und deutsche Hausmusik. Vor allem bei Festen wurden die in den jeweiligen Gegenden traditionellen Gebräuche mit in die Frauenschaftsveranstaltungen einbezogen, oder volkstümliche Feste wie Fasching, Musik- und Gartenfeste wurden ihrer alten Funktion beraubt und zu NS-Festen umfunktioniert. In der Frauenschaft wurde die antikirchliche Einstellung des Nationalsozialismus nicht so offen ausgesprochen wie in der Partei selbst. Aber auch in der Frauenbildung sollte durch viel Mystik und kultische Formen die kirchliche Tradition ersetzt werden. Der Ablauf der Frauenschaftsabende ging von gemeinsamen Grundmustern aus, daher ist der nachfolgende Vorschlag ein typisches Beispiel für die Gestaltung eines Frauenschaftsabends. Es handelt sich hier um einen Verpflichtungsabend, bei dem neue Frauen in die NS-Frauenschaft übernommen wurden, was in feierlichem Rahmen vor sich gehen sollte:

1. Eröffnung durch die Frauenschaftsleiterin.
2. Gemeinsamer Gesang eines Liedes, z.B.:
   Wenn alle untreu werden,
   Auf, bleibet treu,
   Ich hab mich ergeben.
3. Gedicht: Einzeln oder Sprechchor (z.B. von Ernst Moritz Arndt: Von Vaterland und Freiheit).
4. Vortrag: Der Bedeutung des Abends entsprechend:
   Die NS-Frauenschaft und die Volksgemeinschaft
   Die Aufgaben der Frau im Volk.
5. Verpflichtung durch Handschlag und Überreichung von Mitgliedskarte und Abzeichen.
   Das Muster für die Ansprache endete mit: »Seien Sie Nationalsozialistin in jedem Sinne. Denken Sie immer daran, daß ›eine Weltanschauung zu *haben* nicht genügt, sondern daß es heißt, unsere Weltanschauung zu *leben*‹. In allem was wir tun, müssen wir stets unserer Bewegung und unseres Volkes würdig sein. Und was wir auch tun und opfern, es geschieht niemals um Dank und Lohn, sondern aus Dank und Liebe. Aus Dank für den Führer, aus Liebe zur Heimat!« Heil Hitler!
6. Gedicht: Einzelsprecherin.
7. Gemeinsamer Gesang: Kein schöner Land.
8. Schlußwort und Sieg-Heil.[22]

Die Schulung der Frauen durch den Reichsmütterdienst war eine der umfangreichsten Aufgaben der NS-Frauenschaft und des Deutschen Frauenwerkes. Durchgeführt wurde sie vom Deutschen Frauenwerk; die NS-Frauenschaft war nur für die weltanschauliche Zielsetzung und für die weltanschauliche Schulung der Lehrkräfte zuständig. Die Mütterschulung gehörte, von den Nationalsozialisten so bezeichnet, zu den positiven Maßnahmen der Bevölkerungspolitik, als weitere positive galten Ehestandsdarlehen, Kinderbeihilfen, Erholungsprogramme, das Mutterkreuz u.ä. Negative Maßnahmen waren das Ehegesundheitsgesetz und das Gesetz gegen erbkranken Nachwuchs.[23] Die Frauen als »Trägerinnen der Bevölkerungspolitik« stellten in der gesamten nationalsozialistischen Propaganda einen gewichtigen Faktor dar. Die auf Expansion angelegten Interessen des nationalsozialistischen Staates benötigten ein »großes und starkes Volk«. Die abnehmende Geburtenrate, hohe Säuglingssterblichkeit, mangelnder Gesundheitszustand wurden schon in der Zeit vor 1933 – nicht nur von den Faschisten – als beängstigendes Gefahrenmoment empfunden. Wenn nun die Nazis der Familie besondere Bedeutung zusprachen und fast ihre gesamte Innenpolitik damit zu rechtfertigen versuchten, konnten sie sich allgemeiner Zustimmung sicher sein. Beispielsweise wurden die Arbeitsbeschaffungsmaßnahmen, die Kampagne gegen das Doppelverdienertum als Maßnahmen zur »Rettung der Familie« bezeichnet. »Die beste Hilfe für Mutter und Kind ist, daß dem Vater ein seiner Lebenslage und der Größe der Familie entsprechender Arbeitsplatz vermittelt wird.«[24] Selbst die Gewaltmaßnahmen gegen politische Gegner, die für den Zerfall der Familie in der Weimarer Republik verantwortlich gemacht wurden, konnten mit familienpolitischen Argumenten entschuldigt werden.

Gleichzeitig mit der Betonung der Familie wurde der Mutterkult aufgebaut (Muttertag, Mutterkreuz etc.). Dieser sollte durch die Hervorhebung der verschiedenen Aufgabenbereiche von Mann und Frau die hierarchischen Strukturen der patriarchalischen, kapitalistischen Gesellschaft erhalten, die die Grundlage des nationalsozialistischen Staates waren. Dabei wurde die Frau durch Ideologie, Schulung etc. dazu angehalten, ihre Aufgaben zur »Erhaltung und Genesung« der Substanz des deutschen Volkes zu erfüllen. Ihre Aufgaben lagen in ihrer biologischen Funktion als Gebärerin, sie war die sogenannte »Erhalterin der Rasse«. In der Mütterschulung sollte als erstes der »verschüttete Wille zum Kind« wieder geweckt werden. Wie in anderen Bereichen der Propaganda wurde der Geburtenrückgang nicht so sehr den wirtschaftlichen und sozialen Umständen, sondern dem Einfluß des Liberalismus, Marxismus etc. zugeschrieben. Die Propaganda wurde vorwiegend auf moralischer Ebene wie durch Verbreitung von Visionen eines »drohenden Volkstodes« u.ä. durchgeführt. Betrafen die bevölkerungs- und rassepolitischen Maßnahmen im Prinzip beide Geschlechter, so waren die tatsächlichen Auswirkungen geschlechtsspezifisch und drückten die männliche Vorherrschaft und Selbstherrlichkeit aus. Eine von vielen Auswüchsen auf diesem Gebiet war die von Nazis verbreitete »Imprägnationslehre«, die besagte, daß durch Geschlechtsverkehr einer »arischen« Frau mit einem Mann einer »blutsfremden Rasse« das »artfremde Eiweiß« in den Körper der Frau eindringt und ihr gesamtes Erbgut verändert und »verunreinigt« würde.[25] Eine nationalsozialistische Variante des Keuschheitsgebotes für die Frauen. Ansonsten wurde die Sexualität der Frauen völlig negiert. In den Frauenzeitschriften und den Schulungsplänen wurde dieses Thema nicht angesprochen. Wenn zum Thema Sexualität Aussagen gemacht wurden, so erhielt die Frau darin nur die Rolle eines Objektes. Immer wurde nur von Pflichten und Aufgaben der Frauen gesprochen, dem glorifizierenden Bild vom Wesen der Frau lag die Vorstellung von ihrer totalen Bedürfnislosigkeit zugrunde.

Die Forderung an die Frauen, mehr Kinder und »rassereine« Kinder zu gebären, wurde durch Gesetze und Zwangsmaßnahmen gestützt. Eine staatlich angeordnete »Gebärpflicht«, analog der Militärpflicht der Männer, ließ sich allerdings nicht einführen, es wurde auch immer wieder zugegeben, daß durch Zwangsmaßnahmen allein die Gebärfreudigkeit nicht erhöht werden könne. »Durch Gesetze und drakonische Maßnahmen ist der Wille zum Kinde in einem Volk und vor allem in der Frau nicht wieder lebendig zu machen ...«[26] Daher wurde der Reichsmütterdienst als erste große Abteilung der NS-Frauenschaft und des Deutschen Frauenwerkes ausgebaut. Der Reichsmütterdienst umfaßte zwei große Arbeitsgebiete: 1. die Mütterschulung, die vom Deutschen Frauenwerk durchgeführt wurde, und 2. die Müttererholung, die von der NSV (NS-Volkswohlfahrt) durchgeführt wurde, auf die nicht weiter eingegangen werden kann, da es sich um eine vorrangig fürsorgerische Maßnahme handelte.

Es wurde eine Reichsarbeitsgemeinschaft gegründet, um die gesamte Mütterschulung auf eine gemeinsame überkonfessionelle Grundlage zu bringen. Zunächst waren in ihr alle Organisationen vereinigt, die Erfahrungen auf diesem Gebiet hatten, da die Frauenschaft beim Aufbau ihres Mütterdienstes auf deren Mitarbeit angewiesen war. Erst allmählich wurden die nicht »liniengetreuen« Verbände ausgeschaltet. Dies ließ sich natürlich nicht ohne Schwierigkeiten durchführen; neben Querelen mit den sozialen und kirchlichen Verbänden versuchten auch kommunale Träger der Mütterschulung, ihre Arbeit dem totalen Parteizugriff zu entziehen. Da sich die Schwierigkeiten nicht beheben ließen, wurde durch einen Erlaß des Reichsministeriums des Innern vom 3. Juli 1935 der Reichsmütterdienst im Deutschen Frauenwerk als alleinige Trägerin der Mütterschulung benannt.[27]

Der Mütterdienst hatte folgende Unterrichtsstätten: 1. Schulen mit Einzelkursen (Mütterschulungsstätten in Schulen, Volkshochschulen oder parteieigenen Räumen oder eigene ständig eingerichtete Mütterschulen), 2. Internatsschulen (Heimmütterschulen, Bräuteschulen für SS- und SA-Bräute). Die Einrichtung der Schulungsstätten sollte ein Vorbild für echte Wohnkultur sein, die Kosten für die Einrichtung sollten die Höhe des Ehestandsdarlehens nicht übersteigen (800 bis 1000 RM). Für die Finanzierung der Mütterschularbeit gab es verschiedene Möglichkeiten: aus eigenen Beiträgen, d.h. durch die Verbände des Reichsmütterdienstes, durch Zuschüsse der NS-Volkswohlfahrt und der Deutschen Arbeitsfront oder durch Zuschüsse von staatlichen Stellen.[28] Ein Teil der Kosten wurde jeweils durch die Beiträge der Teilnehmerinnen abgedeckt. Die Kursgebühr betrug 1936 für 12 Doppelstunden zwischen 2 und 5 RM, bei niedrigem Einkommen wurden Ermäßigungen gewährt. In einigen Orten wurden die Kosten für Unterstützungsempfängerinnen vom Arbeitsamt übernommen. In den ersten Jahren, in denen es viele arbeitslose Frauen gab und der weibliche Arbeitsdienst noch nicht ausgebaut war, gab es spezielle Kurse für arbeitslose Mädchen und Frauen. In einigen Gauen war der Besuch von Mütterschulkursen eine Voraussetzung für die Auszahlung des Ehestandsdarlehens. Wurde eine Heimmütterschule besucht, so wurden die Kosten hierfür in Höhe von etwa 100 RM vom Ehestandsdarlehen abgezogen. Für Frauen, die von Sozialunterstützung abhängig waren, wurden in verschiedenen Orten Pflichtkurse eingeführt. Für die Bräute von SS-Männern war der Besuch von Mütterschulen eine von Himmler angeordnete Pflicht. Verschiedene SA-Führer versuchten dem Beispiel zu folgen und die Frauen ihrer Mitglieder ebenfalls zum Besuch von Mütterschulen zu verpflichten.

Die Arbeit des Reichsmütterdienstes nahm rasch zu, bis in

die Kriegsjahre stieg die Zahl der Einrichtungen von Mütterschulen ständig, ebenso wie die Anzahl der Kurse.[29]

Folgende Inhalte waren in den Rahmenlehrplänen vorgesehen, die Vermittlung praktischer Fähigkeiten nahm einen breiten Raum ein:

*Allgemeine Schulung:* Vermittlung der nationalsozialistischen Weltanschauung, Aufgaben der Frau innerhalb des nationalsozialistischen Staates, Vermittlung der nationalsozialistischen bevölkerungspolitischen Vorstellungen, Vermittlung des rassischen Denkens, d.h. nationalsozialistische Erblehre, Rechtsfragen über Ehe und Familie, Pflege deutschen Brauchtums nach nationalsozialistischen Vorstellungen.
*Haushaltsführung:* Kochkurse – Nährwert der gebräuchlichen Lebensmittel, praktische Hinweise für die Wohnungspflege, Einrichtung und Gestaltung der Wohnung mit beschränkten Mitteln, Nähen und Ausbessern und Verändern von Kleidung, Einteilung des Wirtschaftsgeldes, häusliche Buchführung, Einkaufsberatung.
*Mutter und ihr Kind:* Schwangerschaft, Geburt und Wochenbett, Pflege, Ernährung, Kleidung des Säuglings und Kleinkindes, Hinweise über die körperliche und seelische Entwicklung des gesunden Kindes, Kinder mit Erziehungsschwierigkeiten, Ratschläge zur Beschäftigung mit Kindern: Spiel, Singen, Vorlesen und Erzählen.
*Gesundheits- und Krankenpflege.*[30]
An Lehrkräften bei einem Mütterschulkurs waren vorgesehen: eine hauswirtschaftliche Lehrerin, zwei Gewerbelehrerinnen, zwei Meisterinnen der Hauswirtschaft, eine Wohlfahrtspflegerin und eine Krankenschwester. Ein Kurs dauerte etwa viermal vier Stunden oder zwölfmal dreieinhalb Stunden und gliederte sich in vier Teile: 1. theoretische Belehrung, 2. praktische Ausführung (Kochen), 3. gemeinsame Mahlzeiten mit belehrendem Tischgespräch, 4. Hausarbeit. Durch die praktische Unterrichtung sollte erreicht werden, daß die Frau:

1. mit den ihr zugänglichen wichtigsten Volksnahrungsmitteln etwas anzufangen weiß,
2. daß sie die einfachsten Arbeiten, vor allem Reinigungsarbeiten und Wäsche versteht,
3. daß sie ein einfaches Wirtschaftsbuch führen kann,
4. daß sie einen kleinen Einblick in die volkswirtschaftlichen Zusammenhänge hat (Verantwortung für das Volksganze),
5. daß sie die Bedeutung und Verantwortung ihrer Arbeit erfaßt.[31]

## *A. Mütterschulungskurse*

| Jahr | Haushalt-führung | Gesund-heits-fragen | Erzie-hungs-fragen | Heim-gestaltung und Volks- und Brauchtum | Zusammen |
|---|---|---|---|---|---|
| 1934 | | | | | |
| Juli bis Dezember | 642 | 928 | 380 | – | 1950 |
| 1935 | | | | | |
| Januar bis Juni | 2079 | 3692 | 839 | 319 | 6929 |
| Juli bis Dezember | 2625 | 2710 | 864 | 414 | 6613 |
| 1936 | | | | | |
| Januar bis Juni | 5628 | 6072 | 1498 | 150 | 13348 |
| Juli bis Dezember | 4805 | 3479 | 1025 | 90 | 9399 |
| 1937 | | | | | |
| Januar bis Juni | 7826 | 6196 | 1612 | 104 | 15738 |
| Insgesamt | 23605 | 23077 | 6218 | 1077 | 53977 |

## *B. Teilnehmerinnen an Mütterschulungskursen*

| Jahr | Haushalt-führung | Gesund-heits-führung | Erzie-hungs-fragen | Heim-gestaltung und Volks- und Brauchtum | Zusammen |
|---|---|---|---|---|---|
| 1934 | | | | | |
| Juli bis Dezember | 19235 (29) | 32036 (34) | 10729 (28) | – | 62000 |
| 1935 | | | | | |
| Januar bis Juni | 39212 (19) | 111665 (32) | 26563 (31) | 8501 (26) | 185941 |
| Juli bis Dezember | 42160 (17) | 73140 (26) | 20327 (23) | 9051 (22) | 144678 |
| 1936 | | | | | |
| Januar bis Juni | 95160 (17) | 148166 (24) | 34622 (23) | 2507 (20) | 280455 |
| Juli bis Dezember | 74742 (16) | 75759 (22) | 19874 (20) | 1298 (13) | 171673 |
| 1937 | | | | | |
| Januar bis Juni | 122170 (15) | 138739 (22) | 32551 (20) | 1738 (16) | 295198 |
| Insgesamt | 392679 | 579505 | 144666 | 23095 | 1139945 |

Eingeklammerte Zahlen = Durchschnittsbesuch der einzelnen Kurse.

Wie Tornieporth in ihrer Studie zur Frauenbildung[32] nachweisen kann, läßt sich in den Lehrplänen des Mädchenschulunterrichts eine Kontinuität der hauswirtschaftlichen und erzieherisch-pflegerischen Inhalte seit etwa 1900 bis in die 50er Jahre (in der BRD) feststellen. Es kann davon ausgegangen werden, daß dies für die außerschulische Frauenbildung ebenfalls zutrifft.

Die Schulung des Reichsmütterdienstes stand in der Tradition der »sittlichen Arbeitserziehung«, die bei einer Reihe bekannter Pädagogen immer mehr Beachtung fand.[33] Ihre Theorie bezog sich vorwiegend auf die Schul- und Berufsschulausbildung. Mit einer schon in der Schule beginnenden konkreten Arbeitserziehung sollte die Erziehung zur besseren Arbeitsmoral einhergehen. Dem einzelnen Schüler sollte seine Verantwortung für Staat und Gemeinschaft, die sich in seiner Arbeitsleistung ausdrücken sollte, vermittelt werden. Ausgegangen wurde von einer geschlechterspezifischen Aufgabenstellung, d.h., es entwickelten sich Vorstellungen für eine männliche und für eine weibliche Arbeitserziehung. Zu diesen mehr staatsbürgerlichen Ideen gesellten sich rasch handfeste unternehmerische Interessen. Interessant ist es, festzuhalten, daß das 1925 von Kapitalisten der Schwerindustrie angeregte Dinta (Deutsches Institut für Technische Arbeitsschulung) – zur Lösung der Arbeiterfrage gegründet – von Anfang an betonte, daß in seine Erziehungsbemühungen die Frauen und weiblichen Angehörigen der Arbeiter mit einbezogen werden müßten. Das Dinta verfolgte die Interessen: Rationalisierung der Produktion, Entwicklung von raffinierteren Strategien zur intensiveren Nutzung der menschlichen Arbeitskraft, Hebung der Arbeitsmoral, Bekämpfung radikaler und revolutionärer Tendenzen durch Erziehung und soziale Zugeständnisse. Der Dinta-Leiter Carl Arnold bemerkte zur Frauenbildung:

»Wir müssen auch die Frau in die Ausbildung hineinziehen, damit sie wirtschaften lernt, damit sie mit dem Gelde, das der Mann nach Hause bringt, etwas anfangen, etwas schaffen kann. ... Fünf Tage soll sie ihr Geld verdienen, der sechste Tag dient ihrer Ausbildung. Da lernt sie eben kochen, nähen, bügeln. Ein Teil geht in das Krankenhaus, in das Säuglingsheim, wieder andere machen ihr Gärtchen zurecht. Dann wäre das erreicht, was ich wollte.«[34]

Die Arbeitserziehung wurde im Nationalsozialismus auch von der Partei in die Hand genommen. Die Vermittlung der gewünschten Arbeitshaltung ließ sich am nachhaltigsten in Heimschulen, in denen die Frauen auch wohnten, durchführen.

In allen Heimen des Reichsmütterdienstes gehörte es zum Schulungsplan, die Frauen in die täglichen Arbeiten mit einzubeziehen.

Ein weiteres, vielzitiertes Ziel war die Erziehung zur »Volksgemeinschaft«. Die Mütterschulen versuchten, Frauen, die dem nationalsozialistischen Staat ablehnend gegenüberstanden, als Anhängerinnen zu gewinnen. In »roten« Industriegebieten, in denen die Arbeiterschaft den Nationalsozialismus ablehnte, oder in den »schwarzen« Gebieten, in denen der Einfluß der Kirchen groß war, wurden bevorzugt Mütterschulkurse abgehalten. Für sozial benachteiligte Frauen wie Unterstützungsempfängerinnen oder für die Frauen in den wirtschaftlich unterentwickelten Gebieten wurden verstärkt Schulungen durchgeführt. In Zusammenarbeit mit der Deutschen Arbeitsfront wurden in den Betrieben direkt Mütterschulkurse angeboten, die teilweise von den Betrieben mitfinanziert wurden. Die Erziehung zur »Volksgemeinschaft« hatte wenig Erfolg und blieb eine propagandistische Fiktion. Die Klassengegensätze wurden nicht abgebaut, selbst innerhalb der Kurse wurden allenfalls kurzfristige Gefühlserlebnisse der Zusammengehörigkeit erreicht, ohne anhaltende Auswirkungen. Dies konnte gar nicht anders sein, denn die Führerinnen der Frauenschaft untereinander wurden mit dem Problem der Klassenunterschiede nicht fertig. So war beispielsweise, wie sich die Frauenschaft beklagte, die »gnädige Frau« noch nicht abgeschafft und meist nicht zur Mitarbeit in ihren Reihen bereit.

Wirkungsvoller scheint die Verbreitung bürgerlicher Normen und Wertvorstellungen gewesen zu sein, welche von der NS-Frauenschaft in alle Schichten der Bevölkerung getragen wurden, durch Lehrinhalte wie Heimgestaltung (Einrichtungsvorschläge, Bildervorschläge, Blumenpflege), Tischsitten, Festgestaltung etc. Die Idealvorstellungen harmonischen Familienlebens orientierten sich an bürgerlichen Vorbildern.

Volkslieder, Sagen, Märchen u.ä. wurden nicht nur als stimmungsvolle Elemente in die Veranstaltungen eingebaut, sondern häufig als Inhalte für die Frauenschulung empfohlen. Die Mythen und Sagen, wie die damals häufig erwähnte Edda- und Thule-Saga, vermittelten eine Welt, in der die Männer als Helden, Krieger, Kämpfer oder Führer mit Tugenden wie Ehre, Treue, Tapferkeit und Mut in die Welt hinauszogen und die Frauen als Mütter in Haus, Feld und Familie zurückließen. Die Tugenden der zurückgelassenen Frauen waren genau die gleichen, die auch die Nationalsozialisten von den deutschen Frauen verlangten: wie Dienen, Hegen, Pflegen und Gehorchen. Interessant ist, daß nach 1939, der Zeit des Arbeitskräftemangels, in der die Frauen zur außerhäuslichen Erwerbsarbeit gedrängt wurden, auch Frauenbilder aus der Geschichte auftauchten, in denen die Frauen sich ihre Lorbeeren außerhalb der Familie verdient hatten.

Im Grunde baute die nationalsozialistische Mütterschulung auf alten Traditionen auf, veränderte bestimmte Vorgehensweisen und stellte sie unter eine straffe totalitäre Führung. Die Nationalsozialisten setzten die Tradition der Frauenbildung fort, die aus folgenden Interessen entstand: Das grundlegende Interesse war die Vermittlung hauswirtschaftlicher Kenntnisse, die seit Beginn der industriellen Expansion mit der einhergehenden Reduzierung der Familie nicht mehr innerhalb der Familie geleistet werden konnte. Diesem Anliegen wurden jeweils noch klassenspezifische Interessen untergeschoben, d.h., in der bürgerlichen Frauenbildung wurde die ideelle und kulturelle Weiblichkeit stärker betont als Vorbereitung auf bestimmte Frauenberufe wie Fürsorgerin, Erzieherin. Die Erziehung der proletarischen Frauen war von den Zielen der Arbeitserziehung geprägt; neben der Vermittlung praktischer Kenntnisse wurde das Schwergewicht auf die Erziehung zur richtigen Arbeitshaltung gelegt. Schon in der Vergangenheit wurde die Misere der Arbeiterfamilien auf die Untüchtigkeit der Frauen zurückgeführt. Seit dem 19. Jahrhundert hatte im Zusammenhang mit der Sicherstellung des »sozialen Friedens« die hauswirtschaftliche Erziehung verschiedene Funktionen: Von den brennenden sozialpolitischen Problemen konnte auf ein unpolitisches und unvorbelastetes Gebiet abgelenkt werden. Die Schuld an der tatsächlichen Verelendung des Proletariats konnte den Arbeiterfamilien selbst, insbesondere den Frauen angelastet werden. Die Erziehung zu einer dem Lohn angemessenen Lebensführung sollte der »Verbesserung der lebenden Maschinerie dienen, d.h. mit einem Minimum an Kosten (Arbeitslohn) sollte ein Maximum an Leistung erzielt werden. Der knappe Lohn konnte nur ausreichen, wenn die Frauen durch ein hohes Maß an unbezahlter Hausarbeit die Subsistenzbasis sicherten«.[35]

Die NS-Frauenschaft und das Deutsche Frauenwerk waren in den mächtigen Apparat der Vierjahresplanung einbezogen. Durch die Vierjahresplanung wurde eine weitgehendste Zentralisierung der Wirtschaftspolitik erreicht, deren Aufgabe eine Beschleunigung der Aufrüstung bei gleichzeitiger Sicherung der Nahrungsbasis war. Es gelang allerdings kaum, das Minimum an Grundversorgung zu gewährleisten, da die Konsumgüterproduktion stark gedrosselt wurde und es Darre (Landwirtschaftsminister, Reichsbauernführer) nicht erreichte, die Produktion eigener landwirtschaftlicher Erzeugnisse im Sinne der Autarkiepolitik zu erhöhen.[36] Der Mangel an Nahrungs- und Konsumgütern mußte aufgefangen werden. Es war die Kernaufgabe der Abteilung Volkswirtschaft/Hauswirtschaft, die Hausfrauen so zu schulen, daß sie in der Lage waren, den Mangel aufzufangen. Die Verknappung aller Verbrauchsgüter und die niedrigen Löhne erforderten eine sparsame und gut durchdachte Haushaltsführung. Die allgemeine Stimmung war davon abhängig, ob dies den Frauen gelingen würde. Von daher war die hauswirtschaftliche Schulung der Frauen nicht nur von wirtschaftlicher, sondern auch politischer Bedeutung. Die Anstrengungen der Frauenschaft, den Nationalsozialismus bis in den Kochtopf zu tragen, nur zu belächeln, beruht auf einer Fehleinschätzung.[37]

Nach der Errichtung der Vierjahresplanung wurde die Abteilung Volkswirtschaft/Hauswirtschaft ausgebaut. Leiterin der Abteilung war Else Vorwerk. Die ursprünglichen Aufgaben waren die volks- und hauswirtschaftliche Aufklärung, Fragen der Ernährung im Zusammenhang mit der Förderung des Nährstandes und der Volksgesundheit, Vermittlung von Kenntnissen der Haushaltsführung, Kleidungsfragen unter Berücksichtigung der Rohstofflage (deutsche Mode), Wohnungsfragen und Heimgestaltung im Hinblick auf Verwendung deutscher Erzeugnisse, Verbraucherlenkung, Mitarbeit in Fragen hauswirtschaftlicher Berufsausbildung. Nach Errichtung der Vierjahresplanung kamen dann noch hinzu: Mitarbeit bei der Erstellung eines Kataloges der benötigten Nahrungs- und Konsumgüter, Kostenerstellung der hauswirtschaftlichen Ausgaben, Zusammenarbeit mit der Wirtschaftsgruppe Einzelhandel und dem Preisüberwachungsamt in bezug auf Preisüberwachung, Berichte über die örtliche Versorgungslage und über Verknappungserscheinungen, Beratung zur sinnvollen Verteilung der Lebensmittelkarten und Bezugscheine, Propaganda zur Sammlung von Altmaterial zur »Sicherung der Rohstofffreiheit«.

Zur Abteilung gehörten auf Reichsebene größere Institute für hauswirtschaftliche Forschung und Versuchsarbeit, und zwar die Versuchsstelle für Hauswirtschaft des Deutschen Frauenwerkes, die Versuchsstelle für bäuerliche Wertarbeit, ein Reichskuratorium für Wirtschaftlichkeit und ein Reichskuratorium für Technik in der Landwirtschaft. In den Versuchsstellen wurde ermittelt, was an lebensnotwendigen Gütern erforderlich war, um die »Volksgesundheit« zu erhalten. Es wurden Minimalkataloge erstellt für lebenswichtige Nährstoffe. Um den Hausfrauen Hinweise geben zu können, wurden Nährgehalte analysiert, Garungsmethoden ausprobiert und besonders nährreiche und werthaltige Menüs zusammengestellt. Gemeinsam mit dem Reichsnährdienst wurde ermittelt, was an Nahrungsmitteln im eigenen Land produziert werden konnte und wo es Defizite gab. Danach wurden Anweisungen herausgegeben, welche Lebensmittel verbraucht werden sollten. Von der Abteilung Volkswirtschaft/Hauswirtschaft wurde die Zeitschrift »Deutsche Hauswirtschaft« publiziert. In unregelmäßigen Abständen erschienen ein Ernährungsdienst mit aktuellen Tips sowie eine Fülle von Schulungs- und Informationsmaterial für Ernährungsfragen (Rezepte). Besonders in den letzten Kriegsjahren, in denen Frauen immer häufiger gezwungen waren, aus wenigen Lebensmitteln ausreichende Mahlzeiten zu kochen, könnte die praktische Unterrichtung und Beratung hilfreich gewesen sein.

Die Landwirtschaft, zwar ein »ideologisches Schoßkind«, blieb ein dauernd hilfsbedürftiger Teil der Volkswirtschaft.[38] Für die mittleren und kleineren Landwirtschaften, die durch das Erbfolgegesetz an Grund und Boden gebunden waren, aber einer Beschränkung der Kreditaufnahme unterlagen, d.h., sie waren gezwungen, den Hof zu bewirtschaften, aber konnten sich keine technischen Hilfsmittel anschaffen, bedeutete dies ein Höchstmaß an Arbeitsleistung durch die bäuerliche Familie, da die landwirtschaftlichen Hilfskräfte immer häufiger in die Industrie abwanderten. Alle Maßnahmen, die Abwanderung einzuschränken, erwiesen sich als wirkungslos. Für die Landfrauen vergrößerte sich die Arbeitsbelastung erheblich. Landjahr, Pflichtjahr, weiblicher Arbeitsdienst und alle sonstigen Aktivitäten erbrachten nicht die gewünschte Entlastung. Dies wurde durch die ideologische Überhöhung der Stellung und Bedeutung der Landfrauen im Zusammenhang mit dem Blut-und-Boden-Kult auszugleichen versucht. Es ist überhaupt auffallend, daß überall, wo etwas nicht so recht funktionierte, versucht wurde, die Angelegenheit durch verstärktes ideologisches Gerassel zu beschönigen. Ideologie und Propaganda sollten die Mängel verdecken.

Zwischen dem Reichsnährstand und der Reichsfrauenführung wurde am 26. Februar 1935 ein Abkommen getroffen, welches die Schulung der Landfrauen betraf:

»Die NS-Frauenschaft ist die Trägerin der weltanschaulich-politischen Schulung. Sie dient zur Überwindung des Gegensatzes von Stadt und Land. – Veranstaltungen des Reichsnährstandes, soweit sie die Frauen überhaupt betreffen, werden vom betreffenden Bauernführer mit der NS-Frauenschaft besprochen und durchgeführt, eventuell auch im Rahmen der NS-Frauenschaft. – Bei Veranstaltungen, Pflicht- und Heimabenden der NS-Frauenschaft wird auf die häuslichen Verhältnisse Rücksicht genommen und keinerlei Zwang ausgeübt. In den Sommermonaten wird der übermäßigen Arbeitslast der Landfrau durch Befreiung von den Pflichtabenden usw. Rechnung getragen.«[39]

In verschiedenen Gauen ist die Schulungsarbeit durch die starke Verwurzelung der Frauen in der Kirche, besonders in katholischen Gegenden, erschwert worden. Lehrkräfte und Rednerinnen sollten in der Landfrauenschulung verstärkt von den betreffenden Lebens- und Arbeitsbedingungen ausgehen. Besonders geeignet als Lehrkräfte erschienen hier mütterlich wirkende Frauen. Als Einstieg und Mittelpunkt der Schulung sollten Fragen über »echtes Muttertum« dienen, an welche die Landfrauen aus ihren eigenen Erfahrungen heraus anknüpfen sollten.

Was die NS-Frauenschaft und das Deutsche Frauenwerk durch die Frauenschulung erreichen sollten, läßt sich aus den Interessen des nationalsozialistischen Staates ableiten:
- Ein Staat, der die Priorität auf Expansion setzt, Rüstungsproduktion vor Konsumgüterproduktion stellt, braucht anspruchslose Frauen, die möglichst keine Mode-, Kosmetik- oder sonstige Luxusbedürfnisse haben.
- Er braucht arbeitsfähige Frauen in der Produktion der Industrie und im Haushalt, da der Mangel an Gebrauchsgütern eine erhebliche Mehrarbeit im Haushalt notwendig macht (Konvervierung von Lebensmitteln, Näh- und Flickarbeiten, Reparaturen).
- Er braucht wahre Haushaltskünstlerinnen, die mit dem wenigen, was an Nahrungs- und Konsumgütern vorhanden ist, leistungsfähige Arbeitskräfte und wehrtüchtige Soldaten verpflegen können.
- Er braucht gebärfähige und gebärfreudige Frauen.
- Er braucht politisch unmündige Frauen, die auch Mißstände und Entbehrungen ohne Widerspruch ertragen und Befehle ohne Einsprüche durchführen.

Es drängt sich hier die Frage auf, was hat Frauen überhaupt dazu gebracht, der NSDAP, einer reinen Männerpartei, ihre Zustimmung zu geben. Die Nationalsozialisten konnten mit ihrer Frauenpolitik an einem Punkt anknüpfen, an dem Arbeiter-

und Frauenbewegung – verstärkt durch die Weltwirtschaftskrise – auf der Stelle traten. Sie nutzten sehr geschickt Mißstände, Nöte und Ängste der Bevölkerung aus. Ihre Versprechungen zur Wiederherstellung der gesunden Familie nach den Grundsätzen bürgerlicher Wert- und Moralvorstellungen fiel auf vorbereiteten Boden. Durch ihre Frauenpolitik trafen die Nationalsozialisten, indem sie Mutterschaft und Opferbereitschaft der Frauen belobigten und mystifizierten, den wunden Punkt des Frauseins. Das, was Frauen sowieso unbeachtet zu tun hatten: Kinder gebären, Hausarbeit verrichten etc., erfuhr eine offizielle, wenn auch nur scheinbare Anerkennung. Die tatsächliche Stellung der Frau wurde keineswegs verändert, im Gegenteil, die Belobigungen hatten die Funktion, die Ausbeutung von Frauen noch zu erhöhen. Die Familienpolitik, ausgerichtet auf mehr und »wertvoll arischen« Nachwuchs, konnte auf die Zustimmung der Frauen nicht verzichten. Zwangsgebären ließ sich nicht so ohne weiteres einführen, also mußten die Frauen durch unermüdliche Lobpreisungen, Propaganda und Schulung gewonnen werden. So paradox es klingt, die Würdigung der Frau im Nationalsozialismus war m.E. das wirksamste Unterdrückungsinstrument, welches die Faschisten in ihrer Frauenpolitik einsetzten. Unter diesem Aspekt müssen alle oft unpolitisch erscheinenden Bildungsmaßnahmen der NS-Frauenschaft betrachtet werden. Sie verfolgten das Ziel, die Integration der Frauen in den faschistischen Staat zu sichern und eine möglichst effektive Verbesserung ihrer Funktionalität zu erreichen. Dies geht selbst aus den Darstellungen der NS-Frauenschaft eindeutig hervor:

»Die NS-Frauenschaft hat das Primat, die Lehre Adolf Hitlers in das letzte Bauern-, Arbeiter-, Handwerkshaus des Dorfes zu tragen. Sie hat die weltgeschichtliche Aufgabe, das Gedankengut des nationalen Sozialismus zur restlosen Zerschlagung des Kastengeistes auszubreiten und in die deutschen Mütter-, Frauen- und Mädchenherzen einzusenken. ... Die NS-Frauenschaft ist das scharf geschliffene Instrument der Partei zur Eroberung der Familie.«[40]

Auch die Einrichtungen und Veranstaltungen, die sich als Unterstützung für die Frau darstellen, waren Maßnahmen, die nicht der einzelnen Frau dienen sollten, sondern der Etablierung und Aufrechterhaltung des NS-Regimes.

Die Organisation der NS-Frauenschaft und die von ihr durchgeführte Frauenbildung hatten eine nicht zu unterschätzende wichtige politische Funktion. Wenn Dörte Winkler in ihrer Untersuchung über die Frauenerwerbsarbeit die Frauenschaft als unwichtig bezeichnet, so liegt m.E. ihrer Interpretation eine totale Unterbewertung des gesamten Hausarbeitsbereiches zugrunde, da sie in ihrer Analyse nur einer bezahlten Erwerbsarbeit gesellschaftliche Bedeutung beizumessen scheint.[41] Tatsache ist jedoch, daß ohne die unbezahlte Arbeit der Frauen in Haushalt und Familie das gesamte System des Nationalsozialismus zusammengebrochen wäre. Solche Fehleinschätzungen ermöglichen es, die Arbeit der NS-Frauenschaft nachträglich als rein caritative Tätigkeit zu bagatellisieren oder sogar zu rechtfertigen. Dies geht sogar so weit, daß die frühere Reichsfrauenführerin es wagt, in einem 1978 erschienenen Buch[42] allen deutschen Frauen oder deren Töchtern, die in der NS-Frauenschaft tätig waren, zu danken. Die Geschichte der NS-Frauenschaft, ihre Ziele und ihre Arbeit zeigen deutlich, daß die besondere Betonung der Weiblichkeit die Frauen von dem Anspruch auf Gleichberechtigung entfernt. Schon vor 1933 wurde das Festhalten an einer besonderen weiblichen Wesensbestimmung immer wieder zu einem Hemmnis für die Durchsetzung der Gleichberechtigung. In großen Teilen der bürgerlichen Frauenbewegung machte sich, so A. Rühle-Gerstel, eine Tendenz zur »Heiligsprechung der angezüchteten Minderwertigkeiten« der Frau bemerkbar.[43] Opferbereitschaft, Güte und Dienen wurden wieder stärker als weibliche Tugenden betont, und die Frauen ließen sich auf das Gebiet der sozialen Tätigkeiten abdrängen. Dieser Trend innerhalb der Frauenbewegung bot der NS-Frauenschaft Anknüpfungspunkte und lieferte ihr eine Reihe von Argumenten für ihre Frauenpolitik.

ANNEMARIE TRÖGER

# Die Frau im wesensgemäßen Einsatz

Es hat sich in der wissenschaftlichen und politischen Diskussion herumgesprochen, daß die Nationalsozialisten doch nicht alle Frauen aus der Erwerbstätigkeit vertrieben und nicht alle »arischen« Frauen zu »Nur-Hausfrauen« und zu Müttern gemacht haben. Konnten sie nicht? Wollten sie gar nicht? Wußten sie überhaupt, was sie wollten? Eines ist sicher: Sie wollten den Krieg, die Erweiterung des Lebensraums oder, besser gesagt: die Erweiterung des Wirtschafts- und Ausbeutungsraums, da Deutschland angeblich vom »Volkstod« bedroht war und das Volk für den Großraum erst in der »Gebärschlacht« erzeugt werden mußte. Diesem Ziel wurde alles untergeordnet, selbst wenn es ihrer Ideologie widersprach. Zweitens konnten und wollten die Nationalsozialisten nicht gegen die Interessen der »deutschen Wirtschaft« – wie das kapitalistische System mit seinem politischen Zentrum, der Großindustrie, so beruhigend genannt wurde – handeln, und das nicht nur, weil sie die deutsche Wirtschaft zu ihrer Kriegführung brauchten, sondern auch, weil sie mit deren Zustimmung die Macht ergriffen hatten, um Bedingungen herzustellen, die dem deutschen Kapital halfen, aus seiner tiefen ökonomischen, sozialen und politischen Krise herauszukommen.[1]

1935 äußerte bereits der Reichsleiter der Deutschen Arbeitsfront Robert Ley, daß die Bedeutung der Beschäftigung weiblicher Arbeitskräfte zunächst überschätzt worden sei und es tatsächlich manche Arbeiten gäbe, die der Mann nicht so schnell und so gut wie eine Frau machen könne, ein Ersetzen also gar nicht nötig sei.[2]

1936 forderte ein hoher Beamter des Reichskriegsministeriums: »Die Frau wird im Ernstfalle im großen Umfange die Arbeit in den Fabriken leisten müssen ... Auch hier müssen sich die sozialen Bestrebungen [d.h. die der NSDAP; A. T.], die Frau aus dem Betriebe zu lösen, den militärischen Notwendigkeiten unterordnen.«[3]

1937 meldete das Institut für Konjunkturforschung in Berlin bereits ein Defizit von einer halben Million Arbeitskräften; deshalb sei es notwendig, stärker als bisher kleine Selbständige, mithelfende Familienangehörige und Frauen wieder in den Arbeitsprozeß zu integrieren.[4]

1941 – lange vor Stalingrad – gab das Reichspropagandaministerium die folgende »geheime« Information an die Schriftleiter von Zeitschriften:

»Das Statistische Reichsamt hat jetzt die Entwicklung der Zahl der erwerbsfähigen und der erwerbstätigen Frauen bis zum Jahre 1952 vorausberechnet ... Als Gesamtergebnis dieser Untersuchung ist festzustellen: in den Jahren 1942 bis 1952 wird ... der Anteil der verheirateten Frauen im Erwerbsleben ... zunehmen, der der unverheirateten Frau wird auf Grund des Geburtenausfalls nach dem Weltkrieg ständig sinken, besonders die Jahrgänge unter 40 Jahren werden von dieser Minderung betroffen; sie werden sich in der Zeit von 1942 bis 1952 um rund dreiviertel Millionen verringern. Gleichzeitig wird der Anteil der älteren Frauenjahrgänge erheblich zunehmen. Die Folge wird erstens *ein verstärkter Einsatz der verheirateten Frau* und zweitens verstärkte Berufstätigkeit in älteren Jahrgängen sein (Hervorhebung: A. T.). Selbstverständlich eignen sich die vorgenannten Zahlen nicht zur Veröffentlichung, vor allem dann nicht, wenn Vermutungen über die zukünftige Gestaltung des Familienlebens und über die bevölkerungspolitischen Auswirkungen daran geknüpft werden.«[5]

Dieser Rückkehr zur kapitalistischen Rationalität entsprach auch die konkrete Entwicklung: Die Anzahl der weiblichen Erwerbspersonen wuchs von 11,5 Millionen in den Jahren 1925 und 1933 auf 12,7 Millionen im Jahre 1939, das bedeutete eine Steigerung um 10%. Frauen machten damit 37% aller Erwerbstätigen des Jahres 1939 aus.[6] Ein Teil dieses Wachstums geht auf die besseren Erfassungsmethoden, aber auch auf eine echte Vergrößerung der Gruppe der »mithelfenden Familienangehörigen« zurück. Bei den abhängig Beschäftigten, also im wesentlichen den Arbeiterinnen und Angestellten, verlief die Entwicklung etwas langsamer: Der Höhepunkt von 1928 mit 7,2 Millionen abhängiger weiblicher Beschäftigter wurde erst 1941 wieder erreicht und wurde 1943 mit 8 Millionen überschritten. Wenn man sich die Prozentsätze der beschäftigten Arbeiterinnen und Angestellten ansieht, wird die Politik des Nationalsozialismus deutlich, zuerst einmal alle Männer in Lohn und Brot zu bringen und dann die weibliche Reservearmee einzusetzen. Der weibliche Anteil an den abhängig Beschäftigten hatte 1928 37% betragen, dieser Anteil wurde in der Vorkriegszeit nicht mehr erreicht. Selbst 1933 waren noch 35% aller Arbeiter und Angestellten weiblich. Nach der Machtergreifung sank dieser Anteil auf 31% in den Jahren von 1936 bis 1938. Er stieg aber dann nach Kriegsbeginn sehr schnell auf 38% an (1941), hauptsächlich aufgrund der Mobilisierung der wehrpflichtigen Männer.

Die Literatur über die weibliche Erwerbstätigkeit in der Zeit des Nationalsozialismus ist seit 1975 so angewachsen, daß ein Diskurs möglich wäre, wenn mir mehr Seiten zur Verfügung stehen würden.[7] Auf die Frage nach der Bedeutung der NS-Zeit für die langfristige Entwicklung der Frauenarbeit geben auch die auf einem intensiven Quellenstudium basierenden Arbeiten nur eine unzureichende Antwort.

Jill Stephenson kommt aufgrund der oben angedeuteten erweiterten Erwerbstätigkeit von Frauen zu folgendem Ergebnis: Die ideologisch motivierten Barrieren gegen Frauen in gehobenen Verwaltungsberufen und in der Justiz seien sicherlich bezeichnend für das Nazi-Ideal und für ihre Ziele im »Tausend-

Arbeiterinnen in der Rüstungsindustrie, 1940
*(Foto: Ullstein Bilderdienst, Berlin).*

jährigen Reich«. Aber diese Beispiele seien die Ausnahme gewesen. Im Endergebnis habe die Entwicklung in den 30er Jahren so ausgesehen, daß die Stellung der Frau im Erwerbsleben, auch in gehobenen Berufen, konsolidiert und nicht unterhöhlt worden sei, und außerdem sei der Status der Hausfrau und Mutter verbessert worden. Stephenson schließt sich damit der geschichtsphilosophischen Interpretation der »Modernisierungstheorie«, besonders der von David Schoenbaum an: Um ihre rückwärtsgewandten Ziele, z.B. die »arische« Besiedlung des »Ostraums« durchzusetzen, mußten die Nationalsozialisten sich der modernen Industrie bedienen. Mit dem Ausbau modernster Großindustrie förderten sie aber auch – ungewollt – die Entwicklung moderner Sozialstrukturen, wie z.B. die Erwerbstätigkeit von Frauen.[8] Dörte Winkler lehnt in ihrer materialreichen Studie die Modernisierungsthese zu Recht ab. Sie verstrickt sich aber in ihrer Schlußbetrachtung in eine Argumentation, die sich wie eine unfreiwillige Ehrenrettung des »Führers« ausnimmt: Aus der mehrfachen Entscheidung Hitlers gegen eine Dienstverpflichtung von Frauen im Zweiten Weltkrieg, der er wegen seines kleinbürgerlichen Frauenideals nicht zugestimmt habe, sowie aus seiner Stellungnahme gegen eine Erhöhung der Frauenlöhne 1944(!)[9], die beide gegen die Interessen der Industrie gefaßt worden seien, konstruiert Winkler ein »Primat der Politik« in der Behandlung der Frauenerwerbstätigkeit im NS. Stefan Bajohr macht nach einer detaillierten, ja akribischen Dokumentation der Ausbeutung und des Leidens von Arbeiterinnen zwischen 1914 und 1945 noch nicht einmal den Versuch einer zusammenfassenden Interpretation, wodurch der Eindruck einer bleiernden Unabänderlichkeit entsteht, der gerade nicht in seinem Sinne sein dürfte. Die bisher leider unveröffentlichte Magister-Arbeit von Renate Zimmermann-Eisel, die im wesentlichen auf der Auswertung des statistischen Materials und der relevanten Gesetze und Verordnungen beruht, interpretiert die Bedeutung der nationalsozialistischen Arbeitsmarktpolitik für die gesellschaftliche Situation der Frauen folgendermaßen:

»Es muß ... betont werden, daß es dem Nationalsozialismus nicht darum ging, Frauenerwerbstätigkeit als solche vollkommen auszumerzen ... Die Frauen sollten im Dritten Reich grundsätzlich die Ehe als Beruf anstreben und ausüben. Wenn so die verheirateten Frauen dem allgemeinen Arbeitsmarkt fernblieben, mußte es für die ledigen genügend Möglichkeiten geben, in ›artgemäßer‹ Tätigkeit den Lebensunterhalt zu finden; auf diese Weise konnte eine Trennung des weiblichen vom männlichen Lebensbereich realisiert werden. An dem Prinzip der frauenspezifischen Berufstätigkeit hielten die Nationalsozialisten sehr viel entschiedener fest als an dem Dogma der Ablehnung weiblicher Berufstätigkeit, ... sie wollten sicherstellen, daß der nationalsozialistische Glaubenssatz von der Überlegenheit des männlichen Geschlechtes durch die Frau nicht bedroht wurde. Hier liegt der Grund dafür, daß der Nationalsozialismus Frauenarbeit in Haus und Hof bejahte, in der Fabrik uneinheitlich behandelte, aber in gehobenen Berufen bekämpfte.«[10]

Meine eigenen Überlegungen, die ich in den folgenden Thesen zusammengefaßt habe, gehen in eine ähnliche Richtung.

## Thesen zur Bedeutung des Nationalsozialismus für die Entwicklung der Erwerbstätigkeit von Frauen

1. Die Zeit des Nationalsozialismus stellt eine wichtige Phase in der Entwicklung der »modernen« geschlechtsspezifischen Arbeitsteilung dar. Das betrifft sowohl die gesamtgesellschaftliche Arbeitsteilung zwischen dem Produktionsbereich und dem sogenannten Reproduktionsbereich als auch die Arbeitsteilung im Produktionsbereich selbst. In dieser Zeit sollte (erneut) ein weiblicher Arbeitsmarkt mit relativ festen Grenzen etabliert werden.

2. Die Zeit zwischen den beiden Weltkriegen ist gekennzeichnet durch immer wiederkehrende staatliche Eingriffe zur Regulierung und Eindämmung der weiblichen Arbeitskräfte. Sie erwiesen sich als notwendig, da die normalen Mechanismen des kapitalistischen Arbeitsmarktes nicht mehr – und noch nicht wieder – ausreichten, um eine »geordnete« geschlechtsspezifische Arbeitsteilung aus sich selbst heraus zu reproduzieren. Es sei hier kurz, ohne sie genauer auszuführen, an bekannte historische Tatsachen erinnert: Im Ersten Weltkrieg wurden Frauen in einem vorher nie gekannten Ausmaß in »männlichen« Arbeitsgebieten und Industrien eingesetzt. Außerdem wurde in Deutschland zum ersten Mal in größerem Ausmaß die zerlegte, »rationalisierte« Massenproduktion eingeführt, und zwar in den Rüstungsindustrien. Beide Vorgänge hatten die seit dem zweiten Drittel des 19. Jahrhunderts geltende geschlechtsspezifische Arbeitsteilung in der Industrie und im Handwerk aus den Fugen gehoben: Die traditionellen Qualifikationshierarchien in der männlichen Arbeiterschaft

und zwischen Männer und Frauen wurden unterhöhlt. Die Demobilisierungskampagne 1918/19 stellte den ersten massiven staatlichen Eingriff zur Reorganisation der geschlechtsspezifischen Arbeitsteilung dar. Allerdings sollte diese Ordnung nicht lange Bestand haben, denn durch die Rationalisierungswelle in der zweiten Hälfte der 20er Jahre wurde die Grenzmarkierung zwischen den Arbeitsbereichen von Männern und Frauen noch gründlicher und vor allem langfristiger durcheinandergebracht, als es der Erste Weltkrieg schon vermocht hatte. Die Anziehungskraft der faschistischen Gedankenkonstruktion von einer separaten Männer- und Frauenwelt, die uns heute eher komisch anmutet, wird aus den tiefgreifenden Veränderungen im Produktionsapparat und der daraus resultierenden Verunsicherung besonders der Männer, aber auch der Frauen, verständlicher. Die große Anzahl der unverheirateten, geschiedenen, verwitweten Frauen, besonders der Kriegerwitwen, die nun auf eine permanente Berufstätigkeit angewiesen war; die eher stagnierende Zahl von Arbeitsplätzen und die Masse der Arbeitslosen, die in der Zwischenkriegszeit permanent mindestens eine Million betrug, all das produzierte einen Druck, der die Geschlechterlinien auch in anderen als den industriellen Bereichen durcheinanderbrachte.

3. Dem NS-Regime kommt in dieser Hinsicht eine besondere historische Bedeutung zu: Zum ersten Mal in der neueren Geschichte übernimmt m.W. eine Regierung die Macht, in deren Herrschaftsideologie die Neuordnung der geschlechtsspezifischen Arbeitsteilung ein integraler Bestandteil ist und die diese Arbeitsteilung zu einem zentralen Punkt ihres Regierungsprogramms macht. Sie greift nicht, wie viele Regierungen vor ihr, sporadisch zur Wiederherstellung des alten »Gleichgewichts« auf rechtliche Maßnahmen zurück, sondern benutzt ein ganzes Arsenal von Instrumenten:

- direkte Eingriffe in die Größe und Struktur des Arbeitsmarktes: die Doppelverdienerkampagne[11], die Ehestandsdarlehen[12], der erzwungene Arbeitseinsatz zu Anfang des Zweiten Weltkrieges;
- die Jugendarbeitsmarktlenkung: neben der stark ausgebauten und ab 1936 obligatorischen »Berufsberatung« ist vor allem die Vielzahl der verschiedenen »Dienste« zu nennen: Arbeitsdienst, Landjahr, Pflichtjahr, hauswirtschaftliches Jahr, usw.;[13]
- den Einsatz von unbezahlten Arbeitskräften in gewöhnlich bereits entlohnten Bereichen, das betrifft vor allem sozialfürsorgerische Aufgaben;[14]

– Propaganda der »Andersartigkeit der Frau« und der »wesensgemäßen Arbeit«.

4. Fast alle Maßnahmen hatten eine mehrfache Funktion, ihre arbeitsmarktpolitische Wirkung war dementsprechend diffus. Abgesehen von der Doppelverdienerkampagne hatte aber keine das Ziel, Frauen endgültig aus der Erwerbsarbeit zu eliminieren. Die generelle Marschrichtung hieß vielmehr: Dequalifizieren! In ihr trafen sich die z.T. konkurrierenden, z.T. widersprechenden Interessen der verschiedensten Gesellschaftsgruppen:

– das der Industrie an einem billigen und disziplinierten Arbeitskräftereservoir, das nicht mehr wollte (zu wollen hatte) als Fließbandarbeit und Maschineschreiben;
– das der Männer des Mittelstands, die weibliche Konkurrenz um die mittleren und höheren Stellen loszuwerden;
– das von mittelständischen Hausfrauen an Dienstboten;
– das der Landwirtschaft an Arbeitskräften, denen »nichts anderes übrigblieb«;
– und last not least das des Regimes an einer weiblichen Bevölkerung, deren einziges Ziel, Kinder zu produzieren, sich problemlos mit all den verschiedenen Aufgaben verbinden lassen sollte, bei denen »Not am Mann« war.

5. Aus dem Wirrwarr von Maßnahmen und Gruppeninteressen lassen sich zwei Richtungen oder »Modelle« für die Frauenarbeit erkennen: Mit dem *»Blut-und-Boden-Modell«* waren die Nazis angetreten, um die »liberalistisch-bolschewistischen und frauenrechtlerischen Auswüchse der Systemzeit«[15] auszumerzen und die deutschen Frauen ihren wesensgemäßen Aufgaben zuzuführen. Dieses Modell, ein Konglomerat von Ressentiments und Frauenhaß, trägt den Stempel der »Kampfzeit der Bewegung«. Der harte Kern dieser Arbeitsmarktbereinigung, mit der auch die Massenarbeitslosigkeit der Weltwirtschaftskrise beseitigt werden sollte, war die Eliminierung von Frauen aus allen qualifizierten Arbeitsplätzen und Berufen, worunter bis ca. 1935 auch die Fabrikarbeit gerechnet wurde. Dagegen sollten Frauen permanent und in genügend großer Zahl in die minderbezahlte Arbeit in der Landwirtschaft und im Haushalt »zurückgeführt« werden (s. Beiträge von Ingrid Wittmann und Dagmar Reese in diesem Band). (Weiter unten wird auf den Erfolg dieses Modells kurz eingegangen, s. »Naturwüchsige Durchsetzung«.)

6. Das *»sozialtechnische Modell«* ist im Gegensatz zum »Blut-und-Boden-Modell« kein originäres Gewächs der NS-Ideologie, sondern eine Weiterentwicklung betriebssozio-

logischer Ansätze aus der Weimarer Republik durch nationalsozialistische Arbeitswissenschaftler. Es wurde erst sehr viel später, im Rüstungsboom, und weitgehend unter Ausschluß der Öffentlichkeit als Lenkungskonzept für die Frauenarbeit in Industrie und Handel ausgearbeitet. Diesen Wirtschaftszweigen sollten die weiblichen Arbeitskräfte in einer »flüssigen« Form zur Verfügung stehen: Als jugendliche Angestellte und Arbeiterinnen sollten sie, nachdem sie ihren »eigentlichen« Beruf als Hausfrau und Mutter erlernt hatten, für einige Jahre in Industrie und Handel arbeiten, um nach ihrer Heirat im Haushalt zu verschwinden. Aber das wiederum nicht für immer, sondern sie sollten je nach Konjunktur wieder einsetzbar sein. Neu ist das Einplanen von verheirateten Frauen, deren Erwerbstätigkeit bis dahin immer als ein Übel betrachtet worden war, das zu beseitigen sich die Nazis als vordringliche Aufgabe gestellt hatten. Diese uns heute nur allzu vertraute Form des weiblichen Arbeitsmarktes bildete sich im wesentlichen erst in der Zwischenkriegszeit heraus und – so meine These – wurde erst im und durch den Nationalsozialismus ideologisch endgültig fixiert.

7. Der wirtschaftliche und soziale Hintergrund für das zweite Modell ist die Zunahme von Fließ- und Bandarbeit in fast allen Industrien und die Zunahme der unteren Arbeitsplätze im Angestelltenbereich. Schon in der Weimarer Republik waren sich die zuständigen Stellen der Wirtschaft und des Staates darüber einig, daß die wenigen einigermaßen qualifizierten Arbeitsplätze den männlichen deutschen Arbeitskräften überlassen werden sollten, da ihnen eine lebenslange sinnentleerte Arbeit nicht zuzumuten sei. Dies implizierte zweierlei für die Berufslenkung von Mädchen: erstens, Mädchen und Frauen an die Fließbänder zu ziehen, und zweitens, zu verhindern, daß diese Frauen mehr wollten als Fließbandarbeit und Maschineschreiben. Der erste Punkt war so lange kein Problem, solange es, wie in der Zeit der Weimarer Republik, besonders während der Weltwirtschaftskrise und in den Jahren bis 1937, genügend erwerbslose Frauen gab, die schon aus ökonomischen Gründen gezwungen waren, jeden Arbeitsplatz anzunehmen. Der zweite Punkt aber war bereits in der Weimarer Republik zum Problem geworden: Größere Gruppen von Frauen, die sich in dauerhaften und einigermaßen qualifizierten Berufen etabliert hatten, wie die Akademikerinnen und die höheren und mittleren Beamtinnen der Weimarer Republik, störten das ohnehin labile System der Arbeitsverteilung in zweierlei Hinsicht: Sie nahmen den Männern diese privilegierten Plätze weg. (Gegen diese Frauen war auch die Doppelverdienerkampagne gerichtet.) Mit

zunehmender Vollbeschäftigung stellten diese privilegierten weiblichen Berufsgruppen wieder ein Modell für den Berufswunsch vieler junger Frauen dar. Während eine Hanna Reitsch (Testpilotin) oder eine Leni Riefenstahl (Filmregisseurin) ein nützlicher Traumstoff waren, an dem sich unbefriedigte Wünsche abarbeiten durften, stellten ein paar Tausend mittlere Beamtinnen jedoch eine Gefahr für die Berufslenkung dar.

8. Die diversen verordneten Haushaltsjahre, -dienste und -schulungen hatten in dieser Hinsicht die Funktion, ein Ersatz-Berufsethos zu schaffen, um zu verhindern, daß Mädchen auf die Idee kommen könnten, einen qualifizierten Berufswunsch zu entwickeln. Allerdings muß hier zwischen Arbeiterinnen und Angestellten deutlich unterschieden werden: Das Ersatz-Berufsethos zielte primär auf die jungen Frauen, die aus mittelständischen und Facharbeiter-Familien kamen und einem Angestelltenberuf zustrebten. Die Ausbildung zur Hausfrau und Mutter sollte hier die Qualifizierung im Beruf verhindern und Aufstiegswünsche im Keim ersticken; sie war dazu da, die Ablösung vom Beruf von vornherein einzuplanen.[16] Die von der alten Frauenbewegung geschaffene und gelebte Rolle der selbständigen, in ihrem Beruf aufgehenden, unverheirateten Frau durfte keinesfalls von größeren Teilen der weiblichen Angestellten übernommen werden (s. Beitrag von Claudia Hahn in diesem Band). Timothy Mason scheint anzunehmen, daß die Familienbindungsstrategie bei den Angestellten erfolgreich war, wenn er schreibt:

»Die Angestellten bildeten in den 30er Jahren mit Abstand die am schnellsten wachsende Gruppe unter den weiblichen Erwerbstätigen; aber dieselben Frauen wurden gesamtwirtschaftlich gesehen sehr viel früher unproduktiv als irgendeine andere Beschäftigungsgruppe. Sie bildeten den neuen Typ der haus- bzw. wohnungsgebundenen Hausfrau und Mutter. *Hierin bestand die Form der Häuslichkeit, die die nationalsozialistische Herrschaft wirklich förderte.*«[17]

Für die jungen und älteren Arbeiterinnen dagegen war die Haushaltsschulung primär ein »Training zur Doppelbelastung«, sie sollten Hausarbeit und Erwerbstätigkeit *gleichzeitig* bewältigen können.[18] Bei ihnen war die Motivation, eine Arbeit aufzunehmen, klar: ökonomischer Zwang. (Auf den Versuch, Hausfrauen- und Mutterrolle als Motivationsersatz für sinnentleerte Fließbandarbeit zu benutzen, werde ich im zweiten Teil dieses Beitrags eingehen.)

Die klassenspezifische Arbeitsmarktstrategie deckte sich

durchaus mit der »differenzierten« Bevölkerungspolitik des Regimes, deren Hauptziel es war, die mittelständischen Frauen vom »Zwei-Kinder-System« abzubringen und der »Vier-Kinder-Familie« zuzuführen. Denn von ihnen war gemäß der sozialdarwinistischen Ideologie »erbgesünderer« und »rassisch wertvollerer« Nachwuchs zu erwarten als von Arbeiterinnen.[19]

### Die naturwüchsige Durchsetzung

Die geschlechtsspezifische Arbeitsteilung ist keine Erfindung des Nationalsozialismus, doch bekommt ihre (erneute) Durchsetzung durch das Zusammenspiel von einer Vielzahl staatlicher Maßnahmen und der offiziellen Ideologisierung der »Andersartigkeit« weiblicher Arbeitskraft einen Zwangscharakter, den es selbst in den schlimmsten Zeiten des zünftlerischen oder gewerkschaftlichen Kampfes gegen Frauenerwerbstätigkeit nicht gegeben hatte. Andererseits wäre es aber falsch, hinter der Propagierung des »wesensgemäßen« Einsatzes der Frau eine monolithische und zentral gelenkte Politik der Nationalsozialisten gegenüber den weiblichen Arbeitskräften insgesamt zu vermuten. Die Funktion dieser Arbeitsmarktpolitik war es vielmehr, mit großer Geste und Drohgebärde einer reaktionären Tendenz, die es schon vorher unter anderen Tendenzen gegeben hatte, das Siegel des Offiziellen und staatlich Sanktionierten aufzudrücken, um dann den Hunden freien Lauf zu lassen. So wurde die geschlechtsspezifische Segmentierung der bezahlten Arbeit auf den verschiedenen Teilarbeitsmärkten unterschiedlich, ja widersprüchlich vorangetrieben. Verdrängung, Entlassung und Herunterstufung waren denn auch in den Bereichen am größten, in denen die Berufstätigkeit der Frauen auf die Konkurrenzangst einer reaktionären männlichen Mehrheit stieß: in praktisch allen akademischen Berufen und im öffentlichen Dienst.

Die Verdrängung der berufstätigen Frauen aus dem öffentlichen Dienst ging weit über die gesetzlich vorgeschriebene Entlassung von Verheirateten hinaus, denn das »Gesetz zur Wiederherstellung des Berufsbeamtentums« vom 7. April 1933 bot auch eine Handhabe zur Verfolgung politisch mißliebiger und frauenrechtlerisch angehauchter Frauen. Die Kollegen gingen gegen ihre Kolleginnen derart drastisch vor, daß selbst die NS-Regierung schon im Herbst 1933 um Mäßigung bitten mußte:

»Ich halte es grundsätzlich für richtig, daß bei gleicher Eignung männlicher und weiblicher Kräfte für eine Verwendung im öffentlichen Dienste dem männlichen Bewerber der Vorzug gegeben wird. Andererseits muß ich jedoch darauf hinweisen, daß auf bestimmten Gebieten, namentlich im Bereiche der Jugendfürsorge und Jugendpflege, zum Teil auch in dem des Unterrichts, das dienstliche Bedürfnis die Verwendung weiblicher Kräfte in Beamten- und Angestelltenstellen erfordert.«[20]

Der »grundsätzliche Vorzug« hatte bis 1939 dazu geführt, daß sich die Anzahl der Beamtinnen um 5,5% vermindert und die der Beamten um 23,8% erhöht hatte.[21]

Im Bereich der privaten Wirtschaft, besonders in der Großindustrie, wurde der »wesensgemäße Einsatz« der Frauen nur so weit angewendet, wie er den Interessen der Unternehmer entsprach – und das konnte der Ideologie der Nationalsozialisten auch diametral entgegenlaufen. Die Reichsregierung hatte in ihrem »Gesetz zur Verminderung der Arbeitslosigkeit« (vom 1. Juni 1933) eine »möglichst weitgehende Beschäftigung der Fabrikarbeiterinnen in Haushaltungen, um in ihren bisherigen Stellen in den Fabriken männliche Arbeitskräfte unterbringen zu können«, angeordnet. Damit, so hoffte Staatssekretär Reinhardt in seinem »Generalplan gegen die Arbeitslosigkeit«, würde »eine dauernde arbeitsmarktpolitische und bevölkerungspolitische Umschichtung unserer deutschen Frau« bewirkt werden und es würde durch diese Umschichtung zu einem »gewaltigen Aufschwung in allen Zweigen der deutschen Wirtschaft« kommen.[22] Aber weder die Peitsche des »Überführungsgesetzes« noch das Zuckerbrot der Ehestandsdarlehen vermochten die noch beschäftigten Industriearbeiterinnen den bevölkerungspolitisch wichtigen Aufgabengebieten zuzuführen. Das Interesse der Arbeitgeber an ihren eingearbeiteten und billigen Arbeitskräften und das der Fabrikarbeiterinnen an einem Lohn, der immerhin doppelt so hoch war wie der einer Landarbeiterin[23], schuf eine Koalition, gegen die Partei und Bürokratie wenig ausrichten konnten.[24] Es gab nur wenige, dafür aber mit um so größerer Propaganda veröffentlichte Fälle, in denen Frauen durch Männer ersetzt wurden, bei denen aber dann der Rest der Kollegen zur Kasse gebeten werden mußte, um die früheren Frauenlöhne für die neuen Kollegen anzugleichen.

Die Erfolglosigkeit der »Umschichtung unserer deutschen Frau« demonstriert nur die Naivität der NS-Experten hinsichtlich der eingefahrenen geschlechtsspezifischen Arbeitsteilung in der Industrie und ihrer fundamentalen Bedeutung für das Lohngefüge. Sie beweist aber noch nicht, daß die Maßnahmen ohne Wirkung geblieben wären. Der Reinhardt-Plan (d.h. Ablösung von Industriearbeiterinnen) bewirkte im Zusammenhang mit den Ehestandsdarlehen eine »Verflüssigung« des weiblichen Arbeitskräftepotentials: einen schnelleren Umschlag von Arbeiterinnen und Angestellten, *ohne* daß die Erwerbslosen als »stehende« Reservearmee den Arbeitsmarkt verstopften und die Arbeitslosenversicherung belasteten. An einer größeren Fluktuation der im Akkord verbrauchten Arbeitskräfte waren besonders die monopolisierten Großindustrien interessiert. Hier ein Beispiel für die Form, in der man die weiblichen Arbeitskräfte haben wollte: In der Elektrotechnischen Industrie betrug der *Anteil* der Arbeiterinnen an allen Arbeiten 1925: 24%, 1933 war er auf 12% gesunken und 1938 auf 29% angestiegen.[25] Eine jüngere Arbeitskraft ist in jedem Falle billiger, das gilt besonders für die Angestellten. Eine größere Fluktuation ist also ein beständiger Dequalifizierungsprozeß im Sinne und zum Zwecke einer Lohnminderung. Das Zusammenspiel von der Arbeitsmarktstrukturierung der Großkonzerne mit staatlichen Auffang- bzw. Abschiebemaßnahmen war nicht neu. Es wurde aber im Vergleich zur Demobilisierung ab 1918, in der es zu »unnötigen Härten« und 1920 zu »Hungerkrawallen« gekommen war, wesentlich verfeinert – eine Entwicklung, die besonders für uns heute wieder von Bedeutung ist.

Kurzfristig dringlicher war damals die Bereinigung der Arbeitslosenkassen selbst. 1933 gab es noch 941 000 erwerbslose Frauen, die offiziell gemeldet waren.[26] Außerdem steuerte die Krise in den Konsumgüterindustrien, die immerhin zwei Drittel aller Arbeiterinnen beschäftigten, erst ihrem Tiefpunkt zu, sie dauerte bis ca. 1936 an. Aus ihnen kamen aber gerade die angelernten und gelernten Arbeiterinnen, die sich erfahrungsgemäß nicht so leicht von den Arbeitsämtern um ihre Unterstützungsansprüche prellen oder in marginale Bereiche abschieben ließen. Da es nun aber nicht genügend eheliche und belastungsfähige elterliche Haushalte gab, in die die betroffenen Frauen hätten verschwinden können, und da besonders Industriearbeiterinnen absolut nicht von der ihnen »wesensgemäßen« Beschäftigung als Dienstbotinnen zu überzeugen waren, griff man zu dem Mittel staatlicher Ehestiftung. Zwischen 1933 und 1936 wurden mehr als 617 000 Ehestandsdarlehen vergeben. Sie waren an die Bedingung geknüpft, daß die Frau ihren Arbeitsplatz aufzugeben habe oder ihn seit 1931 verloren hatte.[27] Zwischen 1933 und 1934 geht die Zahl der »offiziellen« weiblichen Erwerbslosen um 445 000 zurück, im gleichen Zeitraum steigt die

Zahl der abhängig beschäftigten Frauen um nur 300000.[28] Es ist zu vermuten, daß ein Teil der 145000 »bereinigten« Fälle auf die Vergabe von Ehestandsdarlehen zurückzuführen ist.

## Der Widerstand der Frauen

Der massive, unorganisierte Widerstand der erwerbstätigen und arbeitslosen Frauen gegen die propagierte Arbeitsteilung der Geschlechter – und damit gegen das nationalsozialistische Frauenbild – machte die Ideologie der »artgemäßen Beschäftigung« schon bald zur Farce. Ihr jahrelanger, erbitterter Grabenkrieg gegen die Beamten auf den Arbeitsämtern, die sich nur zu oft als begeisterte »Vollzugsorgane« zur »Rückführung« der Frauen in den »wesensgemäßen Einsatz« verstanden, wäre eine eigene Studie wert. Selbst aus einem ärmlichen Arbeitsamtsbezirk wie Jena[29], in dem die Frauen wohl kaum durch den »Flitter und Talmi« der Großstadt verführt worden waren noch jemals eine Auswahl an attraktiven Jobs gehabt hatten, kam schon 1934 die Klage eines erbitterten Arbeitsamtexperten:

»Die Um- bzw. Rückbildung der weiblichen Erwerbstätigkeit auf die dem Wesen und der Veranlagung der Frau entsprechenden Erwerbszweige, das Grundziel der vom Staate angestrebten Wandlung des weiblichen Arbeitsmarktes, stößt aber ... auf Widerstände, die mehr in der persönlichen Einstellung der heute lebenden Frauengeneration als in sachlichen oder wirtschaftlichen Ursachen begründet sind. Wenn selbst Mitglieder der nationalsozialistischen Frauenorganisation, von denen man zuerst erwarten sollte, daß sie den Forderungen des Staates nachkommen, ihnen zugewiesene Betätigungsmöglichkeiten in Haus- und Landwirtschaft trotz körperlicher Eignung zu solchen Arbeiten ablehnen, dann ist das erstens ein Beweis dafür, daß die Wandlung der persönlichen Abneigung gegen die Betätigung in wirklichen ›Frauenberufen‹ bei der lebenden Generation kaum möglich ist, und zweitens, daß die angestrebte Wandlung nur unter Anwendung staatlichen Zwanges möglich sein wird.«[30]

Die Anwendung staatlichen Zwangs half jedoch nur bedingt: Trotz der sich verschärfenden Gesetze gegen die Abwanderung aus der Landwirtschaft, gelang es zwischen 1933 und 1939 noch 61000 Landarbeiterinnen in die Städte zu gehen. Aber auch die junge Generation von Frauen, die bereits im »Dritten Reich« sozialisiert und durch seine Berufslenkungsmaschine geschleust worden war, entwickelte sich nicht so recht zum bodenständigen Idealbild der »deutschen Frau«. Viele Wahlmöglichkeiten hatte diese Generation nun wahrhaftig nicht, aber unter ihnen blieb das urbane und relativ unabhängige »Bürofräulein« der Hit – wie in der Weimarer Republik. Zwischen 1933 und 1939 vergrößerte sich die Zahl der weiblichen Angestellten um fast 19% (von 1,6 auf 1,9 Millionen). Die Verteilung der Lehrlinge im Jahre 1940 signalisiert eine noch deutlichere Absage an den NS-Frauentyp: 72% machten eine Lehre in kaufmännischen, Büro- und Verwaltungsberufen; das restliche Viertel teilte sich auf in: 14% Schneiderinnen, 5% Friseusen, 3% Hausgehilfinnen, und – hier konnten sich auch die Beamten des Reichsarbeitsministeriums eine gewisse Ironie nicht versagen – »mehr als 1 v.H. machen erfreulicherweise immerhin die weiblichen Lehrlinge in der Berufsgruppe ›landwirtschaftliche Berufe‹ aus«.[31]

## Veränderung der Frauenarbeit in Industrie und Handwerk zwischen Machtübernahme und Kriegsbeginn

In der Wirtschaftsabteilung »Industrie und Handwerk« erhöhte sich die Anzahl der weiblichen Erwerbspersonen von 2,76 Millionen im Jahre 1933 auf 3,3 Millionen im Jahre 1939; ihr Anteil wuchs damit von 21% auf 23%.[32] Im folgenden möchte ich die Veränderungen in der Beschäftigungsstruktur von Arbeiterinnen und weiblichen Angestellten in Industrie und Handwerk zwischen 1933 und 1938 darstellen.[33] Dieser Zeitraum ist insofern günstig, als 1938 die Beschäftigungsverhältnisse noch nicht durch dic Mobilisierung von Männern und durch die forcierte Einstellung von Frauen verzerrt sind, also noch von einer relativ »normalen« Entwicklung gesprochen werden kann. Dennoch wird der Einfluß der Rüstungsproduktion auf den ersten Blick deutlich: Die Zahl der Beschäftigten in den Konsumgüterindustrien nimmt in diesem Zeitraum sichtbar ab, während sie in den Industrien, die direkt mit der Rüstungsproduktion zusammenhängen, überproportional zunimmt: am stärksten in der Maschinen-, Kessel-, Apparate- und Fahrzeugbau-Industrie und in der Elektrotechnischen Industrie.

Die Anzahl der *Arbeiterinnen* in Industrie und Handwerk hatte in diesen fünf Jahren nur um 157000 zugenommen, ihr Anteil an der Arbeiterschaft blieb mit 19% konstant. Die im folgenden dargestellten Veränderungen basieren deshalb zu ungefähr gleichen Teilen auf einer absoluten Zunahme und auf einer internen Wanderung innerhalb der Wirtschaftsabteilung.

In den Konsumgüterindustrien vergrößert sich der Anteil der weiblichen Beschäftigten hauptsächlich deshalb, weil die Männer zu einem sehr viel größeren Ausmaß als die Frauen in die Investitionsgüterindustrien abwandern. So steigt der Anteil der Arbeiterinnen im Bekleidungsgewerbe von 58% auf 65%, obwohl ihre absolute Anzahl um mehr als 100000 sinkt. In der Textilindustrie und in der Kunststoff- und Lederwarenindustrie stagniert ihre absolute Zahl. Zwar hatte man in der Textilindustrie noch 1933/34 versucht, Männer auf Facharbeiterinnen-Plätze zu setzen, aber angesichts des großen Lohngefälles zwischen Konsum- und Investitionsgüterindustrien hatte das wenig Erfolg.

In einigen Investitionsgüterindustrien erhöhte sich sowohl die absolute Zahl als auch der Anteil von Arbeiterinnen beträchtlich, so in der Eisen-, Stahl- und Metallwarenherstellung (von 13% auf 19%), was einen beachtlichen Anstieg gegenüber 1925 mit 15% bedeutet; in der Elektrotechnischen Industrie (von 12% auf 29%). In der zuletztgenannten hatte allerdings der Anteil der Arbeiterinnen im Jahre 1925 schon 24% betragen. Der Anteil der Arbeiterinnen erhöhte sich im Druck- und Vervielfältigungsgewerbe (von 24% auf 37%), in der Chemischen Industrie (von 23% auf 26%) und in der Feinmechanischen und Optischen Industrie (von 18% auf 25%). Die Feinmechanische und Optische Industrie, in der der Prozentsatz 1925 ca. 17% betragen hatte, erfuhr Anfang der 30er Jahre eine Rationalisierung in der Uhren- und Brillenherstellung;[34] die Verdoppelung der Anzahl von Arbeiterinnen von 17000 auf 35000 ist darauf zurückzuführen. In der Maschinenbau-Industrie, die den stärksten absoluten Zugang an Arbeitskräften zu verzeichnen hatte, veränderte sich der Anteil der Arbeiterinnen dagegen kaum (von 4% auf 5%). Bei den weiblichen *Angestellten* erhöhte sich in der gesamten Wirtschaftsabteilung sowohl die absolute Zahl (um ca. 60000) als auch ihr Anteil (von 25% auf 27%). Ihr Anteil an der Angestelltenschaft wuchs relativ gleichmäßig in allen Industrien, ausgenommen die Maschinenbau-Industrie; hier erzielten sie einen ähnlichen Einbruch (von 30000 auf 55000) wie die Arbeiterinnen in der Feinmechanischen und Optischen Industrie.

Diese kurze Aufstellung mag genügen, um zu zeigen, daß sich in der Zeit zwischen 1933 und 1938 die Rationalisierung in den meisten Industrien, besonders im Investitionsgüterbereich, konsolidiert und sogar, wie im Falle der Optischen und Feinmechanischen Industrie, erweitert hatte. Anders ist die absolute und vor allem die relative Zunahme von Arbeiterinnen und weiblichen Angestellten in den sogenannten männlichen Industrien nicht zu erklären, denn es ist kaum anzunehmen, daß sie auf der Ausbildung von Facharbeiterinnen oder angelernten Arbeiterinnen beruhte. Gewachsen war das weibliche *Rationalisierungsproletariat*.

## Die Suche nach einem Fließbandproletariat

Die NSDAP hatte zugleich mit der Macht auch bestimmte Kernprobleme mit übernommen, die sie wahrscheinlich selbst am wenigsten durchschaute. Die Rationalisierung war eines dieser Probleme.[35] Hatten die Freien Gewerkschaften, allen voran der Deutsche Metallarbeiterverband (DMV), während der 20er Jahre die Rationalisierung fast euphorisch akzeptiert, so schließt eine 1933 fertiggestellte (aber kaum noch verbreitete) Studie des DMV mit dem Satz: »Die Maschine ist zu einem Fluch geworden, dessen Unsegen nur durch völligen Umbau der Wirtschaft behoben werden kann.«[36] Es ist zu vermuten, daß die deutsche Industrie ohne die terroristische Unterdrükkung der Arbeiterbewegung durch das Nazi-Regime große Schwierigkeiten gehabt hätte, den Rationalisierungsprozeß weiterzuführen. Denn die Rationalisierungsbewegung in Deutschland war alles andere als ein »systematisches, planvolles Handeln« gewesen, es war ein kopfloses Durchpreschen zu erhöhter Produktion mit ungeheuer gefährlichen und unabsehbaren Folgen: »Das Problem der Arbeitskraft ist ähnlich behandelt worden wie die Probleme der Mechanisierung und technischen Reorganisation: Bruchstückhaft und planlos, ohne Rücksicht oder Verständnis für die vielfältigen Kosten und technischen und menschlichen Faktoren, die dabei eine Rolle spielen, und ohne Begriff dafür, daß die Veränderung in einem Teilbereich Auswirkungen auf die Industrie als ganzes hat.«[37] Der Modernisierungsschock weiter Kreise der Bevölkerung hat Anfang der 30er Jahre nicht unwesentlich zum Wahlerfolg der NSDAP beigetragen, die damals mit einer diffusen Anti-Modernitätspropaganda auf der Welle mitschwamm. Einmal an der Macht, wurde sie jedoch von der Industrie und vom Wirtschaftsamt des Reichskriegsministeriums deutlich darauf hingewiesen, daß zur Kriegführung nun einmal eine rationalisierte Rüstungsproduktion gehöre. Obwohl Teile der Parteispitze die alte Ideologie weiterhin transportierten, waren Untergliederungen des Parteiapparates, z.B. das Arbeitswissenschaftliche Institut der Deutschen Arbeitsfront (im folgenden: AWI) inzwischen darauf spezialisiert, der Industrie bei der Durchsetzung weiterer Rationalisierungsmaßnahmen gegenüber der »Gefolgschaft« zu helfen, denn: »Die Gefolgschaft, gleichgültig ob sie nationalsozialistisch gesinnt ist oder nicht, steht oft noch ... auf der marxistisch-gewerkschaftlichen Grundlage der Ablehnung des Leistungsprinzips ... Kontrolle der eigenen Leistung wird verweigert. Alle Versuche, Zeitaufnahmen durchzuführen, werden demnach abgelehnt.«[38] Bereits 1936 erschien eine AWI-Schrift zur Rehabilitierung der »echten Rationalisierung«, die als Argumentationsleitfaden für Funktionäre der Deutschen Arbeitsfront (DAF) in der für Nazis doch sehr trickreichen Materie gelten sollte.[39]

In der überstürzten Rationalisierungswelle der 20er Jahre waren für das Kapital eine Reihe von ungelösten gesellschaftspolitischen Problemen liegengeblieben. Dazu gehörte die Strukturierung und Hierarchisierung der Arbeitskräfte, die Arbeitsteilung zwischen den Geschlechtern und die Lohnhierarchie.[40] Die Lösungsvorschläge des AWI zu zwei der in unserem Zusammenhang wichtigsten Probleme sollen hier kurz vorgestellt werden:

1. Schon in den 20er Jahren war sich die internationale arbeitswissenschaftliche Intelligenz darüber klar, daß »der unmittelbare Anreiz einer fröhlichen Arbeit, die infolge der gegenwärtigen Entwicklung der Industrie immer seltener vorkommt, durch einen mittelbaren Anreiz ersetzt werden (muß)«.[41] Eine solche externe Motivation herzustellen, *ohne* den Lohn wesentlich zu erhöhen – Lohneinsparungen waren schließlich der Sinn der Rationalisierung –, stellt bis heute ein ungelöstes Problem dar.

2. Es war in der Weimarer Republik populäres und arbeitswissenschaftliches Allgemeinwissen, daß monotoner Streß Schwerstarbeit ist und zu Krankheiten führt. (Ohne neueren Studien, deren Ergebnisse wie wahre Erleuchtungen gefeiert werden, den wissenschaftlichen Wert absprechen zu wollen; aber es drängt sich die Frage auf: Wie konnte dieses Wissen so lange verlorengehen? Und warum wurde es genau in dem Moment entdeckt, als durch Verlagerung ins Ausland und durch Automatisierung selbst diese Erwerbsmöglichkeiten für Frauen wegzufallen begannen?) Der schnellere Verschleiß menschlicher Arbeitskraft in der rationalisierten Produktion wurde als Pausen- und Urlaubsproblem international diskutiert, als lebenszeitliches Problem tauchte es hauptsächlich in der deutschen Arbeitswissenschaft auf. Deutschland, so hieß es, müsse mit seinen Arbeitskräften mehr haushalten als die USA, des-

halb könne die von Taylor entwickelte Arbeitsorganisation nicht unverändert auf die deutschen Verhältnisse übertragen werden.[42]

Aber es war m.E. wohl weniger der Mangel an potentiellen Arbeitskräften in Deutschland – die Arbeitslosenzahl der Weimarer Republik bezeugt es –, die zu diesem umsichtigen Verhalten gegenüber der Arbeitskraft führte, sondern die Existenz des Sozialversicherungssystems. Zu früh verschlissene Fließbandarbeiter und Frühinvaliden sind unter deutschen Umständen eine sehr teure Angelegenheit, während sie in Amerika »weggeworfen« werden können. Die Grenzen der finanziellen Belastbarkeit der Sozialversicherungen hatten sich schmerzhaft deutlich in der Weltwirtschaftskrise gezeigt. Die deutsche Industrie hatte langfristig drei Möglichkeiten: Erstens das Bismarcksche Sozialversicherungswerk abzuschaffen, was weder die Nationalsozialisten noch eine andere Regierung gewagt hätten. Die zweite Möglichkeit wäre gewesen, eine »deutsche Rationalisierung« durchzuführen, wie sie das AWI und die DAF – verbal – propagierten: Geringere Zerlegung der Arbeitsplätze und größere individuelle Variabilität der Geschwindigkeit; es ist anzunehmen, daß die deutsche Industrie damals genauso reagiert hat wie auf heutige Humanisierungsversuche: mit dem Hinweis der Konkurrenzfähigkeit auf dem Weltmarkt. Und drittens die sozialtechnische Lösung: der Staat muß bestimmte Gruppen von Arbeitnehmern zur Verfügung stellen, die keinen oder nur teilweisen Zugang zum Sozialversicherungssystem haben und die deshalb ohne zu große langfristige Kosten die schlimmsten der rationalisierten Arbeitsplätze übernehmen.

Das NS-Regime hat wesentlich dazu beigetragen, daß bestimmte soziale Gruppen durch ökonomische und soziale Mechanismen – oder durch »einfache« Gewalt – dazu prädestiniert wurden und blieben, diese Arbeiten zu übernehmen. Der Nationalsozialismus hat Frauen, proletarische Frauen, Fremd- und Zwangsarbeiter/innen durch biologische Fixierung, die noch dazu ziemlich ähnlich lautete, verfügbar gemacht. Wie diese biologische Fixierung jedoch in soziale Mechanismen umgesetzt wurde, ist durchaus unterschiedlich für die verschiedenen Gruppen.[43]

## Die biologische Qualifizierung zur Fließbandarbeit

Aussagen zur »Eignung« von Frauen für bestimmte Arbeiten, sind (bis heute) so in patriarchal-ideologischen Nebel eingehüllt, daß dahinter kaum die Struktur festgestellt werden kann. Sehen wir uns deshalb an, was zu den männlichen deutschen Hilfsarbeitern, einer Gruppe, die ebenfalls zur extrem taylorisierten Arbeit prädestiniert zu sein scheint, gesagt wird.

»... (es) liegt nahe, die Ungelernten als eine Gruppe von Volksgenossen anzusehen, denen das Schicksal den Segen einer Ausbildung verwehrt hat ... Eine solche Betrachtungsweise ist aber schon im Ansatz verfehlt, ist materialistisch gedacht. Sie unterschätzt die im Menschen selbst liegenden Antriebe ... die Umstände, (die) in seiner biologischen Qualifizierung liegen.« Deshalb könne auch die »biologische Minderqualifizierung der Ungelernten ... nicht beseitigt werden durch eine übertriebene Steigerung der Ausbildungsgüte. Sie ist gebunden an das Rasseproblem und an die Frage der Gattenwahl«.[44]

Bei der Frau ist die biologische Minderqualifizierung weniger allgemein, sondern schon auf bestimmte Arbeiten ausgerichtet: »Einige äußere Eignungsverschiedenheiten der Frau hängen von ihrer körperlichen Konstitution ab, so beispielsweise ... die höhere Empfindlichkeit des Tast- und Temperatursinnes sowie das Bewegungsfeingeschick der Hand; ... wobei die Frau sogar einen Bewegungsgrad und eine Geschicklichkeit erreicht, die beim Manne niemals zu finden wäre.« Aber auch die weibliche Intelligenz ist anders gelagert als die männliche. »Dies ist der Grund dafür, daß die meisten Frauen im technischen Denken versagen und im abstrakten Denken und Beobachten, ... hinter dem Mann zurückstehen. Es eignen sich deshalb Frauen auch seltener für alle Arbeiten, die weitgehend technisches Verständnis oder Sinn für Arbeitsplanung erfordern.«[45]

In einem Gutachten des AWI zur »Einsatzfähigkeit von Arbeitskräften für Fließbandarbeiten« erfolgt die praktische Umsetzung. Die Mehrzahl der Ungelernten, so heißt es, seien nicht monotonieempfindlich, sondern sie » ... stört sogar dauernder Wechsel und verringert ihre Leistungsfähigkeit. Insbesondere gewinnt diese Erkenntnis Bedeutung beim Arbeitseinsatz der Frau ...« Denn es habe sich gezeigt, »daß weibliche Arbeiterinnen(!) gleichförmige Tätigkeiten besser vertragen sollen, also für monotone Tätigkeiten, mithin für Fließbandarbeit, gut bzw. besser geeignet sind als der Durchschnitt der männlichen Schaffenden«.[46]

Allerdings wird die Monotoniefreudigkeit der Frau – im Gegensatz zur Fingerfertigkeit – nur noch aus der praktischen Erfahrung begründet, denn es hatten sich in der Ideologieproduktion der 20er und 30er Jahre kleine Unstimmigkeiten ergeben: Die Arbeitswissenschaften der 20er Jahre hatten sich in ihrem Bemühen, Eignungsunterschiede zwischen deutschen Männern festzustellen, hauptsächlich an den »Typenlehren«, wie z.B. die von Kretschmer orientiert.[47] Wenn es überhaupt ein experimentell »abgesichertes« Ergebnis der Arbeitswissenschaften der 20er Jahre gab, dann das, daß introvertierte Menschen (oder Leptosome nach Kretschmer) Monotonie leicht vertragen, während extravertierte (oder Pykniker) stark monotonieempfindlich seien.[48] Nun gehören nach Kretschmer Frauen zu einem sehr großen Teil eher zum pyknischen Typ, wären demnach extrem monotonieempfindlich. Ähnlich große Schwierigkeiten ergaben sich mit der Beziehung zwischen Rasse und Fließarbeit: Einerseits wurde von den Experten bestätigt, daß der »ostische oder ostbaltische« Mensch in der Regel recht gut, der »nordische oder fälische« Mensch dagegen weniger für Fließ- und im besonderen Bandarbeit geeignet sei. Dem steht nun aber wieder die eigene Rasselehre entgegen, wonach der nordische Mensch introvertiert, der ostische aber extravertiert ist, woraus sich logischerweise ergibt, daß der »wertvolle« nordische Mensch (Mann) ans Fließband müßte.[49]

Die NS-Arbeitswissenschaftler machten sich noch nicht einmal die Mühe, diesen Widerspruch aufzulösen. Ebenso vermittelt der aus allen verfügbaren sexistischen Stehsätzen der damaligen Zeit zusammengeklaubte Hauptartikel des AWI zur Frauenarbeit den Eindruck, daß es nicht mehr darum ging, irgend jemanden zu überzeugen, ja, daß sie noch nicht einmal an ihren eigenen ideologischen Unsinn glaubten.[50] Es ging nur noch um Durchsetzung. Und die war um so dringlicher, als – 1940 – wieder die Gefahr bestand, daß eine größere Anzahl von Fabrikarbeiterinnen auf (unveränderte) »männliche« Arbeitsplätze rutschen würde. Der Schock des Ersten Weltkrieges, den sie übrigens in Hinblick auf den Fraueneinsatz genau studiert hatten, steckte ihnen noch in den Knochen: Eine Masse von aufmüpfigen Frauen, die am eigenen Leibe erfahren hatten, daß »Männerarbeiten« nicht nur nicht schwerer sind als ihre »leichten Frauenarbeiten«, sondern meist sogar interessanter, und die sich dieses Mal wahrscheinlich noch schwieriger an ihre Fließbänder »zurückgliedern« lassen würden. Schlimmer noch: Sie hatten damals Männerlöhne gefordert – und taten es schon wieder! Da die NS-Experten nach dem »Endsieg« nicht mit einer alles bereinigenden Arbeitslosigkeit rechneten, sondern im Gegenteil mit einem noch größeren Bedarf an weiblichen Arbeitskräften (s.o.), mußten sie befürchten, daß die seit Ende der Weimarer Republik mühsam gezimmerte Arbeitsteilung zwischen den Geschlechtern mitsamt ihrer immer noch wackligen ideologischen Begründung überrollt werden würde. So ist die in jenem Artikel häufig wiederholte, dringliche Mahnung, die Arbeitsplätze »weiblich« zu gestalten (d.h. zu zerlegen) und Frauen um Gottes willen nicht in das Innere einer Maschine gucken zu lassen, nicht Ausdruck eines besonders krassen Paternalismus, wie Mason meint, sondern Teil ihrer Furcht vor einer neuen »Novemberrevolution« (1918).

Eile tat Not, und man hatte nicht die Zeit, eine ausgefeilte Ideologie zu erarbeiten. All das, was die AWI-Experten »wissenschaftlich« zu den spezifisch weiblichen Arbeitsfähigkeiten zu sagen hatten, war schon in der Weimarer Republik ideologisches Allgemeingut. Autoritäten wie der Psychologe Fritz Giese[51] und der Wiener Mediziner Richard Hofstätter[52] hatten eine ganze Generation auch der progressiven jungen Intelligenz beeinflußt. So war die Eignung der Frau zur Fließbandarbeit mit ihren dazugehörigen Qualifikationen: monotoniefreudig, fingerfertig, begrenztes Interesse und technische Dummheit bereits in der Weimarer Republik wissenschaftlich etabliert. Im Nationalsozialismus erfolgte eine zunehmende biologische Fixierung und damit eine Verlagerung von den »Erfordernissen des Arbeitsplatzes« zum »Wesensmerkmal der Frau«. Hatten doch Metallindustrielle vor dem Ersten Weltkrieg in einer Befragung des »Ständigen Ausschusses zur Förderung der Arbeiterinnen-Interessen« noch ziemlich deutlich gesagt, wohin die Entwicklung gehen wird und was sie brauchen:

»Die Tendenz geht dahin, die Intelligenz auszuschalten und durch maschinelle Einrichtungen, bestimmte Methoden usw. ungelernte Leute zu beschäftigen. Die Frauenarbeit wird auch in unserer Industrie (Elektrotechnik) ... weitere Fortschritte machen.« Und: »Wir nehmen am liebsten Mädchen ohne jede Vorbildung und bevorzugen jedenfalls solche, die noch nicht in einem anderen Betrieb unserer Branche tätig waren, damit wir sie den Anforderungen, die unser Spezialbetrieb stellt, möglichst genau anpassen können.«[53]

In der Literatur der 20er Jahre werden diese Erfordernisse des Arbeitsplatzes immer mehr zur »Eignung« und »Fähigkeit« der Frau, wobei offen bleibt, ob sie durch Erziehung zustande gekommen sind oder auf Veranlagung beruhen, bis sich schließlich im Nationalsozialismus das Verhältnis umkehrt, die Einrichtung von Fließbandarbeit geradezu gefordert wird, wenn Frauen eingestellt werden, denn grundsätzlich sei dem weiblichen Denken und Fühlen bis ins Kleinste unterteilte Arbeit – und hier im besonderen die Bandarbeit – am nächsten.[54]

Eine rasse- oder geschlechtsbiologische Festschreibung ist zunächst einmal nichts anderes als ein Mittel zur Durchsetzung der Arbeitsteilung, das, wenn es sich als sozialer Mechanismus eingespielt hat, auch die Angebotsseite des Arbeitsmarktes beeinflußt: Frauen kommen gar nicht mehr auf die Idee, etwas anderes zu wollen als die ihnen auf den Leib geschriebenen Arbeitsplätze. In dem vorangegangenen Abschnitt kam es mir darauf an, zu zeigen, daß die uns heute so vertrauten Muster der geschlechtsspezifischen Arbeitsteilung in der Industrie erst in der Zwischenkriegszeit durchgesetzt wurden. Die biologische Festschreibung mag nun zwar ein ausgezeichnetes Mittel sein, bestimmte Menschengruppen an das Fließband zu zwingen, sie garantiert aber noch nicht, daß diese Menschen auch arbeiten, daß sie das Letzte aus sich herausholen. Damit kommten wir zu dem oben erwähnten Punkt der Arbeitsmotivation zurück.

## Die Mutter am Fließband

Sehr viel mehr als heute waren sich damals die »Sozialtechniker« und andere leitende Herren bewußt, was für eine unmenschliche Arbeitswelt sie da einrichteten. In den meisten arbeitswissenschaftlichen Studien der 20er Jahre ist zumindest noch ein Verwundern darüber zu spüren, daß Menschen unter den neuen Bedingungen überhaupt noch einen Finger rühren. Ihre Einsicht konnte sich zu sozialapokalyptischen Visionen steigern:

»Je näher der Arbeiter als Person seiner Arbeit steht, desto eher wird sie ihn auch bei niedrigem Lohn befriedigen. Je geringer die innere Bindung zwischen Arbeiter und Arbeit ist, desto mehr empfindet sie der Mensch als Zwang und Last, desto rascher ermüdet er, desto mehr wird er entseelt, desto mehr wird er von Erde und Heimat losgelöst, desto unzufriedener wird er, desto gröber und hitziger wird sein Verlangen nach Zerstreuung und Lust in der Freizeit, desto größer werden seine Ausgaben für den inneren Ausgleich, desto größer seine Lohnansprüche; desto geringer sein Altruismus, desto größer sein Egoismus. Mächtiger Egoismus bei geringem Persönlichkeitswert und geringer Welteinsicht ist aber die Zerstörung.«[55]

Da sich Geschichten-Vorlesen und Hintergrundmusik, die

schon damals erfunden worden waren, wohl doch nicht als adäquate Mittel zur Bekämpfung der »Entseelung« erwiesen hatten, kam man zu der Einsicht: »Nur wenn der Erwerbsarbeiter gleichzeitig starke nationale, politische, familiäre, religiöse Bindungen hat, hält er seine Tätigkeit gut aus.«[56]

Die nationalsozialistischen Arbeitswissenschaftler des AWI mochten sich nun nicht auf die nationalen und politischen Bindungen als Arbeitsmotivation verlassen. Sie lehnten auch das Konzept des »Deutschen Instituts für technische Arbeitsschulung« (DINTA), das von der Schwerindustrie kontrolliert wurde, aus volksbiologischen Gründen ab. Dieses DINTA-Konzept sah eine Gliederung der Belegschaft in eine »Stammarbeiterschaft« von werksverbundenen Facharbeitern und einem »beruflich nicht verwurzelten Gros« vor.[57]

Die Vorstellungen der NS-Experten von einer »deutschen Rationalisierung« sahen dagegen, grob skizziert, folgendermaßen aus: der Facharbeiter oder gelernte Arbeiter sollte weitgehend abgeschafft und nur noch zu Ausbildungszwecken eingesetzt werden. Statt dessen sollte die Gruppe der angelernten Arbeiter oder »Spezialarbeiter«, wie sie nun genannt wurden, die Hauptkategorie der deutschen Arbeitskräfte werden. Grundsätzlich befürworteten sie also eine Zerlegung der Arbeitsplätze und Berufe, ja wollten sie sogar noch weiter vorantreiben, als es die deutsche Industrie (bis dahin) getan hatte, aber nur bis zu dem Punkt, an dem die neu entstehenden Wirkungskreise noch Berufscharakter trugen. Die Bildung eines »Berufsethos« sollte jedem deutschen Manne auf seinem Arbeitsplatz möglich sein, auch dem Hilfsarbeiter, der sich entweder als »Spezialhilfsarbeiter«, z.B. zur Bedienung verschiedener Automaten, oder zum »Universalhilfsarbeiter« qualifizieren können sollte. Die Arbeitsmotivation beim deutschen Arbeiter sollte einmal durch dieses so erzeugte »Berufsethos« und zum anderen durch eine differenzierte Hierarchisierung, die durch die Aufsplitterung eines Facharbeiterberufes zu schaffen sei, garantiert werden. Dieser Vorschlag hatte aber auch einen ganz handfesten ökonomischen Hintergrund: durch die verfeinerte Hierarchisierung und Differenzierung sollte das Lohnniveau gehalten bzw. gedrückt werden. So schreibt das Reichsarbeitsministerium an die Reichstreuhänder der Arbeit im Jahre 1940:

»Bisher ist die Entlohnung nach den Kategorien: gelernt – angelernt – ungelernt ausgerichtet. Dieser Maßstab ist heute unzureichend. Mehr als bisher muß die Entlohnung in Zukunft von der Wertigkeit der Arbeit abhängig gemacht werden. In neuen Lohngruppen müssen alle Arbeitsvorgänge gleichen Wertes zusammengefaßt werden, um so dem Arbeiter eine bessere Aufstiegsmöglichkeit zu bieten und damit den Anreiz zu weiterer Leistungssteigerung auszulösen. Außerdem lehrt die Erfahrung, daß nur bei weiterer Aufgliederung der Löhne der Lohnstand wirklich gehalten werden kann.«[58]

Ab 1938 war das AWI in Verbindung mit dem Reichsarbeitsministerium und den entsprechenden Industriegruppen daran gegangen, solche neuen Berufsgänge zu schaffen.[59]

Diese AWI-Konstruktion hatte aber den bedeutenden Nachteil, daß aus der Gruppe der männlichen deutschen Arbeiter fast niemand zur Fließbandproduktion verfügbar gewesen wäre. Dieses Fließbandproletariat mußte also weitgehend aus den Frauen der Arbeiterklasse rekrutiert werden – Mutterschaft hin oder her. Wie dringend sich das Problem stellte, zeigt, daß z.B. bei den Opel-Werken sogar noch ältere Herzkranke »Fließbandarbeit wegen ihrer Leichtigkeit« ausführten, wodurch es möglich sei, die Arbeitskraft auch noch im höheren Lebensalter voll auszuwerten.[60] Aber man solle den älteren Arbeiter mehr als nur einen Handgriff ausführen lassen, »damit ... er innerlich beteiligt sei und den Sinn seiner Arbeit nicht aus dem Bewußtsein verliert«.[61] Wie einfach gestaltete sich dagegen doch die Sinngebung bei den Frauen. Schon Hofstätter hatte 1929 gefolgert: »Die Frau verträgt die sie psychisch unberührt lassende Erwerbsarbeit sehr gut, wenn sie andere seelische Bindungen genügend starker Art außerhalb der Erwerbsarbeit hat. Die natürliche Bindung ist die Familie, die Liebe und Pflege des Mannes, der Kinder, der Eltern. In diesem Kreis ist für die richtige Frau alles ›Beruf‹, edelster Beruf.«[62]

Dieser Ansatz wurde von den NS-Arbeitswissenschaftlern ausgebaut.[63] Dies begann bereits bei den Richtlinien für die Anwerbung von weiblichen Arbeitskräften: Da die Erwerbsarbeit für die Frau nur ein Mittel zur Sicherstellung der typisch weiblichen ideellen Ziele in der Häuslichkeit und in der Familie darstelle, »hat die weibliche Werbung sich auf den Sinn für häusliche Ziele einzustellen«. (385) Die Arbeit selbst soll unkompliziert und leicht erlernbar sein und von der Frau möglichst wenig Umstellung verlangen. (387) Deshalb sei es auch erforderlich, neue Anlernmethoden zu entwickeln, »die weniger auf einer pädagogischen Durchführung des gesamten Arbeitsablaufes beruhen als auf einem richtigen Eindrillen ganz bestimmter Arbeitsgriffe«. (378) Auf keinen Fall dürfe sie durch die Arbeit aus ihrer Verwurzelung in der Häuslichkeit gelöst werden (386), vielmehr solle ihr der Arbeitsplatz die »Freiheit der Gedanken« lassen, womit auch das leidige Monotonieproblem aufgehoben wäre: »Läßt die Bandarbeit somit der Frau die Möglichkeit offen, persönliche Dinge ohne Beeinträchtigung der Leistung zu überdenken, so ist natürlich die dem männlichen Denken entsprechende Bindung an die Arbeit weitgehend gelöst.« (399) Da sie auch noch zu Hause eine erhebliche Arbeit mit voller Verantwortung zu leisten hat, werde sie bereits so stark belastet, daß man ihr im Betrieb nicht noch zusätzlich eine größere Verantwortung aufbürden wolle und könne. »Die Folgerungen für die Arbeitsgestaltung weisen daher eindeutig auf eine größtmögliche Vereinfachung der Arbeit und damit auf eine starke Arbeitsteilung hin.« (392)

Man war sich natürlich damals darüber klar, daß der Drill und die Gewöhnung, die notwendig sind, um Menschen bei solch »größtmöglicher Vereinfachung der Arbeit« zu halten, »Schäden« verursacht. Soll diesen Schäden bei den »biologisch minderqualifizierten« Männern durch »geeignete Freizeitmaßnahmen« begegnet werden,[64] so ist selbst das bei Frauen überflüssig: »Die Arbeit im ›angeborenen‹ Beruf ist der beste Ausgleich, die beste Erholung, wenn tatsächlich genügend Zeit dafür belassen wird.« (400) Auch auf bleibende Schäden braucht keine Rücksicht genommen zu werden, schützt doch der angeborene Beruf die Sozialversicherung vor unangenehmen Folgekosten. »Nach den Erfahrungen der Industrie können Frauen schon in jüngerem Alter, als das bei Männern zweckmäßig erscheint, zum Einsatz für Bandarbeit gebracht werden.« Und: » . . . auch im Alter (ist die Frau) in der Regel noch leichter umstellbar und beruflich in gewissem Grad wendiger als der Mann und wird daher auch für Fließbandarbeit leichter anzulernen sein als Männer desselben Alters.«[65]

### Von Hitlers Reservearmee zur psychotrainierten Mutter

Es erübrigt sich fast, ein Fazit aus den Zitaten zu ziehen. Das zynische Einplanen von Mutterschaft als Arbeitsmarktregulativ, von Hausarbeit als Ausgleichssport für Fließbandarbeit, von Familienleben als Sinn für sinnentleerte Arbeit, kurz, die »Gestaltung« der Doppelbelastung ist offensichtlich. Mutterkreuz und Arbeitsbuch sollten im »Tausendjährigen Reich« zumindest für proletarische Frauen kein Gegensatz sein, sondern zusammengehören.

Was hier von den NS-Technokraten in der Mischung von bereits vorgefundenen sozialen Tendenzen und Vorurteilen, ökonomischer Berechnung und von arbeitswissenschaftlichem und sozialplanerischem Kalkül der Großindustrie angedient wurde, sollte sich in der Realität erst nach 1945 voll auswirken. Wenn sozialwissenschaftliche Untersuchungen der 60er Jahre feststellen, daß je geringer die Qualifikationen und Arbeitsplatzmöglichkeiten seien, desto mehr bei den Arbeiterinnen ein familienorientiertes Verhalten vorherrsche, und daß junge Hilfsarbeiterinnen sich von Jahr zu Jahr mehr mit der Ehe beschäftigen, je mehr sie die Hoffnung aufgeben müssen, an ihrer Berufssituation etwas zu verändern, dann bedeutet das nichts anderes, als daß die Rechnung aufgegangen ist: Von einer monotonen Arbeit in die Ehe getrieben; aus der Enge, Abhängigkeit und Langeweile der Kleinfamilie und durch den ökonomischen Zwang auf den Arbeitsmarkt zurückgetrieben, bilden sie genau das variable, »flüssige« Fließbandproletariat, das den vollen Schutz der Sozialversicherung nie erlangen kann.[66]

Auch das Rollenbild der Frau wurde so modernisiert, daß Beruf und Familienmutter in ihm enthalten sind, wobei nur je nach Arbeitsmarktlage das eine oder andere Element stärker betont werden muß: Von der hehren Heldenmutter in der Kriegsproduktion, die für Mann und Söhne Handgranaten dreht;[67] über das Vielzweckmöbel der 50er Jahre – patente Aufbaukameradin und moderne Mutter –; zur kessen Karrieristin der 60er und 70er Jahre; bis hin zur psychotrainierten Mutter von heute, die sich entsprechend der Arbeitsmarktlage und (eventuell) mit einer Familienunterstützung versehen zurückzieht, um sich dem leistungsgestreßten Mann und den Kindern ganz zu widmen.

Die Zeit des Nationalismus hat also durchaus einen »modernisierenden« Effekt auf die Frauenarbeit gehabt, wenn man darunter eine effektivere und reibungslosere Ausbeutung der Arbeitskraft versteht und Modernisierung nicht als quasi automatisches Vehikel zum Reich der Freiheit und der Gleichheit, des Wohlstands und der Demokratie begreift, wie es die Modernisierungstheoretiker zumindest implizit tun. Zwar ist dem industriellen Kapitalismus eine schon von Marx festgestellte Tendenz zur Egalisierung bzw. Nivellierung der Arbeitskräfte immanent, die der Kapitalismus aber eher als Widerspruch mit sich herumschleppt und nicht als bewußte oder auch nur geduldete Entwicklungstendenz vorantreibt. Vielmehr braucht er überlebensnotwendig eine Differenzierung und Hierarchisierung des Arbeitskräftepotentials zur Sicherung seines ökonomischen und politischen Systems. Die unvermittelte Ökonomie ist jedoch unfähig, aus sich selbst heraus geordnete, gesamtgesellschaftlich relevante – und nur so wirksame – Hierarchisierungen und konsistente Gruppen von besonders Ausbeutbaren, von Paria, hervorzubringen. Sie braucht traditionelle Muster, also Überreste früherer Hierarchien und/oder die helfende Hand des Staates, um eine Differenzierung in der arbeitenden Bevölkerung durchzusetzen. Das wird in der Entwicklung der geschlechtsspezifischen Arbeitsteilung besonders deutlich.[68]

Um wie vieles dringlicher war die ordnende Hand des Staates in der Zwischenkriegszeit! Die revolutionären Veränderungen im Produktionsapparat hatten nicht nur die alten Muster der Arbeitsteilung zwischen den Geschlechtern aufgebrochen, sondern brachten auch eine Umwertung aller Werte. Wenn plötzlich fünf ungelernte Arbeiterinnen an einem Tag das produzieren, was vorher fünfzehn Facharbeiter in einer Woche hergestellt hatten, wenn der Wert der Arbeitskraft auch nicht am Wert des fertigen Produktes gemessen werden kann, weil Mann wie Frau nur ein paar Schrauben anziehen, dann kann man sich vorstellen, daß es nicht genügte, ein paar Ideologiefetzen aus dem 19. Jahrhundert hervorzuziehen, um den niedrigen Wert der Frauenarbeit und den höheren der Männerarbeit zu begründen. Da mußte man schon in die graue, unkontrollierbare Vorzeit, zu den alten Germanen zurückgehen und besser noch in die noch fundamentalere, noch irrationalere Biologie.

Die atavistischen und irrationalen Züge des NS-Regimes stehen durchaus nicht im Gegensatz zu dem modernen Wirtschaftssystem, sondern sie sind, wie ich an der Durchsetzung des Fließbandproletariats zu zeigen versuchte, Grundlage der jüngsten und modernsten Form der Arbeitsteilung.

GITTE SCHEFER

# Wo Unterdrückung ist, da ist auch Widerstand – Frauen gegen Faschismus und Krieg

Ein Blick in die Widerstandsliteratur verspricht zunächst nichts Gutes: Abgesehen von einigen (Auto-)Biographien von oder über NS-Gegnerinnen, Unterkapiteln in Büchern und neuerdings zwei Büchern,[1] findet man so gut wie nichts, was Aufschluß über die Rolle und die Beteiligung von Frauen am deutschen Widerstand geben könnte.

Was man hingegen findet, ist ein Berg von Vorurteilen über Frauen im Faschismus. Entweder tauchen sie als die ewig Leidenden und stillen Dulderinnen auf – so in einem Zitat aus Erzählungen über die deutsche Widerstandsbewegung: »Fiel irgendwo der Name Jonny und trieb den Frauen die Tränen in die Augen, dann stand der Kainschatten Zorecks daneben, und die Fäuste der Männer ballten sich.«[2] Oder man verweist sie in die Ecke der ewig Konservativen, die durch ihr Wahlverhalten nicht nur 1918 – als man ihnen gerade das Wahlrecht »geschenkt« hatte – diese Wahl prompt verpatzt haben;[3] nein, auch 1933 haben die den Hitler ja an die Macht gebracht und sind ihm scharenweise nachgelaufen, diese Weiber!

Dieser Vorwurf erweist sich jedoch als Bumerang für die Männer, von denen er meist erhoben wird. In der Reichstagswahl 1932 – und andere Wahlergebnisse wurden nicht mehr nach Geschlechtern ausgewertet – haben immerhin 2% weniger Frauen als Männer ihre Stimme der NSDAP gegeben, die vielen Stimmenthaltungen gerade von Arbeiterfrauen nicht einmal mitgerechnet.[4] Diese These, die nichts anderes bedeutet, als *die* Frauen zum Kollektivschuldner an der Entstehung und Festigung des Nationalsozialismus zu erklären, hat ganz wesentlich mit dazu beigetragen, daß bis heute die notwendige Auseinandersetzung mit dem Frauenwiderstand unterblieb.

Und noch eine andere Frage drängt sich in diesem Zusammenhang auf, eine Frage, die eng mit der Begriffsdefinition von »Widerstand« verbunden ist:

Allgemein akzeptiert in der Faschismusdiskussion ist die Unterscheidung und implizite Wertung von aktivem und passivem Widerstand in seiner Variationsbreite von organisiertem/unorganisiertem-spontanen, sichtbarem/unsichtbarem, bewußtem/unbewußtem Widerstand.

Handlungen oder Äußerungen, die nicht diesen Kriterien genügen, wie z.B. das breite Spektrum von Verweigerung (Verweigerung des »Hitler-Grußes«, Boykott von NS-Sammlungen, Verweigerung der Mutterrolle), über politische Witze bis hin zur individuellen Hilfeleistung für Verfolgte, wurden mithin nicht als Widerstand akzeptiert.

Es sei an dieser Stelle nur kurz erwähnt, daß mit dieser Definition eine Reihe von Fragen unbeantwortet blieb, so z.B. die nach dem sozialen Kontext, aus dem heraus eine Widerstandshandlung entstanden ist, noch mehr jedoch die Frage nach dem Verhalten desjenigen Teils der Bevölkerung, der weder engagiert nationalsozialistisch war noch im obigen Sinne Widerstand geleistet hat. Und ganz besonders die Frage nach dem Verhalten von Frauen, nach *ihrem* Widerstand. Nicht einmal die *Möglichkeit*, daß Frauen vor dem Hintergrund ihrer spezifischen Lebenszusammenhänge – der Verantwortlichkeit für die individuelle und gesellschaftliche Reproduktion – besondere, »weibliche Widerstandsformen« entwickelt haben, ließ sich angesichts dieser starren Begrifflichkeit von »Widerstand« thematisieren. Erst in neueren sozialhistorisch orientierten Ansätzen[5] zeichnet sich ein Umdenken ab. Mit der Einbeziehung der Dimension vom »Alltag« der Bevölkerung, ihrer materiellen, sozialen und bewußtseinsmäßigen Lage und deren Veränderung im Zeitraum des Faschismus, eröffnet sich erstmalig die Möglichkeit, Widerstand als einen sozialen Prozeß zu begreifen, als etwas, das sich nicht in ein enges Begriffsschema – in dem Widersprüche nicht zugelassen sind – pressen läßt. Und genau an diesem Punkt muß m.E. eine Diskussion zum Thema Frauenwiderstand ansetzen: an den (kleinen) Veränderungen im Alltag unter dem Nationalsozialismus, an der Erfahrungsebene jeder einzelnen Frau, daran, was für sie Faschismus bedeutet hat – und wie sie sich damit auseinandergesetzt hat.

Eine solche Diskussion steht noch ganz am Anfang, was für den vorliegenden Beitrag notwendigerweise bedeutet, daß all die hier ausgewählten Beispiele eine willkürliche und bestimmt nicht repräsentative Auswahl bedeuten. Weder repräsentativ für das Verhalten der Masse der Frauen noch repräsentativ für das Verhalten einer einzelnen Frau. Sie sind nicht mehr und nicht weniger als ein erster Schritt, das Ineinandergreifen von organisiertem und unorganisiertem, von politischem und ökonomischem Widerstand, von Arbeiterwiderstand und bürgerlichem Widerstand – und nicht zuletzt von Frauenwiderstand – zu umreißen.

## Widerstand von Frauen aus der Arbeiterbewegung

Mit der Machtübernahme des Faschismus am 30. Januar 1933 setzte eine systematische Verfolgung und Illegalisierung der politischen Gegner ein, von der in erster Linie die Arbeiterorganisationen und ihre Funktionäre und Mitglieder betroffen waren. Viele von ihnen wurden gleich in den ersten Tagen verhaftet und in sogenannte Schutzhaft genommen. Unter den ersten Verhafteten befanden sich bereits eine Reihe von Frauen, die als Funktionärinnen oder Mitglieder der KPD, SPD oder der Gewerkschaften bekannt waren.

Bevor im Oktober 1933 in Moringen das erste zentrale Frauen-KZ errichtet wurde (in dem sich Anfang 1934 schon 75 weibliche Schutzhäftlinge befanden), brachte man die Frauen in besondere Abteilungen in den im Frühjahr 1933 errichteten Schutzhaftlagern.

Schon 1933 fanden dort eingelieferte Frauen den Tod – wie die Sozialdemokratin Minna Cammens aus Breslau. Sie wurde am 25. 3. 1933 beim Verteilen von Flugblättern verhaftet. Einige Tage später erhielt ihr Mann ihre Asche in einer Zigarrenkiste zugeschickt.[6] Ihr sollten noch Tausende von Frauen folgen. Frauen, die genauso entschlossen waren wie die Männer, Frauen, die von Anfang an den Widerstand mitgetragen haben.

Nach der Zerschlagung der Arbeiterorganisationen und Gewerkschaften, deren historisch gewachsene Uneinigkeit zu ihrer Zerschlagung beigetragen hat, hatten sich die früheren organisatorischen Strukturen weitgehend aufgelöst. Zur Sicherung der weiteren Arbeit war es notwendig, die Reorganisation der Parteien in Angriff zu nehmen, neue illegale Leitungen im In- und Ausland aufzubauen, Verbindungswege über Grenzsekretariate (SPD) oder Grenzstützpunkte (KPD) zu schaffen. Vor allem die ehemaligen Mitglieder und Freunde, von denen sich viele aus Angst zurückgezogen oder in kleinen, zersplitterten Widerstandsgruppen und Tarnorganisationen (Lesezirkel, Gesangvereine) zusammengefunden hatten, mußten wieder gewonnen und gesammelt werden.

In dieser Situation übernahmen viele Frauen, die die ersten großen Verhaftungswellen überstanden hatten, wichtige Aufgaben bei der Organisierung des Widerstands und dem Aufbau neuer Gruppen. Sie füllten nicht nur die Lücken aus, die durch die Verhaftung ihrer Männer und die Emigration vieler Funktionäre entstanden waren, sondern ein ganz wesentlicher Teil der Partei- und Widerstandsarbeit wurde jetzt von Frauen getragen, lag in ihren Händen. Sie kannten die (alten) Anlaufstellen, wußten, wen sie im Bekanntenkreis, in der Nachbarschaft, in Geschäften und Betrieben um Unterstützung der Familien von inhaftierten Widerstandskämpfern bitten konnten. Sie nutzten ihre sozialen Strukturen für die illegale Agitation oder waren als Kurierinnen und Instrukteurinnen tätig. Zur Aufgabe einer Kurierin oder Instrukteurin, über die die Landesleitung mit der Auslandsleitung bzw. dem Politbüro in direkter Verbindung stand, gehörte es auch, neue Partei- oder Widerstandsorganisationen aufzubauen und sie anzuleiten.

Es scheint, daß die Frauen durch die Abwesenheit der Männer nun Funktionen – Leitungsfunktionen – ausübten, die zuvor meist ausschließlich Männern vorbehalten waren. Jedoch unabhängig davon, ob sie Funktionärin oder »lediglich« einfaches Mitglied in einer Widerstandsorganisation waren, nahmen sie wichtige Aufgaben im Widerstand wahr: Sie stellten illegale Schriften oder Flugblätter her, brachten Material, das sie in Kinderwagen oder Einkaufstaschen transportierten, zu den Anlaufstellen oder holten illegales Material aus dem Ausland und von den Grenzstützpunkten und -sekretariaten. Sie führten Schulungen durch über die politische Lage, fuhren zu Leitungsbesprechungen, stellten ihre Wohnungen hierfür zur Verfügung oder versteckten Genossen.

In der Wohnung von Käte Larsch aus Essen, in der die Leitung der KPD tagte, führte die Gestapo am 18. 5. 1935 eine Hausdurchsuchung durch, bei der sie einen Abziehapparat fand. Durch Folter versuchte die Gestapo, die Namen der übrigen Genossen aus Käte Larsch herauszubekommen. Sie weigerte sich und wurde als »geistesgestört« in die Psychiatrische Klinik eingeliefert. Dort starb sie elf Tage nach ihrer Verhaftung an den Folgen der erlittenen Folterungen.[7]

Bei einer anderen Frau – eines Schutzhaftgefangenen – entdeckte die Bayerische Politische Polizei eine Geheimdruckerei in dem Augenblick, als im Abzugsverfahren eine Massenauflage der neuen illegalen Schrift »Der Vortrupp« hergestellt wurde. Damit war die Frau, die zuvor wiederholt ihre staatsfreundliche Einstellung versichert hatte, um so auf die Freilassung ihres Mannes einzuwirken, der »staatsfeindlichen Tätigkeit« überführt.[8]

Die Bedingungen, unter denen die illegale Arbeit all jener Frauen stattgefunden hat, kann man sich heute nur schwer vorstellen. Was hatte allein dazu gehört, Papier zu kaufen! Jedes Geschäft war angewiesen, den Kauf größerer Mengen von Papier sofort zu melden. Das bedeutete, daß die Frauen – oder oft deren Kinder – von Geschäft zu Geschäft laufen mußten, bis sie die benötigte Menge endlich beisammen hatten. Erst dann konnten sie sich nachts an eine Schreibmaschine setzen und den Text für ein Flugblatt oder einen Handzettel entwerfen. Eine von ihnen, Maria Deeg, erinnert sich an diese Zeit: »Ich schrieb die Flugblätter unter den unmöglichsten Bedingungen. Zu Anfang in der Wohnung eines Genossen, dessen Frau arbeiten ging, aber nichts von den Flugblättern wissen durfte. Zu stark war der Terror der Nazis. Die Schreibmaschine stand auf dem Bett, ich kniete davor. Einmal schrieb ich in einer Gartenhütte in der Nähe des städtischen Schlachthofs. Es war morgens früh im Herbst, eisig kalt, ich schrieb stehend im Geräteschuppen. Der Genosse vor der Tür gab Zeichen, wenn jemand vorbeikam und ich mit dem Tippen aufhören mußte. Trotz klammer Finger wurde das Werk vollendet. Ich wollte gehen und lief dem Feldhüter vor der Tür fast in die Arme. Er stutzte, sah erst mich und dann den Genossen im Hintergrund an, dann grinste er verständnisvoll. Ich war über sein ›Verständnis‹ sehr froh.«[9]

Diese lebensnotwendige Art der Tarnung als Liebespaar, die oftmals den einzigen Hinweis auf die Mitarbeit von Frauen im Widerstand darstellt, gibt einen kleinen Einblick in das Leben in der Illegalität. Leben in der Illegalität bedeutete jedoch für Frauen ungleich schwerere Belastungen als für Männer. Zu den Problemen einer Schwangerschaft, die eine Flucht oft unmöglich werden ließ, stellte sich eine zusätzliche Belastung für all die Frauen mit Kindern ein, deren Mann schon 1933 verhaftet worden war. Neben der Sorge um das eigene Leben trugen sie jetzt die alleinige Verantwortung für das Leben und die Erziehung ihrer Kinder. Wie begegneten sie so scheinbar banalen Fragen ihrer Kinder, ob Juden »böse Menschen« seien oder warum ihr Vater im Gefängnis sitze, ohne dabei Gefahr zu laufen, selbst verhaftet zu werden oder ins KZ zu kommen?! (Den Frauen in den KZs drohte man, die Kinder wegzunehmen und sie nationalsozialistisch zu erziehen.)

Gerade diese unsichtbare Arbeit all der Frauen – und beileibe nicht nur der Frauen aus dem Umfeld der organisierten Arbeiterbewegung – ist bis heute nur wenig bekannt und wird noch immer in ihrer Bedeutung für den Widerstand verkannt.

In der Erinnerung Käthe Popalls wird » . . . jene junge Frau aus Mannheim (lebendig), deren Mann immer wieder verhaftet wurde, wenn sich nur irgendein Widerstand in seinem Wohngebiet zeigte. Sie sprach täglich mit ihren Kindern darüber und überlegte mit ihnen, wie man dem verhafteten Vater helfen könne. Sie schaffte es, daß die Kinder begriffen, um was es ging. Und als spät abends die Gestapo an die Tür klopfte, um Haussuchung zu machen, kletterten sie geschwind auf die Stühle und zerdrückten in allen Zimmern die aus leichtem Material hergestellten Strümpfe der Gaslampen. Die Haussuchung konnte nicht stattfinden, niemand wurde belastet«.[10]

Hierfür hat die Widerstandsdiskussion bis heute noch keinen Namen!

**Widerstand gegen den Krieg**

Mit der drohenden Kriegsgefahr und dem Beginn des Zweiten Weltkrieges am 1. 9. 1939 entstanden neue Zentren des antifaschistischen Widerstandskampfes. Die Widerstandsbewegung erfuhr einen neuen Aufschwung – nicht zuletzt durch den Zulauf vieler Frauen. Wieder mußten neue Wege und Methoden des Widerstandskampfes gefunden und v.a. möglichst viele Hitler-Gegner in einer Antikriegsfront bzw. Friedensfront vereint werden.

Auf der im Anschluß an den VII. Weltkongreß stattgefundenen Brüsseler Konferenz (1935) und der Berner Konferenz (1939) konzentrierte sich die KPD – neben der Schaffung einer Volksfront – auf die Schaffung einer breiten Friedensfront. Besonders an die Masse der Frauen und Mädchen wandte sich die KPD – ab 1939 mit Hausfrauen- und Elternbriefen, ab 1941 mit einem speziellen Frauensender des Moskauer Rundfunks.

In einer solchen Sendung des Nationalkomitees Freies Deutschland (NFKD) hieß es: »Dieser Krieg wird nicht nur von Männern geführt – draußen auf dem Schlachtfeld oder zu Hause hinter den Maschinen der Rüstungsindustrie. In diesem Krieg seid ihr, deutsche Frauen und Mädchen, genauso für Hitlers verbrecherischen Eroberungskrieg in die Front eingereiht! Warnt eure Männer, eure Brüder, eure Söhne mit eindringlichen Worten vor der Mittäterschaft an Hitlers Terrorbefehlen. Fordert in aller Entschiedenheit eure Männer, Brüder, Söhne in die eigentlichen Berufe zurück, um einer friedlichen Aufgabe für das ganze Volk dienen zu können ...«[11]

Inwieweit solche Appelle, die unübersehbar auf das »Mütterliche« und »Friedliche« in den Frauen setzten, den entscheidenden Ausschlag dafür gaben, daß mehr und mehr Frauen sich den verschiedensten Widerstandsorganisationen anschlossen, mag dahingestellt bleiben. Viele Beispiele von Widerstandsgruppen dieser Zeit lassen jedoch erkennen, daß der Frauenanteil zunahm, in manchen Organisationen sogar der Anteil von Frauen zu überwiegen schien.

Zu ihnen gehörte die *Baum-Gruppe*, eine Widerstandsorganisation aus Berlin, zu der im wesentlichen jüdische Mitglieder der KPD, des Kommunistischen Jugendverbandes KJVD und der Sozialistischen Arbeiterjugend SAJ zählten. Ihre Arbeit reichte bis in die Jahre vor Kriegsbeginn zurück. Während des Krieges gelang es ihnen, bereits bestehende Stützpunkte in mehreren Berliner Betrieben wie bei AEG oder Siemens auszubauen und ihre Widerstandstätigkeit weiterzuentwickeln. 1942 versuchte die Gruppe, eine nationalsozialistische Hetzausstellung, »Das Sowjetparadies«, in Brand zu setzen. Kurz darauf begannen die Verhaftungen. Allein unter den 18 zum Tode verurteilten und hingerichteten Mitgliedern der Gruppe befanden sich 12 Frauen.[12]

Die Baum-Gruppe stand mit der *Schulze-Boysen/Harnack-Organisation* (bekannter unter dem Namen »Rote Kapelle«) in Verbindung. Diese Widerstandsorganisation war 1938/39 durch den Zusammenschluß von Parteiorganisationen der KPD und verschiedener anderer Widerstandsgruppen (beispielsweise von Berliner Arbeiter/innen der Rüstungsbetriebe) entstanden. Sie gehörte aufgrund ihrer heterogenen politischen und sozialen Zusammensetzung zu den bedeutendsten und größten Widerstandsorganisationen überhaupt. Auch in ihr waren überdurchschnittlich viele Frauen tätig. Bei den nächtlichen Klebeaktionen z.B., die meist von Studenten und Studentinnen durchgeführt wurden, waren jeweils mehr Frauen als Männer beteiligt, ebenso bei dem nächtlichen Tippen der Flugzettel.

Am 31. 8. 1942 begannen die Verhaftungen von insgesamt 130 Mitgliedern der Organisation. Viele von ihnen wurden zum Tode verurteilt. Allein in Plötzensee wurden 18 Frauen und 31 Männer hingerichtet.[13] Dennoch war es der Gestapo nicht gelungen, die Organisation vollständig aufzulösen. Viele der Mitglieder, die der Verhaftung entgangen waren, führten in der Widerstandsorganisation um Saefkow-Jacob-Bästlein und in anderen Gruppen ihren Kampf gegen den Faschismus weiter.

Auch in der *Saefkow-Jacob-Bästlein-Organisation*, die wie die Schulze-Boysen/Harnack-Organisation zu einer der bedeutendsten Gruppen zählte, arbeiteten überproportional viele

Frauen mit. Einer ihrer Schwerpunkte lag in der Widerstandstätigkeit in Rüstungsbetrieben, in denen sie bereits vor Kriegsbeginn zahlreiche Betriebsgruppen hatte aufbauen können. Mit der Saefkow-Jacob-Bästlein-Gruppe begannen die Verhandlungen über eine zukünftige Zusammenarbeit der Kommunisten, Sozialdemokraten und der Kreise um Stauffenberg. Durch eine vorzeitige Verhaftung auf dem Weg zu einer neuen Zusammenkunft (von Saefkow, Jacob und Reichwein) kam es jedoch nicht mehr dazu. Nach dem gescheiterten Attentat des 20. Juli 1944 wurden über 1000 Antifaschisten verhaftet und mehr als 400 Mitglieder der Organisation zum Tode verurteilt.

Auch gegen viele Frauen der Organisation wurden Todesurteile ausgesprochen oder hohe Zuchthausstrafen verhängt. Zu ihnen gehörte Judith Auer, die die in der Organisation gesammelten Gelder zur Unterstützung illegal lebender Antifaschisten verwaltete und als Kurierin nach Sachsen, Thüringen und Hannover tätig war. Oder Elli Voigt, die Zusammenkünfte führender Vertreter der Organisation mit Mitgliedern von Widerstandsgruppen aus den Askania-Werken, der Firma Bergmann sowie der Fa. Schulze-Schneider in Berlin vermittelte. Beide Frauen wurden, zusammen mit vielen anderen, 1944 in Plötzensee hingerichtet.[14] Gegen andere Frauen, auch aus dem Kreis des 20. Juli (wie Nina Stauffenberg) wurde die sogenannte Sippenhaft verhängt, die sich auch auf die Kinder der Frauen erstrecken konnte.

Dies sind nur einige Beispiele des sogenannten organisierten Widerstands von Frauen. Von Frauen aus der illegalen Arbeiterbewegung wie auch von kleinbürgerlichen und bürgerlichen Frauen, die im Umkreis der großen Widerstandsorganisationen tätig waren. So brüchig sich angesichts der Heterogenität der Organisationen und deren sozial-politischer Zusammensetzung die Zuordnung als »Arbeiterwiderstand« erweisen muß, so brüchig ist auch die hierfür allgemein akzeptierte Qualifizierung als »organisierter« bzw. »bewußt-politischer« Widerstand – im Gegensatz zum unorganisierten bzw. unbewußten-spontanen Widerstand. Denn ohne die Unterstützung all der Frauen, die einfach aus dem Bedürfnis zu helfen hinzukamen, oder der Frauen, die Geld, Lebensmittel und Kleidung für die Widerstandskämpfer/innen spendeten, und der Frauen, die den Illegalen Quartier gaben, hätten die Widerstandsorganisationen nicht so lange überleben können.

Gerade auch diese »*Quartiermütter*« nahmen in der Widerstandsbewegung einen wichtigen Platz ein. Um den bei sich Einquartierten wie auch sich selbst schützen zu können, mußten sie die Gewohnheiten ihrer Nachbarn genau kennen, mußten sie wissen, wann die Luft rein war, welche politische Einstellung dieser oder jener Nachbar hatte. Wie »Tante Berta«, Berta Paul aus Berlin-Weißensee: Bei ihr trafen sich die Funktionäre der KPD, bei ihr lagerte die »Rote Fahne« und wurde von dort aus verteilt.[15] Andere Frauen versteckten in ihrer Wohnung Ausweise, Lebensmittel und selbst Waffen. Ihre Namen sind heute längst vergessen.

Wenn Käthe Popall über diese Frauen sagt: »Wieviel Überzeugungs- und Nervenkraft gehörte dazu, in einem Mietshaus jemand illegal zu beherbergen?«[16], so ist dem hinzuzufügen: auch Überzeugung. Unerheblich, ob sich diese in organisierter Form oder »nur« individueller Hilfe niederschlug – eine Form des Widerstands, die in vielen Fällen gerade von Frauen ausging. Und nicht zufällig, wie mir scheint!

Wieviel Frauen konnten es sich denn schon leisten, angesichts ihrer Verantwortung für Haushalt, Kinder und Familie ein Leben in der Illegalität zu akzeptieren? Wer würde sich um die Kinder kümmern, wenn sie Nacht für Nacht ihr Quartier wechseln müßten, um der Gestapo nicht in die Hände zu fallen? Und wieviel Frauen hatten überhaupt die Zeit, in einer Widerstandsorganisation weitreichende Aufgaben wahrzunehmen? Was Frauen tun konnten war, Widerstandsformen zu entwickeln und zu praktizieren, die sich in ihren Alltag integrieren ließen, sich aus ihm bestimmten: Flugblätter in Kinderwagen verstecken, Lebensmittel oder Geld für die Widerstandskämpfer sammeln, den »Hitler-Gruß« verweigern, eine Nazi-Veranstaltung oder DAF-Sammlung boykottieren, sich über die steigenden Lebenshaltungskosten empören oder gegen den Abtransport ihrer Männer an Kriegsschauplätze demonstrieren.

Widerstand, dem wenig Heroisches anzuhaften scheint, sondern der etwas ganz Alltägliches, scheinbar Banales ist – jedoch insgesamt Formen und Methoden verwendet, die die Lebenszusammenhänge von Frauen widerspiegeln, ihre spezifischen Möglichkeiten zu handeln.

## Widerstand von Frauen im Betrieb

Weitgehend unbestritten – zumindest in der marxistischen Diskussion – ist, daß der Widerstand im wesentlichen von der Arbeiterschaft getragen wurde.

Bereits in den ersten Tagen nach der faschistischen Machtübernahme fanden in vielen Teilen Deutschlands antifaschistische Kundgebungen, Streiks und Demonstrationen statt, an denen sich Tausende von Männern und Frauen beteiligten.[17]

Offene oder verdeckte Prämisse in der Darstellung und Forschung über den »antifaschistischen Kampf der Arbeiterklasse« (die lange Zeit der DDR-Geschichtsschreibung vorbehalten war) ist dabei meist die Gleichsetzung des Arbeiterwiderstands mit dem ihrer jeweiligen Partei und deren Interessen und Zielen. Neuere Untersuchungen heben jedoch hervor, daß vielfach ausschließlich »ökonomische Gründe« – wie geringe Löhne oder hohe Arbeitslosigkeit (1933 waren 7,5 Millionen Arbeitslose registriert) – zur Teilnahme an Streiks und Demonstrationen führten. Unter Einbeziehung der materiellen, sozialen und bewußtseinsmäßigen Lage der arbeitenden Bevölkerung kommen sie zu der Feststellung, daß oft gerade die ärmsten Teile der Lohnabhängigen, die nicht in Parteien oder Gewerkschaften organisiert waren, das Potential des (Arbeiter-) Widerstands darstellten. Oft ging von ihnen die Initiative (!) zu spontanen Arbeitsniederlegungen, wilden Streiks oder Protesten gegen die zunehmende Lenkung und Disziplinierung des Arbeitseinsatzes aus. Eine Gleichsetzung des organisierten Partei-Widerstands mit dem Widerstand der Arbeiterschaft insgesamt muß in diesem Licht zumindest fraglich erscheinen.

Infolge fehlender oder nur schwer zugänglicher arbeiterspezifischer Berichtsakten (von Firmen, Arbeitsämtern oder Verwaltung), lassen sich allerdings nur wenig definitive Aussagen über das Ausmaß und die politische Zielsetzung der Betriebskämpfe treffen. Eine zusätzliche Schwierigkeit, was die Frauen anbetrifft, resultiert aus dem Umstand, daß eventuell vorhandene Akten nicht nach Geschlechtern aufgeschlüsselt wurden/werden können – oder nur in so geringem Umfang, daß man, um wenigstens annähernde Aussagen über den Widerstand von Frauen im Betrieb machen zu können, mehr oder weniger »zwischen den Zeilen« lesen muß.

Allgemein vorherrschend zum Thema Frauenerwerbstätigkeit im Nationalsozialismus ist ferner die Auffassung, daß bis 1935/36 ein erheblicher Abbau weiblicher Arbeitskräfte (über die Vergabe von Ehestandsdarlehen in Verbindung mit der Anti-Doppelverdienerkampagne) stattgefunden habe. Ließe sich diese Auffassung hingegen widerlegen, würde das bedeuten, daß man möglicherweise wichtige Anhaltspunkte dafür gefunden hat, daß sich Frauen zum einen nicht so widerspruchslos den Heim- und Herd-Vorstellungen der Nazis untergeordnet haben, und zum anderen, daß auch Frauen an den Betriebskämpfen beteiligt gewesen sein können/müssen.

Material für eine solche Beweisführung liefert die Untersuchung von Dörte Winkler[18] zur Frauenerwerbstätigkeit. Sie kommt zu dem Ergebnis, daß der Erfolg der Anti-Doppelverdienerkampagne wie auch der aus gleichen Gründen angegangene »Göring-Plan« (Landhilfeeinsatz) denkbar gering war. Im Gegenteil erhöhte sich sowohl die absolute Anzahl wie auch der prozentuale Anteil der in Industrie und Dienstleistungsberufen tätigen Frauen kontinuierlich. Besonders in den Angestelltenberufen setzte sich der 1925 begonnene Trend zur Höherbeschäftigung von Frauen fort.

Bereits im September 1933 sahen sich die Nazis gezwungen, die Kampagne gegen Doppelverdiener einzustellen. Maßgeblich waren dafür zwei Gründe: Zum einen verstieß sie gegen das Interesse der Industrie nach billiger Frauenarbeitskraft (gerade Großbetriebe wie Siemens/AEG ließen sich in ihrer Personalpolitik wenig beeinflussen), zum anderen leisteten die Frauen gegen ihre Verdrängung aus dem Erwerbsleben z.T. massiven Widerstand. Die Beschwerden reichten bis in die NS-Frauenschaft hinein. Lediglich die kleine Gruppe von Akademikerinnen und weiblichen Beamten konnte mit Hilfe des – unter Zustimmung der SPD-Fraktion 1932 mitverabschiedeten – »Gesetzes zur Rechtsstellung weiblicher Beamter« verdrängt werden.

Es ist anzunehmen, gerade auch in Anbetracht des Erwerbsverhaltens von Frauen in den Jahren 1938/39, daß der Eintritt der Frauen in die Produktion bzw. ihr Widerstand gegen ihre Verdrängung aus Betrieben und Büros sich zu einem großen Teil aus der wirtschaftlichen Notlage der Familien bestimmte, es sich mithin vorrangig um »nur« ökonomisch begründeten Widerstand handelte.

Diese »ökonomische Dimension« prägte auch im wesentlichen den Charakter der (ersten) Kämpfe in den Betrieben: In einer Reihe von Fällen kam es zu Streiks, Teilstreiks und spontanen Arbeitsverweigerungen, deren primäres Interesse meist auf die Verbesserung der Lohnsituation gerichtet war – wie der 1933 erfolgte Streik von Arbeiterinnen der AEG-Werke in Berlin-Treptow. Er dauerte einen halben Tag an.[19]

»Schlechte Stimmung« herrschte besonders unter den weiblichen Beschäftigten der Textilindustrie, wie wiederholt von den Arbeitsämtern festgestellt wurde. Beklagt wurden v.a. die Kurzarbeit, Rationalisierungsmaßnahmen, ständig fallende Löhne und »das Akkordsystem, da dieses infolge des schlechten Rohmaterials einen höheren Kräfteverbrauch bedingt und die Verdienstmöglichkeiten der ohnehin meist kurzbeschäftigten Arbeiter und Arbeiterinnen erschwert ...«[20]

Ähnliche Berichte kommen aus der Baumwoll- und Kammgarnspinnerei und -weberei – auch dies Wirtschaftszweige mit einem traditionell hohen Frauenanteil. Die meisten »Nein«-Stimmen anläßlich der Volksabstimmung 1934 zur Vereinigung der Ämter des Reichskanzlers und Reichspräsidenten auf Hitler wurden im Augsburger Kammgarnviertel gezählt; in der Buntweberei brach ein »regelrechter Streik« aus.[21]

Wie wenig den Nazis der Einbruch in die Arbeiterschaft gelungen ist, spiegeln vielleicht am deutlichsten die Ergebnisse der Vertrauensrätewahlen wider: Nachdem am 20. 1. 1934 das »Gesetz zur Ordnung der nationalen Arbeit« erlassen worden war, mit dessen Hilfe die Rechte der – durch die Vertrauensräte ersetzten – Betriebsräte beseitigt wurden, fanden im März/April 1934 die ersten Wahlen statt. Sie dokumentierten eindrucksvoll die Niederlage der Nationalsozialisten. Nur etwa 40% hatten sich überhaupt an der Wahl beteiligt. Und von diesen 40% erhielten die nationalsozialistischen Kandidaten nur rund 25%. Die meisten ungültigen Stimmen kamen bezeichnenderweise in vielen Fällen aus dem Bereich der Textilindustrie – eine Antwort der Frauen auf ihr niedriges Lohnniveau.

Den jeweiligen Bedingungen eines Betriebes entsprechend, hatten die Belegschaften entweder ungültig gewählt, mit »Nein« gestimmt oder versucht, eigene Kandidaten durchzusetzen. Im April 1935 fanden die zweiten – und letzten – Vertrauensrätewahlen statt. Das Ergebnis von 1934 blieb in etwa gleich, so daß ab diesem Zeitpunkt auf weitere Wahlen verzichtet wurde.[22] Dabei ist zu bedenken, daß es sich bei den Zahlen fast durchweg um offizielle Zahlen handelte, deren Zustandekommen als äußerst fragwürdig gelten muß.

Als Folge der Rüstungsintensivierung wurden ab 1935 die ersten Zeichen eines Konjunkturaufschwungs sichtbar, der sich in der Abnahme der Arbeitslosenzahl und verstärkter Nachfrage nach Facharbeitern(!) niederschlug.

Die Bruttolöhne wurden, bezogen auf den Stand der Löhne von 1932, um rund 7% erhöht, jedoch bewegten sich die Reallöhne durch die steigenden Lebenshaltungskosten weiterhin auf dem Krisenniveau von 1932. Für die Masse der Arbeiterschaft – und besonders für die Frauen, deren Löhne noch immer erheblich unter denen der Männer lagen und die zudem nur selten als Facharbeiterinnen tätig waren – brachte der konjunkturelle Aufschwung keinerlei Verbesserungen. Nutznießer waren im wesentlichen die Facharbeiter, die man mit Lohnangeboten zu werben versuchte, so daß sich das Lohngefälle, v.a. das geschlechtsspezifische, noch weiter vergrößerte.

Lohnfragen, Einschränkungen in der freien Wahl des Arbeitsplatzes (z.B. Abwandern in die lohnintensiveren Wirtschaftszweige), steigender Leistungsdruck, steigende Arbeitszeit und die Mißachtung elementarer Arbeitsschutzgesetze bildeten denn auch den Hintergrund und waren bestimmend für den Widerstand in den Betrieben dieser Jahre. Immer häufiger wird von den Behörden mit Besorgnis die überaus schlechte Stimmung unter den Beschäftigten der Konsumgüter- und Textilindustrie registriert, die sich in erbitterten Äußerungen, Verweigerung des »Hitler-Grußes« oder Arbeitsniederlegungen Luft machte.

In Essen erkämpften Textilarbeiterinnen Lohnerhöhungen, indem sie statt 20 Minuten eine volle Stunde an einem Mantel bügelten.[23]

In anderen Betrieben führten die Belegschaften Protestversammlungen oder kleinere Streiks durch. Als bei den Osram-Werken in Berlin das Tempo des Fließbandes erhöht wurde, kam es unter den Arbeiterinnen zu einer Diskussion, in der der Vorschlag gemacht wurde, einfach jedes 6. Arbeitsstück auszulassen. Der Vorschlag wurde einheitlich befolgt und ausgeführt. Bei diesem geschlossenen Widerstand war die Direktion gezwungen, das Fließbandtempo wieder herabzusetzen.[24]

Wegen »Widerstand im Betrieb« wurde auch die Berliner Arbeiterin Hertha Hildebrand zu einem Jahr Gefängnis verurteilt; ebenso ihre Kolleginnen Emmi Flohr aus Hamm und Hilda Karo aus Westfalen und neun Frauen aus Wuppertal. Bei ihnen hieß es in der Begründung »Widerstand gegen Lohnabbau«.[25]

Daß dieser Widerstand jedoch nicht unbedingt mit einer gleichzeitigen Abkehr vom nationalsozialistischen System überhaupt verbunden war, macht ein weiteres Beispiel aus den Berliner Osram-Werken deutlich: Dort sammelten 16 Arbeiterinnen Geld zur Unterstützung der spanischen Widerstandskämpfer. Durch Verrat (von Kolleginnen?) konnten sie von der Gestapo verhaftet werden.[26]

## Widerstand im Alltag – alltäglicher Widerstand im Betrieb

Bereits ab Ende 1936/Anfang 1937 machte sich im Zuge der forcierten Aufrüstung ein spürbarer Arbeitskräftemangel bemerkbar. Die massenhafte Rückführung der Frauen ins Erwerbsleben wurde zu einem unentbehrlichen Faktor in der deutschen Rüstungswirtschaft.

Die dieser Notwendigkeit folgende, am 1. 10. 1937 verabschiedete Neufassung des »Gesetzes zur Verminderung der Arbeitslosigkeit« verfügte, daß » . . . den verheirateten Frauen, die ein Ehestandsdarlehen erhalten haben . . . mit Wirkung ab heute erlaubt (ist), wieder erwerbstätig zu sein«.[27]

Der Anteil erwerbstätiger Frauen erhöhte sich in der folgenden Zeit tatsächlich erheblich. Die Frauenarbeit konzentrierte sich zu einem großen Teil auf die vergleichsweise lohnintensiveren Zweige der rüstungswichtigen chemischen, optischen und der Metallindustrie – was dazu führte, daß besonders die Textilindustrie beständig Klagen darüber führte, daß die Frauen sofort nach ihrer Ausbildung in die Rüstungsindustrie abwandern würden.

Die anhaltende Fluktuation auf dem Arbeitsmarkt, gerade von Frauen (die durch sogenannte Locklöhne verschiedener Rüstungsbetriebe noch begünstigt wurde), konnte auch durch das bereits 1935 eingeführte Arbeitsbuch, das den Arbeitsplatzwechsel verbieten bzw. zumindest einschränken sollte, zunächst nicht mehr eingedämmt werden. Bald litt die Konsumgüter-, aber v.a. die Textilindustrie unter akutem Arbeitskräftemangel, so daß schon ab 1938 wichtige Wehrmachtsaufträge nicht mehr – oder nicht termingerecht – erfüllt werden konnten. Infolge der aufgetretenen Engpässe wurden die Bestimmungen des Arbeitsbuchs wieder rigoroser zu handhaben versucht. Nicht jedoch mit dem gewünschten Erfolg – denn die Betroffenen reagierten darauf mit »Blau-machen«, »Bummeln bei der Arbeit« oder anderen Formen der versteckten Arbeitsverweigerung, was in vielen Fällen zu der gewünschten Entlassung führte.

Mit den erhöhten Rüstungsanforderungen verschlechterten sich auch die Arbeitsbedingungen rapide. Die Arbeitszeit überschritt vielfach sogar 51 Stunden in der Woche. Die Frauen, die jetzt »schwere Männerarbeit« leisten mußten (viele Männer waren zum Westwallbau eingezogen worden, deren Arbeitsplätze Frauen eingenommen hatten), mußten immer noch zu Löhnen arbeiten, die wenigstens 40% unter denen der Männer lagen. Selbst der »Angriff« vom 1. 7. 1938 mußte eingestehen: »Vom weiblichen Körper wird die gleiche Leistung wie vom Manne verlangt und dazu bei einem Lohn, der etwa 40% unter dem Lohnsatz des männlichen Hilfsarbeiters liegt.«[28]

Diese Situation löste in vielen Betrieben Widerstandsaktionen aus, die jedoch vermutlich nur von einem Teil der Belegschaften getragen wurden. Über den Widerstand Münchener Lebensmittelarbeiterinnen berichtete die »Baseler Rundschau« in ihrer Ausgabe vom 4. 8. 1938: »Münchener Lebensmittelarbeiterinnen kämpfen für höheren Lohn. In einem Münchener Lebensmittelbetrieb mit fast 2000 Personen Belegschaft weigerten sich die Frauen, gegen viel geringeren Lohn die gleiche Arbeit wie die Männer zu leisten, und erreichten dadurch die Herabsetzung der ihnen vorgeschriebenen Stückzahl.«[29]

Ab 1938 häuften sich denn auch die Klagen der Unternehmer über die zunehmende »Disziplinlosigkeit« der Frauen. Klagen, die zu Beginn des Krieges und vor allem während des Krieges nicht mehr abrissen.

Noch vor Kriegsbeginn richtete eine Frauengruppe eines Berliner Rüstungsbetriebes in einer Tarnschrift – »Ratschläge für die arbeitende Frau« – einen Aufruf an die Arbeiterinnen. Darin hieß es: »Arbeitskolleginnen! Wenn wir unsere Gesundheit nicht zu erhalten versuchen und uns gegen Hetztempo, Überarbeit und schlechte Ernährung nicht zur Wehr setzen, dann geraten wir und unsere Familie in noch größere Gefahr, morgen die gräßlichen Schrecken eines Krieges auf uns nehmen zu müssen. Denn warum zwingt man uns, Männerarbeit zu machen? Weil Hitler immer mehr Maschinengewehre, Kanonen, Tanks, Flugzeuge, Unterseeboote und Panzerkreuzer fordert ...«[30]

1939 schalteten sich gleichfalls die KPD und andere Widerstandsorganisationen mit der Tarnschrift »Und was brachte Hitler den Frauen und Mädchen?« in die Auseinandersetzung der Frauen um höhere Löhne und für bessere Arbeitsbedingungen ein.

Spätestens mit Kriegsbeginn sollte sich zeigen, daß ausschließlich lohnpolitische Erwägungen den Ausschlag für den Eintritt der Frauen in die Rüstungsproduktion – in die sie auch z.T. mit polizeilicher Gewalt verpflichtet wurden – gegeben haben, nicht jedoch der vielbeschworene Opferwille der Frauen für das »Vaterland«. Die Demagogie der Nazis, »Heim und Herd sind Deutschland«, fand bei den Frauen offenbar keinen rechten Nährboden. Wenn schon Herd und Heim, dann meinten sie ihr eigenes – wie sich schon bald erweisen sollte.

Während sich einerseits der Bedarf an weiblichen Arbeitskräften weiter erhöhte, verschlechterten sich mit Kriegsbeginn gleichzeitig die Arbeitsbedingungen. Die Arbeitszeit stieg auf zehn, elf, zwölf und mehr Stunden pro Tag; Arbeitsschutzgesetze und -zeitbeschränkungen wurden weitgehend außer Kraft gesetzt, und im November 1939 wurde die Sonntags-, Feiertags- und Nachtschicht auch für Frauen verfügt.

Die betroffenen Frauen setzten sich dagegen auf zweierlei Art zur Wehr: die Frauen, die aufgrund ihrer materiellen Lage zur Arbeit gezwungen waren, leisteten *im* Betrieb Widerstand; die Frauen hingegen, die durch ein ausreichendes Einkommen des Ehemannes oder durch eine ausreichende Kriegsrente nicht zum eigenen Verdienst gezwungen waren, kündigten ihre Arbeitsstelle oder ignorierten ganz einfach die Mobilisierungskampagnen zum Eintritt in die Rüstungsproduktion.

Aus einem Bericht der Rüstungsinspektion Nürnberg geht hervor, daß laut Feststellungen des Landesarbeitsamtes am 31. 12. 1939 bereits 14 500 Frauen weniger in Arbeit waren als noch am 1. 9. 1939. Allein von Oktober 1939 bis Dezember 1939 war die Beschäftigungsziffer der Frauen insgesamt um fast 300 000 gesunken.[31] Selbst die Rüstungsinspektion kommt zu dem Schluß, daß »... die Ursache dieser Erscheinung in folgendem Umstand begründet (lag): Der Eigenverdienst von Kriegerfrauen, die also Familienunterstützung bezogen, wurde hohen Abzügen unterworfen ..., so daß der geringe Mehrverdienst keinen Arbeitsanreiz mehr bot ... Ferner schieden zahlreiche werktätige Mädchen nach Kriegstrauung aus ihren bisherigen Stellungen aus. Die Familienunterstützung ermöglichte es ihnen, nicht mehr selbst verdienen zu müssen. Andere Frauen wieder, die zwar im Frieden einem Verdienst nachgingen, aber auf ihn nicht unbedingt angewiesen waren, legten unter den erschwerten Haushaltungsverhältnissen ihre Arbeit nieder.«[32]

Die Frauen *in* den Betrieben wiederum reagierten mit Arbeitsverweigerungen, Minderung der Arbeitsleistung, Krankfeiern, oder sie streikten gegen die fortlaufende Erhöhung ihrer Arbeitszeit. Gegen die sogenannten Arbeitsunwilligen griff in einer Reihe von Fällen die Gestapo ein, die die betreffenden Arbeiter/innen inhaftierte. Wegen Vertragsbruch in Haft genommen wurden z.B. die Arbeiterinnen G. aus Pegnitz und B. aus Nürnberg, die beide »... durch häufiges Fernbleiben von ihrem Arbeitsplatz die rechtzeitige Fertigstellung staatspolitisch wichtiger Aufgaben gefährdet (haben) ...«[33]

Einige Berichte über die Haltung der männlichen und weiblichen Arbeiterschaft kommen zu der interessanten Feststellung, daß das Verhalten von Männern und Frauen deutliche Unterschiede aufweise, d.h. die Frauen offenbar die »Oppositionelleren« waren. In einem Monatsbericht des Regierungspräsidenten von Niederbayern und Oberpfalz wird die Arbeitsdisziplin nur bei den männlichen Arbeitskräften als befriedigend bezeichnet, die der Frauen gäbe hingegen viel Anlaß zu Beanstandungen. Ein Grund wird ausdrücklich in der »mangelnden Einsicht in die Kriegsnotwendigkeiten« gesehen![34]

Da jedoch die gesamte Kriegswirtschaft immer abhängiger von der Arbeit der Frauen wurde – die in vielen Betrieben schon die Mehrheit einnahmen –, mußte jede Form der Arbeitsverweigerung fatale Konsequenzen für die Kriegsführung haben. Inwieweit sich die Frauen ihrer Macht allerdings bewußt waren und von dieser Position aus handelten, läßt sich nur schwer bestimmen. Zunehmend wurden jedoch die verschiedensten Anlässe von den bisher erwerbstätigen (und damit arbeitsbuchpflichtigen) Frauen benutzt, um den Arbeitsmarkt vollständig zu verlassen. Bei den Arbeitsämtern liefen Kündigungsanträge in steigender Zahl ein. Allein in der Zeit von Mai 1939 bis Mai 1941 hatte erneut über eine halbe Million Frauen den Arbeitsmarkt verlassen.[35] Ob dafür nur die »erschwerten Haushaltungsverhältnisse« im Krieg verantwortlich waren, läßt sich wohl anzweifeln, denn so wesentlich einfacher waren sie auch »im Frieden« nicht gerade.

Spätestens ab 1939/40 fehlte in keinem Bericht der Rüstungsinspektionen der Wehrkreise die monotone Klage über die Frauenarbeit und ihre »Rentenmoral«. Die Zahl der Unterstützungsberechtigten vermehrte sich noch durch die schlagartig angestiegenen Kriegsheiraten. Wohl nicht zu Unrecht vermuteten Wehrmacht und Bürokratien hinter den Eheschließungen ausschließlich materielle Gründe. Weder die Erhöhung des Anrechnungsfreibetrages auf zwei Drittel des eigenen Lohnes noch die wiederholten Appelle zum freiwilligen »Ehrendienst« fürs Vaterland konnte die Frauen motivieren, in die Rüstungs- bzw. Kriegsproduktion zu gehen. Auch die Diskussion um die weibliche Dienstverpflichtung führte zu keinerlei nennenswerten Resultaten. Damit schloß sich ein Teufelskreis: Die einzige Möglichkeit, nämlich die Intensivierung der Arbeit für die noch erwerbstätigen Frauen – meist ledige Frauen oder Ehefrauen von Arbeitern, kleinen Angestellten und Handwerkern –, mußte gleichzeitig die schon bekannten Schwierigkeiten verstärken.

Immer offener setzten sich die betroffenen Frauen gegen die Arbeitsintensivierung durch Arbeitsverweigerung zur Wehr. Zum ständigen Erscheinungsbild in den Betrieben gehörte das »Blaumachen«, meist zu Wochenbeginn, Verlangsamen des Arbeitstempos, Krankmeldungen, Produktion von Ausschuß und selbst Fälle von Sabotage. Die Gestapo wurde verstärkt zur Überprüfung der Belegschaften eingesetzt, Allein in Hamburg wurden im Monat Oktober 1941 wegen KPD-Verdachts 15 Personen festgenommen, wegen sonstiger Opposition 48 Personen und wegen Arbeitsverweigerung 180(!) Personen.[36] Teilweise fehlten bis zu 50% der weiblichen Belegschaft in verschiedenen Betrieben; mindestens aber ein Sechstel.[37]

Immer öfter redete man von zunehmender »Kriegsmüdigkeit« unter den Frauen, von sinkender »Arbeitsfreudigkeit« – der man mit den verschiedensten Methoden zu begegnen suchte, nachdem die Produktion ganzer Betriebe oftmals bis zu 25% gesunken war und die Fortführung des Krieges tatsächlich in Frage zu stehen drohte. 1941 wurde das Problem der weiblichen Dienstverpflichtung erneut diskutiert, führte jedoch erst im Zuge der totalen Mobilmachung 1943 zu einer Meldepflichtverordnung, die besagte, daß Frauen zwischen 17 und 45 für die Aufgaben der »Reichsverteidigung« herangezogen werden konnten. Dennoch erbrachte weder diese Verordnung noch eindringliche »Werbekampagnen zum Eintritt in den freiwilligen Ehrendienst« nennenswerte Konsequenzen. Ganz im Gegenteil! Selbst die Partei sah sich angesichts dieses offenkundigen Mißerfolgs schließlich gezwungen zuzugeben, daß der »Gedanke an das große Ziel des Krieges und der Kriegsgemeinschaft« dem größten Teil der Frauen »noch immer fremd war«.[38]

Warum Frauen gegen den Krieg waren, welche jeweiligen Motive und Erfahrungen sie zu einer Kriegsgegnerschaft veranlaßt haben, muß im Rahmen dieses Beitrags offenbleiben. Letztlich ist dies auch eine Frage, auf die uns unsere Mütter, Großmütter oder Tanten nur jeweils selbst Auskunft geben können. Eine Reihe von Gründen liegt jedoch auf der Hand. Sie reichen von den miserablen Arbeitsbedingungen, den Erfahrungen der Frauen mit dem Tod ihrer Söhne, Männer oder Brüder, den Zerstörungen ihrer Häuser durch die Bombardierungen, einer politisch motivierten Kriegsgegnerschaft bis hin zu den sich rapide verschlechternden Lebensbedingungen während des Krieges überhaupt. Gerade der ständig zunehmende Warenmangel mit der Fortdauer des Krieges – symbolisch hierfür der Ausspruch: »Statt Butter Kanonen« – wurde bald zu einer ständigen Quelle wachsender Unzufriedenheit unter den Frauen. Unzufriedenheit, die die Frauen in Protesten beim Schlange-Stehen, auf Märkten, in Geschäften und auf den Straßen laut äußerten. Selbst die Tradition der »Brot-und-Frieden-Demonstrationen« ließen Frauen in einigen Teilen Deutschlands, so z.B. in Dresden 1942, wieder aufleben.

Mit der zunehmenden Gefahr, bei den Bombardierungen

nicht nur das Haus, sondern auch das eigene Leben zu verlieren, scheinen die Frauen auch ihre Angst, bei einer solchen Demonstration oder bei anderen Formen ihres alltäglichen Widerstands verhaftet und verurteilt zu werden, mehr und mehr verloren zu haben.

Der Glaube an einen »Endsieg« war in ihnen ohnehin schon längst tief erschüttert. Jede Verlängerung des Krieges konnte nur noch sinnlose Zerstörung von Leben bedeuten. Das zumindest haben Frauen offenbar eher begriffen als Männer! Frauen waren es denn auch, die in den letzten Tagen vor Kriegsende durch vielfache Aktionen die Verteidigung der Städte – gegen den Einmarsch der Alliierten – zu verhindern suchten.

Wenigstens noch so viel!

INGRID H. E. SCHUPETTA

# Jeder das Ihre – Frauenerwerbstätigkeit und Einsatz von Fremdarbeitern/-arbeiterinnen im Zweiten Weltkrieg

## Einführung

Etwa seit der Jahrhundertwende liegt die Zahl der außerhäuslich erwerbstätigen Frauen bei ungefähr einem Drittel aller Erwerbstätigen. Wesentliche Abweichungen von dieser Zahl lassen sich beobachten, wenn die Nachfrage nach Arbeitskräften besonders stark ist oder wenn ein Überangebot an Arbeitskräften vorhanden ist. Beispiel für eine extrem hohe Frauenbeschäftigung ist der Erste Weltkrieg, als man einen Arbeitskräftemangel auf diese Weise auszugleichen versuchte. Das Beispiel für eine relativ niedrige Zahl außerhäuslich erwerbstätiger Frauen ist die Zeit gegen Ende der Weltwirtschaftskrise, als versucht wurde, das Arbeitslosenproblem auf die Schultern der Frauen abzuladen. Aber auch diesen Schwankungen sind Grenzen gesetzt. Eine völlige Verdrängung der Frau vom Arbeitsmarkt hat sich historisch als nicht möglich erwiesen, auch wenn sie immer wieder als Allheilmittel propagiert wurde (und auch wieder wird). Dies hängt neben anderen Faktoren mit der besonderen Struktur der Frauenerwerbstätigkeit zusammen – es lassen sich aus typischen Frauenarbeitsplätzen (unqualifizierte, schlechtbezahlte Arbeiten) nicht ohne weiteres Männerarbeitsplätze machen. Auf diese Problematik soll jedoch hier nicht eingegangen werden. Im folgenden soll es vielmehr darum gehen, was passieren kann, wenn besonders viele Frauen auf den Arbeitsmarkt gelockt werden sollen. Nämlich dann, wenn ein Mangel an Arbeitskräften herrscht.

Um einen Mangel an Arbeitskräften zu decken, kann versucht werden, Frauen, die »normalerweise« ausschließlich Reproduktionsaufgaben erfüllen, insbesonders die Betreuung von Kleinkindern, vorzeitig dazu zu bewegen, in die Produktion zu gehen bzw. dorthin zurückzukehren.

Diese Lösungsmöglichkeit zieht enorme gesellschaftliche Kosten nach sich. Die von den Frauen unentgeltlich geleistete

»Ostarbeiterin«, 1943. Das Abzeichen »OST« mußte bei der Arbeit und in der Freizeit deutlich sichtbar getragen werden. Offensichtlich ein Propagandafoto! *(Foto: Ullstein Bilderdienst, Berlin).*

Arbeit muß von gesellschaftlichen Institutionen übernommen werden, die ihrerseits aber bezahlt werden müssen. Die Frauenerwerbstätigkeit wird dementsprechend dort ihre Grenze finden, wo diese Kosten keinen entsprechenden Nutzen mehr aufweisen.

Es gibt jedoch eine Möglichkeit, zu hohe Kosten zu umgehen, auf die in fast allen westlichen Industrieländern zurückgegriffen wird: den Einsatz einer internationalen Arbeitskraftreserve. Traditionell stammt eine solche Arbeitskraftreserve aus relativ (meist ländlichen) unterentwickelten Gebieten mit einer relativen Überschußbevölkerung. Für dieses Phänomen gibt es eine Reihe von Beispielen. Eines der bekanntesten ist Irland, das seit Jahrhunderten Arbeitskräfte an höher entwickelte Staaten abgab. Die Wanderungsströme gingen zunächst nach Großbritannien, später überwiegend in die USA. Ein weiteres Beispiel ist der Süden Italiens, der Arbeitskräfte für die USA, die Schweiz und die Bundesrepublik lieferte. Das Abschöpfen einer internationalen Arbeitskraftreserve hat auch in Deutschland eine lange Tradition. Bis 1945 war Polen das wichtigste Reservoir. Erst danach (bereits ab 1950) wurde diese Position von Italien eingenommen und verlagerte sich mittlerweile immer mehr an die europäische Peripherie.[1]

Durch den Einsatz von Arbeitsmigranten (die gezwungen sind zu wandern, um Arbeit zu finden) ist es kurzfristig möglich, einen Mangel an Arbeitskräften zu beheben, ohne daß zunächst wesentliche Kosten entstehen. Paolo Cinnani behauptet sogar darüber hinausgehend, daß die Arbeitsmigranten nicht nur kostengünstig, sondern sogar kostensparend sind, da zumindest für eine Generation von Arbeitern die Ausbildungskosten gespart werden.[2]

Arbeitsmigranten sind im allgemeinen auf der untersten Stufe der sozialen Skala des »Gastlandes« zu finden. Auf dem Arbeitsmarkt nehmen sie die Positionen ein, die von den einheimischen Arbeitern aus den verschiedensten Gründen (etwa besondere Belastungen wie Schmutz, Hitze, Lärm, Stupidität, niedrige Löhne u.ä.) nicht mehr ausgefüllt werden. Dabei wird die geschlechtsspezifische Teilung des Arbeitsmarktes weitgehend beibehalten. Man kann sogar sagen, daß Arbeitsmigration die Beibehaltung der geschlechtsspezifischen Arbeitsteilung nach herkömmlichem Muster im Fall einer Vollbeschäftigung erst möglich macht. Für den männlichen Arbeitsmarkt steht eine männliche Arbeitskraftreserve zur Verfügung. Die einheimischen Arbeiterinnen brauchen nicht für wichtige »Männerpositionen« trainiert zu werden. Andererseits können weibliche Arbeitskräfte aus der weiblichen Reserve beschäftigt werden und ermöglichen somit eine zeitweilige Freistellung heimischer Arbeiterinnen für Reproduktionsaufgaben.

Ein historisches Beispiel für den Zusammenhang zwischen Frauenerwerbstätigkeit und Arbeitsmigration finden wir in der Arbeitsmarktpolitik der Nationalsozialisten in den Jahren 1939 bis 1945. Wobei gleich dazu gesagt werden sollte, daß Art und Umfang der Arbeitsmigration in dieser Epoche bislang einmalig sind – jedenfalls in Europa –, so daß sie als spezifisch faschistisch bezeichnet werden können. Spezifisch faschistisch ist diese »Politik« besonders dort, wo Arbeitsmigration nicht mehr rational zu begründen und zu beschreiben ist, sondern in jenem Grenzbereich, wo einer Rassentheorie Menschenopfer in Form der »Vernichtung durch Arbeit«(-smigration) dargebracht wurden. Von daher mag ein Vergleich der brutalen Unterwerfung ganzer Völker durch den deutschen Faschismus und der »Gast«arbeiterfrage, wie wir sie heute kennen, gewagt erscheinen. Bei genauerer Betrachtung lassen sich aber durchaus ähnliche Grundmuster finden. Mir geht es jedoch in erster Linie um die Beschreibung einer historischen Situation.

Vorher möchte ich mich entschuldigen, daß an einigen Stellen im Text auf den typischen Nazi-Jargon zurückgegriffen werden wird. Bestimmte Phänomene lassen sich nur innerhalb eines Systems beschreiben, außerhalb dieses nur bedingt rationalen Systems gibt es für bestimmte Erscheinungen keine Worte. Der Begriff »Fremdarbeiter« ist ein Beispiel dafür. Bei den Originalzitaten hoffe ich, daß die Geisteshaltung der Verfasser noch gegen sie selber spricht. Auch wenn ich auf ihre Diktion nicht verzichtet habe, so liegt es doch in meiner Absicht, einen Beitrag zur Aufarbeitung des Nationalsozialismus zu leisten und nicht zu seiner erneuten Huldigung!

## Frauenerwerbstätigkeit unter Kriegsbedingungen

Wie wohl als allgemein bekannt vorausgesetzt werden kann, begann die Produktion für einen Krieg kaum jemals erst beim Ausbruch des Krieges, sondern derjenige, der einen Krieg will, schafft zunächst so viel Waffen wie möglich – um den Frieden zu sichern.

Im »Dritten Reich« begann die Vorbereitung für eventuelle Raub- und Beutezüge spätestens mit dem Jahre 1936. Im Zuge der Aufrüstung wurde das Arbeitslosenproblem gelöst, und ab 1938 gab es gar nicht mehr genug Arbeitskräfte, um schnell genug den Krieg vorzubereiten. In diesem Zusammenhang wurden auch die Frauen, die zunächst möglichst aus der Produktion verdrängt werden sollten, wieder verstärkt umworben. 1939 war dieser Prozeß abgeschlossen, d.h., alle Frauen, die außerhalb des eigenen Haushalts arbeiten wollten oder mußten (in erster Linie aus ökonomischen Zwängen), waren noch vor dem Kriegsbeginn erwerbstätig.

Zu berücksichtigen ist hierbei (besonders für einen internationalen Vergleich) die trotz der zunehmenden Einbeziehung in die industrielle Produktion eher konservative Ausrichtung der Beschäftigung von Frauen im Deutschen Reich. Rund 40%[3] der Erwerbstätigen waren 1939 weiblich, was eine enorm hohe Zahl ist. Von diesen Frauen arbeiteten 40% in der Landwirtschaft, und zwar überwiegend als mithelfende Familienangehörige, 10% der Frauen arbeiteten in der Hauswirtschaft, 16% in Handel und Verkehr, 8% im Dienstleistungsbereich. Nur 26% arbeiteten in Industrie und Handwerk und auch hier teilweise in Büro- und Verkaufstätigkeiten. Die Industriearbeiterinnen waren diesen Zahlen zur Folge eher die Ausnahme als die Regel.

Obwohl Deutschland zu dieser Zeit schon lange eine Industrienation war, sah das Bild der Frauenerwerbstätigkeit nach einer agrarisch orientierten Gesellschaft aus.

Die Landwirtschaft im Deutschen Reich war 1939 deutlich zurückgeblieben. Es wurde in den meisten Teilen des Landes noch auf kleinen Bauernhöfen produziert, mit Methoden, die ebenso arbeitsintensiv wie uneffektiv waren. Noch dazu waren die damit einhergehenden sozialen Beziehungen und sonstigen Lebensumstände so schlecht, daß eine Abwanderung in die großen Städte seit mehr als einem Jahrhundert anhielt. Auf dem Lande blieben diejenigen, die aus den verschiedensten Gründen nicht gehen konnten – in der Mehrheit blieben Frauen. Durch die Abwanderung so vieler verschärfte sich ihre Arbeitsbelastung. Die deutsche Landwirtschaft war 1939 eine Domäne der Frauenarbeit in ihrer rückständigsten Form. Dies wirkte sich auch in der Kriegsproduktion aus. Fast die Hälfte der erwerbstätigen Frauen war in der Landwirtschaft förmlich »an die Scholle« gekettet, und somit standen sie für die direkte Produktion von Rüstungsgütern nicht zur Verfügung. Auch in den anderen Bereichen standen keine weiteren Arbeitskräfte mehr bereit. Der Bereich der Verwaltungsberufe wurde in den Kriegsjahren noch aufgebläht, während es nicht gelang, deutsche Frauen in dem Maße für die Rüstungsindustrie anzuwerben, wie es für erforderlich gehalten wurde. Ein Reservoir, eine weibliche Reservearmee an Arbeitskräften, stand der Wirtschaft nicht zur Verfügung, da dieses bereits 1939 ausgeschöpft war.

Die nicht erwerbstätigen Frauen waren mit unbezahlter Arbeit eingedeckt, die weit über den »normalen« Bereich von Hausarbeit im weitesten Sinne hinausging. So war es beispielsweise geradezu ein Charakteristikum des Nationalsozialismus, daß der gesamte Sektor sozialer Tätigkeiten auf ehrenamtlicher (und daher unbezahlter) Frauenarbeit ruhte.

Diese Tatsachen werden auch dadurch belegt, daß mit der Einführung einer allgemeinen Dienstpflicht für Frauen 1943 keine wesentliche Steigerung des Fraueneinsatzes mehr erzielt werden konnte.

Einen dauernden Mangel an Arbeitskräften, der auch durch den extensiven Einsatz von Ausländern nicht gedeckt werden konnte, hatten die erwerbstätigen Frauen zu tragen. Neben einer zunehmenden Rationalisierung und Mechanisierung der Produktion wurde auf altbewährte Art und Weise versucht, die einzelne Arbeitskraft besser auszunutzen – durch Verlängerung des Arbeitstages und Durchlöcherung von Schutzbestimmungen. Dazu kamen in der langen Endphase des Krieges die sich besonders in den Städten ständig verschlechternden Lebensbedingungen: der Ausfall der Verkehrsverbindungen, Strom- und Gassperren, Rationierung von Lebensmitteln und Kleidung durch ein kompliziertes Kartensystem, der Bombenterror und vieles andere mehr.

Diese Rahmenbedingungen erschwerten die Arbeit der erwerbstätigen Frauen ganz besonders, weil sie ja auch weiterhin für Haushalt und Reproduktion zuständig waren. Daß die Zahl der erwerbstätigen Frauen trotzdem bis Kriegsende konstant blieb bzw. noch leicht stieg, ist um so erstaunlicher. Mit wieviel Kraft die Frauen dies alles bewältigt haben, ist kaum nachzuvollziehen.

### Das Schicksal der jüdischen Bevölkerung

Seit der »Machtergreifung« wurde von den Nationalsozialisten gegenüber der jüdischen Bevölkerung bzw. gegenüber denen, die sie als »Juden« definierten, zunehmend Terror ausgeübt. Dabei ergänzten sich Maßnahmen der Partei (z.B. Boykottaktionen gegenüber jüdischen Geschäften) mit Maßnahmen des Staates (z.B. Berufsverbote). Diese unsystematischen Übergriffe führten zu einer Vernichtung der Existenzgrundlage der rassisch diskriminierten Menschen und unter der jüdischen Bevölkerung zu regelrechten Auswanderungswellen. 1939 waren nur noch wenige Juden in Deutschland verblieben.[4] In der Mehrheit waren es »Zurückgelassene« – zu zwei Dritteln Frauen, viele alte Menschen und Kinder –, die ihren Angehörigen folgen sollten, wenn diese im Ausland Fuß gefaßt hatten. Diese Minderheit wurde jetzt zwangsweise »in Arbeit« gebracht, obwohl nach landläufigen Vorstellungen nur ein Bruchteil von ihnen erwerbsfähig gewesen sein dürfte.

Einen durchschlagenden volkswirtschaftlichen Effekt im Sinne der Ausschöpfung eines Arbeitskräftereservoirs durch den Einsatz auch der verdrängten Juden kann es also nicht gegeben haben. Vermutlich war die Wirkung eher im psychologischen Bereich zu finden.

Eine offizielle Regelung der Arbeitsverhältnisse von Juden erfolgte erst im Herbst 1941. Kernsatz der nun geregelten Verhältnisse ist der § 1 der »Verordnung über die Beschäftigung von Juden vom 3. Oktober 1941«: »Juden, die in Arbeit eingesetzt sind, stehen in einem Beschäftigungsverhältnis eigener Art.«[5] Diese »eigene Art« äußerte sich in dem Wegfall aller Vergünstigungen. Grundsatz § 3 der dazugehörenden Durchführungsverordnung war: »(1) Jüdische Beschäftigte haben Anspruch auf Vergütung nur für die tatsächlich geleistete Arbeit.« Der Arbeitsschutz für Frauen und Jugendliche entfiel. Dafür galt nun der § 11: »(1) Juden haben die ihnen von den Arbeitsämtern zugewiesenen Beschäftigungen anzunehmen.« Die Beschäftigung eines einzelnen Juden sollte nur noch in Ausnahmefällen möglich sein. Durch dieses Gesetzeswerk erfolgte also nun die rechtliche Absicherung dessen, was in der Praxis schon längere Zeit möglich war: die schrankenlose Ausbeutung jüdischer Arbeitskraft. Ferner wurde durch das Gesetz die offizielle Einrichtung von Arbeitslagern ermöglicht: »§ 12 (2) Jüdische Beschäftigte sind von der Gefolgschaft getrennt zu halten. Werden jüdische Beschäftigte außerhalb ihres Heimatortes gruppenweise eingesetzt, so sind sie in gesonderten Unterkünften unterzubringen.«[6]

Diese Phase der antisemitischen Politik fand ihren Abschluß, als 1942 auf der Wannsee-Konferenz die »Endlösung« der Judenfrage beschlossen wurde. Für die Ausnützung derjenigen, die noch irgendwie in der Lage waren, Arbeit zu verrichten, setzte nun die »Vernichtung durch Arbeit« ein. Eine »private« Beschäftigung von Juden war grundsätzlich nicht mehr möglich.

Vernichtung durch Arbeit – hinter diesem Ausdruck verbirgt sich nichts anderes als die Tatsache, daß Menschen numehr zur

Arbeit angetrieben werden sollten, bis sie tot umfielen, oder, wie es im Protokoll der Wannsee-Konferenz heißt: »Unter entsprechender Leitung sollen im Zuge der Endlösung die Juden in geeigneter Weise im Osten zum Arbeitseinsatz kommen. In großen Arbeitskolonnen, unter Trennung der Geschlechter, werden die arbeitsfähigen Juden straßenbauend in diese Gebiete geführt, wobei zweifelsohne ein Großteil durch natürliche Verminderung ausfallen wird. Der allfällig endlich verbleibende Restbestand wird, da es sich zweifellos um den widerstandsfähigsten Teil handelt, entsprechend behandelt werden müssen, da dieser, bei Freilassung als Keimzelle eines neuen jüdischen Aufbaues anzusehen ist...«[7]

In den Konzentrationslagern, in denen jetzt alle Juden zusammengefaßt wurden, herrschte von Anfang an Zwangsarbeit. Ab 1936 mußten die Gefangenen des Regimes auch in der privaten Wirtschaft arbeiten. Mit zunehmender Verknappung der Arbeitskräfte wurde dieser Bereich ausgeweitet. Einzelne Lager »betreuten« die Arbeitssklaven ganzer Betriebe, z.B. Auschwitz und die IG Farben. Betroffen von dieser Art der Arbeitsbeschaffung waren »politische Gefangene«, »Berufsverbrecher«, »Bibelforscher«, »Rassenschänder«, »Homosexuelle«, Emigranten, Ausgewiesene, »Arbeitsscheue«, auf Fürsorge Angewiesene sowie eben auch die rassisch Verfolgten: Zigeuner und Juden. Nach Schätzungen wurden seit 1933 bis 1945 insgesamt 7210350 Menschen in Konzentrationslager eingeliefert. Das Jahr 1945 überlebt haben davon nur 530000 Personen (einschließlich derer, die vor Kriegsende entlassen wurden).

Die Menschen starben in den Lagern an Hunger und an Krankheiten. Die Nicht-Arbeitsfähigen waren die ersten, die durch die Massenvernichtungsmaschinerie getötet wurden. Der Rest, aus dem man noch Arbeitskraft herauspressen konnte, stellte das Potential der eigentlichen Arbeitssklaven. Dabei wurde gar nicht mit der Erhaltung der Menschen als Träger von Arbeitskraft gerechnet. Die Rentabilitätsrechnung beruhte auf ganz anderen Faktoren:

»Täglicher Verleihlohn (d.h. der Arbeitslohn, der von den Arbeitgebern direkt an die SS zu zahlen war; d. Verf.) zwischen RM 6,– und RM 8,–

| | | | |
|---|---|---|---|
| durchschnittlich | | RM | 6,00 |
| abzüglich | | | |
| 1. Ernährung | | RM | 0,60 |
| 2. Bekleidungsamortisation | RM 0,10 | RM | 0,70 |
| | | RM | 5,30 |

Demnach bei durchschnittlich dreivierteljähriger
Lebensdauer mal 270 RM 1431,00
Dieser Gewinn erhöhte sich durch rationelle Verwertung der Häftlingsleiche nach neun Monaten um den Erlös aus
1. dem Zahngold
2. den Privatkleidern, die teils der Häftlingsbekleidung in anderen Lagern zugeführt wurden, wodurch sich die Neuanschaffungskosten erübrigten, teils der Spinnstoffverwertung für SS-Uniformen,
3. den hinterlassenen Wertsachen
4. dem hinterlassenen Geld.

Wertsachen und Geld wurden bis in die ersten Kriegsjahre hinein nur bei der reichsdeutschen Minderheit der Häftlinge den Angehörigen zurückgeschickt.
Diese Beträge verringerten sich je Leiche um die
Verbrennungskosten von durchschnittlich RM 2,00
so daß sich ein unmittelbarer Nettogewinn
je Leiche von mindestens RM 200,00
ergab, der aber in vielen Fällen in die Tausende von Reichsmark ging.
Der Gesamtgewinn des Häftlingsumsatzes betrug daher in durchschnittlich 9 Monaten je Kopf
wenigstens RM 1 630,00
Durch Knochen- oder Aschenverwertung hat sich das eine oder andere KL noch Sondereinnahmen verschafft.«[8]

Natürlich waren die Arbeiter aus den Lagern weniger leistungsstark als »normale« Arbeiter. Trotzdem war ihr Einsatz nicht nur für die SS von Gewinn. Wenn allgemein davon ausgegangen wird, daß die unterste Grenze des Arbeitslohns durch das Existenzminimum gebildet wird, hebt die Beschäftigung eines Menschen, dessen Existenz ausgelöscht werden soll, dieses Gesetz auf. Im Prinzip ist diese Methode der Ausbeutung der Arbeitskraft also besonders »wertvoll«. Geht man im allgemeinen davon aus, daß die Sklavenarbeit nicht den Bedingungen der industriellen Produktion entspricht, so muß es besonders bedenklich stimmen, daß dieser Widerspruch hier partiell aufgelöst werden konnte. Auch ein anderes allgemeines Prinzip wurde aufgehoben: die geschlechtsspezifische Arbeitsteilung. Dort, wo die Reproduktion des Arbeiters nicht mehr gesichert werden soll, im Gegenteil die Arbeit der Vernichtung dient, ist jede Rücksicht überflüssig.

Von den Nazis wurde gerade die Gebärfähigkeit der Frauen zum Anlaß genommen, sie als »Keimzellen« besonders brutal zu behandeln. Dies galt in ganz besonderem Maße für die jüdischen Frauen, die das größte Kontingent an Frauen von allen betroffenen Sklavenarbeitern stellten.

Eine allgemeine Einschätzung der antisemitischen Arbeitspolitik erscheint an dieser Stelle noch verfrüht. Sicherlich war die Ausbeutung gerade der jüdischen Arbeitskraft kein politisches Ziel der deutschen Faschisten, eher schon die Plünderung der jüdischen Vermögen. Die Ausplünderung der Arbeitskraft ergab sich vielmehr »nebenbei« als Ergebnis der Lage auf dem Arbeitsmarkt. In gewisser Hinsicht kann man davon sprechen, daß die Diskriminierung der Juden ein Vorläufer der Diskriminierung der Polen und Sowjetbürger war. Was zwischen 1933 und 1939 im kleinen ausprobiert wurde, prägte später die Politik gegenüber den ebenfalls als rassisch minderwertig empfundenen Völkern des Ostens.

Vom Umfang her ist der Arbeitseinsatz der Juden mit dem der anderen »Fremdarbeiter« überhaupt nicht zu vergleichen.

## Quantitative Aspekte des Einsatzes ausländischer Arbeitskräfte im Deutschen Reich

Im Herbst 1939 war der Arbeitskräftemangel in der Landwirtschaft so groß, daß befürchtet wurde, die Ernte könne nicht eingebracht werden. Nach dem Überfall auf Polen war eine der ersten Aktionen der deutschen Besatzer die Einrichtung von Arbeitsämtern und Arbeitsvermittlungsstellen für landwirtschaftliche Arbeiter. Durch polnische Arbeiter gelang es, die Lücken auf diesem Sektor erst einmal zu füllen. Der Zusammenhang zwischen Kriegsausbruch und Verschleppung von Arbeitskräften ist so deutlich, daß die These, es wäre ein Kriegsziel der Deutschen gewesen, sich die ausländische Arbeitskraft anzueignen, dadurch unmittelbar gestützt wird. Von einem planmäßigen Vorgehen kann aber auch hier nicht die Rede sein. Der Einsatz von Ausländern erfolgte den jeweiligen Umständen entsprechend. Zunächst sollte die Zahl der im Reich arbeitenden Ausländer möglichst klein gehalten werden. Die Ausländer sollten die zur Wehrmacht eingezogenen deutschen Männer ersetzen. Dieses Ziel wurde nur teilweise erreicht. Im Laufe des Krieges nahm die Zahl der erwerbstätigen deutschen Männer stetig ab, die Mobilisierung von deutschen Frauen entsprach dieser Abnahme nicht. Dafür ist ein stetiges Ansteigen der Zahl der ausländischen Arbeitskräfte zu beobachten. Nur durch diese Steigerung konnte die Zahl der Erwerbstätigen insgesamt relativ konstant gehalten werden, wie sich aus folgendem Schaubild entnehmen läßt:[9]

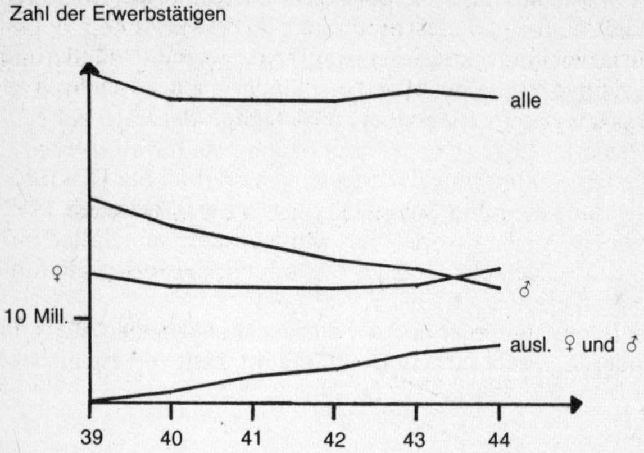


Es ist also nicht beides möglich gewesen. Gegen Kriegsende waren ungefähr 7,5 Millionen Ausländer in Deutschland, um zu arbeiten. Die Gesamtzahl der in Deutschland arbeitenden Ausländer kann nur geschätzt werden. Nach den als einigermaßen verläßlich erscheinenden Angaben, die bei den Nürnberger Prozessen gemacht wurden, sollen insgesamt 12 Millionen Menschen »angeworben« worden sein, aber nie mehr als 8,1 Millionen gleichzeitig in Deutschland gearbeitet haben.[10]

Bei diesen Zahlen sind allerdings nicht die Menschen mitgezählt, die zwar in ihren Heimatländern bleiben durften bzw. innerhalb der Grenzen ihres Heimatlandes »umgesetzt« wurden, die aber trotzdem für die deutsche Wirtschaft arbeiteten.

Probleme bei der Quantifizierung ergeben sich auch aus der Tatsache, daß der Begriff des »Deutschen« der Definition der Nationalsozialisten unterlag. Nicht-deutsch hieß teilweise auch nicht-arisch. Juden wurden konsequenterweise grundsätzlich zu den Ausländern gezählt. Dafür gab es Teile anderer Völker, die als arisierungswürdig angesehen wurden und den Status eines Deutschen oder einer Deutschen verliehen bekamen, beispielsweise bei den Polen. Mit Verzerrungen dort, wo es um Zahlen geht, ist also immer zu rechnen.

Zunächst war an einen Einsatz der Ausländer in der Landwirtschaft gedacht. In der »gewerblichen« Wirtschaft sollten Ausländer nur dort eingesetzt werden, wo sie in Gruppen beschäftigt werden konnten und wo sie saisonabhängig zu beschäftigen waren, also vorwiegend bei Außenarbeiten, bei allem, was mit Bauen und Bebauen zu tun hatte. Diese Arbeiter sollten im Rotationsprinzip (in regelmäßigen Abständen in das Herkunftsland zurückgeschickt) beschäftigt werden.

Auch hier mußte die Idealvorstellung revidiert werden. Je dringender Arbeitskräfte gebraucht wurden, desto mehr Ausländer wurden in der Industrie beschäftigt:[11]

Verteilung der ausländischen Arbeiter auf Industrie und Landwirtschaft

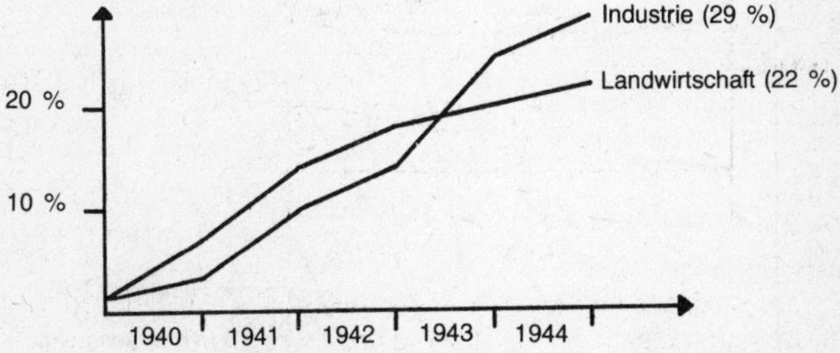


Nachdem man 1942 von dem Blitzkriegkonzept abrücken mußte, wurden verstärkt Ausländer für die Industrie »angeworben«. 1943 waren bereits 5% mehr Ausländer in der Industrie als in der Landwirtschaft beschäftigt.

Doch auch andere Wirtschaftsbereiche gerieten mehr oder weniger stark in Abhängigkeit von der Zufuhr ausländischer Arbeitskräfte:[12]

Dieser an sich unerwünschte Zustand wurde mit der Kriegssituation erklärt. Über die Zeit nach dem Krieg machte man sich bereits 1941 folgende Gedanken: »Auch nach dem Kriege wird auf den Einsatz ausländischer Arbeiter in Deutschland nicht verzichtet werden können. Dieser Einsatz wird wie bisher vorrangig für die Landwirtschaft, daneben aber auch für die gewerbliche Wirtschaft zur Erfüllung der kommenden großen Aufgaben des Friedens nötig sein. Die Bildung der europäischen Großraumwirtschaft wird diese Entwicklung fördern. Dabei wird sich neben dem Hereinholen zusätzlicher Arbeitskräfte aus den Kontinentalstaaten nach Deutschland zweifellos auch der gegenseitige Kräfteaustausch in der Form der sogenannten ›Gastarbeiter‹ stärker entwickeln.«[13]

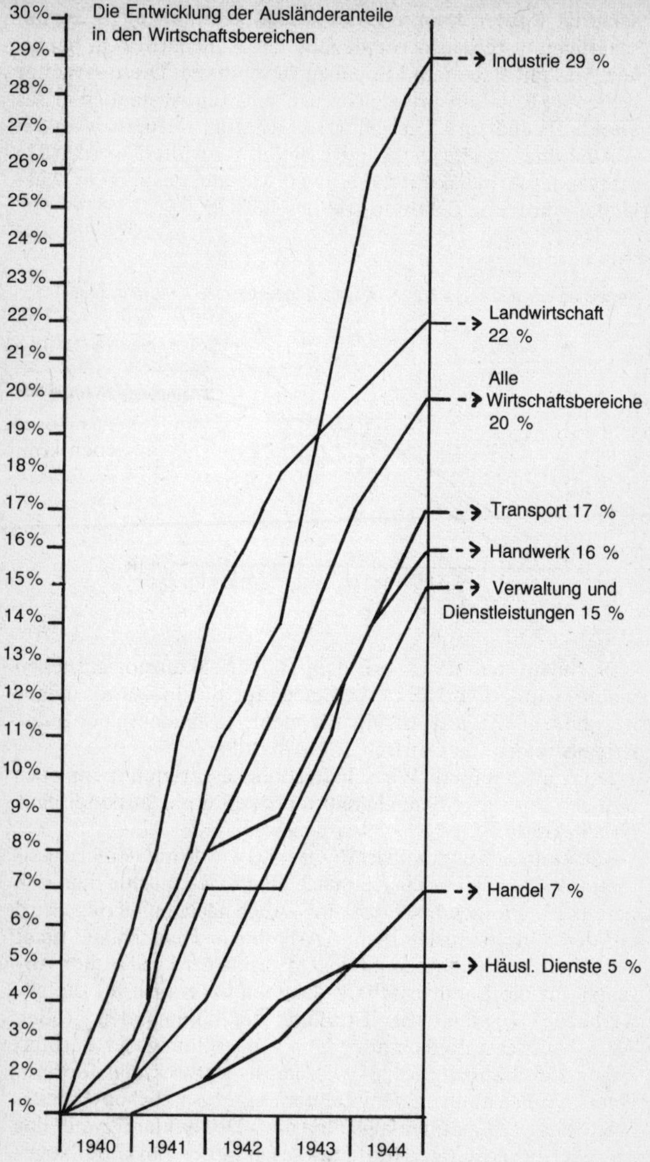
Die Entwicklung der Ausländeranteile in den Wirtschaftsbereichen
30%
29%
28%
27%
26%
25%
24%
23%
22%
21%
20%
19%
18%
17%
16%
15%
14%
13%
12%
11%
10%
9%
8%
7%
6%
5%
4%
3%
2%
1%
1940
1941
1942
1943
1944
Industrie 29 %
Landwirtschaft 22 %
Alle Wirtschaftsbereiche 20 %
Transport 17 %
Handwerk 16 %
Verwaltung und Dienstleistungen 15 %
Handel 7 %
Häusl. Dienste 5 %

Doch vorläufig lief der Trend in eine ganz andere Richtung. Auch in der Rüstung und in den kriegswichtigen Betrieben mußten zunehmend Ausländer eingesetzt werden:[14]

Gesamtzahl und Zahl der Ausländer
in kriegswichtigen Betrieben

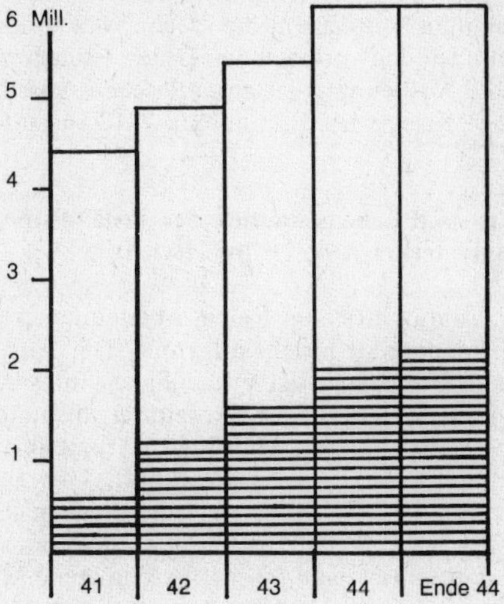


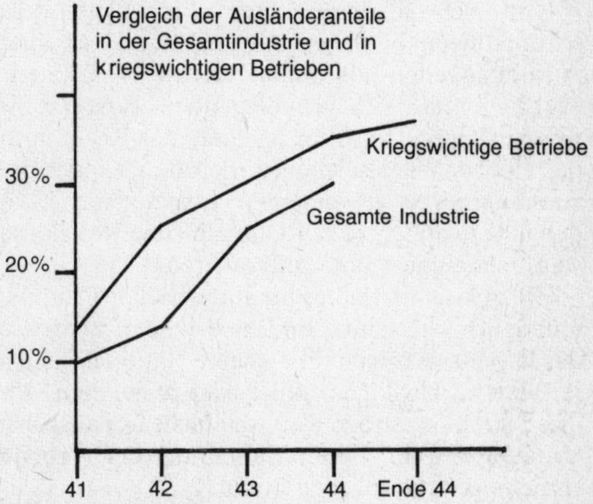

Gerade in den Rüstungsbetrieben war der Einsatz von »Fremdarbeitern« besonders problematisch, Möglichkeiten zu einer effektiven Sabotage gegeben. Daß gerade hier besonders viele ausländische Arbeiter eingesetzt wurden, zeigt, wie sehr die Nationalsozialisten dem wirtschaftlichen Druck nachgeben mußten.

Die Frage, inwiefern der Einsatz einer so großen Zahl von Ausländern in der Kriegswirtschaft überhaupt sinnvoll gewesen ist, bei allen Schwächen, die so ein System der Zwangsarbeit hat, ist nach den vorliegenden Daten einfach zu beantworten: ohne die Ausbeutung der ausländischen Arbeitskraft wäre die deutsche Kriegswirtschaft bereits 1942 zusammengebrochen.

### Arbeits- und Lebenssituation der ausländischen Arbeiter und Arbeiterinnen im Dritten Reich

Die Gesamtheit der im Reich arbeitenden Ausländer war in verschiedene Kategorien aufgeteilt. Die Aufteilung erfolgte aufgrund des Grades der Freiwilligkeit ihres Arbeitseinsatzes (freiwillige Fremdarbeiter, Arbeitsverpflichtete, Kriegsgefangene, Zwangsarbeiter, Häftlinge, Arbeitssklaven) und aufgrund ihrer geographischen Herkunft.

Der Begriff »freiwillig« ist allerdings nicht im üblichen Wortsinn zu verstehen. Selbst der Generalbevollmächtigte für den Arbeitseinsatz gab 1944 zu: »Von den 5 Millionen Arbeitern, die nach Deutschland gekommen sind, sind keine 200 000 freiwillig gekommen.«[15]

Und auch auf diese echten »Freiwilligen« trafen die Einschränkungen für alle nach Deutschland Verschleppten zu: Die Ausübung aller politischen Rechte war ihnen versagt; die Wahrnehmung der grundlegenden Bürgerrechte, beispielsweise das Recht auf Freizügigkeit, das Recht in sozialen Gruppen eigener Wahl zu leben, zu heiraten, Kinder zu erziehen, sich zu organisieren, zu versammeln, seine eigene Meinung zu bilden und zu äußern, das Recht auf freie Religionsausübung etc. waren zumindest stark eingeschränkt.

Hinzu kommt, daß es bei industrieller Produktion praktisch unmöglich war, auf besondere Privilegien (wie sie in den Standardarbeitsverträgen für einzelne Nationalitäten festgelegt waren) der »Freiwilligen« Rücksicht zu nehmen. Was waren auch diese Arbeitsverträge wert, die nicht frei ausgehandelt werden konnten und auf deren Einhaltung der Arbeiter keine Ansprüche geltend machen konnte?

Viel ausschlaggebender für die Arbeits- und Lebensbedingungen waren nach meiner Ansicht die Zugehörigkeit zu bestimmten ethnischen und religiösen Gruppen bzw., in welche der rassistischen Raster der Nazis die Menschen fielen. Grob gesagt, läßt sich folgende Faustregel bilden: Je näher die Menschen dem rassistischen Wahnbild des Ariers kamen, desto besser wurden sie behandelt – je weiter sie davon entfernt waren, desto mehr standen sie in der Gefahr, als Arbeitssklaven geschunden und verheizt zu werden.

Am besten waren die Lebensbedingungen für die Arbeiter aus den westlichen und nördlichen Nachbarländern Deutschlands sowie aus den mit Deutschland verbündeten Ländern. Die wichtigsten Gruppen unter ihnen waren die Franzosen, die Belgier (unter ihnen besonders die Flamen), die Niederländer und die Dänen. Der Einfachheit halber werde ich sie als »Westarbeiter« bezeichnen.

Die aus diesen Ländern stammenden Kriegsgefangenen wurden teilweise wieder in ihre Heimat entlassen. Die Anwerbung von Arbeitskräften sollte prinzipiell freiwillig erfolgen (jedenfalls bis 1942). In diesen Ländern wurden massive Propagandakampagnen für die Arbeit im Deutschen Reich durchgeführt. Wo diese nicht den gewünschten Erfolg brachten, verfiel man auf die Methode, künstlich Arbeitslose zu schaffen. Produktionen wurden ausgelagert oder aus irgendwelchen Gründen geschlossen, dadurch wurden die dort Arbeitenden arbeitslos. Das Recht auf Nahrung und Wohnung wurde an den Nachweis einer Arbeitsstelle gekoppelt. Konnte keine nachgewiesen werden, so wurde dem Betroffenen der Weg nach Deutschland gewiesen, wo es »Arbeit für alle« gab.[16]

Erst relativ spät ging man dazu über, Arbeiter aus diesen Ländern zur Arbeit in Deutschland zu verpflichten. Franzosen wurden beispielsweise erst ab 1943 verpflichtet, und da konnten Frauen immer noch ausgenommen werden.

In besonders starkem Maße wurden aus den »Westländern« Facharbeiter abgezogen. Sie hatten ähnliche Qualifikationen, wie sie in der deutschen Wirtschaft gefordert wurden. Durch den Einsatz dieser Fremdarbeiter war es zudem möglich, eine Qualifizierung deutscher Frauen zu sparen. Von der Industrie wurden an qualifizierten Arbeitsplätzen lieber ausländische Facharbeiter eingesetzt als deutsche Frauen, die wegen ihrer starken Belastung auf der einen Seite und den Schutzgesetzen auf der anderen zu relativ unproduktiven Arbeitskräften wurden.

In Frankreich wurde die Industrie so weit von Facharbeitern

ausgekämmt, daß sich Schwierigkeiten ergaben, die Produktion aufrechtzuerhalten. Es trafen sich hier die beiden Linien des Ausländereinsatzes: Entweder das Kapital kommt zur Arbeit, oder die Arbeit kommt zum Kapital. Daß beide Prinzipien gleichzeitig angewandt wurden, dürfte auf Kosten der Effektivität gegangen sein.

Die Spezifika des Einsatzes von »Westarbeitern« sind also: soviel Freiwilligkeit wie möglich, kaum Arbeitsverpflichtungen für Frauen, geschweige denn für Kinder, Anwerbung vorwiegend von für die industrielle Produktion qualifizierten Arbeitern. Ausgenommen von diesen *relativ* günstigen Voraussetzungen waren Kriegsgefangene, die grundsätzlich in Lagern leben mußten, und natürlich die Personenkreise, die auch in Deutschland den politischen, sexistischen und rassistischen Theorien der neuen Machthaber geopfert wurden.

Ganz anders sah die Lage für die polnischen Arbeiter aus. Das fängt schon bei der Anwerbung an. Bereits im Oktober 1939 wurde eine Meldepflicht für alle Polen von 16 bis 60 Jahren eingeführt, die die Heranziehung zu Arbeitseinsätzen vorbereitete. Im Dezember desselben Jahres wurde die Meldepflicht sogar auf die ab 14jährigen ausgeweitet. Dies galt für Männer und Frauen. Zunächst wurde versucht, freiwillige Arbeitskräfte zu erfassen. Die deutschen Werber zogen durch das Land, trafen aber häufig auf den Widerstand der polnischen Bevölkerung. Daß daraufhin nicht sofort zu Zwangsmaßnahmen gegriffen wurde, lag daran, daß im Winter 1939/40 sich die deutschen Besatzer noch nicht genügend konsolidiert hatten und ihnen einfach nicht genügend Polizisten zur Durchführung großer Aktionen zur Verfügung standen.

Als sich das »Generalgouvernement« zum Musterland der deutschen Besatzungspolitik entwickelte und die Forderungen nach mehr Arbeitskräften aus dem Reich immer dringender wurden, ging man dazu über, die Bevölkerung ganzer Dörfer aus der Kirche heraus, aus den Kinos oder einfach von der Straße weg in LKWs einzusammeln und zu Transporten zusammenzustellen. Daß diese Methoden besonders ab 1943 zur Bildung von immer mehr Partisanengruppen führten, steht auf einem anderen Blatt.

Auch die polnischen Kriegsgefangenen erfuhren eine andere Behandlung als die aus den »Westländern«. Sie wurden zunächst vorwiegend in Gruppen in der Landwirtschaft eingesetzt und nicht nach Hause entlassen, wie etwa die Niederländer. Bei Entlassung aus dem Kriegsgefangenenstatus wurden sie »in ein ziviles Arbeitsverhältnis überführt«. Somit war auch formal die

Möglichkeit gegeben, sie in der Rüstungsproduktion einzusetzen.

Die Minderheiten in Polen waren bis zum Angriff auf die Sowjetunion das unterste Ende der sozialen Hierarchie unter den Ausländern. Sofern sie nicht durch Pogrome und Hetzjagden sofort dezimiert wurden, waren sie die ersten, die einem langsamen Tod durch Hunger und Seuchen preisgegeben wurden. Die polnischen Juden, eingepfercht in Ghettos, waren neben den Gefangenen des Regimes auch die ersten, die zur Zwangsarbeit herangezogen wurden (nach einer Verordnung vom 26. 10. 1939).

Die Diskriminierungspolitik gegenüber den Polen ähnelte sehr der Diskriminierungspolitik gegen die deutschen Juden. Viele Anordnungen betrafen beide gleichermaßen. Womit aber nicht gesagt werden soll, daß hier keine Unterschiede waren. Die Lage für die Menschen, die beides waren, polnisch und jüdisch, war besonders schlimm.

Eine Aufzählung dessen, was die Diskriminierung der Polen ausmachte, ist wegen der Fülle der kleinen Nadelstiche, der Verordnungen, Anordnungen, Verfügungen, Erlasse und was dergleichen mehr niedergeschrieben oder nur mündlich verbreitet werden durfte, in diesem Rahmen schier unmöglich. Ich beschränke mich daher auf nur weniges, um den Charakter des Poleneinsatzes illustrieren zu können.

Wenn ein Pole (oder eine Polin) zur Arbeit nach Deutschland ging, wurde er durch ein Netz von »Betreuungen« geschleust, darunter auch mehrere Entlausungen. Der Transport erfolgte in Viehwagen. Zur Arbeitsaufnahme brauchte er eine besondere Arbeitserlaubnis für Polen, die sein Photo und seine Fingerabdrücke enthalten mußte. Auf seiner Kleidung mußte er ein violettes P in einem gelben Dreieck deutlich sichtbar tragen. Arbeitete er in der Landwirtschaft, so wurde er meist in Gruppen zur Saisonarbeit herangezogen. Dort, wo die Struktur der Landwirtschaft noch hauptsächlich durch den bäuerlichen Kleinbetrieb geprägt war, wurden Polen auch in Kleingruppen oder einzeln eingesetzt. Die Lage für die Menschen war anscheinend weniger hart, da sie, trotz anders lautenden Verfügungen des Reichsnährstandes, in die patriarchalische Organisation der Landwirtschaft wenigstens partiell integriert wurden.

Einsatz in der Industrie bedeutete auf jeden Fall ein Leben in Baracken, in Lagern, ein Leben in der Masse. Möglichkeiten, sich hier Erleichterungen zu schaffen, dürfte es kaum gegeben haben. Dementsprechend war in solchen Arbeitseinsätzen ein

Unterschied zwischen »Freiwilligen« und gezwungenen Arbeitern kaum relevant.

Ab dem 1. August 1940 wurde vom Lohn der polnischen Arbeiter eine Sondersteuer, die »Sozialausgleichsabgabe« abgezogen (wie übrigens auch bei Juden und Zigeunern). Mit der Begründung, daß die polnischen Arbeiter von jeher einen geringeren Lebensstandard als die deutschen Arbeiter hätten, kassierte der NS-Staat 15 bis 20% des Lohnes direkt ab.

Da die zivil beschäftigten Arbeiter sowieso nur ein geringes Gehalt hatten (das sich an den Sätzen für deutsche Hilfsarbeiter orientierte) und die Unterkunft in den Baracken sowie die Massenverpflegung auch noch selber bezahlen mußten, blieb von dem Lohn nicht mehr genug übrig, um die möglicherweise noch in Polen lebende Familie zu unterstützen.

Eine weitere Verschlechterung der Lage in Deutschland arbeitender Polen wurde durch die »Anordnung über die arbeitsrechtliche Behandlung der polnischen Beschäftigten vom 5. Oktober 1941« legalisiert. Diese Anordnung folgte der Anordnung über die arbeitsrechtliche Behandlung für die jüdischen Beschäftigten. Das Prinzip war das gleiche: Die Polen sollen nur für geleistete Arbeit bezahlt werden. Alle Zulagen, wie Familien- und Kinderzulagen entfallen. Im Krankheitsfall fiel der Lohn aus, Unterkunft und Verpflegung mußten aber trotzdem bezahlt werden. So kam es, daß zuweilen die polnischen Arbeiter statt Lohn Schulden verdienten.

Im Gegensatz zu den Arbeitern, die direkt als Gefangene behandelt wurden, hatten die zivilen Arbeitskräfte Möglichkeiten, sich auch außerhalb von Lagern und Arbeitsplätzen zu bewegen. Die Möglichkeit zu einer Kontaktaufnahme zur deutschen Bevölkerung, die selbst bei den verbündeten Italienern als unerwünscht galt, waren jedoch stark eingeschränkt. An Vergnügungen aller Art durften Polen nicht teilnehmen, es sei denn »Kraft-durch-Freude« organisierte besondere Veranstaltungen. Zu den Vergnügungen und Zerstreuungen wurde auch der Besuch von Gottesdiensten gerechnet, was die katholischen Polen besonders stark getroffen haben dürfte. Sogar bei Beerdigungen durften keine Gottesdienste abgehalten werden! Die Bewegungsfreiheit war auch dadurch eingeschränkt, daß Polen keine öffentlichen Verkehrsmittel benutzen durften, keine Fahrräder – es sei denn in Begleitung des Arbeitgebers –, den Arbeitsort nicht verlassen durften und nachts sowieso Ausgangssperre war.

Wo die Bevölkerung, indoktriniert von der Überlegenheit der arischen Rasse, nicht von daher schon abweisend reagierte, wurden regelrechte Propagandafeldzüge gestartet, um Mißtrauen und Chauvinismus zu schüren.

Bei Propaganda blieb es allerdings nicht in Fällen, wo sexuelle Beziehungen zwischen Fremdarbeitern und Deutschen vermutet wurden. Entstand daraus eine Schwangerschaft, wurde der polnische Mann ermordet, die deutsche Frau konnte ins Konzentrationslager kommen; war eine Polin geschwängert worden, wurde das Kind, falls es »gutrassig« werden sollte, zwangsadoptiert, den deutschen Mann traf entweder keine oder doch nur eine milde Strafe. Polen oder der Teil von Polen, der als »Generalgouvernement« bezeichnet wurde, war als Ganzes zum Arbeitskräftereservoir für das Deutsche Reich bestimmt worden.[17] Wie lange es als solches dienen sollte, war nicht klar. Es gab Tendenzen, eine Art Helotenvolk im Osten heranzuziehen, das für alle Zeiten Arbeitskräfte an Deutschland abgeben sollte. Es gab aber auch Tendenzen, das polnische Volk ganz auszurotten. Diese beiden Tendenzen bestimmten die deutsche Polenpolitik.[18] Oder, wie es der »Generalgouverneur« von Polen, Hans Frank, ausdrückte: »Mir hilft es nicht, wenn einer sagt, die Polen müssen ausgerottet werden, sie sind falsch und sie müssen weg. Ich bin heute auf den schmierigsten Polacken, der mir die Züge an die Ostfront fährt, angewiesen. Die Dinge sehen in der Praxis anders aus als in der Theorie. Wir wissen alle, daß dieses Land einmal deutsch wird, daß wir die Polacken hier nicht dulden werden. Aber dazu kommt die Zeit, wenn wir den Krieg gewonnen haben. Jetzt siedeln zu wollen und das Land dadurch in Aufruhr zu bringen ist unmöglich.«[19]

Für die Zwischenzeit entschied man sich für eine Art Mittelweg: der Dezimierung der polnischen Bevölkerung durch das brutale Auseinanderreißen von Familien und den rücksichtslosen Arbeitseinsatz der weiblichen Bevölkerung. Schon 1941 war der Anteil der Frauen an den polnischen Fremdarbeitern besonders groß. Fast 200 000 polnische Frauen arbeiteten in der deutschen Landwirtschaft. Das sind mehr, als Arbeiter anderer Nationalitäten zu diesem Zeitpunkt überhaupt in Deutschland arbeiteten, wie auch aus dem Schaubild auf Seite 312 zu entnehmen ist.[20]

Nach dem Angriff auf die Sowjetunion begann man auch hier mit dem massenhaften »Anwerben« von Arbeitskräften. Die Methoden, die dabei angewandt wurden, verschreckten sogar die Menschen, die sonst freiwillig nach Deutschland gegangen wären.

Im März 1943 waren bereits 400 000 mehr Bürger der Sowjetunion im Reich beschäftigt als Polen, die somit ihren Platz

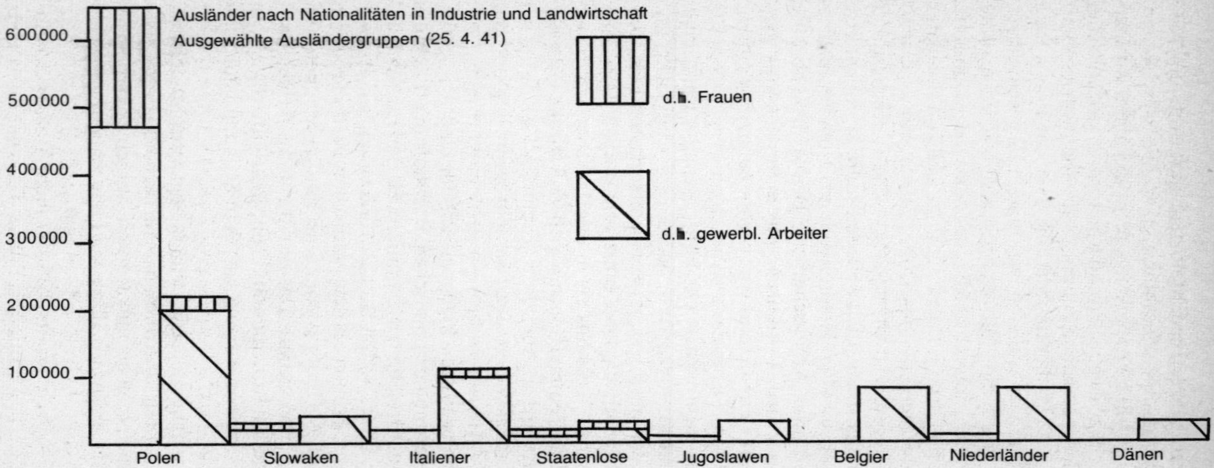
Ausländer nach Nationalitäten in Industrie und Landwirtschaft
Ausgewählte Ausländergruppen (25. 4. 41)
d.h. Frauen
d.h. gewerbl. Arbeiter
600000
500000
400000
300000
200000
100000
Polen
Slowaken
Italiener
Staatenlose
Jugoslawen
Belgier
Niederländer
Dänen

an der Spitze der Fremdarbeiterstatistik abgeben mußten. Im letzten Kriegsjahr waren dann doppelt soviel »Ostarbeiter« wie Polen beschäftigt:[21]

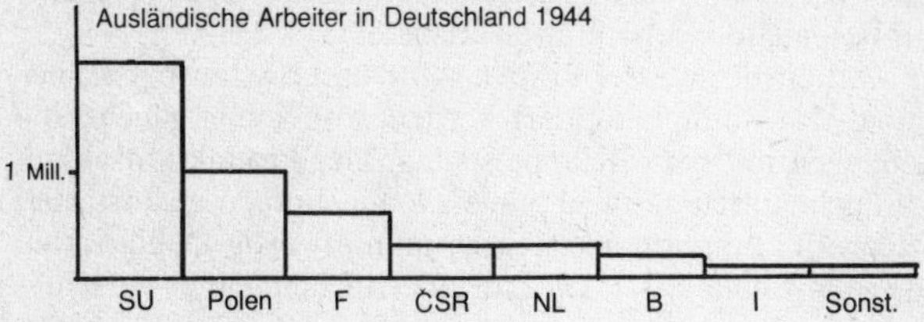


Die Behandlung dieser Menschen war wieder etwas schlechter als die der Polen. Die sowjetischen Kriegsgefangenen wurden sortiert, die höheren Ränge und besonders die »Polit-Kommissare« wurden gleich umgebracht.

Der Rest sollte nach Deutschland zur Arbeit gebracht werden, denn dort wurden Arbeitskräfte immer dringender gebraucht. Um so erschreckender erscheint die Tatsache, daß Tausende von Menschen allein auf dem Transport starben, wenn sie nicht vorher schon verhungerten. Rational ist diese Politik kaum noch zu erklären, es sei denn als Teil einer Ausrottungsstrategie.

Viele Diskriminierungsmaßnahmen gegen die Polen trafen die Menschen aus der Sowjetunion noch ärger. Vom Lohn, den die zivilen Arbeitskräfte ja nominell immer noch bekamen, wurde ihnen die sogenannte »Ostarbeiterabgabe« abgezogen. Durch diese Abgabe wurde sichergestellt, daß der Lohn eines »Ostarbeiters« 17 RM im Monat nicht übersteigen konnte.

Wie bei den Polen war bei ihnen der Frauenanteil besonders groß. Mit den Polinnen zusammen stellten die Sowjetfrauen 80% aller Fremdarbeiterinnen. Von den Polen waren etwas weniger als die Hälfte Frauen, von den Sowjets etwas mehr als die Hälfte. Bei den anderen Nationalitäten lag der Frauenanteil noch erheblich unter dem »normalen« Drittel. Das heißt, bei den »Westarbeiterinnen« wurde Rücksicht auf die herkömmliche geschlechtsspezifische Arbeitsteilung genommen. Schwangere Frauen wurden nicht nach Deutschland verschleppt, und für diejenigen, die schon in Deutschland arbeiteten, galt ein eingeschränkter Mutterschutz. Die in den Heimatländern verbliebenen Frauen konnten ihre »normalen« Reproduktionsaufgaben weiter wahrnehmen. Bei den Polinnen und den Sowjetfrauen war das anders. Hier wurden alle Frauen im erwerbsfähigen Alter verpflichtet, wobei auch Schulkinder als im erwerbsfähigen Alter galten. Bei der Zuteilung an Arbeitsplätzen wurde auf Alter und Geschlecht kaum Rücksicht genommen. Diese Praxis scheint dort ihre Grenzen gefunden zu haben, wo der Arbeitsablauf besondere Körperkräfte verlangte.

Der Arbeitseinsatz der Frauen sollte durch Schwangerschaften möglichst wenig behindert werden, wobei man gleichzeitig zwei Fliegen mit einer Klappe schlug: Der Produktionsablauf wurde nicht durch zeitweilig ausfallende Frauen gestört, und die Reproduktion von als rassisch-minderwertig Deklarierten wurde unterbunden. Dieses Ziel zu erreichen gab es verschiedene Methoden.

Besonders bei den Sowjetfrauen angewandt wurde die Sterilisation. Es wurden aber auch Abtreibungen durchgeführt. Wurde für die »arischen« Frauen der § 218 von den Nazis so streng überwacht, daß von einem Gebärzwang geredet werden kann, so galt für die polnischen und sowjetischen Frauen geradezu die Kehrseite des Mutterkreuzes. Für sie sollte die Schwangerschaftsunterbrechung möglichst unauffällig sogar propagiert werden:

»Uns liegt daran, daß die fremdvölkischen Arbeiterinnen, insbesondere die ›Ostarbeiterinnen‹ ihre Schwangerschaft unterbrechen. Dadurch sind wir von der ›Sorge‹ um diese Kinder befreit, und es bleibt die Arbeitskraft der Frau voll erhalten. Es gibt nun drei Möglichkeiten, die Schwangerschaftsunterbrechung zu erreichen: 1. Zwang und Gewalt unter Hinweis auf das deutsche Interesse. 2. Freiwilligkeit unter besonderer Propaganda (dabei leuchtet nur allzu leicht das deutsche Interesse durch). 3. Freiwilligkeit mit geeigneter Propaganda, etwa: wie gut wir die Fremdvölkischen behandeln – sie haben volle Freiheit –, ihre Gewohnheiten aus ihrem Herkunftslande werden berücksichtigt, wir tun alles, was in ihrer Eigenart liegt – wir berücksichtigen ihre Eigenvolklichkeit usw. Daß das Letztere richtig ist, bedarf bei dieser Überlegung keines besonderen Hinweises.«[22]

Ausgenommen von dieser Regelung waren »gutrassische« Polinnen und Fälle, wo der Vater ein deutscher Arier war, also die Schwangerschaft normalerweise Nebenprodukt einer Vergewaltigung war. War es für diese Art von Verhütung schon zu spät, so wurde dadurch, daß auch bei schwersten Arbeiten die werdende Mutter nicht geschützt wurde, versucht, eine Fehlgeburt zu erzielen. Kamen dann trotzdem noch Kinder zur Welt, war für mangelnde Hilfe bei der Geburt gesorgt: »Die Aufnahme in eine Ausländerkrankenbaracke bei einem deutschen Krankenhaus oder ganz ausnahmsweise in eine deutsche Krankenanstalt kommt nur bei Vorliegen einer Regelwidrigkeit in Frage oder bei der Notwendigkeit, für die Ausbildung von Studenten oder Hebammen-Schülerinnen das Untersuchungsgut zu schaffen. In diesen Fällen muß die Trennung von deutschen Schwangeren gewährleistet sein.«[23]

Nach der Geburt sollten die Frauen möglichst bald an ihren Arbeitsplatz zurückkehren. Ihre Kinder wurden ihnen weggenommen. Die als rassisch-brauchbar begutachteten Kleinkinder sollten in besonderen Einrichtungen, beispielsweise »Lebensborn«, germanisiert werden und später zur Adoption durch SS-Familien freigegeben werden. Die anderen gelangten in »Kindersammelstellen«. »Am 11. August 1943 teilte der SS-Gruppenführer Hilgenfeld vom Hauptamt für Volkswohlfahrt Himmler mit, er habe das Säuglingsheim für ›Ostarbeiterkinder‹ in Spital am Phyrn in Augenschein genommen und festgestellt, daß sämtliche Kinder bei der vorgeschriebenen Ernährung innerhalb der nächsten Monate unweigerlich an Unterernährung zugrunde gehen würden. Diese Lage sei darauf zurückzuführen, daß noch Meinungsverschiedenheiten bestünden, ob die Kinder als Arbeitskräfte aufgezogen oder beseitigt werden sollten.«[24]

Wieder findet sich dasselbe Motiv: Einmal stellt man sich die Frage, ob nicht ein ganzes Volk dem Hungertod preisgegeben werden soll, ein anderes Mal, ob man nicht die Ost-Säuglinge gleich verhungern lassen soll!

Unter diesen Umständen (der »Befreiung« der Ostarbeiterinnen von Reproduktionsaufgaben) müssen die Ostarbeiterinnen recht »günstige« Arbeitskräfte gewesen sein. Zumindest galten sie als solche.

Selbstverständlich wurde auch nach der Abschaffung der geschlechtsspezifischen Arbeitsteilung, die ja besonders für diese Frauen galt, die geschlechtsspezifische Entlohnung beibehalten. Nach Einschätzung der Reichswirtschaftskammer, die Studien über die Arbeitsproduktivität der Fremdarbeiter machte, lag die Arbeitsproduktivität bei Frauen aus dem Osten bei 90 bis 100% der Norm für deutsche, männliche Arbeiter. Im Vergleich: Tschechische gelernte Arbeiter wurden auf 80 bis 95% geschätzt, Männer aus dem Osten auf 60 bis 80%, Italiener auf 70%, die restlichen (u.a. Niederländer und Dänen) auf 50 bis 70%.[25] Diese Ergebnisse scheinen um so verblüffender zu sein, je mehr man sich die Lebenssituation dieser Frauen vergegenwärtigt.

Zusammenfassend läßt sich über die speziellen Kennzeichen des Ostarbeitereinsatzes folgendes festhalten: Fast grundsätzlich trägt die Arbeit offenen Zwangscharakter, Frauen werden extensiv eingesetzt, die Beschäftigung erfolgt schwerpunktmäßig in der Landwirtschaft, in der Industrie fast ausschließlich in unqualifizierten Arbeiten.

Das oberste Prinzip des Fremdarbeitereinsatzes war: Mit so wenig Kosten wie nötig (vor allem für Nahrungsmittel) so viel Leistung wie nur irgend möglich aus den Menschen herauszuholen. Diese Strategie setzte voraus, daß Arbeitskräfte immer neu zugeführt werden konnten.

Spätestens 1943 stellte sich immer klarer heraus, daß mit einer extensiven Ausnutzung immer neuer Arbeitskräfte nicht zu rechnen war. Daraus ergab sich eine leichte formale Modifikation des Einsatzes auch von Ostarbeitern. An dem Motiv wurde kein Zweifel gelassen: »Angesichts dieser Tatsache muß jede gesunde Arbeitskraft innerhalb des deutschen Machtbereiches als ein kostbares und unersetzbares Gut betrachtet und daher auch erhalten werden. Nicht aus rührseliger Humanitätsduselei muß diesem Grundsatz Rechnung getragen werden, sondern dies erfordern die klare Vernunft und die Rücksicht auf die Lage unserer Kriegsproduktion.«[26] »Unterernährte, dahinsiechende, unwillige, verzweifelte und haßerfüllte Sklaven ermöglichen niemals eine höchste Ausnutzung ihrer unter normalen Bedingungen erzielbaren Leistungen.«[27] Mit dem letzten Zitat beschreibt Sauckel unfreiwillig wohl genau den Zustand, in dem sich die meisten der Ostarbeiter befanden. Die klare Vernunft konnte sich nicht mehr durchsetzen. Im Gegenteil: Die Endphase des Zweiten Weltkrieges glich die Lage aller Fremdarbeiter der der Ostarbeiter an.

**Fazit**

Der Zweite Weltkrieg, den die Nazis unter den Vorzeichen eines chauvinistischen Wahns angezettelt hatten, dessen zwei Grundlagen das als Sexismus zu bezeichnende Überlegenheitsgefühl aller Männer über alle Frauen und das zum Rassismus verkommene Überlegenheitsgefühl des deutschen Volkes (minus wesentlicher Bestandteile desselben) über alle anderen Völker waren, konnte sich unter anderem auf zwei Grundlagen bis 1945 hinziehen: der systematischen Ausbeutung der Arbeitskraft aller Frauen in Haushalt und Fabrik, Büro und Landwirtschaft und der systematischen Ausbeutung der Arbeitskraft aller überfallenen Völker.

Rassismus und Sexismus sind Erscheinungsformen derselben Grundeinstellung, die das »andere« nur als Fremdes, als etwas, was immer und auf jeden Fall die eigene Existenz bedroht, begreifen kann. Diese »Männerkrankheit« ist keineswegs etwas Vergangenes, was in die historische Mottenkiste gehört. Haß und damit auch Gewalt gegen Frauen ist in der heutigen Gesellschaft eine nur notdürftig verschleierte allgemeine Erscheinung, ähnlich der Haß gegen Ausländer. Gerade hier blättert die Schminke in letzter Zeit ab. Die Ironie bei diesem neuen Rassismus ist, daß er ausgerechnet von den Leuten forciert wird, die den Nationalsozialismus als historische Idylle eines Deutschlands begreifen, in dem Männer noch Männer waren und als solche und als Deutsche noch unter sich. Wie wir wissen, leugnen diese Protagonisten eines neuen bzw. alten Faschismus nicht nur die historische Wahrheit, sondern auch die historische Erfahrung. Niemals vorher gab es so viele »Fremde« in Deutschland, und auch heute noch sind weniger »Gastarbeitnehmer« in der Bundesrepublik und in West-Berlin beschäftigt als Fremdarbeiter im »Dritten Reich«.

Die Art und Weise, wie damals mit diesen Fremden umgegangen wurde, sollte uns Anlaß und Mahnung sein, unsere Haltung zu den Ausländern und Ausländerinnen, die heute in der Bundesrepublik und in West-Berlin leben und arbeiten müssen, im Auge zu behalten.

Kapitulation in Aachen, 1945 *(Foto: Ullstein Bilderdienst, Berlin)*.

# Zeittafel

| | Allgemeine sozio-ökonomische Entwicklung/ Arbeitsmarktentwicklung für Frauen | Politisch-rechtliche Entwicklung | Ausbildung/Beruf Aufstiegsmöglichkeiten | Familienpolitik/ Reproduktionsbereich/ »Privatbereich« | Entwicklung nationalsozialistischer Organisationen und Verbände für Frauen und Mädchen | Widerstand |
|---|---|---|---|---|---|---|
| 1918/ 1919 | Erheblicher Anstieg der Frauenerwerbstätigkeit in allen Bereichen während der Kriegsjahre<br>Anstieg der versicherten weiblichen Angestellten von 29,3% im Jahre 1913 auf 66,7% 1918 | Weimarer Verfassung garantiert rechtliche Gleichstellung der Frau<br>Frauen-Stimmrecht<br>ca. 80% aller Frauen nehmen an den Wahlen zur Nationalversammlung teil, ca. 10% der Delegierten sind Frauen | »Alle Ausnahmebestimmungen für weibliche Beamte werden beseitigt« Art. 128 Weimarer Verfassung.<br>Wintersemester 1918/19: 9,5% der Studentenschaft sind Frauen. Lehrerinnen unterrichten erstmals an Knabenschulen | | | |
| 1919/ 1920 | | 28. 3. 1919/25. 1. 1920 Demobilmachungsverordnungen über Freimachung von Arbeitsplätzen zugunsten der von Front und Kriegsverlustgebieten heimkehrenden Männer beinhalten vorwiegend die Entlassung verheirateter, bzw. »versorgter« Frauen und Mädchen | Entfernung von Frauen, die »Männerstellen« bekleiden besonders im öffentlichen Dienst (Schule, Post, kommunale Ämter)<br>Lehrerinnen werden auf minderbewertete Tätigkeiten umgeschult (Schreibkräfte)<br>30. 4. 1920 Beamtenbesoldungsneuregelung soll vereinheitlichte Besoldungsverhältnisse gewähren, verschleiert jedoch durch | | | |

| | | | | | |
|---|---|---|---|---|---|
| | | | Schaffung neuer Berufsbezeichnungen häufig die fortgesetzte schlechtere Eingruppierung von Frauen: Lehrerinnen erhalten bei Verringerung der Unterrichtszeit um 2 Wochenstunden 10% Gehaltsabzug | | |
| 1921 | | | | Verdoppelung der Ehescheidungen in Deutschland von 17835 1913 auf 39216 | |
| 1923 | Inflation: Geldentwertung Warenknappheit, Verarmung besonders des »Mittelstandes« | Große Koalition SPD bis Volkspartei<br>SPD verläßt Reichsregierung nach gewaltsamer Beseitigung der sozialistischen Regierung in Sachsen | 27. 10. Art. 14 der Personalabbauverordnung spricht Reich, Ländern und Gemeinden erneut Kündigungsrecht gegenüber verheirateten Beamtinnen zu<br>Abfindungssumme wird bei Frauen von Nachweis der Nichtversorgung abhängig gemacht | Erhöhte Familienversorgungspflichten für ledige berufstätige Frauen | »Deutscher Frauenorden/ Rotes Hakenkreuz« – erste überregionale Frauenorganisation der NSDAP, Gründung von Jungmädchengruppen |
| 1924 | | | | ca. 200000 illegale Abtreibungen pro Jahr in Deutschland vermutet | »Deutscher Mädelring«, Vorläufer des »Nationalsozialistischen Schülerinnenbundes« (NSSB) |
| 1925 | | | | 31,8% aller erwerbstätigen Frauen sind verheiratet | 1.5. »Völkischer Mädchenbund« von G. A. Lenk und G. Roßbach gegründet |

| | Allgemeine sozio-ökonomische Entwicklung/ Arbeitsmarktentwicklung für Frauen | Politisch-rechtliche Entwicklung | Ausbildung/Beruf Aufstiegsmöglichkeiten | Familienpolitik/ Reproduktionsbereich/ »Privatbereich« | Entwicklung nationalsozialistischer Organisationen und Verbände für Frauen und Mädchen | Widerstand |
|---|---|---|---|---|---|---|
| (1925) | | | Nur 5,7% aller weiblichen Angestellten und Beamten sind verheiratet, dagegen ca. 60% aller männlichen, die im Gegensatz zu den Frauen bei Heirat zahlreiche Vergünstigungen erhalten (»Frauenzuschlag«) | | Abteilung für Mädchen innerhalb der HJ-Führung in Plauen, geleitet von Helene Kunold und Anna Bauer | |
| 1926 | | | | | »Nationalsozialistischer Studentenbund« (NSDStB) unter Teilnahme von Studentinnen gegründet | |
| 1927 | Deutsche Volks-, Berufs- und Betriebszählung ergibt: Erwerbstätige insgesamt 32 009 300 davon Frauen 11 478 000 = 35,8%<br>Berufliche Stellung erwerbstätiger Frauen:<br>– Mithelfende Fam.ang. 36,0%<br>– Beamte/ Angestellte 12,6%<br>– Arbeiter 32,2% | | Frauenberufsverbände fordern den Bau von angemessenen Wohnungen für berufstätige ledige Frauen Gründung von Wohnheimen auf Vereins- und Genossenschaftsbasis | | HJ-Zeitschrift erwähnt erstmals Schwesternschaft in Plauen | |

| | | | | | |
|---|---|---|---|---|---|
| | – Hausgehilfin 11,4%<br>– Selbständige 7,8%<br>Ihr Anteil an den Bereichen:<br>– Landwirtschaft 50,9%<br>– Ind. u. Handwerk 22,2%<br>– Handel/Verkehr 29,9%<br>– Öffentl. Dienst/ priv. Dienstl. 28,0%<br>– Häusl. Dienste 97,3% | | | | |
| 1928 | Beschäftigte Frauen: 7,2 Mill. = 37% aller Beschäftigten (Krankenkassenstatistik)<br>Erwerbslose insgesamt: 1,4 Mill. | | Sommersemester 19,1% aller Studentinnen studieren ein medizinisches Fach, 20,9% Naturwissenschaften, 6% Jura | | 28. 12.–31. 12. Reichsführertagung der HJ im Nonnenturm in Plauen<br>Gründung der »Schwesternschaft der HJ« |
| 1929 | Weltwirtschaftskrise<br>Erwerbslose insgesamt: 1,9 Mill. | | | | |
| 1930 | | »Doppelverdienerkampagne«: Rechtsgerichtete Parteien und Verbände (NSDAP/DNVP/DHV) fordern die Ausschaltung verheirateter erwerbstätiger Frauen aus dem Berufsleben, besonders des öffentlichen Dienstes, zugunsten »stellungsloser Familienväter.«<br>Notverordnungen der Präsidialregierung Brüning schmälern erworbene Rechte der Arbeiterschaft | | | Juli: Gründung d. »Bundes Deutscher Mädel« (BDM)<br>Auflösung der Studentinnenorganisationen des NSDStB durch Baldur von Schirach (Führer des NSDStB)<br>Frauen des NSDStB dürfen nicht mehr für den Allgemeinen Studentenausschuß (ASTA) kandidieren |

| | Allgemeine sozio-ökonomische Entwicklung/ Arbeitsmarktentwicklung für Frauen | Politisch-rechtliche Entwicklung | Ausbildung/Beruf Aufstiegsmöglichkeiten | Familienpolitik/ Reproduktionsbereich/ »Privatbereich« | Entwicklung nationalsozialistischer Organisationen und Verbände für Frauen und Mädchen | Widerstand |
|---|---|---|---|---|---|---|
| (1930) | | (8-Stunden-Tag, Arbeitslosenversicherung) und führen zu besonderen geschlechtsspezifischen Benachteiligungen von Frauen im öffentlichen Dienst: Lehrerinnen wird die Grundvergütung gekürzt usw. | | | August: Gründung der »Arbeitsgemeinschaft« Nationalsozialistischer Studentinnen (ANSt) durch Schirach | |
| 1931 | Erwerbslose insgesamt: 4,5 Mill. | | 5,6% der Ärzteschaft sind Frauen, 18,9% aller Medizin Studierenden sind Studentinnen Wintersemester 1931/32: 18,8% der Studentenschaft sind Frauen (= 19394 Studentinnen) | Mai: Eine Umfrage des ADLV ergibt, daß über 70% der Lehrerinnen versorgungspflichtige Angehörige haben, so daß auf die Gesamtzahl berechnet 1 Lehrerin 1,05 Personen unterstützt – bei einem 10%igen Ledigenabzug und den für ledige Beamtinnen darüber hinaus höheren Abzug aufgrund der Notverordnungen | April: Gründung von Jungmädelgruppen<br>6. 7.: Auflösung aller nationalsozialistischen Frauengruppen<br>1. 10.: Gründung der NS-Frauenschaft | |
| | 6. 6.: Gesetzliche Einführung des freiwilligen Arbeitsdienstes (FAD) für Männer und Frauen, die Arbeitslosen- oder Krisenunterstützung bekommen oder das Recht darauf wegen ihres geringen Alters noch nicht erworben haben. Dauer: 20 Wochen max. | | | | | |
| 1932 | Beschäftigte Frauen: 4,6 Mill. = 34% aller Beschäftigten (Krankenkassenstatistik) | Verhältnis von Rechtsanwälten zu Rechtsanwältinnen: 14000 : 54 | | | Juni: Lydia Gottschewsky wird Bundesführerin des BDM | |

| | | | | | | |
|---|---|---|---|---|---|---|
| | | 12. 5.: »Gesetz über die Rechtsstellung der weiblichen Beamten« setzt erneut Kündigungsmöglichkeit für weibliche Beamte bei Heirat gegen Abfindungssumme fest, a) auf Antrag der Beamtin, b) wenn Behörde »Versorgung« der Beamtin für gesichert hält (nur für das Reich) | | | 7. 7.: BDM von Reichsorganisationsleiter G. Strasser und Reichsjugendführer B. v. Schirach als einzige Mädchenorganisation anerkannt<br>Einführung einer einheitlichen Tracht | |
| | | 16. 7.: FAD jetzt für alle Deutschen unter 25 Jahren auch für Nicht-Erwerbslose und Wohlfahrtsunterstützte | 10. 11.: folgende Arbeiten werden durch den FAD unterstützt:<br>● soziale Arbeit<br>● Hilfsdienst für männliche Arbeitsdienstlager<br>● Bewirtschaftung ungenutzter Ländereien bei gemeinnütziger Verwertung des Ertrags<br>● Schaffung von Kleingartenland<br>● Arbeitsgruppen bei einer Siedlungshelferin | | | |
| 1933 | Berufszählung:<br>insgesamt 32 296 000 Erwerbstätige davon 11 479 000 Frauen<br>Deren berufliche Stellung: | Januar–März: Machtübernahme der Nationalsozialisten<br>SA-Terror gegen KPD und SPD | 16,4% aller Studienanfänger sind Frauen | **Steuerermäßigung für die Beschäftigung von Dienstboten (-mädchen)** | Fast 10% aller Studierenden sind im NSDStB organisiert, 4,1% aller Studentinnen in der ANSt | Streik von Arbeiterinnen bei AEG in Berlin-Treptow<br>Lohnstreik von Arbeiterinnen der Dresdner Jasmani-Zigarrenfabrik |

| | Allgemeine sozio-ökonomische Entwicklung/ Arbeitsmarktentwicklung für Frauen | Politisch-rechtliche Entwicklung | Ausbildung/Beruf Aufstiegsmöglichkeiten | Familienpolitik/ Reproduktionsbereich/ »Privatbereich« | Entwicklung nationalsozialistischer Organisationen und Verbände für Frauen und Mädchen | Widerstand |
|---|---|---|---|---|---|---|
| (1933) | Mithelfende Familienangeh. 36,1%<br>Beamte/Angest. 14,8%<br>Arbeiter 30,4%<br>Hausgehilfin 10,5%<br>Selbständige 8,2%<br>Ihr Anteil an den Tätigkeitsbereichen:<br>Landwirtschaft 49,8%<br>Industrie/Handw. 21,1%<br>Handel u. Verkehr 32,4%<br>Öffentlicher Dienst/ priv. Dienstl. 33,4%<br>Häusl. Dienste 98,4% | 27. 2. »Beurlaubung« Gertrud Bäumers (DDP) von ihrem Amt im Reichsministerium<br>1. 4. militante Boykottaktion gegen jüdische Geschäfte<br>7. 4. Entlassung von politischen unliebsamen und »nicht-arischen« Beamten | Einführung des »Deutschen Grußes« in den Schulen | | | |
| | | April/Mai: »Beurlaubung« zahlreicher Frauen aus ihren Ämtern als Oberschulrätinnen, Dozentinnen, Regierungsbeamtinnen | | 1. 5. Gesetz zur Förderung der Eheschließung<br>26. 5. Gesetz zur Änderung strafrechtlicher Vorschriften: Verschärfung der §§218, 219, 220, erschwerter Zugang zu Verhütungsmitteln, Zuchthaus für Hilfe bei Abtreibung, im Wiederholungsfall Todesstrafe<br>Mai: Schließung der Sexualberatungsstellen<br>1. 6. »Gesetz zur Verminderung der Arbeitslosig- | 7. 5. Auflösung des Allgemeinen Deutschen Lehrerinnenverbandes mit 448 : 5 Stimmen und Übertritt zum »Nationalsozialistischen Lehrerbund« (NSLB) | |
| | | 2. 5. Zerschlagung der Gewerkschaften und gewerkschaftlichen Frauenorganisationen<br>Mai: Auflösung des Bundes Deutscher Frauenvereine | | | | |
| | | 30. 6. Erweiterung des Gesetzes zur Rechtsstellung der weiblichen Beamten von 1932: Verheiratete Beamtinnen sind zwingend zu entlassen (nun auch für Länder und Gemeinden gültig) | | | | |

| | | | | | | |
|---|---|---|---|---|---|---|
| | Erwerbslose insgesamt:<br>4,8 Mill. (im Januar über 6 Mill.) | 14. 6. Schließung sämtlicher halboffener Lager des weiblichen Arbeitsdienstes (vorwiegend städtische Einrichtungen), Schwerpunktverlagerung auf Landarbeit<br>August: Im Arbeitsdienst nur noch nationalsozialistische Träger zugelassen<br>29. September: Reichserbhofgesetz, Bäuerin kann grundsätzlich nicht Mitbesitzerin eines Erbhofes sein, Witwen können nicht erben, sondern nur die Verwaltung des Hofes übernehmen. Bauerntöchter rücken in der Erbfolge weit nach hinten<br>Oktober: Errichtung des ersten zentralen Frauen-KZ (Moringen) | 11. 7. Beamten/-innen werden verpflichtet, sich mit dem Gedankengut des Nationalsozialismus vertraut zu machen<br>30. 9. Verhältnis zwischen männlichen und weiblichen Studienreferendaren durch Erlaß auf 4 : 1 festgelegt<br>Wintersemester 1933/34: Die Exmatrikulationen sind bei Studentinnen 4,5mal so hoch wie die Immatrikulationen<br>Dezember: Frick legt Zahl der Studienanfänger auf jährlich 15 000 fest, nur 10% davon dürfen Frauen sein | keit«: (u.a.) Ehestandsdarlehen bis 1000 RM bei Verpflichtung der Ehefrau, bis zur Tilgung des Betrags keinem Erwerb nachzugehen. Tilgungnachlaß bei Geburten<br>14. 7. »Gesetz zur Verhinderung erbkranken Nachwuchses« (Zwangssterilisation/Abtreibung aus rassenpolitischen Gründen) | Oktober: alle Frauenverbände werden im »Deutschen Frauenwerk« (DFW) zusammengefaßt (Anzahl der Verbände verringert sich von 1933 : 31 auf 1934 : 22 auf 1939 : 13 Verbände | 24./25. 6. Nach einer SA-Aktion gegen Mitglieder/-innen von KPD und SPD in Hohenstein-Ernstthal kommt es auf Initiative von Frauen zu einer Demonstration, mit der die Freilassung der Inhaftierten erzwungen werden kann<br>1. 8. Demonstration in Hamburg gegen Verurteilung von Hamburger Antifaschisten unter Teilnahme zahlreicher Frauen |
| 1934 | Erwerbslose insgesamt:<br>2,7 Mill. | 20. Januar »Gesetz zur Ordnung der nationalen Arbeit«: Regelung des Arbeits- und Betriebs- | 12,5% aller Studienanfänger sind Frauen<br>Einrichtung von 8wöchigen Umschulungs-Kursen für Mädchen, die in die | | 27. 1. Gertrud Scholtz-Klink übernimmt Leitung des weiblichen Arbeitsdienstes. Übergeordnet ist | Einheitsfrontabkommen beider Arbeiterparteien in Saarbrücken unter Teilnahme von 68 Frauendele- |

| | Allgemeine sozio-ökonomische Entwicklung/ Arbeitsmarktentwicklung für Frauen | Politisch-rechtliche Entwicklung | Ausbildung/Beruf Aufstiegsmöglichkeiten | Familienpolitik/ Reproduktionsbereich/ »Privatbereich« | Entwicklung nationalsozialistischer Organisationen und Verbände für Frauen und Mädchen | Widerstand |
|---|---|---|---|---|---|---|
| (1934) | | lebens nach dem »Führer-Gefolgschafts-Prinzip«<br>April: Arbeitsdienst für alle »arischen« Frauen und Mädchen zwischen 17 und 25 Jahren zugelassen<br>Pflicht zur Teilnahme am Arbeitsdienst für Studentinnen und Abiturientinnen | Landhilfe vermittelt werden, durch die Reichsanstalt für Arbeitsvermittlung und Arbeitslosenversicherung | | jedoch Konstantin Hierl, Leiter des männlichen und weiblichen Arbeitsdienstes<br>24. 2. Gertrud Scholtz-Klink wird zur Führerin der NS-Frauenschaft und des DFW ernannt, untersteht jedoch Erich Hilgenfeld, dem gleichzeitigen Leiter der »Nationalsozialistischen Volkswohlfahrt« (NSV)<br>13. 5. anläßlich des Muttertages Bekanntgabe der Gründung des »Reichsmütterdienstes« | gationen. Frauen stellen die Hälfte der 938 Delegierten<br>März/April: Niederlage der Nationalsozialisten bei Vertrauensrätewahlen in den Betrieben |
| | | 31. 5. Ausweitung des Gesetzes zur Rechtsstellung der weiblichen Beamten auch auf nicht verheiratete Beamtinnen | | 2. 5. Gemeinsamer Aufruf von Scholtz-Klink, von Schirach und Syrup an alle deutschen Frauen und Mütter, Mädchen für die Dauer eines Jahres in einen Haushalt aufzunehmen und sie in Hauswirtschaft zu unterweisen (hauswirt-wirtschaftliches Jahr) | | |
| | | | | | 1. 6. Gertrud Scholtz-Klink wird Führerin des Reichsfrauenbundes des Deutschen Roten Kreuzes | |

| | | | | | | |
|---|---|---|---|---|---|---|
| | | | | | 9. 7. G. Scholtz-Klink wird von Robert Ley, Reichsorganisationsleiter und Leiter der »Deutschen Arbeitsfront« (DAF) zur Leiterin des Frauenamtes der DAF berufen | August: Internationaler Frauenkongreß in Paris gegen Krieg und Faschismus. 15 Frauen aus Deutschland nehmen als Delegierte teil (u.a. Martha André) |
| | | | | 16. 10. Steuermäßigung für kinderreiche Familien | Oktober: Die Lehrerinnen des NSLB geben eigene Zeitschrift heraus, die »Nationalsozialistische Mädchenerziehung« | |
| 1935 | Beschäftigte Frauen: 5,2 Mill. = 32% aller Beschäftigten (Krankenkassenstatistik) Erwerbslose insgesamt: 2,2 Mill. | 29. 1. Vereinbarungen mit dem Reichsluftschutzbund über die Luftschutzausbildung der Mitglieder der NS-Frauenschaft<br>26. 2. Gesetz über die Einführung eines Arbeitsbuches (größtmögliche Kontrolle über Arbeiterschaft/Einschränkung der Freizügigkeit)<br>21. 5. »Reichsverteidigungsgesetz« (sieht im Kriegsfall Heranziehung von Frauen zu zivilen Aufgaben vor) | Zulassungsbeschränkung für Studentinnen wird wieder aufgehoben | | 14. 3. Nach längeren Auseinandersetzungen mit der Hitlerjugend (HJ) wird Kindergruppenarbeit der NS-Frauenschaft übertragen<br>29. 3. NS-Frauenschaft wird Gliederung der Partei, damit direkt dem Stellvertreter des Führers unterstellt, Amtsleitung durch Hilgenfeld entfällt. DFW bleibt eingetragener Verein mit eigenem Vermögen | Arbeitsniederlegung von Textilarbeiterinnen im Münsterland<br>11./12. 4.: Zweite und gleichzeitig letzte Vertrauensrätewahlen mit ähnlich schlechten Ergebnissen für die Nationalsozialisten wie im Vorjahr |
| | | 26. 6. Arbeitsdienstpflicht für die gesamte deutsche Jugend – mangels Durch- | | 15. 9. Verordnung über die Gewährung einmaliger Kinderbeihilfe an kinder- | September: Auflösung der Reichsarbeitsgemeinschaft deutscher Haus- | |

| | Allgemeine sozio-ökonomische Entwicklung/ Arbeitsmarktentwicklung für Frauen | Politisch-rechtliche Entwicklung | Ausbildung/Beruf Aufstiegsmöglichkeiten | Familienpolitik/ Reproduktionsbereich/ »Privatbereich« | Entwicklung nationalsozialistischer Organisationen und Verbände für Frauen und Mädchen | Widerstand |
|---|---|---|---|---|---|---|
| (1935) | | führungsbestimmungen für Mädchen zunächst noch freiwillig<br>15. 9. Nürnberger Rassengesetze »zum Schutz des deutschen Blutes« | | reiche Familien bis zu 100 RM bei 5 Kindern unter 16 Jahren<br>8. 10. Ehegesundheitsgesetz: Eheverbot bei Krankheit, bei Heirat Untersuchungspflicht zum Nachweis der Zeugungs- und Gebärfähigkeit | frauen, Übernahme ihrer Arbeit durch die NS-Frauenschaft.<br>Übernahme der »Versuchsstelle für Hauswirtschaft« in Leipzig durch die NS-Frauenschaft | |
| 1936 | Erwerbslose insgesamt: 1,6 Mill. | | 3. 4. Einrichtung einer Reichsvermittlungsstelle für Frauenberufe<br>Errichtung der ersten 10 BDM- Haushaltungsschulen<br>Erste Landdienstgruppe von Mädchen | ab Juli: laufende Kinderbeihilfen pro 5. und weiteres Kind (185 RM Höchstgehaltsgrenze) | Gleichschaltung der konfessionellen Lehrerinnenverbände durch Verbot der Doppelmitgliedschaft in NSLB und anderen Vereinen<br>1. 2. Nach vorübergehender totaler Aufnahmesperre für die NS-Frauenschaft werden nur noch NS-Funktionärinnen aufgenommen im Sinne einer Eliteorganisation für Frauen<br>23. 7. Reichsfrauenführung zieht nach Berlin 35, Derfflingerstraße 21 | 1936/37: Demonstrationen von Frauen gegen den Tod ihrer Männer und Söhne, die in der Legion Condor im Spanischen Bürgerkrieg eingesetzt waren |

| | | | | | |
|---|---|---|---|---|---|
| | | | | 28. 7.: 6. Durchführungsverordnung über die Gewährung von Ehestandsdarlehen: § 1 gestattet nun in Ausnahmefällen die Erwerbstätigkeit von Ehefrauen<br>14. 8. Befehl Himmlers, der die Bräute aller SS-Männer zur Teilnahme an Mütterschulungskursen verpflichtet | 1. 12. HJ wird Staatsjugend: alle männlichen und weiblichen Jugendlichen werden zum Eintritt verpflichtet |
| 1937 | Aufhebung des Arbeitsverbotes für Frauen der Wehr- und Arbeitspflichtigen<br>Beschäftigte Frauen: 6 Mill. = 31% aller Beschäftigten (Krankenkassenstatistik)<br>Erwerbslose insgesamt: 0,9 Mill. | Verband deutscher katholischer Lehrer (VDKL) muß Erscheinen einer eigenen Zeitung einstellen | Einführung einer Hauswirtschaftsprüfung als Zulassungsbedingung zur Oberstufe für Mädchen<br>12. 1. Anordnung des Reichserziehungsministers macht es allen Hochschulstudentinnen zur Pflicht, den RAD für 1 Jahr zu absolvieren<br>26. 1. Das deutsche Beamtengesetz fixiert die Regelungen für Beamtinnen endgültig<br>23. 3. »Reform« des | 1. 10. Ehestandsdarlehen sind nicht mehr an die Aufgabe des Berufes durch die Ehefrau gebunden. Änderung des Rück- | Gründung einer »Hochschulgemeinschaft deutscher Frauen« in Heidelberg, mit der Zielsetzung, Stimmen zu widerlegen, die behaupteten, in Deutschland sei die geistig geschulte und tätige Frau ungewollt (Gemeinschaft bleibt aber völlig unbedeutend)<br>24. 1. Die bisherige BDM-Führerin Trude Mohr-Bürkner wird durch Jutta Rüdiger abgelöst<br>25. 2. Vereinbarung zwischen BDM und Reichsstudentinnenführung, wonach jedes Mitglied des BDM bei Antritt eines Studiums für 3 Monate be- |

| | Allgemeine sozio-ökonomische Entwicklung/ Arbeitsmarktentwicklung für Frauen | Politisch-rechtliche Entwicklung | Ausbildung/Beruf Aufstiegsmöglichkeiten | Familienpolitik/ Reproduktionsbereich/ »Privatbereich« | Entwicklung nationalsozialistischer Organisationen und Verbände für Frauen und Mädchen | Widerstand |
|---|---|---|---|---|---|---|
| (1937) | | | Schulwesens: für Mädchen wird die dreijährige sog. »Frauenoberschule« als erwünschte Oberschulform deklariert<br>27. 5. Gesetz über Beamtenvereinigungen beinhaltet endgültige Liquidierung der Lehrerinnenverbände | zahlungsmodus: 3% statt 1% wie bisher monatlich<br>Oktober: Erhöhung des Elternfreibetrages für Kinderbeihilfe auf 200 RM | urlaubt wird, jedoch Mitglied einer Kameradschaft der ANSt sein muß | |
| 1938 | 15. 2. Im Rahmen des Vierjahresplanes Anordnung Görings zum verstärkten Einsatz weiblicher Arbeitskräfte in Land- und Hauswirtschaft (Pflichtjahr). Beschränkt sich jedoch zunächst auf bestimmte Erwerbszweige (Textil-, Tabakindustrie und kaufmännische Berufe)<br>Arbeiter und Angestellte: 20,6 Mill. davon Frauen 6,5 Mill. = 31,5% davon Fremdarbeiter/-innen 0,5 Mill. (Arbeitsbuchstatistik ohne Wehrmacht und Dienstverpflichtete) | | Neuordnung des höheren Schulwesens: Mädchen dürfen in der allgemeinbildenden Phase kein Latein lernen, erhalten dafür aber mehr Handarbeits- und Musikunterricht. In der Oberstufe dürfen sie nicht den mathematischen Zweig wählen, sondern nur sprachlichen oder hauswirtschaftlichen, der nicht zum Studium berechtigt | Einführung des »Ehrenkreuzes der deutschen Mutter« (Mutterkreuz) für mehr als drei Kinder, bei mehr als sieben Kindern in Gold<br>5. 1. Anordnung zur »hauswirtschaftlichen Ertüchtigungspflicht« durch den BDM<br>Februar: Einführung eines »Strafsteuersatzes« für Ehepaare, die mehr als 5 Jahre nach der Heirat noch kinderlos sind<br>ab März: Erziehungsbeihilfen für Jugendliche<br>Frühjahr: Steuerermäßigung | | Münchener Lebensmittelarbeiterinnen kämpfen erfolgreich für höhere Löhne |

| | | | | |
|---|---|---|---|---|
| | | | für die Beschäftigung von Dienstboten wird rückgängig gemacht<br>April: Erhöhung der Einkommensgrenze für Kinderbeihilfe auf 650 RM; 10 RM für jedes 3. und 4. Kind, 20 RM für alle weiteren Kinder | 20. 4. Zusammenfassung der 18- bis 21jährigen Mädchen des BDM zu sog. »Sondereinheiten«, die den Übergang zur NS-Frauenschaft darstellen sollten (ab Herbst: »Glaube und Schönheit«) |
| | | | Ende April: Freiwilliger Frauenhilfsdienst für Wohlfahrts- und Krankenpflege | |
| 22. 6. »Verordnung zur Sicherstellung des Kräftebedarfs für Aufgaben von besonderer staatspolitischer Bedeutung« (Grundlage für die Dienstverpflichtung auch von Frauen) | 19. 6. Hinrichtung der ersten Frau (Liselotte Herrmann/KPD)<br>9.–11. 11. »Reichskristallnacht« – gezielte Ausschreitungen gegen Juden<br>12. 11. »Verordnungen zur Ausschaltung der Juden | Sommersemester 1938: 55,2% aller Studentinnen studieren ein medizinisches Fach, 7,6% Naturwissenschaften, 0,6% Jura | 6. 7. Neues Ehe- und Scheidungsrecht<br>Einführung des Zerrüttungsprinzips als Scheidungsgrund, »weil aus solchen Ehen schwerlich noch Kinder hervorgehen«.<br>»Arbeitsmarktpolitische« Regelung der Unterhaltsfrage: Geht der Ehegatte eine neue fruchtbringende Beziehung ein, so ist der früheren Ehefrau eine eigene Erwerbstätigkeit zuzumuten | Herbst: Gründung des BDM-Werkes »Glaube und Schönheit« unter Führung von Clementine zu Castell |

| | Allgemeine sozio-ökonomische Entwicklung/ Arbeitsmarktentwicklung für Frauen | Politisch-rechtliche Entwicklung | Ausbildung/Beruf Aufstiegsmöglichkeiten | Familienpolitik/ Reproduktionsbereich/ »Privatbereich« | Entwicklung nationalsozialistischer Organisationen und Verbände für Frauen und Mädchen | Widerstand |
|---|---|---|---|---|---|---|
| (1938) | | aus dem deutschen Wirtschaftsleben« (Zerschlagung jüdischen Besitzes)<br>13. 12. Erfassung und »rassenbiologische« Untersuchung von Zigeunerinnen und Zigeunern | | | | November: ca. 300 Frauen und Kinder blockieren in Backnang/Württemberg die Eisenbahnschienen auf militärischen Abtransportbahnhöfen<br>Ähnliche Vorfälle in anderen Städten |
| 1939 | Einstellungsgenehmigung des Arbeitsamtes für fast alle Berufe – mit Ausnahme der Hausgehilfin – erforderlich<br>Zwischen 1933 und 1939 Abbau von 5000 Beamtinnen im öffentlichen Dienst, besonders bei Post und Bahn<br>Berufszählung (einschließlich Sudetenland; ca. 1 Mill. bereits im Arbeits- und Wehrdienst): 34 268 000 Erwerbstätige, davon 12 700 200 Frauen (= 37%) | 15. 5. Errichtung des Frauen-KZ Ravensbrück bei Berlin (allein hier werden bis Kriegsende 92 000 Frauen ermordet)<br>Überfall auf Polen<br>Kriegsbeginn | Gründung einer »Reichsarbeitsgemeinschaft der Deutschen Privatschulen« (den Bekenntnisschulen wird dadurch die Grundlage zur Weiterexistenz geraubt, kirchliche Schulträger sind nicht mehr zulässig)<br>Januar: Abiturientinnen des hauswirtschaftlichen Zweiges werden mit Zusatzprüfung in Mathematik, Physik, Geschichte und 2 Sprachen zum Studium zugelassen<br>Sommersemester 1939: 14,2% aller Studierenden sind Frauen (= 5777 Studentinnen) | 21. 8. Verordnung zur Durchführung des Gesetzes zur Verhütung erbkranken Nachwuchses (Gesundheitsuntersuchung vor der Ehe erübrigt sich)<br>Wegen des Kriegsbeginns heiraten sehr viele Paare: 774 200 gegenüber 634 200 im Jahre 1938 | 25. 3.: 1. und 2. Durchführungsverordnung zum »Gesetz über die Hitlerjugend« bestimmt die zwangsweise Eingliederung aller Jungen und Mädchen ab 10 Jahren | Frauenstreik gegen die 53-Stunden-Woche in Hamburg (Männer lehnen die Teilnahme ab) |

| | | | | | | |
|---|---|---|---|---|---|---|
| | Deren berufliche Stellung: Mithelfende Familienangehörige 36,4% Beamte/Angestellte 15,7% Arbeiter 31,2% Hausgehilfin 10,3% Selbständige 6,4% | | Rückgang der Frauenberufstätigkeit | Familienunterstützung für Soldatenfrauen (85% vom letzten Verdienst des Mannes, wenn die Frau nicht berufstätig ist) | | Rückzug von »Kriegerfrauen« aus dem Erwerbsleben |
| | | 4. 9. eigentliche Durchsetzung der Arbeitsdienstpflicht für ledige Frauen und Mädchen zwischen 17 und 25 Jahren (Ausnahmen nur bei Mädchen in beruflicher Ausbildung und bei Mithelfenden in der Landwirtschaft) | | | | |
| | Ihr Anteil an den Tätigkeitsbereichen Landwirtschaft 54,6% Ind. u. Handwerk 22,9% Handel/Verkehr 34,6% Öffentl. Dienst/priv. Dienstl. 30,7% Häusl. Dienste 99,1% Zwischen September 1939 und März 1940 zeitweiliger Rückgang erwerbstätiger Frauen um 450 000 (»Heiratsrückgang«) | 26. 10. Zwangsarbeit für alle Jüdinnen und Juden in Polen, Meldepflicht für alle Polinnen und Polen von 16–60 Jahren (ab Dezember Ausweitung der Meldepflicht auf alle 14- bis 16jährigen) | | 25. 11. Verordnung zum Schutz der deutschen Wehrkraft, § 4: Verbot von geschlechtlichen Beziehungen zwischen Ausländern und »deutschen Frauen und Mädchen« (Todesstrafe für den Mann, Strafe, öffentliche Erniedrigung für die Frau) | | |
| | Drängen der Wehrmacht, Frauen in die Rüstungsindustrie zu verpflichten | | | | | |
| 1940 | Pflichtmäßige Erfassung aller 18jährigen Mädchen durch das Arbeitsamt für den RAD w. J. (weibliche Jugend) | | Mädchen an Jungenschulen dürfen »als vorübergehende Maßnahme« wieder Latein lernen | | BDM-Führerinnen werden an polnischen Schulen als »Schulhelferinnen« eingesetzt | |
| | Frühjahr: Kritisches Defizit an Arbeitskräften in der Rüstungsindustrie | Sommer: BDM-Führerinnen werden auf Anordnung des Reichsstatthal- | Rücknahme der wesentlichen gesetzlichen Bestimmungen zur Einschrän- | 16. 3. Verfügung über die Einrichtung von Bordellen für Soldaten unter ärzt- | | |

| | Allgemeine sozio-ökonomische Entwicklung/ Arbeitsmarktentwicklung für Frauen | Politisch-rechtliche Entwicklung | Ausbildung/Beruf Aufstiegsmöglichkeiten | Familienpolitik/ Reproduktionsbereich/ »Privatbereich« | Entwicklung nationalsozialistischer Organisationen und Verbände für Frauen und Mädchen | Widerstand |
|---|---|---|---|---|---|---|
| (1940) | | ters und in Zusammenarbeit mit der SS erstmalig für die Umsiedlungsprogramme im Warthegau zur Verfügung gestellt | kung des Arbeitsrechts für Beamtinnen<br>Die Zahl der weiblichen Lehrkräfte an allen Schultypen steigt wieder an<br>ab Ostern: sog. »Schulhelferinnen« werden zur kurzfristigen Behebung des Lehrermangels ausgebildet | licher Aufsicht, Androhung von KZ und Vorbeugehaft für freie Prostitution | | |
| 1941 | Zahl der regelmäßig beschäftigten Frauen übersteigt erstmals wieder den Stand von 1928<br>7,8 Mill. beschäftigte Frauen = 38,5% (Krankenkassenstatistik)<br>Arbeiter und Angestellte insgesamt: 21 Mill.<br>davon Frauen 8,3 Mill. = 39,3%<br>davon Fremdarbeiterinnen 2,1 Mill.<br>(Arbeitsbuchstatistik, ohne Wehrmacht und Dienstverpflichtete) | 15. 8. Einführung einer »Sozialausgleichsabgabe« für polnische Fremdarbeiterinnen<br>Einführung des Kriegshilfsdienstes im Anschluß an den RAD. 6monatige Beschäftigung von Frauen in den Dienststellen der Wehrmacht, bei Behörden, in Krankenhäusern, Verkehrs- und Rüstungsbetrieben. Die Arbeit wird mit 45 RM monatlich entlohnt | Es gibt im Deutschen Reich wieder 41 Dozentinnen und 7 Regierungsrätinnen<br>Abiturientinnen des hauswirtschaftlichen Zweiges dürfen wieder ohne Zusatzprüfung studieren<br>Alle Bekenntnisschulen werden in gemeinschaftliche Schulen umgewandelt | Errichtung von Bordellen für Fremdarbeiter »zum Schutz des deutschen Blutes« | | |

| | | | | | | |
|---|---|---|---|---|---|---|
| | | 3. und 5. 10. Verordnungen über die Beschäftigung von Juden und Polen (besondere Diskriminierungen im Arbeitsverhältnis) | | | | |
| 1942 | Beschäftigte Frauen 8 Mill. = 41% aller Beschäftigten (Krankenkassenstatistik) | Ausdehnung des Einsatzes von BDM-Führerinnen im Umsiedlungsprogramm auf das Generalgouvernement<br>31. 8. Beginn der Verhaftungen von 130 Mitgliedern der Schulze-Boysen/Harnack-Organisation, einer der größten Widerstandsgruppen im Krieg. Allein in Plötzensee werden 31 Verurteilte hingerichtet, davon 18 Frauen | Gründung der Lehrerinnenbildungsanstalt in Posen, die sich ausschließlich der Ausbildung von BDM-Schulhelferinnen widmet<br>Gertrud Bäumer wird wieder zur Regierungsrätin ernannt<br>Die Hochschulen für Lehrerbildung werden in Lehrerbildungsanstalten umgewandelt, an denen auch mit Hauptschulabschluß die Ausbildung zum Volksschullehrer möglich wird. Dadurch soll möglichst schnell der Lehrermangel behoben werden<br>Mai: Errichtung von Sonderlehrgängen für Schulhelferinnen an der ehemaligen Hochschule für Lehrerbildung in Elbing | | | Demonstration von 5000–6000 »arischen« Frauen in Berlin gegen die Inhaftierung ihrer jüdischen Männer. Die Männer müssen aus den Gefängnissen freigelassen werden<br>Frühjahr: Eine der größten Frauendemonstrationen in Dresden für Brot und Frieden, die erst durch Schußwaffengebrauch der SS aufgelöst werden kann |

| | Allgemeine sozio-ökonomische Entwicklung/ Arbeitsmarktentwicklung für Frauen | Politisch-rechtliche Entwicklung | Ausbildung/Beruf Aufstiegsmöglichkeiten | Familienpolitik/ Reproduktionsbereich/ »Privatbereich« | Entwicklung nationalsozialistischer Organisationen und Verbände für Frauen und Mädchen | Widerstand |
|---|---|---|---|---|---|---|
| 1943 | | Meldepflichtordnung, für die Aufgabe der Landesverteidigung, Verpflichtung von Frauen zwischen 17 und 45 Jahren | 2. 3. Auflösung des NSLB im Zuge »kriegsbedingter Vereinfachung«<br>Wintersemester 1943/44: 43,5% aller Studierenden sind Frauen (= 28378 Studentinnen) | | Zusammenlegung des Führungsstabes von HJ und BDM | |
| 1944 | | Frühjahr: Offizieller Einsatz von »Arbeitsdienst-Maiden« an Flakbatterien<br>10. 2. Geheimerlaß des Chefs des Sicherheitshauptamtes sieht als schwerwiegende Verstöße vor allem Sabotage, Gewalt- und Sittlichkeitsverbrechen sowie Geschlechtsverkehr mit deutschen Frauen und Mädchen. Keine Abgabe solcher Fälle an die Justiz<br>8. 4. Verlängerung der Arbeitsdienstzeit auf 18 Monate<br>November: unbefristete Arbeitsdienstzeit | | 29. 1. Bormanns Denkschrift über die Zweitehe nach dem »Endsieg« | | |
| 1945 | | Einberufung von Frauen zum Volkssturm | | | | Zahlreiche Gegenaufrufe und -aktionen, um die Verteidigung der Städte gegen die Alliierten zu verhindern |

# Anmerkungen

**Ingrid Wittmann**
**»Echte Weiblichkeit ist ein Dienen« – Die Hausgehilfin in der Weimarer Republik und im Nationalsozialismus**

1 Soziale Praxis, Zeitschrift der Gesellschaft für Soziale Reform, Jg. 1919/20 bis 1932.
2 Statistisches Jahrbuch für das Deutsche Reich, 1941/42, S. 35.
3 Schulz, Selke: Die Entwicklung der Hausgehilfinnen-Organisationen in Deutschland, Diss., Tübingen 1961, S.17.
4 Tabelle aus: Schulz, a.a.O., S. 23.
5 Steinbrecht, Bruno: Arbeitsverhältnisse und Organisation der häuslichen Dienstboten in Bayern, München 1921, S. 27.
6 Hauswirtschaft als Beruf, in: Berufsanalysen in berufspädagogischer Absicht, Hrsg. Sächsischer Gewerbeschulverband, Leipzig 1929, S. 85.
7 Schalscha, Agnes von: Die Reform des häuslichen Dienstverhältnisses, Hrsg. Berufsverband der katholischen weiblichen Hausangestellten Deutschlands, Berlin 1921, S. 17.
8 Berger, Richard: Die häuslichen Dienstboten nach dem Kriege, Mönchen-Gladbach 1916, S. 15.
9 Vgl. hierzu: Soziale Praxis, Jg. 1928, Sp. 710, und Jg. 1929, Sp. 164 sowie Sp. 186.
10 Schalscha, a.a.O., S. 40 u. S. 31.
11 Soziale Praxis, Jg. 1929, Sp. 71 ff.
12 Proletarische Sozialpolitik, Jg. 3, H. 4, Berlin, April 1930 (Material aus der Universitätsfrauenklinik Leipzig).
13 Rühle, Otto: Das proletarische Kind, o.O. 1911, S. 81.
14 Soziale Praxis, Jg. 1928, Sp. 1066.
15 Soziale Praxis, Jg. 1929, Sp. 406.
16 Soziale Praxis, Jg. 1919/20, Sp. 1340 ff.
17 Israel, Gertrud (Bearb.): Arbeitsverhältnisse der Hausgehilfinnen. Erhebung veranstaltet vom Reichsarbeitsministerium in Verbindung mit den Verbänden der Hausfrauen und Hausgehilfinnen, Berlin 1929.
18 Ebenda. Beispielsweise war bei der Beantwortung der Frage nach dem Urlaub in etlichen Fällen offensichtlich auch die Begleitung der Arbeitgeber auf Reisen angegeben worden, obwohl diese ohne Zweifel nicht der Erholung der Hausgehilfin dienten. Die Beantwortung der Frage in diesem Sinne wirft ein Licht auf das Bewußtsein der Befragten, das selbst die Bearbeiterin, die im übrigen eine stark auf Ausgleich bedachte Position vertrat, bedenklich stimmte.

19 Justus, Thekla: Die weiblichen Hausangestellten in Frankfurt/Main. Ergebnisse einer privaten Erhebung vom Jahre 1920, Diss., Frankfurt/M. 1920.
20 Zit. nach Winkler, Dörte: Frauenarbeit im »Dritten Reich«, Hamburg 1977, S. 30.
21 Ebenda.
22 Ebenda (Quelle: Hitler, »Mein Kampf«).
23 Rede von Rudolf Heß: Die Aufgaben der deutschen Frau, zit. nach McIntyre, Jill: Women and the professions in Germany 1930–1940, Oxford 1971, S. 180.
24 Picker, S. H.: Hitlers Tischgespräche, zit. nach Winkler, a.a.O., S. 30.
25 Esser, H. zit. in Lauer, Amalie: Die Frau in der Auffassung des Nationalsozialismus, Köln 1932,S. 17.
26 Masseck, R.: Die Frauen in der Ordnung und Gegenordnung, in: Deutsches Volkstum, 1935, S. 114.
27 Winkler, a.a.O., S. 29 (Quelle: Hitler, »Mein Kampf«).
28 Aus: Volk und Familie, Potsdam, o.J., S. 28, zit. nach Meusel, Alfred: Die Familie in der deutschen Gesellschaftsauffassung nach 1933, in: Studien über Autorität und Familie, Bd. II, Forschungsberichte aus dem Institut für Sozialforschung, Paris 1936.
29 Düvert, Helene: Die Frau von heute, ihr Weg und ihr Ziel, Wernigerode 1933, S. 28.
30 Hermann Göring 1939 in einer Rede vor Berliner Rüstungsarbeitern, zit. nach Mason, Timothy: Zur Lage der Frauen in Deutschland 1930 bis 1940: Wohlfahrt, Arbeit und Familie, Frankfurt/M. 1976.
31 Kühn, L.: Natürlicher Aristokratismus, in: Deutsche Frauen an Adolf Hitler, o.O., o.J., S. 39.
32 Tiling, Magda v./Jarausch, Konrad (Hrsg.): Grundfragen pädagogischen Handelns. Beiträge zur neuen Erziehung. Arbeitsbund für wissenschaftliche Pädagogik auf reformatorischer Grundlage, Stuttgart 1934, S. 101/2.
33 Aus: Deutsches Frauenschaffen, Jahrbuch der Reichsfrauenführung 1939, Hrsg. Kirmesse, Erika.
34 Huthmann, Adolf: Das Recht der Hausgehilfin nach den Richtlinien der Treuhänder der Arbeit, Diss., Köln 1937, S. 5ff.
35 Ebenda, S. 16.
36 Ebenda, S. 23.
37 Ebenda, S. 21f.
38 Soziale Praxis, Jg. 1933, Sp. 650.
39 Sog. »Göring-Plan« (»Arbeitsschlacht«), vgl. Berliner Wirtschaftsberichte, Jg. 1935, Nr. 18, Anl. 2.
40 Soziale Praxis, Jg. 1934, Sp. 833f.
41 Zuberbier, Eva: Die nationalsozialistische Auffassung vom häuslichen Dienst und ihre praktische Verwirklichung, Diss., Leipzig 1939, S. 13f.
42 Zit. nach: Die deutsche Kämpferin, 1934, S. 120. Ein weiterer Vers, der »der Frau im Beruf« gewidmet war und darauf abzielte, ihren Arbeitsplatz zugunsten eines Mannes freizumachen, lautete: »Nicht im Beruf kannst Du glücklich sein, Dein richtiger Wirkungskreis ist das Heim!«, ebenda.
43 Vgl. Winkler, a.a.O., S. 119.
44 Soziale Praxis, Jg. 1942, Sp. 383f.
45 Winkler, Dörte: Frauenarbeit versus Frauenideologie, in: Archiv f. Sozialgeschichte, Bd. XVII, 1977.

**Claudia Hahn**
**Der öffentliche Dienst und die Frauen – Beamtinnen in der Weimarer Republik**

1 Hirtz, Arnold: Weibliche Beamte im deutschen Reiche. Ein Ratgeber für junge Mädchen und ihre Eltern. Mit Unterstützung d. Behörden hrsg., Baden-Baden 1910.
2 Allein schon die Bezeichnung spiegelt das zeitgenössische Bewußtsein sehr deutlich wieder: Frauen in »an sich« männlichen Berufen. In den als »weiblich« betrachteten Sozialberufen hatte man dagegen bereits damals die *in*-Form gebraucht: Lehrer*in*, Fürsorger*in* usw.
3 Pikart, Eberhard: Preußische Beamtenpolitik 1918–1933, in: Vierteljahreshefte für Zeitgeschichte, Stuttgart, Jg. 6, 1958, S. 120.
4 Die Organisation der Lehrerinnen wird in diesem Band in dem Beitrag »Zölibat – ohne uns« von Doris Kampmann gesondert behandelt.
5 Vgl. Mleinek, Clara: Frauenarbeit in der Kriegs-, Inflations- und Rationalisierungszeit, in: J. Silbermann (Hrsg.), Jahrbuch der Frauenarbeit, Berlin, Jg. 8, 1932.
6 Vgl. ebenda, S. 68.
7 Reichsgesetzblatt, S. 1383.
8 Vgl. Winkler, Dörte: Frauenarbeit im »Dritten Reich«, Hamburg 1977, S. 18.
9 Stoffels, Elise: Die Volksschullehrerin, in: Jahrbuch der Frauenarbeit, a.a.O., Jg. 2, 1925, S. 56.
10 Vgl. Tabelle 1 am Schluß dieses Beitrags.
11 Kolshorn, Else: Die Lage der weiblichen Post- und Telegraphenbeamten, in: Jahrbuch der Frauenarbeit, a.a.O., Jg. 1, 1924, S. 81.
12 Ebenda, S. 80.
13 Zum Beispiel »ADLV Deutsche Lehrerinnenzeitung (DLZ)«, Berlin; »Die Frau«, Organ des Bundes deutscher Frauenvereine, Hrsg. Helene Lange und Gertrud Bäumer, Berlin; »Nachrichtenblatt des Bundes deutscher Frauenvereine, Hrsg. Vorstand Mannheim.
14 Ein Hinweis hierauf findet sich in: Kolshorn, a.a.O., S. 82.
15 Die Zahlen lassen sich den beiden tabellarischen Übersichten in: Silbermann, J.: Die Frauenarbeit nach der Berufszählung vom 16. Juni 1925, in: Jahrbuch der Frauenarbeit, a.a.O., Jg. 4, 1928, S. 19, entnehmen.
16 Die Bezeichnung »Beamter« wurde im Sprachgebrauch nicht ausschließlich auf die Beschäftigung im öffentlichen Dienst angewandt. Von »Privatbeamten« sprach man auch bei Angestellten in verantwortlichen Positionen privater Anstalten, z.B. Banken. Dies erschwert häufig bei ungenauen Angaben eine alleinige Eingrenzung auf den öffentlichen Dienst.
17 »Frauenzuschlag« nannte man die Gehaltszulage von 10%, die männliche Beamte nach der Beamtenbesoldungsregelung von 1920 bei Heirat erhielten. Sie wurde mit der Besoldungsneuregelung von 1927 abgeschafft, die ungleiche Bemessung der Bezüge lediger und verheirateter Beamter hatte man jedoch durch Herabstufung der ledigen Beamten im Wohngeldzuschuß beibehalten. Vgl. Völter, Hans: Die deutsche Beamtenbesoldung, in: W. Gerloff (Hrsg.), Die Beamtenbesoldung im modernen Staat, München-Leipzig 1932, 1. Teil, S. 42/43.
18 Kempf, Rosa: Die deutsche Frau nach der Volks-, Berufs- und Betriebszählung von 1925, Hrsg. Bund Deutscher Frauenvereine, Mannheim-Berlin-Leipzig 1931, S. 59.

19 Sehr treffende Beschreibungen dieses Zusammenhangs finden sich bei Krakauer, Siegfried: Die Angestellten, Frankfurt/M. 1974[2], und Rühle-Gerstel, Alice: Die Frau und der Kapitalismus, Leipzig 1932, S. 292/293.

20 Der Punkt wird in dem Beitrag »Zölibat – ohne uns« von Doris Kampmann exemplarisch behandelt.

21 Die Ergebnisse dieser Umfrage finden sich bei Wolff, Mathilde: Die wirtschaftlichen Verhältnisse der Lehrerinnen, in: A.D.L.V. – Deutsche Lehrerinnenzeitung (Organ des Allgemeinen Deutschen Lehrerinnenvereins), Berlin, Jg. 49, 1932, Heft 4, S. 19.

22 Die Frauenberufsverbände hatten mehrfach in ihren Publikationen die Umwandlung des »Frauenzuschlags« in einen Hausstandszuschlag gefordert, der nach den einzelnen Unterstützungsleistungen bemessen werden sollte und damit auch den ansonsten stark benachteiligten ledigen Frauen zugute gekommen wäre.

23 Kolshorn, a.a.O., S. 79.

24 Diesen Schluß läßt beispielsweise u.a. ein Vergleich der Zahl der hauptamtlichen Post- und Telegraphenbeamtinnen mit der Mitgliederzahl im Bund Deutscher Frauenvereine zu. Vgl. Tabellen 1 und 2 am Schluß dieses Beitrags.

25 Kolshorn, a.a.O., S. 79–86.

26 Vgl. Tabelle 1 am Schluß dieses Beitrages.

27 Mason, Timothy: Zur Lage der Frauen in Deutschland 1930–1940, in: Gesellschaft – Beiträge zur Marxschen Theorie, Bd. 6, Frankfurt/M. 1976, S. 124.

28 Vgl. Stoffels, a.a.O., S. 53.

29 Ebenda, S. 70.

30 Barschak, Erna: Die Handelslehrerin, in: Jahrbuch der Frauenarbeit, a.a.O., Jg. 2, 1925, S. 37.

31 Zit. nach Rühle-Gerstel, a.a.O., S. 305.

32 Zahlenangaben nach Philippson, Johanna: Die akademisch gebildete Lehrerin, in: Jahrbuch der Frauenarbeit, a.a.O., Jg. 2, 1925, S. 79–87.

33 Vgl. Nachrichtenblatt des Bundes Deutscher Frauenvereine, Hrsg. Vorstand, Mannheim, Jg. 4, 1924, S. 61.

34 Rühle-Gerstel, a.a.O., S. 307.

35 Bericht des Vertretertages der Postbeamtinnen-Verbände vom 9. Dezember 1929, in: Nachrichtenblatt des Bundes Deutscher Frauenvereine, a.a.O., Jg. 10, 1930/12, S. 4.

36 Vgl. Bericht von der Tagung der Bahn- und Postbeamtinnen, in: ebenda, Jg. 9, 1929, S. 44.

37 Vgl. Meldung in: ebenda, Jg. 10, 1930/12, S. 11.

38 Vgl. hierzu die beiden Umfragen von Suhr, Susanne: Die weiblichen Angestellten (Umfrage des Zentralverbandes der Angestellten), Berlin 1930, und Glass, Frieda/Kische, Dorothea: Die wirtschaftlichen und sozialen Verhältnisse der berufstätigen Frauen (Erhebung von 1928/29, durchgeführt von der Arbeitsgemeinschaft Deutscher Frauenberufsverbände), Berlin 1930.

39 Das Kabinett Brüning (Zentrum) kann sich, nachdem die große Koalition zwischen Sozialdemokraten und bürgerlicher Mitte an der Frage der Arbeitslosenversicherung gescheitert ist, nicht mehr auf eine parlamentarische Mehrheit stützen und regiert allein aufgrund des Notstandsparagraphen 48 der Weimarer Verfassung, der 1923 auch als Grundlage für die Personalabbauverordnung u.a. gedient hatte und 1933 die NS-Machtergreifung absicherte.

40 Verordnung des Reichspräsidenten zur Behebung finanzieller, wirtschaftlicher und sozialer Notstände vom 26. Juli 1930, RGBl. 1930, I, S. 311 ff.
41 Zit. nach: »Die Frau« – Organ des Bundes Deutscher Frauenvereine, Hrsg. Helene Lange und Gertrud Bäumer, Berlin, Jg. 38, 1930/31, S. 633.
42 Zit. nach: Die badische Haushaltsnotverordnung vom 9. Oktober und die Lehrerinnen, in: ADLV – Deutsche Lehrerinnenzeitung, a.a.O., Jg. 49, 1932, S. 39.
43 Der Begriff »Doppelverdiener« wurde dabei völlig von seiner ursprünglichen Bedeutung und Intention abgelöst und einseitig auf verheiratete Frauen angewandt. Tatsächlich war bereits im Jahre 1926 ein Aufruf des Reichsarbeitsministers an die Vereinigung der deutschen Arbeitgeberverbände ergangen, bei notwendig werdenden Entlassungen in erster Linie die sogenannten »Doppelverdiener« abzustoßen und für die Dauer der Depression keine weiteren einzustellen, solange unter den Erwerbslosen geeignete Kräfte zur Verfügung ständen. Gemeint waren damit aber nicht, wie meist in der öffentlichen Meinung angenommen, verheiratete erwerbstätige Frauen, sondern Leute, die eine ausreichende Rente oder Pension erhielten und/oder einer weiteren zusätzlichen Beschäftigung nachgingen. Der Zusatz »andere Personen, die an sich nicht auf Erwerb angewiesen sind«, ermöglichte allerdings weitergehende Interpretationen. Vgl. Glass, Frieda: Der weibliche »Doppelverdiener« in der Wirtschaft, in: Jahrbuch der Frauenarbeit, a.a.O., Jg. 3, 1927, S. 24.
44 Suhr, a.a.O., S. 3.
45 Zit. nach Beckmann, Emmy (ADLV): Kampf gegen die Doppelverdiener und der Abbau der verheirateten Lehrerin, Berlin 1931, S. 1.
46 Ebenda, S. 1.
47 Vgl. ebenda, S. 3/4.
48 Ebenda, S. 3.
49 Höber, Elfriede: Abbau der Doppelverdiener?, in: Die Frau, a.a.O., Jg. 38, 1930/31, S. 279.
50 Vgl. Anm. 47.
51 Hanna, Gertrud: Vom Kampf gegen die verheirateten erwerbstätigen Frauen, in: Die Arbeit – Zeitschrift für Gewerkschaftspolitik und Wirtschaftskunde, Hrsg. Allgemeiner Deutscher Gewerkschaftsbund, Berlin, Jg. 8, 1931/4, S. 259/260.
52 Höber, a.a.O., S. 277.
53 Vgl. Spliedt, Franz: Die Gutachten der Brauns-Kommission, in: Die Arbeit, a.a.O., Jg. 8, 1931/4, S. 397–404.
54 Zit. nach Nachrichtenblatt des BDF, Jg. 11, 1931/10, S. 83.
55 Gesetz über die Rechtsstellung der weiblichen Beamten vom 30. Mai 1932, RGBl. 1932, I, S. 245–246.
56 Diese Hinweise finden sich bei Wehowski, E.: Zur Rechtsstellung der weiblichen Beamten nach dem Gesetzentwurf des Preußischen Landtages vom 25. Mai 1932 (Nr. 51), in: ADLV – Deutsche Lehrerinnenzeitung, a.a.O., Jg. 49, 1932, S. 221.
57 Schoenbaum, David: Die braune Revolution (Sozialgeschichte des Dritten Reiches), Köln-Berlin 1968, S. 228.

**Doris Kampmann**
**»Zöbilat – ohne uns!« – Die soziale Situation und politische Einstellung der Lehrerinnen in der Weimarer Republik**

1 Gegen Ende der Weimarer Republik waren im Allgemeinen Deutschen Lehrerinnenverein (ADLV) 40000, im Verband deutscher katholischer Lehrerinnen (VkDL) 20000 Lehrerinnen, im Verein evangelischer Lehrerinnen 1334 Lehrerinnen organisiert. Die Zeitschrift des ADLV war die Deutsche Lehrerinnenzeitung (DLZ), Organe des VdKL waren die »Wochenschrift für katholische Lehrerinnen« und »Mädchenbildung auf christlicher Grundlage«, letztere eine Zeitschrift der Lehrerinnen der höheren Schulen. Das Verbandsorgan der evangelischen Lehrerinnen war »Die evangelische Lehrerin«, Beiblatt der »Deutschen Lehrerzeitung«, Hauptorgan des Verbandes deutscher evangelischer Lehrer- und Lehrerinnenvereine.

2 Twellmann-Schepp, Margrit: Die deutsche Frauenbewegung im Spiegel repräsentativer Frauenzeitschriften, 1843–1889, Meisenheim/Glan, 1972, S. 28.

3 In diesem Zusammenhang sei darauf hingewiesen, daß Clara Zetkin, die Führerin der proletarischen Frauenbewegung, ebenfalls von Beruf Lehrerin war.

4 Twellmann-Schepp, a.a.O., S. 63.

5 Pauls, Maria: Die Deutschen Frauenorganisationen. Eine Übersicht über den Bestand, die Ursprünge und die kulturellen Aufgaben, Aachen 1966, S. 103.

6 Gahlings, Ilse/Moering, Elle: Die Volksschullehrerin, Hamburg 1961, S. 40.

7 Twellmann-Schepp, a.a.O., S. 63.

8 Gahlings/Moering, a.a.O., S. 92.

9 Hamburger, Franz: Lehrer zwischen Kaiser und Führer, Hördt/Pfalz 1974, S. 76.

10 Ebenda.

11 Twellmann-Schepp, a.a.O., S. 103.

12 Beilner, Helmut: Die Emanzipation der bayerischen Lehrerin, aufgezeigt an der Arbeit des bayerischen Lehrerinnenvereins (1898–1933), München 1971, S. 161.

13 Ebenda, S. 161.

14 Vgl. den Beitrag von Irmgard Weyrather in diesem Band.

15 Jahrbuch für Frauenarbeit, Bd. 5, 1929, S. 33.

16 Suersen, Elisabeth: Die Frau im deutschen Reichs- und Landesstaatsdienst. Statistischer Anhang, Mannheim-Berlin-Leipzig 1920, S. 15.

17 Vgl. den Beitrag von Claudia Hahn in diesem Band.

18 Stoffels, Elise: Die Volksschullehrerin, in: Jahrbuch für Frauenarbeit, Jg. 2, 1925, S. 60.

19 Winkler, Dörte: Frauenarbeit im »Dritten Reich«, Hamburg 1977, S. 17.

20 Jellinek, Camilla: Frauen unter deutschem Recht, Mannheim-Berlin-Leipzig 1928, S. 5.

21 Jahrbuch für Frauenarbeit, Jg. 2, 1924, S. 68–79.

22 Winkler, a.a.O., S. 18.

23 Deutsch, Regine: Parlamentarische Frauenarbeit II, S. 91.

24 Winkler, a.a.O., S. 25

25 Jahrbuch für Frauenarbeit, Jg. 7, 1931, S. 51.

26 Die meisten Schulen dieser Zeit waren im Deutschen Reich Bekenntnisschulen, vgl. Führ, Christoph: Zur Schulpolitik der Weimarer Republik, Wein-

heim-Berlin-Basel 1970, S. 31.
27 Bäumer, Gertrud: Schulaufbau, Berufsauslese, Berechtigungswesen, Berlin 1930, S. 76.
28 Mlemek, Clara, in: Jahrbuch für Frauenarbeit, Jg. 8, 1932, S. 73.
29 Evans, Richard J.: The Feminist Movement in Germany 1894–1933, London and Beverly Hills 1976, S. 244.
30 Lange, Helene: Sollen die Frauen den politischen Parteien beitreten?, in: Kampfzeiten II, Berlin 1928, S. 33.
31 »Auf dem akademischen Stellenmarkt herrschte mit der Zunahme der Studierenden und der durch die Weltwirtschaftskrise bedingten Arbeitslosigkeit ein solches Überangebot, daß 1931 schon auf jeden zweiten der 30000 berufstätigen Akademiker ein stellungsloser Akademiker kam.« Winkler, a.a.O., S. 50.
32 Bloch, Ernst: Die Frau im Dritten Reich, in: ders., Politische Messungen, Endzeit, Vormärz, Frankfurt/M. 1970, S. 108.
33 Ebenda, S. 108.
34 Vgl. Evans, a.a.O., S. 250. Der BDF fand gegen Ende der 20er Jahre keinen Anklang mehr bei der jungen Generation.

**Erika Said**
**Zur Situation der Lehrerinnen in der Zeit des Nationalsozialismus**

1 Wenn i.f. von »den« Lehrerinnen die Rede ist, so sind die im Allgemeinen Deutschen Lehrerinnenverein (ADLV) organisierten und die konfessionellen Lehrerinnen gemeint.
Es müssen in diesem Zusammenhang leider alle jene Lehrerinnen aus der Betrachtung herausfallen, die im Deutschen Lehrerverein organisiert waren. In der Zeitschrift des Deutschen Lehrervereins wurden spezifische Probleme der Lehrerinnen nie gesondert behandelt, da auch die hier organisierten Lehrerinnen ihr Selbstverständnis nicht primär aus »frauenrechtlerischer« Perspektive heraus entwickelten. Allerdings kann angenommen werden, daß ein Teil dieser Lehrerinnen in der SPD oder KPD organisiert war bzw. sich mit deren Ideen identifizierte. Möglicher Widerstand gegen den Nationalsozialismus ist hier somit eher zu erwarten.
2 Ausführlich wird die Zeit der Weimarer Republik in diesem Band von D. Kampmann behandelt.
3 DLZ, 50. Jg., Nr. 5, 10. 2. 1933, S. 53.
4 Es sollen hier nur wenige Aspekte angedeutet, keinesfalls die gesamte Ideologie zur Frau behandelt werden.
5 Insbesondere J. Goebbels, A. Rosenberg.
6 Vgl. Stephenson, J.: Women in Nazi Society, London 1975, S. 25.
7 Aufgrund der Tatsache, daß die bürgerliche Frauenbewegung und die Lehrerinnenorganisationen nicht in totaler Frontstellung zum nationalsozialistischen Staat standen (i.G. zu den der KPD und SPD nahestehenden Frauenorganisationen), blieb ihnen trotz Gleichschaltung eine gewisse persönliche Freiheit (vgl. dazu auch J. Stephenson).
8 Ab 1933 Referentin im Reichsinnenministerium.
9 Bis 1934 Leiterin der NS-Frauenschaft und des BDM.
10 Ab 1934 Leiterin der NS-Frauenschaft und des Deutschen Frauenwerks.
11 Erschien bis 1936. Es ist unklar, ob sie verboten wurde.
12 Die Deutsche Kämpferin, 1. Jg., H. 9, Dez. 1933, S. 172.

13 Siehe dazu Beitrag von A. Tröger, die Bücher von D. Winkler, St. Bajoher (Die Hälfte der Fabrikarbeit, 1914–1945, Marburg 1979), Th. Mason (Zur Lage der Frauen in Deutschland, 1930–1940, in: Gesellschaft, Beiträge zur Marxistischen Theorie 6, S. 118–193, Frankfurt/Main 1976, und: Sozialpolitik im Dritten Reich. Arbeiterklasse und Volksgemeinschaft, Opladen 1977).
14 Winkler, D.: Frauenarbeit im »Dritten Reich«, Hamburg 1977, S. 64.
15 Siehe dazu Beitrag von I. Weyrather in diesem Band.
16 Siehe dazu Beitrag von D. Kampmann in diesem Band.
17 RGBL, 1933, Teil I, 435.
18 Ebenda, 435.
19 Ebenda, 442.
20 RGBL, Teil I, 1934, 471.
21 Die Evangelische Lehrerin, 23. Jg., Nr. 14, 15. Juli 1933, S. 84.
22 Statistisches Handbuch von Deutschland, München 1949, S. 32.
23 Winkler, a.a.O., S. 49.
24 Ergebnis einer Untersuchung, in: Die Frau, 38. Jg., H. 10, Juli 1931, S. 631.
25 Die Frau, 38. Jg., H. 5, Februar 1931, S. 280.
26 DLZ, 48. Jg., Nr. 11, 10. April 1931, S. 121.
27 Die Deutsche Kämpferin, 1. Jg., H. 3, Juni 1933, S. 37.
28 Das Deutsche Beamtengesetz, erläutert von A. Brand, Berlin 1933, S. 1.
29 Ehrenmitglied des ADLV-Vorstandes, Herausgeberin der Zeitschrift »Die Frau«.
30 1. Vorsitzende des ADLV.
31 DLZ, 50. Jg., Nr. 12, 20. April 1933, S. 133.
32 Winkler, a.a.O., S. 51.
33 Die Evangelische Lehrerin, 22. Jg., Nr, 7, 1. 9. 1933, S. 132.
34 Die Frau, 41. Jg., H. 2, November 1933, S. 86.
35 Zahlen aus Philologen-Jahrbuch 1932, 39. Jg., Teil II, S. 54, und 1939/40, 46. Jg., S. 50.
36 Eilers, R.: Die nationalsozialistische Schulpolitik, Köln-Opladen, 1963, S. 92.
37 DLZ, 50. Jg., Nr. 12, 20. April 1933, S. 133.
38 Dtsch. Philologenblatt, 41. Jg., Nr. 33, 16. August 1933, S. 347.
39 Die Deutsche Kämpferin, 4. Jg., H. 12, März 1934, S. 472.
40 Picker, H.: Hitlers Tischgespräche im Führerhauptquartier 1941–1942, Stuttgart 1965, S. 274.
41 Sie durften keine eigene Praxis eröffnen, wenn der Ehemann bereits eine führte.
42 § 4: »Beamte, die nach ihrer bisherigen politischen Betätigung nicht die Gewähr dafür bieten, daß sie jederzeit rückhaltslos für den nationalen Staat eintreten, können aus dem Dienst entlassen werden . . .« RGBL, Nr. 34, 1933, 175.
43 Eilers, a.a.O., S. 82.
44 RGBL, Teil I, 1937, S. 597.
45 Die Evangelische Lehrerin, 26. Jg., Nr. 4, 1. April 1937, S. 24.
46 In Preußen wurden die Säuberungen besonders streng gehandhabt. Vgl. Eilers, a.a.O., S. 69.
47 DLZ, 50. Jg., Nr. 15, 20. Mai 1933, S. 173.
48 Die Frau, 40. Jg., H. 10, Juli 1933, S. 629.
49 Vgl. Mommsen, H.: Beamtentum im Dritten Reich, Stuttgart 1966.
50 Gamm, H-J.: Führung und Verführung, München 1964, S. 22.
51 Die Frau, 43. Jg., H. 7, April 1936, S. 432.
52 Als Vergleich: Die Lehramtskandidatinnen an den Schulen erhielten monatlich 187,40 bis 247,50 RM.

53 Die Frau, 44. Jg., H. 12, 1937, S. 641 ff.
54 Zusammengestellt aus den Philologen-Jahrbüchern 1932–1934/35, Teil II, den Jahrbüchern d. Lehrer f.d. höheren Schulen 1935/36–1940, Teil II, jeweils zu: II Mädchenanstalten, A. Sämtliche öffentliche höhere Mädchenanstalten.
55 Hier gab es 1931 574, 1938 735, 1942 2145 Lehrerinnen, aus: Stat. Handbuch von Deutschland, 1928–1944, München 1949, S. 619.
56 Stat. Handbuch, a.a.O., S. 618.
57 Wirtschaft und Recht, Beiblatt, 7. Jg., Nr. 6, 15. Juli 1940, S. 83.
58 Wirtschaft und Recht, Beiblatt, Bayreuth, 7. Jg., H. 12, März 1937, S. 83.
59 Rechtsstellung der weiblichen Beamten, RGBL, § 6b, Teil I, 1933, 435.
60 Die Schülerinnenzahl war seit 1930 hier um mehr als ein Viertel geschrumpft.
61 Nationalsozialistische Mädchenerziehung, 1. Jg., H. 1, 1934/35, S. 2.
62 Ebenda, S. 2.
63 Die Frau, 43. Jg., H. 12, September 1936, S. 752 f.
64 Nationalsozialistische Mädchenerziehung, 2. Jg., H. 1, Januar 1936, S. 5.
65 Reber-Gruber, A.: Weibliche Erziehung im NSLB, Leipzig-Berlin, 1934, S. 40.
66 Gamm, a.a.O., S. 201.
67 Gahlings, Ilse: Die Volksschullehrerin, Heidelberg 1961.
68 Ob es Widerstand von seiten der im Deutschen Lehrerverein organisierten Lehrerinnen gegeben hat, war nicht festzustellen.
69 Allerdings sprach man bereits 1938, für Berufs- und Mittelschulen bereits 1936, von einem Lehrermangel. Vgl. Der Deutsche Erzieher, H. 8, August 1940, S. 235.
70 Auf den gesamten Bereich der Frauenerwerbstätigkeit im Krieg und der entsprechenden Politik der Nationalsozialisten kann hier nicht eingegangen werden. Dazu u.a. Winkler, a.a.O.
71 Vgl. den Beitrag von I. Weyrather in diesem Band.
72 Benze, R.: Erziehung im Großdeutschen Reich, Frankfurt/M. 1943, S. 135.
73 Ebenda, S. 133.
74 Der Deutsche Volkserzieher, 7. Jg., H. 21/22, 1. November 1942, S. 533.
75 Näheres dazu Beitrag von I. Weyrather in diesem Band.
76 Wirtschaft und Recht, Beiblatt, 7. Jg., Nr. 6, 15. Juli 1940, S. 82.
77 Wirtschaft und Recht, Beiblatt, 8. Jg., Nr. 11, 15. November 1941, S. 153.
78 Wirtschaft und Recht, Beiblatt, 8. Jg., Nr. 11, 15. November 1941, S. 154.
79 Der Deutsche Erzieher, Dezember 1942, H. 12, S. 334.
80 Die Frau, 47. Jg., H. 4, Januar 1940, S. 124.
81 Die Frau, 48. Jg., H. 6, März 1941, S. 169.
82 Mitteilungen aus der Frauenarbeit, Berlin 1941–1944, April 1941, S. 4, Februar 1942, S. 6.
83 Nationalsozialistische Mädchenerziehung, 6. Jg., H. 1, 1. Januar 1940, S. 1.
84 Eilers, a.a.O., S. 134.
85 Hier sei nochmals auf große Teile der Junglehrerinnen im ADLV verwiesen. In ihren Stellungnahmen zeigt sich eine Verschiebung der Verantwortlichkeit von einer politischen und für Frauenrechte kämpfenden Haltung hin zur primären Verantwortlichkeit für das eigene Selbst.
86 Diese Forderung diente aber sicherlich auch der ökonomischen Überlegung, eigene Arbeitsplätze zu schaffen und zu erhalten.
87 Vgl. hierzu Mommsen, H.: Beamtentum im Dritten Reich, Stuttgart 1969.
88 Vgl. dazu Kühnl, R.: Formen bürgerlicher Herrschaft, Hamburg 1971, S. 56.

89 Vgl. dazu Kunert, H.: Deutsche Reformpädagogik und Faschismus, Hannover-Darmstadt-Berlin 1973. – Eine aufgeschlossenere und kritischere Haltung findet sich im pädagogischen Bereich eher bei den Volksschullehrern und -lehrerinnen.
90 Bloch, E.: Die Frau im Dritten Reich, in: ders.: Politische Messungen, Pestzeit, Vormärz, Frankfurt/M. 1970, S. 106.

**Irmgard Weyrather**
**Numerus Clausus für Frauen – Studentinnen im Nationalsozialismus**

1 Es gibt bisher drei Arbeiten, die sich mit dem Frauenstudium in der Weimarer Republik und im Nationalsozialismus beschäftigen: ein Aufsatz von Michael Kater: Krisis des Frauenstudiums in der Weimarer Republik, Vierteljahreshefte für Sozial- und Wirtschaftsgeschichte, 59, 1972, S. 215; ein Kapitel in Jill Stephensons Buch: Women in Nazi Society, London, 1975; und die Dissertation von Jack Pauwels: Women and University Studies in the Third Reich, 1933–1945, Toronto, Kanada, 1976.
2 Zur Geschichte des Frauenstudiums in der Weimarer Republik siehe Weyrather, Irmgard: Die Frau im Lebensraum des Mannes, Studentinnen in der Weimarer Republik, in: Beiträge zur feministischen Theorie und Praxis, Herbst 1981.
3 Kater, a.a.O., S. 250ff.
4 Geschäftsführer von Schirach an Anni Dey, Freiburg, 23. 1. 1930, Archiv der ehemaligen Reichsstudentenführung und des NSD-Studentenbundes, Würzburg (im folgenden RSF), II 515.
5 Faust, Anselm: Studenten und Nationalsozialismus in der Weimarer Republik, Düsseldorf, 1973, S. 172–179.
6 Grathwohl, Ruth, Bonn, an Hitler, 28. 7. 1930, RSF I* 515.
7 Die Bewegung, 21. 10. 1930, 12. 8. 1930, RSF I* 80.
8 1. Rundbrief an die Hochschulleiterinnen der NS. St. von Raba Stahlberg, Berlin, 2. 11. 1930, RSF V* *a* 524.
9 Nau, Maria, an die Kreisleiter des NSDStB, 18. 12. 1930, RSF II* 229 II.
10 1. Rundbrief, a.a.O.
11 Nau, Maria, Reichsleiterin, an die Hochschulgruppen der ANSt, Die Bewegung, 13. 1. 1931, RSF I* 80.
12 Flugblattentwurf von Eva Theissig, ANSt-Dresden, 1932, RSF II 501.
13 »Deutsche Studentin! Hinein in die ANSt«, Flugblatt, RSF II* *Φ* 173, u. Theissig, Flugblattentwurf, a.a.O.
14 Stahlberg, Raba, Reichsleiterin, Die Bewegung, 4. 11. 1930, RSF I* 80.
15 Dieselbe, Die Bewegung, 18. 11. 1930, RSF I* 80.
16 Nau, Maria: Die Frau im Dritten Reich, Die Bewegung, 4. 11. 1930, RSF I* 80, u. Flugblatt, Was wir wollen, RSF II* *φ* 173.
17 Kopittke, Luise: Die ns Studentin als Trägerin einer neuen Frauenbewegung, Die Bewegung, 24. 2. 1931, RSF I* 80.
18 Was wir wollen, a.a.O.
19 Förster, Hedwig: Der Nationalsozialismus und die deutsche Studentin, Die Bewegung, 16. 12. 1930, RSF II* 80.
20 Kopittke, a.a.O.
21 Gärtner, Dorothea: Die Aufgaben der deutschen Studentin innerhalb des Nationalsozialismus, Die Bewegung, 13. 4. 1931, RSF I* 80.

22 Nau, Maria: Richtlinien für die ANSt, 15. 3. 1932, RSF 515, Unterstreichungen im Original.

23 Rühle, Gerd, Bundesführer, Rundschreiben Nr. 25, 5. 9. 1932, RSF 519.

24 Flugblatt der ANSt-Jena, 31. 5. 1932, RSF II 517.

25 Bericht der ANSt-Jena, 26. 6. 1932, RSF II 517; von Küngsberg, Kreisleiter 7, an Nau, 3. 9. 1931, RSF II A 30 = α 584; Theissig, ANSt-Dresden, Monatsberichte vom November 1932, 21. 11. 1932, RSF 501.

26 Bericht über die Tagung der ANSt-Gruppen des Kreis 4 in Halle, Dezember 1931, RSF II A 30 = α 584; ANSt Königsberg, Rückblick auf die Semesterarbeit, Die Bewegung, 24. 3. 1931, RSF I* 80; Theissig, Monatsberichte, a.a.O.

27 Kater, a.a.O., S. 255; Kater, Studentenschaft und Rechtsradikalismus in der Weimarer Republik, Hamburg 1976, S. 174.

28 Doherr, Annemarie: Wie wählen die Studentinnen?, in: Die Frau, März 1932, S. 368.

29 Trost an Theissig, 28. 2. 1933. RSF 501.

30 Pauwels, Jacques: Women and University Studies in the Third Reich, 1933–1945, Dissertation, Toronto 1976, S. 39 ff., u. Die deutsche Kämpferin, Jg. 1, 1033, S. 94.

31 Winkler, Dörte: Frauenarbeit im »Dritten Reich«, Hamburg 1977, S. 51; Pauwels, a.a.O., S. 39 ff.

32 Winkler, a.a.O., S. 51, u. Pauwels, a.a.O., S. 41 f.; Stephenson, a.a.O., S. 170; Nitsch, Gerhardt/Offe, Preuß: Hochschule in der Demokratie, Berlin, Neuwied 1965, S. 439 f.; Die Frau, Januar 1940, S. 101.

33 Deutsche Hochschulstatistik, 1933/34, S. 9.

34 Stephenson, a.a.O., S. 133; Adam, Uwe Dietrich: Hochschule und Nationalsozialismus, Die Universität Tübingen im Dritten Reich, Tübingen 1977, S. 96; Die Frau, Jg. 42, Januar 1935, S. 232.

35 Stephenson, a.a.O., S. 133 f.

36 Obermaier-Schoch, Hilde: Zur Frage der Auslese für das akademische Studium, Die Frau, Januar 1934, S. 205.

37 Schuster, Otto: Die Frauenfrage an den Hochschulen, Wissen und Dienst, Nr. 1, 1933, zit. in: Die deutsche Kämpferin, Jg. 1, S. 188.

38 Schmidt, Ursula, ANSt-Kreisreferentin, Leipzig, an Brettschneider, Gisela, ANSt-Reichsleiterin, 17. 2. 1934, RSF II 505.

39 Bericht eines ANSt-Mitgliedes, 26. 1. 1934, Greifswald, RSF 549.

40 Statistisches Handbuch von Deutschland, 1928–1944, München 1949, S. 622.

41 Deutsche Hochschulstatistik, SS 1933, S. 19; von Velsen, Dorothea: Aus der Krisis des Frauenstudiums, Die Frau, Jg. 44, 1936, S. 168.

42 Merkblatt für Studienförderung, Reichsstudentenwerk, 1935, RSF II 498.

43 Lorenz, Charlotte: Zehnjahresstatistik des Hochschulbesuches und der Abschlußprüfungen, Berlin 1943, Bd. 1, S. 356 ff.

44 Stephenson, a.a.O., S. 119 f.

45 Die deutsche Kämpferin, Jg. 4, Oktober 1936, S. 274.

46 Stephenson, a.a.O., S. 121 ff.

47 Über den Mangel an politischer Kultur in Deutschland, Berlin 1978, S. 100 u. S. 104.

48 Alle Zahlen aus: Pauwels, Diss., a.a.O., S. 435 u. S. 327 ff.

49 Stellvertretender Kreisführer, Kreis VI, an Brettschneider, Gisela, 21. 5. 1933, RSF 523.

50 Vortrag in Leipzig, Juli 1934, RSF II 505.

51 Kölbel, Hildegard, an den preußischen Ministerpräsidenten, 11. 1. 1934, RSF II 501.
52 Wussow, von, Elisabeth (1935), RSF II 516.
53 Agricola, Ellen: Die innere Arbeit unseres Kameradschaftshauses, Hauptamt VI, Göttingen (1934), RSF II 526.
54 Aßman, Margit: Die Studentin als Frau, Die deutsche Kämpferin, Dezember 1933, S. 180.
55 Pfretzschner, Gerda, ANSt-Dresden, an Ursula Schmidt, Kreisreferentin, 15. 6. 1933 u. 28. 10. 1933, RSF II 501.
56 Im Ordner »Schriftverkehr der ANSt mit anderen Organisationen« unter der Rubrik »M.d.I.«, Ministerium des Innern, befindet sich dieses Schreiben, wahrscheinlich von 1934, ohne nähere Angaben, RSF II* 530.
57 Schmidt, Ursula, Kreisreferentin IV, und Friedrich, Wolf, Kreisführer IV, an die Referentinnen des NSDStB und an DSt, Kreis IV, 25. 1. 1934, RSF II 524.
58 Obladen, E., November 1933, RSF II 547.
59 Mellin, Else, Greifswald, an Nau, Reichsleitung ANSt, 20. 5. 1933, RSF 526; Ferber, Hertha, Antrag auf Ausschluß der stud. pharm. L. Sch.-O., ANSt-Göttingen, 12. 3. 1934, RSF II 526; Brückmann, Oda, ANSt-Kreisreferentin VI, Südwestdeutschland, an Brettschneider, 25. 6. 1934, RSF II 499, und Bericht No 1 ANST-Hochschulgruppe-Göttingen, 14. 12. 1933, RSF II 526.
60 Stellvertretender Kreisführer Kreis VI an Brettschneider, 21. 6. 1933, RSF II 523; Pfretzschner, Gerda, ANSt-Dresden, an Trost, 16. 5. 1933, RSF II 501.
61 Fiedler, Marianne: Studentinnen im Luftschutz, Gedicht, Leipzig (1935), RSF II 519.
62 DSt, Hauptamt für Studentinnen, Amt für Schulung, 15. 12. 1933, Anlage zum Rundschreiben G 3 1933/34 von Strohm, Elfriede, RSF II 138.
63 Wolff, Inge, Gau-ANSt-Referentin, an Machwirth, Liselotte, 7. 7. 1935, RSF II 522.
64 ANSt-Göttingen, Bericht No 1, 14. 12. 1933, Mitgliederbestand 14. 11. 1934, RSF II 526.
65 Adam, a.a.O., S. 107f.
66 Pfretzschner an Trost, 25. 1. 1933, RSF II 501.
67 Pauwels, Diss., a.a.O., S. 160, und Rundschreiben von Machwirth, Reichs-ANSt-Referentin, 15. 12. 1934, RSF II 499.
68 Müller, Elisabeth, Anlage zum Rundschreiben G 3 1933/34, DSt, Amt für Schulung, RSF II 138; Schmidt, Ursula, Kreisleiterin IV, an die Referentinnen des NSDStB und der DSt, Kreis IV, 25. 1. 1934, RSF 524; Pfretzschner an Schmidt, 27. 7. 1933, RSF II 501; Bericht über die Studentinnenarbeit im Kreis V, Westdeutschland, SS 34, RSF II 526; Bericht No 1, ANSt-Hochschulgruppe-Göttingen, 14. 12. 1933, RSF II 526; Dibner, Ursula: The National Socialist German Student League, Dissertation, Michigan 1969, S. 180f.
69 Diedrichs, Reichsführer DSt, Ausführungsbestimmungen über die Durchführung der Arbeitsdienstpflicht der Abiturientinnen und Abiturienten von Ostern 1934, RSF II 500; RSF 499 und Pauwels, Diss., a.a.O., S. 125ff. Rundbrief 39 vom 14. 1. 1936, DSt, Hauptamt VI, Ref. für Arbeitsdienst, Dreißig, an die Vertrauensstudentinnen des Frauenarbeitsdienstes, RSF II 541.
70 Schallmeyer, Hilde, Studentenschaft der Universität Frankfurt am Main, Arbeitsbericht SS 36, 28. 6. 1936, RSF II 499; DSt, Hauptamt für Studentinnen, Anlage zum Rundschreiben G 2 1933/34, Nr. 1, Richtlinien des Amtes für Sport, Volkswohlfahrt und Gemeinschaftspflege, RSF II 505; Arbeitsbericht

über die bisherige Frauendienstarbeit im Amt Studentinnen, München, 8. 3. 1938, RSF II 548.

71 Brief aus Greifswald an die Deutsche Dozentenschaft, 14. 7. 1934, Bericht über den med. Fachschaftsleiter an der Universität Greifswald, und Ruth Feldmann, »Abschrift«, RSF II 547.

72 Schlieben, Edith, Hauptamt VI der Studentenschaft TU Dresden, an Gaenseke, Ruth, Leipzig, März 1934, RSF I 80 γ 221.

73 Pauwels, Diss., a.a.O., S. 307; NSDStB, Kreis Nord, 1. 12. 1933, Anlage 12 von Seelinger, Elisabeth, Brief von Gisela Brettschneider, 1933, RSF II 547.

74 Haase, Johanna, Referentin für die NSV im Hauptamt VI, Semesterbericht vom 12. 2. 1936, RSF II 519; Krummbiegel, Mechtilde, ANSt-Referentin, Bericht über die Arbeit der ANSt im NSDStB an der Universität Leipzig im SS 1936, RSF II 532.

75 Notz, Emma, Bericht der Referentin der Medizinischen Fachschaft der Universität Tübingen, Betrifft: Arbeit der Medizinerinnen (1936), RSF II 535.

76 Bericht über das 2. Schulungslager der ANSt in Münzenberg, Protokoll vom 5. 8. 1935, RSF II 538.

77 Dibner, a.a.O., S. 233–243 f.

78 Stephenson, Jill: Girls' Higher Education in Germany in the 1930s, in: Journal of Contemporary History, Vol. 10, Number 1, Januar 1975, S. 62.

79 Vgl. Stephenson: Women . . ., a.a.O., S. 137.

80 Kottenhoff, Anna: Welche Berufsmöglichkeiten bietet das Hochschulstudium für die Frau? Amt Studentinnen, o.J. (1938), RSF II 300.

81 Vgl. Tabelle in Statistisches Handbuch von Deutschland 1928–1944, München, 1945.

82 Reichsstudentenwerk, Bericht über die Arbeit im Kriege, Berlin 1941.

83 Stephenson: Women . . ., a.a.O., S. 126.

84 Petry, Christian: Studenten aufs Schafott, Die Weiße Rose und ihr Scheitern, München, 1968, S. 99.

85 Pauwels, Diss., a.a.O., S. 338 f.

86 Rathleff, v., Leiterin des Amtes Studentinnen der Gaustudentenführung Sachsen, Semesterbericht II, 1940, RSF II 533; Bericht über die Arbeit des Amtes Studentinnen und der ANSt, Universität Frankfurt/M. im 2. Trimester 1940, RSF II 533.

87 Pauwels, Diss., a.a.O., S. 399.

88 Adam, a.a.O., S. 195.

89 Pauwels, Diss., a.a.O., S. 398–402, und Adam, a.a.O., S. 114.

90 Vgl. Petry, a.a.O.

91 Pauwels, Diss., a.a.O., S. 347–395; Dibner, a.a.O., S. 260 u. S. 280; Winkler, a.a.O., S. 125.

92 Gutachten zur Hochschulreform vom Studienausschuß für Hochschulreform 1948, in: Neuhaus, Rolf: Dokumente zur Hochschulreform, 1945–1959, Wiesbaden, 1961, S. 336.

**Dagmar Reese**
**Bund Deutscher Mädel – Zur Geschichte der weiblichen deutschen Jugend im Dritten Reich**

1 Der Name »Bund Deutscher Mädel« wird einmal zur Bezeichnung der gesamten nationalsozialistischen Mädelorganisation, ein andermal nur für die 14–18jährigen Mädchen. Um Mißverständnisse auszuschließen werde ich

daher an Stellen, wo es sich nur um die 14–18jährigen handelt, dies besonders kenntlich machen.

2 Kirkpatrick, Clifford: Nazi Germany – It's Women and Family Life, London 1939, S. 90.

3 Diese orientiert sich einerseits an den allgemeinen Prinzipien nationalsozialistischer Jugendarbeit, andererseits an der spezifisch nationalsozialistischen Auffassung über das »Wesen der Frau«.

4 Da fast das gesamte Aktenmaterial der Reichsjugendführung (RJF) vernichtet worden ist, ist die Quellenlage für den BDM sehr dürftig.

5 Manche Autoren halten fälschlicherweise die Gründung des BDM bzw. der sogenannten »Schwesternschaften der HJ« für den Beginn nationalsozialistischer Mädchengruppen, vgl. Klönne, A.: Die Hitlerjugend, Hannover-Frankfurt/M. 1956, S. 9 u. Brandenburg, H. C.: Die Geschichte der HJ, Köln 1968, S. 51/52.

6 Sammlung Schumacher 239, Bundesarchiv (BA). Da es sich um parteiinterne Daten handelt, bin ich der Auffassung, daß sie nicht vorsätzlich manipuliert wurden. Trotzdem ist bei ihrer Handhabung Vorsicht geboten. Anläßlich des Verbotes der HJ am 13. 4. 1932 im Rahmen des SA-Verbotes beschlagnahmte die Polizei HJ-interne Akten, aus denen hervorgeht, daß Acht-, Sieben- und sogar Sechsjährige in das Jungvolk aufgenommen worden sind. Da jedes Mitglied bestätigt werden mußte, ist anzunehmen, daß der Reichsleitung diese Tatsache bekannt war. Bayrisches Hauptstaatsarchiv (BHSA), M Inn 81609.

7 Die HJ wurde als Nachfolgeorganisation der SA angesehen.

8 Es gab trotz alledem immer wieder Mädchengruppen, die sich in einem solch »kämpferischen« Sinne als Nationalsozialistinnen verstanden.

9 »Völkischer Beobachter« vom 5. 5. 1923.

10 Institut für Zeitgeschichte (IfZ), Fa 88, Fasz. 333.

11 Ebenda; die stilistischen Fehler wurden aus der Quelle mitübernommen.

12 Stachura, Peter D.: Nazi Youth in the Weimar Republic, Oxford 1975, S. 16.

13 Ebenda, S. 16.

14 Die These von Martin Klaus, der den Namen Schwesternschaft der Hitlerjugend darauf zurückführt, daß hier die Schwestern von Hitlerjungen organisiert seien, halte ich für gewagt. Plausibler erscheint mir, daß die Mädchen als »helfende Schwestern« den kämpfenden Männern zur Seite stehen sollten. Klaus, Martin: Mädchen in der Hitlerjugend, Köln 1980, S. 46.

15 Es bestand zwar eine eigene Abteilung, aber keine eigene Gliederung für Mädchen.

16 Lina Martha Aßmann, geb. 22. 12. 1895, Verkäuferin, BHSA M Inn 71 799.

17 Ebenda.

18 Siehe dazu Coontz, Claudia: Nazi Women Before 1933: Rebels Against Emancipation, in: Social Science Quarterly, March 1976, S. 553–563.

19 Zur Geschichte der nationalsozialistischen Frauenverbände siehe auch Susanne Dammers Beitrag in diesem Band.

20 Nicht zu verwechseln mit den »Jungmädelgruppen« in der Hitlerjugend, der Abteilung der 10–14jährigen.

21 Baldur von Schirach, geb. 9. 5. 1907, Mitglied der NSDAP seit 1925, Reichsführer des NS-Studentenbundes seit 1928, ab 16. 6. 1932 Reichsführer der HJ.

22 Damit ist natürlich nicht Koedukation gemeint.

23 Interessanterweise mit dem Hinweis auf die Dolchstoßlegende. BHSA Pol Dir 6485/550.

24 Gregor Strasser, Reichsorganisationsleiter.
25 Der BDM ist als Ganzes Teil der Hitlerjugend und untersteht damit der Reichsjugendführung. Auf der lokalen Ebene war die einzelne BDM-Einheit der ihr übergeordneten BDM-Stelle und nicht der HJ-Einheit verantwortlich.
26 Bundesarchiv (BA), Sammlung Schumacher, G VIII/250.
27 Lydia Gottschewski, Referentin für Mädelfragen in der NS-Jugendbewegung. Nach Aufhebung des SA-Verbotes (BDM-Verbot) Bundesführerin des BDM. Im Sommer 1933 Übernahme der NS-Frauenschaft.
28 BA, NS 22/342.
29 Oder die Eltern, die eine Mitgliedschaft im BDM verboten. Siehe dazu auch Maschmann, Melitta: Fazit, Stuttgart 1964.
30 Auch die Hitlerjugend hatte ihre »Märzgefallenen«.
31 Kaufmann, Günther: Das kommende Deutschland, Berlin 1943, S. 45.
32 Dabei versuchte man, die Einheit der alten Jugendverbände zu zerschlagen, jedoch gelang es einigen Gruppen zusammenzubleiben.
33 Der Zwang zur Teilnahme an der Hitlerjugend bestand in den frühen dreißiger Jahren weniger in staatlicher Repression, denn als Gruppenzwang.
34 Die »Schulung« bestand oft aus nicht viel mehr als dem Einpauken einiger für die Geschichte der NSDAP wichtiger Daten.
35 Dadurch, daß es vielen ehemals bündischen Führern gelang, Führerpositionen in der Hitlerjugend zu erhalten, war das Niveau der Heimabende zum Teil höher als in den späten dreißiger Jahren, in denen der Dienst einheitlich ausgerichtet war.
36 Siehe dazu Übersicht 1 am Schluß dieses Beitrags.
37 Dies gilt zumindest in den ersten Jahren. Später übernahm das BDM-Werk »Glaube und Schönheit« die 18–21jährigen Mädchen.
38 Siehe dazu Übersicht 2, der »Weg des Deutschen Mädels«, am Schluß dieses Beitrages.
39 Siehe dazu Übersicht 3 am Schluß dieses Beitrages.
40 Für den BDM wurde die Parole herausgegeben, daß ein Drittel der Zeit der geistigen, zwei Drittel der körperlichen Ertüchtigung gewidmet sein sollte.
41 Am 7. 6. 1934 wurde der »Staatsjugendtag« eingeführt, ein schulfreier Sonnabend, der der Sportarbeit zur Verfügung stand. Nicht organisierte Jugendliche hatten die Schule zu besuchen. Die Anordnung wurde nicht einheitlich befolgt. Sie hat wohl zu erheblichen Verwirrungen geführt und wurde am 4. 12. 1936 wieder abgeschafft.
42 Für die Mädchen bestand sie aus einem blauen Rock, einer weißen Bluse, brauner Weste (Kletterweste) oder dem Berchtesgadener Jäckchen (Trachtenjacke). Zum Zeichen dafür, daß sie in den Bund aufgenommen worden waren, die Jungmädelprobe bestanden hatten, trugen die Mädchen ein schwarzes Halstuch mit einem Lederknoten.
43 Die Einheitskleidung war nicht nur ein Instrument zur Vermittlung von Korpsgeist, sondern diente auch der Kontrolle. Da in den späten dreißiger Jahren und im Krieg freie Fahrten für Jugendliche verboten waren, mußten nicht-uniformierte Jugendliche auffallen und konnten leichter aufgegriffen werden.
44 Abkommen vom 3. 11. 1934.
45 Abkommen vom 25. 2. 1937.
46 Abkommen vom 14. 6. 1937.
47 Abkommen vom 4. 2. 1936.
48 Abkommen vom 7. 6. 1934 sowie vom 20. 6. 1934.

49 Siehe dazu Brückner, Peter: Das Abseits als sicherer Ort, Berlin 1980.
50 Dabei ist die große Zahl der Jungmädel von Bedeutung, die ja unmittelbar vor der Berufswahl standen.
51 Die Mädchen waren nach 1939 das einzige größere Potential an Arbeitskräften, das noch mobilisiert werden konnte.
52 Bündische Gruppierung, welche für die »Erneuerung des Deutschtums durch Arbeit auf dem Land« stritt. Siedlungen im Osten. Stark nationalsozialistische Inhalte, weshalb sie erst 1934 als letzte aufgelöst wurde. Aus dem Artamanenbund gingen Heinrich Himmler und Rudolf Heß hervor.
53 Kaufmann, a.a.O., S. 152.
54 5. 1. 1938.
55 15. 2. 1938.
56 Das »Pflichtjahr« beschränkte sich auf bestimmte Berufe und betraf Mädchen, die in der Bekleidungsindustrie, der Textil- und Tabakindustrie, im kaufmännischen Bereich und in Büroberufen arbeiteten. Das »Pflichtjahr« wurde ab 1940 durch den »Reichsarbeitsdienst weibliches Jahr« (RAD w. J.) erweitert, für den alle 18jährigen Mädchen pflichtgemäß durch das Arbeitsamt erfaßt wurden.
57 Dies hätte die Schwächung der Arbeitskraft des Mannes und die Verwahrlosung der Kinder zu Folge.
58 Dies wird z.B. auch deutlich in den unterschiedlichen Anforderungen an die Mädchen im Reichsberufswettkampf (RBWK). Zusätzlich zu einer Prüfung der beruflichen Qualifikation hatten die Mädchen eine hauswirtschaftliche Aufgabe zu lösen.
59 Jutta Rüdiger, Reichsreferentin des BDM vom 24. 1. 1937 bis Kriegsende.
60 Brandenburg, a.a.O., S. 123.
61 Diese und die nun folgenden Daten aus BA, NS 26/358.
62 In Berlin 28,3%, das sind absolut 7400 Jungen.
63 Im Gebiet Mittelelbe und München-Oberbayern jeweils 1%, das sind absolut 114 bzw. 75 Mädchen.
64 BHSA, Abt. I, MK 14 858.
65 Am 26. 5. 1936.
66 Klose, Werner: Generation im Gleichschritt, Oldenburg-Hamburg 1964, S. 94.
67 »Und ich war fest davon überzeugt, daß die restlichen 40% freiwillig kommen würden.« Schirach, Baldur von: Ich glaubte an Hitler, Hamburg 1967, S. 232.
68 Koch, Hansjoachim W.: Geschichte der Hitlerjugend, Percha am Starnberger See 1975, S. 175.
69 »Der Reichsbefehl«, Dezember 1939.
70 Ebenda.
71 BA NS 26/358.
72 Ebenda.
73 Siehe dazu auch Maschmann, a.a.O.
74 In einer Mitteilung der RJF im »Reichsbefehl« vom 6. 11. 1940 wird auf den Mißbrauch der Jugendlichen zu diversen Straßensammlungen anderer Organisationen hingewiesen.
75

| | | | |
|---|---|---|---|
| 1933: | 491694,96 RM | 1939: | 6288918,46 RM |
| 1934: | 1436488,89 RM | 1940: | 14343201,17 RM |
| 1935: | 2983674,21 RM | 1941: | 20255794,22 RM |
| 1936: | 3756801,31 RM | 1942: | 33434083,59 RM |

1937: 4164704,26 RM 1943: 43277697,82 RM
1938: 6288918,46 RM

76 Axmann, Arthur: Hitlerjugend 1933–1943, Sonderdruck aus »Das junge Deutschland«, Folge 1/2, 1943, S. 43.
77 Vorschriftenhandbuch der Hitlerjugend, Bd. II, S. 561.
78 Kaufmann, a.a.O., S. 273.
79 Ebenda.
80 Vorschriftenhandbuch der Hitlerjugend, Bd. II, S. 561.
81 Die offizielle Begründung dafür ist, daß die Mädchen schneller Heimweh bekamen.
82 »Der Reichsbefehl« 22/41 K vom 14. 5. 1941.
83 »Der Reichsbefehl« 18/III vom 13. 5. 1938.
84 Für die Mädchen wird der Aufbau eines »Streifendienstes« wiederholt abgelehnt. Jedoch geht aus einem Rundschreiben von Jutta Rüdiger vom 31. 8. 1939 die Aufstellung eines »BDM-Einsatzdienstes« hervor, welcher dem »HJ-Streifendienst« entspricht. Die Existenz und Tätigkeit dieses »Einsatzdienstes« läßt sich jedoch nicht weiter verfolgen. BA R 43II/512.
85 Ab 1942 kommen neben dem BDM zum ersten Mal auch HJ-Führer zum »Osteinsatz«. Siehe Reichsbefehl 13/43 K.
86 Eine anschauliche Beschreibung des Osteinsatzes findet sich bei Maschmann, a.a.O.
87 BA NS 26/358.
88 Zum Beispiel Entsendegebiet Berlin – Aufnahmegebiet Oberschlesien, Kreis Teschen.
89 Rüdiger Jutta: Das junge Deutschland, Januar 1942.
90 In der allgemeinen Panik unter der polnischen Bevölkerung nach dem Überfall Hitlers auf Polen, waren in den Septembertagen Vergeltungsschläge gegen die sogenannte »fünfte Kolonne«, die deutsche Volksgruppe in Polen, geführt worden, die ca. 6000 Menschen das Leben kostete. Die Nationalsozialisten erhöhten diese Zahl aus propagandistischen Gründen kurz entschlossen auf 58000 »Ermordete und Vermißte« und benutzten diese Zahl zur Rechtfertigung der an den Polen begangenen Greuel. Siehe dazu Maschmann, a.a.O., S. 64/65.
91 »Das junge Deutschland«, Juni 1943.
92 »Das junge Deutschland«, März 1944.
93 Ebenda.
94 Siehe dazu auch die Beiträge von I. Weyrather und E. Said in diesem Band.
95 »Das junge Deutschland«, März 1944.
96 BA NS 26/358.
97 Koch, a.a.O., S. 340.
98 Koch berichtet von Jugendlichen, die, plötzlich zu Oberbannführern ernannt, eine Befehlsgewalt über 500–600 Jugendliche hatten, a.a.O., S. 349.
99 BA NS 28/34; BA NS 26/358.
100 Koch, a.a.O., S. 349.
101 »Der Reichsbefehl« 1/41 K.
102 »Der Reichsbefehl« 7/43 K.
102 Eine anschauliche Beschreibung dieser Situation findet sich bei Maschmann, a.a.O., S. 90: »Während des Krieges stieg der Anteil der auch außerhalb des Hauses verwendungsfähigen Frauen ohnehin ständig. Wir sahen daraus, daß wir jetzt an vielen Stellen als Ersatz für die eingezogenen Männer gebraucht würden, aus denen wir nach dem Krieg als lästige Konkurrentinnen wieder ausgeschaltet würden.«

104 »Der Reichsbefehl« 36/44 K.
105 »Der Reichsbefehl« 33/43 K.
106 »Der Reichsbefehl der Reichsjugendführung der NSDAP«, Zeitschrift der Befehle und Anordnungen für die Führer und Führerinnen der Hitlerjugend 1936–1945.
107 Dabei wird darauf hingewiesen, daß Bezeichnungen wie »das letzte Aufgebot«, »weiblicher Volkssturm« oder »Amazonencorps« zu vermeiden seien.
108 Koch, a.a.O., S. 371.
109 BA NS 26/358.
110 Krieck, Ernst: Nationalpolitische Erziehung, Leipzig 1933, S. 63.
111 Zu untersuchen wäre vor allem, ob ein Wandel hinsichtlich der Berufstätigkeit von Frauen erfolgte.
112 Aber auch im Reichsarbeitsdienst; siehe dazu den Beitrag von L. Kleiber in diesem Band.

**Lore Kleiber**
**»Wo ihr seid, da soll die Sonne scheinen!« – Der Frauenarbeitsdienst am Ende der Weimarer Republik und im Nationalsozialismus**

1 Siehe dazu ausführlich, allerdings ohne besondere Berücksichtigung der Mädchen: Barz, Joachim/Mor, Dagmar: Der Weg in die Jugendzwangsarbeit, in: Lenhard, Gero von: Der hilflose Sozialstaat, Frankfurt/M. 1979.
2 Ehlert, Margarete: Der freiwillige Arbeitsdienst der weiblichen Jugend, in: Reichsarbeitsblatt 1932, S. II 480.
3 Ebenda.
4 Marawske-Birkner, Lilly: Der weibliche Arbeitsdienst, Leipzig 1942, S. 210.
5 Ehlert, a.a.O., S. II 480.
6 Rasche, Edith: Entwicklung des freiwilligen Arbeitsdienstes in den Jahren der Weltwirtschaftskrise und der Kampf der KJVD gegen den FAD 1930–33, phil. Diss., Dresden 1968, S. 138.
7 Marawske-Birkner, a.a.O., S. 203.
8 Schlicker, Wolfgang: Arbeitsdienstbestrebungen des deutschen Monopolkapitals in der Weimarer Republik, in: Jahrbuch für Wirtschaftsgeschichte, Teil III, Berlin 1971, S. 166.
9 Rasche, a.a.O., S. 138.
10 Studders, Herbert: Mitgliederversammlung der Vereinigung der deutschen Arbeitgeberverbände, in: Soziale Praxis, 42. Jg., 1933, H. 2, S. 43.
11 Bäumer, Gertrud: Die politische Krisis und die Frauen, in: Die Frau, 41. Jg., 1933, H. 3, S. 165.
12 Petrick, Fritz: Zur sozialen Lage der Arbeiterjugend in Deutschland 1933–39, phil. Diss., Greifswald 1968, S. 291.
13 Organisation des Frauenarbeitsdienstes, in: Soziale Praxis, 43. Jg., 1934, H. 11, Sp. 332.
14 Ebenda.
15 Ebenda, Sp. 331.
16 Vgl. Winkler, Dörte: Frauenarbeit im Dritten Reich, Hamburg 1977, S. 53.
17 Organisation des Frauenarbeitsdienstes, a.a.O., Sp. 333.
18 Ebenda.
19 Gaede, Frieda: Deutscher Frauenarbeitsdienst in der Siedlung, in: Aufgaben und Ziele, Jg. 1, 1934, S. 82.
20 Saring, Toni: Der Deutsche Frauenarbeitsdienst, Berlin 1934, S. 76.

21 Marawske-Birkner, a.a.O., S. 223.
22 Zit. bei Röbke, Hanna: Der Deutsche Frauenarbeitsdienst als Erziehungsschule für die deutsche Frau, in: Deutscher Arbeitsdienst, Sonderheft 1935, S. 6.
23 Hiller, Franz: Der Frauenarbeitsdienst im Kampf um die Erneuerung Deutschlands, Langensalza 1934, S. 38f.
24 Saring, a.a.O., S. 15.
25 Ebenda, S. 17.
26 Ebenda, S. 13.
27 Berichte von deutschen Abiturientinnen über ihre Erfahrungen im Freiwilligen Arbeitsdienst, in: Deutsche Mädchenbildung, 1934, S. 60.
28 Ebenda, S. 64.
29 Ebenda, S. 67.
30 Tormin, Helmut: Die Zukunft des Frauenarbeitsdienstes, in: Soziale Praxis, 44. Jg., 1935, S. 1034.
31 Vgl. Berichte von deutschen Abiturientinnen, a.a.O., S. 63.
32 Vgl. Kirkpatrick, Clifford: Women in Nazi Germany, London 1939, S. 89f.
33 Saring, a.a.O., S. 15.
34 Ebenda.
35 Berichte von deutschen Abiturientinnen, a.a.O., S. 62.
36 Burgstaller, Maria: Der Deutsche Frauenarbeitsdienst, in: NS-Frauenbuch, München 1934, S. 28.
37 Ebenda.
38 Ebart, Elisabeth: Der weibliche freiwillige Arbeitsdienst in pommerschen Siedlungen, in: Aufgaben und Ziele, 13. Jg., 1933, H. 1, S. 14.
39 Grützig, Gerda: Landdienst in der Ostmark, in: Die Frau, 1936, S. 222.
40 Tormin, a.a.O., Sp. 1032.
41 Marawske-Birner, a.a.O., S. 236.
42 Schwerdtfeger-Zypries: Gertrud: Reichsarbeitsdienst der weiblichen Jugend, Berlin 1942, S. 10.
43 Petrick, a.a.O., S. 158.
44 Saring, a.a.O., S. 11.
45 Marawske-Birkner, a.a.O., S. 224.
46 Ebenda, S. 228.
47 Tormin, a.a.O., Sp. 1030.
48 Winkler, a.a.O., S. 129.
49 Zit. nach Marawske-Birkner, a.a.O., S. 229.
50 Ebenda, S. 229f.
51 Losung, die der Reichsarbeitsdienstführer Hierl für den weiblichen Arbeitsdienst ausgegeben hatte, in: Hierl, Konstantin: Im Dienste für Deutschland 1918–1945, Heidelberg 1954, S. 96.
52 Vgl. Haas, Hilde: Ich war Arbeitsmaid im Kriege, Leipzig 1941, S. 153.
53 Stellungnahmen zum Kriegshilfsdienst des Reichsarbeitsdienstes, in: Soziale Praxis, 50. Jg., 1941, H. 16, S. 625.
54 Winkler, a.a.O., S. 131.
55 Gersdorff, Ursula von: Frauen im Kriegsdienst 1914–45, Stuttgart 1969, S. 69.

**Susanna Dammer**
**Kinder, Küche, Kriegsarbeit – Die Schulung der Frauen durch die NS-Frauenschaft**

1 Vgl. Diehl, Guida: Die deutsche Frau und der Nationalsozialismus, Eisenach 1932/33.
2 Vgl. Winkler, Dörte: Frauenarbeit im »Dritten Reich«, Hamburg 1977, S. 39, 211 f.
3 NS-Frauenwarte, 1. Jg., 1932, H. 5, S. 97, Leitartikel: Selbsterziehung der Frau, vgl. auch Kirkpatrick, Clifford: Woman in Nazi Germany, London 1939, S. 60 ff.
4 NS-Frauenwarte, 2. Jg., 1933, H. 10, S. 288.
5 Winkler, a.a.O., S. 40.
6 Ebenda.
7 Organisationsbuch der NSDAP, Hrsg. Reichsorganisationsleitung der NSDAP, München 1940, S. 267 f.
8 Es erfolgten in den ersten Jahren immer wieder Hinweise darauf, daß die politischen Leiter auf Gau- und Kreisebene nicht in die fachliche Arbeit der NS-Frauenschaft hineinzureden hätten. Siehe u.a. in: Nachrichtendienst der Reichsfrauenführung, 4. Jg., Folge 4, Februar 1935, S. 64.
9 Nachrichtendienst der Reichsfrauenführung, 5. Jg., Folge 6, Juni 1936, S. 225.
10 Eggener, Elfriede: Die organische Eingliederung der Frau in den nationalsozialistischen Staat, Diss., Leipzig 1938, S. 53.
11 Deutsches Frauenschaffen, Jahrbuch der Reichsfrauenführung, 1941.
12 Scholtz-Klink, Gertrud: Die Frau im Dritten Reich, Tübingen 1978, S. 77.
13 Ebenda, S. 75.
14 Amtswalterinnenblatt, Folge 28, 1. Dezember 1933, S. 273.
15 Mason, Tim: Arbeiterklasse und Volksgemeinschaft, Berlin 1975, S. 2 ff.
16 Siehe Alt, Robert: Geschichte der Arbeitserziehung in Deutschland, Teil 2: Von 1900 bis zur Gegenwart, Berlin 1971, S. 125.
17 Hitler, Adolf: Mein Kampf, München 1935, S. 262 u. S. 198.
18 NS-Frauenwarte, 4. Jg., 1936, H. 16, S. 502, Rede v. Reber-Gruber.
19 Nachrichtendienst ..., 7. Jg., Folge 3, März 1938, S. 95.
20 Amtswalterinnenblatt, Folge 7, Mai 1934, S. 130.
21 Nachrichtendienst ..., 4. Jg., Folge 4, Februar 1935, S. 74.
22 Ebenda, S. 66 f.
23 Vgl. Aleff, Eberhard: Das Dritte Reich, Hannover 1970, S. 110 u. 274.
24 Amtswalterinnenblatt, Folge 8, Mai 1934, S. 139.
25 NS-Frauenwarte, 4. Jg., 1936, H. 14, S. 444.
26 Siber, Paula: Die Frauenfrage und ihre Lösung durch den Nationalsozialismus, Wolfenbüttel/Berlin 1933, S. 19.
27 Nachrichtendienst ..., 5. Jg., Folge 1, Januar 1936, S. 3.
28 Es gab eine Anordnung des Innenministers, daß alle amtlichen Stellen die Mütterarbeit auf Grund ihrer Wichtigkeit zu unterstützen hätten. Siehe NS-Frauenwarte, 3. Jg., 1935, H. 23, S. 712.
29 Aus: Deutsches Frauenschaffen, Jahrbuch der Reichsfrauenführung, Berlin 1937, neu veröffentlicht in Scholtz-Klink, Gertrud: Die Frau im Dritten Reich, Tübingen 1978, S. 172 u. 173.
30 NS-Frauenwarte, 2. Jg., 1934, H. 23, S. 702.
31 Nachrichtendienst ..., 4. Jg., Folge 9, Mai 1935, S. 172.

32 Tornieporth, Gerda: Studien zur Frauenbildung: Ein Beitrag zur historischen Analyse lebensweltorientierter Bildungskonzeptionen, Weinheim/Basel 1977, S. 283ff.

33 Die bekanntesten Pädagogen, die diese Richtung vertraten, waren Georg Kerschensteiner, Eduard Spranger, Aloys Fischer. Ihre Vorstellungen bezogen sich vorwiegend auf die Schul- und Berufsausbildung. Neben der in der Schule beginnenden konkreten Arbeitserziehung wie der Vermittlung von handwerklichen Fähigkeiten sollte die Erziehung zu einer besseren Arbeitsmoral einhergehen.

34 Seubert, Wolfgang: Berufserziehung und Nationalsozialismus, Weinheim/Basel 1977, S. 237, aus einem Vortrag vor Carl Arnold am 14. Mai 1925. Dinta – Deutsches Institut für technische Arbeitsschulung – Leistungssteigerung und Kampf gegen den Kommunismus.

35 Tornieporth, a.a.O., S. 94ff.

36 Broszat, Martin: Der Staat Hitler, dtv-Weltgeschichte des 20. Jahrhunderts, Bd. 9, München 1969, S. 230ff.

37 Winkler, a.a.O., S. 38ff.

38 Broszat, a.a.O., S. 238.

39 Nachrichtendienst ..., 4. Jg., Folge 6, März 1935, S. 117.

40 Amtswalterinnenblatt, Folge 5, April 1934, S. 85.

41 Winkler, a.a.O., S. 41.

42 Scholtz-Klink, a.a.O., Vorwort.

43 Rühle-Gerstel, Alice: Die Frau und der Kapitalismus, Leipzig 1932, S. 139.

**Annemarie Tröger**
**Die Frau im wesensgemäßen Einsatz**

1 Zur Koalition von verschiedenen Machtgruppen in der deutschen Gesellschaft zur Zeit des Nationalsozialismus gibt es eine breite Literatur. Ich möchte hier nur auf eines der ersten Bücher hinweisen: Neumann, Franz: Behemoth, Struktur und Praxis des Nationalsozialismus 1933 bis 1944, Frankfurt/M. 1977.

2 Ley, Robert: Durchbruch der sozialen Ehre, Berlin 1935, S. 244.

3 Oberst Thomas, Leiter des Wehrwirtschaftsstabes im Wehrmachtsamt des Reichskriegsministeriums anläßlich einer Tagung der Reichsarbeitskammer am 24. 11. 1936 in Berlin. Zit. nach Mason, Timothy: Arbeiterklasse und Volksgemeinschaft, Opladen 1975, S. 185.

4 Vierteljahreshefte zur Konjunkturforschung, 11. Jg., 1936/37, H. 2.

5 Zeitschriften-Dienst des Reichspropagandaministeriums, 129. Ausgabe, 17. 10. 1941, Nr. 5517. Diese Berechnung ist der Hintergrund für die von mehreren Autoren verzeichnete »ideologische Neuorientierung« der Nationalsozialisten in der Frage der weiblichen Erwerbstätigkeit.

6 Erwerbspersonen heißt alle Beschäftigten und Arbeitslosen; darin eingeschlossen sind auch die mithelfenden Familienangehörigen. Nach den Berufszählungen 1925, 1933 und 1935, Statistisches Handbuch von Deutschland 1928–1944, München 1949, S. 32f. (im folgenden: Stat. H.).

7 Die wichtigsten Arbeiten zur Frauenerwerbstätigkeit im Nationalsozialismus: Stephenson, Jill: Women in Nazi Society, London 1975; besonders ausführlich behandelt Stephenson die Frauen in gehobenen Berufen, v.a. Akademikerinnen. Die Position der alten Frauenbewegung wird zu einzelnen Fragen genauer referiert.

Mason, Timothy: Zur Lage der Frauen in Deutschland 1930–1940: Wohlfahrt, Arbeit und Familie, in: Gesellschaft, Beiträge zur Marxschen Theorie 6, Frankfurt/M. 1976; Mason geht auf die Frage nach dem Einfluß der NS-Familienpolitik auf die Erwerbstätigkeit von Frauen ein.

Winkler, Dörte: Frauenarbeit im »Dritten Reich«, Hamburg 1977; bisher ausführlichste Arbeit über dieses Thema, in deren Zentrum die Gruppe der Industriearbeiterinnen steht.

Bajohr, Stefan: Die Hälfte der Fabrik, Geschichte der Frauenarbeit in Deutschland 1914–1945, Marburg 1979; Schwerpunkt der Arbeit: Industrie- und Landarbeiterinnen. Bajohr bringt einige Quellen, die bei Winkler nicht zu finden sind, teilweise andere Einschätzungen, z.B. in der Frage der Dienstverpflichtung im 2. Weltkrieg.

Zimmermann-Eisel, Renate: Die soziale Stellung der Frau und ihre Einschaltung in den Arbeitsprozeß als Problem der Ideologie und Praxis des Dritten Reiches, Magister-Arbeit, Ruhr-Universität Bochum, 1976; gute statistische Auswertung. Die Arbeit ist wegen ihrer klaren Gliederung und ihrer Konzentration auf die wichtigsten Entwicklungen sehr gut als Einführungslektüre geeignet.

Rupp, Leila: Mobilizing Women for War, German and American Propaganda, 1939–1945, Princeton 1978; Vergleich der deutschen und amerikanischen Propaganda, mit der die Frauen in die Rüstungsproduktion gezogen werden sollten.

8 Schoenbaum, David: Die braune Revolution. Eine Sozialgeschichte des Dritten Reiches, Köln-Berlin 1968.

9 Es ist zu vermuten, daß dieser großartige Vorstoß von Robert Ley, dem Führer der Deutschen Arbeitsfront, für das Prinzip »gleicher Lohn für gleiche Arbeit« aus parteiinternen Querelen geschah. Selbst wenn sich Hitler für eine Lohnangleichung entschieden hätte, so hätte sich zu diesem Zeitpunkt, in dem sich alles in Auflösung befand, doch kein Unternehmer daran gehalten und »der Führer« noch ein Stück seiner ramponierten Aura verloren. Auch bei den betroffenen Frauen hätte er wohl eher Hohn als Dankbarkeit geerntet: Sie waren froh, überhaupt etwas für ihre »Marken« zu bekommen und nach der Arbeit ihre Wohnung wiederzufinden.

10 Zimmermann-Eisel, a.a.O., S. 142.

11 Entlassung von verheirateten Frauen, deren Männer erwerbstätig waren, und von unverheirateten Frauen, die von ihren Eltern ernährt werden konnten. Diese Doppelverdienerkampagne wurde besonders im Öffentlichen Dienst durchgeführt. Siehe dazu die Beiträge von Claudia Hahn, Erika Said und Doris Kampmann in diesem Band.

12 Das Gesetz über Förderung der Eheschließungen ist Teil des Gesetzes zur Verminderung der Arbeitslosigkeit vom Juli 1933. Danach konnten Darlehen bis zur Höhe von 1000 RM an junge Ehepaaare mit einwandfreier nationaler Gesinnung vergeben werden. Für jedes in der Ehe geborene Kind wurde ein Viertel des Darlehensbetrages erlassen. Bedingung für die Bewilligung war, daß die (zukünftige) Ehefrau in einem Arbeitsverhältnis gestanden und es bis zum Zeitpunkt ihrer Eheschließung gelöst hatte. Von August 1933 bis Juli 1936 wurden 617390 Ehestandzdarlehen vergeben. Stat. Jahrbuch, 57. Jg., 1938, S. 48.

13 Die verschiedenen »Dienste« und »Jahre« waren der eigentlichen Berufsausbildung vorgeschaltet und hatten für Mädchen sehr viel mehr als für Jungen einen – dequalifizierenden – »Berufslenkungs«-Effekt: Konnten sich Eltern schon immer schwer dazu durchringen, ihren Töchtern, die »ja sowieso heira-

ten«, eine Berufsausbildung zu bezahlen, so mag ein zusätzliches Jahr ohne Verdienst in vielen Fällen den Ausschlag gegen eine Ausbildung gegeben haben. Zu den verschiedenen Formen der Dienste siehe die Beiträge von Lore Kleiber und Dagmar Reese in diesem Band.

14 Unbezahlte oder unterbezahlte sozialfürsorgerische Programme, die besonders darauf zielten, die Arbeitskraft von »Nur-Hausfrauen« zu mobilisieren, wurden v.a. von der NS-Frauenschaft organisiert. Siehe den Beitrag von Susanna Dammer in diesem Band.

15 Als »Systemzeit« wurde im Nazi-Jargon die Weimarer Republik bezeichnet.

16 Was hier geschieht, ist nichts anderes als ein »Eindeutschen« des jugendlichen Sexstereotyps, das die Privatwirtschaft in der Weimarer Republik aus dem gleichen Grund für die weiblichen Angestellten geschaffen hatte: Nur blut- und bodenständiger sollten sie sein und mehr Kinder sollten sie bringen. Zur Weimarer Republik siehe Frevert, Ute, in: Kuhn, Annette/Schneider, Gerhard: (Hg.) Frauen in der Geschichte, Düsseldorf 1979.

17 Mason, Zur Lage der Frauen..., a.a.O., S. 165.

18 Sachse, Carola: Hausarbeit im Betrieb. Betriebliche Sozialarbeit unter dem Nationalsozialismus, in: Sachse, C. u.a.: Angst, Belohnung, Zucht und Ordnung. Herrschaftsmechanismen im Nationalsozialismus, Opladen 1982.

19 Zur Bevölkerungspolitik des Nationalsozialismus siehe: Czarnowski, Gabriele: Nationalsozialistische Frauen- und Familienpolitik, Staatsexamensarbeit, Marburg 1975; Nebig, Iris: Die Bedeutung der Frau in der Bevölkerungspolitik der Nationalsozialisten, Staatsexamensarbeit, TU Hannover, o.J. (1976); Bock, Gisela: Frauen und ihre Arbeit im Nationalsozialismus, in: Kuhn/Schneider, a.a.O.

20 Schreiben vom Reichsinnenminister Frick an die Obersten Reichsbehörden, die Landesregierungen, die Reichsstatthalter vom 5. 10. 1933, zit. nach Gersdorff, Ursula von: Frauen im Kriegsdienst 1914–1945. Stuttgart 1969, S. 279f.

21 Siehe Winkler, a.a.O., S. 64. Vgl. zu diesem Thema besonders die Aufsätze von Hahn, Kampmann und Weyrather in diesem Band.

22 Reinhardt, Fritz: Generalplan gegen die Arbeitslosigkeit, Vortrag, Oldenburg 1933.

23 Durchschnittlicher Wochenlohn einer Facharbeiterin in der Textilindustrie (1936): 22,48 RM und einer Landarbeiterfrau (1937): ca. 13,– RM.

24 Vgl. dazu Winkler, a.a.O., S. 42ff.; Zimmermann-Eisel, a.a.O., S. 36ff.

25 Siehe Fußnote 33. Dieses Beispiel ist auch ein Hinweis auf die Unsinnigkeit der These, daß Frauen in der Weltwirtschaftskrise weniger betroffen gewesen seien bzw. den Männern die Arbeitsplätze weggenommen hätten. Dieser Unsinn wird aus der offiziellen Arbeitslosenstatistik abgeleitet, von der inzwischen bekannt sein sollte, daß sie bestenfalls die Hälfte der erwerbslosen Frauen erfaßte (erfassen wollte), und wird bis heute selbst in der linken und feministischen Literatur weitertransportiert. Einen detaillierten Gegenbeweis führt Zimmermann-Eisel, a.a.O.

26 Stat. H., S. 484.

27 Zimmermann-Eisel, a.a.O., S. 42. Zwischenzeitlich wurde der Zeitraum bis zum 1. 6. 1928 ausgedehnt. Damit wurden alle unverheirateten Frauen, die durch die Krise ihre Arbeit verloren hatten, mögliche Kandidatinnen für das Ehestandsdarlehen. Siehe auch Fußnote 12.

28 Vergleich der Beschäftigung nach Krankenkassenstatistik und der Arbeitslosen nach Meldung der Arbeitsämter, Stat. H., S. 474 u. 484.

29 Außer Zeiss und Schott, die grundsätzlich Frauen nur als Hilfsarbeiterinnen einstellten, gab es ein paar Porzellan- und Papierfabriken. Das Gros der Arbeitsmöglichkeiten blieben Hausangestellte und Landarbeiterinnen.

30 Junghans, Fritz: Der weibliche Arbeitsmarkt des Arbeitsamtsbezirkes Jena, Diss., Jena 1934, S. 78.

31 Arbeitsbucherhebung vom 5. Juli 1940. Bearbeitet im Reichsarbeitsministerium, Berlin, S. 86.

32 Stat. H., S. 32f. Dem widerspricht die oben gemachte Angabe nicht, daß in den Jahren 1936–39 der Anteil der weiblichen Angestellten und Arbeiterinnen aller Wirtschaftsabteilungen auf 31% sank.

33 Ich beziehe mich hierbei hauptsächlich auf eine Studie einer Fachbearbeiterin der Deutschen Arbeitsfront in der Abteilung Berufskunde und Berufsforschung: Schnelle, Hanny-Cläre: Die Entwicklung der gewerblichen Frauenarbeit im nationalsozialistischen Deutschland seit 1933 unter besonderer Berücksichtigung der Wirtschaftsabteilung »Industrie und Handwerk«, Diss., Berlin 1941. Obwohl diese Studie auf zwei unterschiedlichen Erhebungen basiert, für 1933 auf der Berufszählung und für 1938 auf der Arbeitsbucherhebung, ist der Vergleich für Arbeiter/Angestellte vertretbar.
Die Ergebnisse der Berufszählung von 1939 erbringen generell höhere Zuwachsraten zwischen 1933 und 1939 als die hier genannten, die sich auf die Zeit von 1933 und 1938 beziehen. Das liegt z.T. daran, daß zwischen 1938 und 1939 die Erwerbstätigkeit noch einmal unverhältnismäßig ansteigt, einen »Kriegseffekt«, den ich ausschalten möchte. Es handelt sich also im folgenden um eher konservative Berechnungen.
Die Vergleichsdaten von 1925 stammen aus der Berufszählung von 1925, Statistisches Jahrbuch, 1928, S. 21ff.

34 Deutscher Metallarbeiter Verband: Die Rationalisierung in der Metallindustrie, Berlin o.J. (1933), S. 153ff.

35 Im folgenden werde ich »Rationalisierung« als Sammelbegriff benutzen wie er heute üblich ist: Für das Zerlegen von Arbeitsvorgängen, die technischen Umstellungen, Fließ- und Bandarbeit etc. und alle damit verbundenen Ausrichtungen der Arbeitskraft: psychotechnische Eignungsprüfungen usw. In der Weimarer Republik wurde Rationalisierung eher als ökonomischer Begriff verwandt zur Bezeichnung der verschiedenen Vorgänge, die mit der Konzentration des Kapitals verbunden sind.

36 Die Haltung der Freien Gewerkschaften zur Rationalisierung war tatsächlich sehr viel komplexer und änderte sich mit den Wirtschaftszyklen. Zum Beispiel war die Haltung zum »Fordismus« (serielle Massenproduktion und Fließbandarbeit) sehr positiv, da man sich davon einen höheren Lebensstandard auch für Arbeiter erhoffte. Dagegen war die Kritik am wissenschaftlichen Management (Taylorismus) und psychotechnischen Ausleseverfahren anfänglich sehr heftig, v.a. an der Basis. Deutscher Metallarbeiter Verband, a.a.O., S. 206.

37 Brady, Robert A: The Rationalization Movement in German Industry, Berkeley 1933, S. 101.

38 Arbeitswissenschaftliches Institut der Deutschen Arbeitsfront (Hg), Jahrbuch 1937, S. 206 (im folgenden:AWI, Jahrbuch ...).
Deutsche Arbeitsfront (DAF): Zwangsgewerkschaft im Nationalsozialismus, siehe dazu Mason, Arbeiterklasse und Volksgemeinschaft. Berlin 1975.
Das »Arbeitswissenschaftliche Institut« der DAF war offiziell ein rein beratendes Gremium für die Reichsleitung der DAF, inoffiziell sind seine Funktionen weit darüber hinaus gegangen. Es dürfte wohl die einflußreichste Un-

tergliederung der DAF gewesen sein. Im folgenden werde ich von den Vorstellungen des AWI ausgehen und nicht von irgendwelchen »Führerreden« oder ad-hoc-Bemerkungen Goebbels' oder Görings. Das AWI markiert in gewisser Weise den modernen Flügel innerhalb der NSDAP. Seine Hauptmission war es, die Rationalisierung der deutschen Wirtschaft voranzutreiben und Akkordlöhne, Fließbandarbeit, Arbeitsintensivierung unter der jungen technischen Intelligenz und den Funktionären der eigenen Partei durchzusetzen, damit diese es wiederum gegenüber den Arbeitern durchsetzen konnten. Der skrupellose Opportunismus der AWI-Wissenschaftler kommt besonders darin zum Ausdruck, wie sie ihre technokratischen Effizienzvorstellungen mit dem völkischen, rassistischen, »altdeutschen« und sexistischen Ideologiefetzen des Nationalsozialismus verpacken und diese Mischung dem DAF-Fußvolk dann als »Deutsche Rationalisierung« verkaufen. Der Einfluß dieses Instituts auf die junge technische Intelligenz, der in den sozial- und wirtschaftswissenschaftlichen Dissertationen ab 1938 deutlich zum Ausdruck kommt, ist nicht erstaunlich: Waren es doch die einzigen einigermaßen kohärenten Äußerungen von autorisierter NS-Seite. Die Schriften des Instituts waren meist für den »internen Gebrauch« gedacht, waren also nicht von Rücksichtnahmen auf die Öffentlichkeit bestimmt.

39 AWI, Jahrbuch 1936, S. 189ff.

40 Zur Lohnproblematik siehe Mason, Arbeiterklasse ..., a.a.O. passim; und Siegel, Tilla: Lohnpolitik im nationalsozialistischen Deutschland, in: siehe Fußnote 18.

41 Internationales Arbeitsamt: Die sozialen Auswirkungen der Rationalisierung, in: Internationales Arbeitsamt, Studien und Berichte, Reihe B (Wirtschaft und Arbeit) Nr. 18, Genf 1932, S. 355.

42 Diese Kritik an Taylor hatte in Deutschland vor allem Anfang der zwanziger Jahre zu einer durchaus eigenständigen »deutschen Schule« der Arbeitswissenschaft geführt. Die deutsche Schule ging im Gegensatz zu Taylor nicht von einer permanenten Höchstleistung aus, sondern von einem mittleren Leistungsniveau. Außerdem war in Deutschland die »differenzielle« Arbeitswissenschaft verbreitet, d.h. von qualitativen Leistungsunterschieden, die sich besonders in den Berufseignungstests niederschlug.

43 Eine biologische Fixierung, sei es aufgrund von Geschlecht, Rasse, Alter, physischen oder sozialen Kennzeichen, ist erst einmal nichts anderes als ein Anknüpfen an bereits vorhandene ideologische Muster und soziale Verhaltensweisen. Der Herrschaftsapparat (oder eine Herrschaftsgruppe) kalkuliert diese Mechanismen zynisch ein, denn sie ersparen ihm den beständigen Eingriff. Die ideologischen Muster und sozialen Mechanismen aber sind unterschiedlich gegenüber Frauen, Juden, polnischen Zwangsarbeitern etc. Meist reichen die vorherberechneten Mechanismen jedoch nicht, um eine gewünschte Arbeitsleistung zu erzwingen. Es müssen zusätzliche Mittel eingesetzt werden, und die sind wiederum auch unterschiedlich für die verschiedenen angesprochenen Gruppen: Bei den Zwangsarbeitern/innen war es direkte physische Gewalt, bei deutschen Frauen meist jedoch eine Reihe von sozialen Kontrollmechanismen (Drohungen, sozialer Druck) bis hin zum ökonomischen Zwang. Wenn zum Schluß die Deutsche und die Polin – beide unfreiwillig – am selben Fließband stehen, dann haben sie nicht dieselben Zwänge dahingebracht, und es sind auch nicht dieselben Mechanismen, die sie dort gehalten haben.

44 AWI, Zur Frage der Ungelernten, Jahrbuch 1940/41, Bd. 1, S. 334 u. 341.

45 AWI, Zum Arbeitseinsatz der Frau in Industrie und Handwerk. Die biologisch bedingten Leistungsvoraussetzungen sowie ihre Beachtung beim Arbeitseinsatz, Jahrbuch 1940/41, Bd. I, S. 383 (im folgenden: AWI, Arbeitseinsatz der Frau ...).

46 AWI, Die Einsatzfähigkeit von Arbeitskräften für Fließbandarbeiten, Jahrbuch 1939, Bd. I, S. 447 u. 450.

47 Die Typenlehren erlebten – nach einer wechselvollen Geschichte seit den alten Griechen – in der Weimarer Republik eine neue Blüte. Sie versuchen generell die Affinität zwischen Körperbau und bestimmten Charaktereigenschaften zu systematisieren und theoretisch zu untermauern. (Ihre Attraktion für Rassentheoretiker ist offensichtlich.) Der Psychiater Ernst Kretschmer wurde mit seinem Buch »Körperbau und Charakter« (1921) einer der bekanntesten. Für Arbeitswissenschaftler, die eigentlich aus einer anderen Tradition, dem Behaviourismus, kamen, schien sich mit den Typenlehren eine Möglichkeit zu bieten, die diversen psychotechnischen Einzeldaten in einen sinnvollen und »praxisnahen« Zusammenhang zu stellen.

48 Vgl. Wunderlich, Herbert: Die Einwirkung einförmiger zwangsläufiger Arbeit auf die Persönlichkeitsstruktur, in: Schriften zur Psychologie der Berufseignung und des Wirtschaftslebens, H. 31, Leipzig 1925; s. auch Göttinger Schule der damaligen Zeit.

49 AWI, Die Einsatzfähigkeit von Arbeitskräften für Fließbandarbeiten, a.a.O., S. 447.

50 AWI, Zum Arbeitseinsatz der Frau ..., a.a.O., S. 373ff.

51 Aus der ungeheuer breiten Literatur der Weimarer Zeit zur »Psychologie der Geschlechtsunterschiede« sei hier nur Fritz Giese genannt, weil er gleichzeitig als einer der Experten für Arbeitswissenschaften der damaligen Zeit galt: Giese, Fritz: Psychologische Beiträge, Bd. 1, Halle 1916; ders.: Körper Seele, München 1924; ders.: Die Frau als Atmosphärenwert, München1926.

52 Hofstätter, Richard: Die arbeitende Frau, Wien 1929.

53 Altmann-Gottheiner, Elisabeth: Die Entwicklung der Frauenarbeit in der Metallindustrie, Schriften des Ständigen Ausschusses zur Förderung der Arbeiterinnen-Interessen, H. 8, Jena 1916, S. 18f. u. 8.

54 AWI, zum Arbeitseinsatz der Frau ..., a.a.O., S. 399.

55 Hofstätter, a.a.O., S. 4.

56 Ebenda, S. 5.

57 Das »Deutsche Institut für technische Arbeitsschulung« (DINTA) wurde hauptsächlich von deutschen Stahlkonzernen in den zwanziger Jahren ins Leben gerufen. Es war in seiner ideologischen Ausrichtung konservativer als ähnliche Institutionen. Sein Bemühen im »Kampf um die Seele des Arbeiters« konzentrierte sich hauptsächlich darauf, in den Betrieben einen Stamm von betriebstreuen und gewerkschaftsfeindlichen Elitearbeitern, natürlich Männer, zu bilden. Vgl. Brady, Robert A.: The Rationalization Movement in German Industry, Berkeley 1933, S. 82, 101, 120, 187ff. Das DINTA bestand während des »Dritten Reiches« weiter und arbeitete eng mit dem arbeitswissenschaftlichen Institut der Deutschen Arbeitsfront zusammen.

58 Reichsarbeitsminister an die Reichstreuhänder der Arbeit, 9. 2. 1940, Bundesarchiv Koblenz: R 41/57, Blatt 4; zit. nach Siegel, a.a.O., S. 60.

59 Schnelle, a.a.O., S. 83ff.

60 AWI, Berufsschicksal und Arbeitsbeanspruchung, Jahrbuch 1940/41, Bd. II, S. 208f.

61 Ebenda, S. 208.

62 Hofstätter, a.a.O., S. 5.

63 AWI, Zum Arbeitseinsatz der Frau . . ., a.a.O., S. 373 ff. Alle folgenden Zitate sind diesem Aufsatz entnommen. Die Zahlen in Klammern bezeichnen die Seitenzahl.
Dieser Aufsatz ist zwar als Anleitung zur Beschäftigung von »arbeitsungewohnten« Ehefrauen von Beamten, Angestellten und – z.T. – von Facharbeitern geschrieben worden, die man versuchte, in die Rüstungsproduktion zu ziehen. Trotzdem ist es m.E. möglich, ihn stellenweise auf »normale« Fabrikarbeiterinnen anzuwenden, denn ein Teil der Ausführungen beansprucht generelle Gültigkeit (z.B. die lange Einleitung über die biologisch mindere Arbeitsfähigkeit der Frau). Andererseits ist der Artikel in sich selbst uneinheitlich: So beziehen sich z.B. die Warnungen, die Frauen ja nicht aus ihrer Häuslichkeit herauszulösen, explizit auf »normale« Arbeiterinnen, denn es war kaum zu erwarten, daß es den Aushilfskräften so gut in den Fabriken gefallen würde, daß sie nicht wieder gehen würden. Vielmehr hatten es besonders Fabrikarbeiterinnen immer wieder an Sinn für Häuslichkeit mangeln lassen. (Vgl. Sachse, a.a.O.) Es wurden im folgenden nur solche Zitate ausgewählt, die sich ihrer Tendenz nach mit anderen Artikeln, die sich eindeutig auf Arbeiter/innen beziehen, verifizieren lassen.
64 AWI, Zur Frage der Ungelernten, a.a.O., S. 346.
65 s. Fn. 46.
66 Vgl. Pfeil, Elisabeth: Die Berufstätigkeit von Müttern, Tübingen 1961; Höhn, Elfriede: Das berufliche Fortkommen der Frau, Bad Harzburg/Frankfurt/M. 1964; Kritik an diesen Arbeiten: SOFI/RKW: Frauenarbeit und technischer Wandel, Göttingen 1973.
67 Rupp, a.a.O., passim.
68 Vgl. Gerhard, Ute: Verhältnisse und Verhinderungen. Frauenarbeit, Familie und Rechte der Frauen im 19. Jahrhundert, Frankfurt/M. 1978, S. 52.
So stellt Ute Gerhard für das 19. Jahrhundert fest, daß die Differenzierung bürgerlicher Berufschancen für Männer und Frauen nur dann hinlänglich erklärbar sei, wenn man sie im Zusammenhang mit einem Knäuel aus rechtlicher Disziplinierung und familiärer Ideologie sehe.

**Gitte Schefer**
**Wo Unterdrückung ist, da ist auch Widerstand – Frauen gegen Faschismus und Krieg**

1 Zorn, Gerda/Meyer, Gertrud: Frauen gegen Hitler, Frankfurt/M. 1974 und Elling, Hanna: Frauen im deutschen Widerstand 1933–1945, Frankfurt/M. 1978.
2 Petersen, Jan: Und ringsum Schweigen, London 1940/Berlin 1949, S. 25.
3 In der Wahl 1918 wie auch während der gesamten Dauer der Weimarer Republik haben Frauen mehrheitlich konservativ gewählt (Zentrumspartei, Deutsch-Nationale Volkspartei), was besonders den Wahlerfolg der Arbeiterparteien im Verhältnis zu den bürgerlichen Parteien minderte.
4 Vgl. dazu Tröger, Annemarie: Die Dolchstoßlegende der Linken, in: Frauen und Wissenschaft, Beiträge zur Berliner Sommeruniversität für Frauen, Berlin 1976, S. 327 ff.
5 Hier insbesondere die Forschungsgruppe um Martin Broszat vom Münchener Institut für Zeitgeschichte, vgl. auch Broszat, Martin u.a. (Hrsg.): Bayern in der NS-Zeit, München-Wien 1977.
6 Elling, a.a.O., S. 54.

7 Ebenda.
8 Broszat, a.a.O., S. 233.
9 Elling, a.a.O., S. 85.
10 Ebenda, S. 151 ff.
11 Ebenda, S. 64.
12 Pikarski, Margot: Sie bleiben unvergessen, Berlin 1958.
13 Hierzu: Biernat, Karl/Kraushaar, Luise: Die Schulze-Boysen/Harnack-Organisation im antifaschistischen Kampf, Berlin/DDR 1970; auch: Ehrenbuch der Opfer von Berlin-Plötzensee, Hrsg. VVN Berlin o.J.
14 Elling, a.a.O., S. 65. Vgl. auch Puls, Ursula: Die Bästlein-Jacob-Abshagen-Gruppe, Berlin 1959.
15 Elling, a.a.O., S. 152.
16 Ebenda, S. 151.
17 Vgl. Geschichte der deutschen Arbeiterbewegung 1933–1939, Band I, Berlin/DDR 1968, S. 14 ff.
18 Winkler, Dörte: Frauenarbeit im »Dritten Reich«, Ludwigsburg-Hamburg 1977, und dies.: Frauenarbeit versus Frauenideologie, in: Archiv für Sozialgeschichte XVII, 1977, S. 99–126.
19 Reuter, Angelika/Poneleit, Barbara: Seit 1848 Frauen im Widerstand – Frauen im Faschismus 1933–1945, Münster 1977, S. 164.
Weitere Beispiele v.a. bei Schmidt, Walter: Damit Deutschland lebe, Berlin 1958, S. 156 ff.
20 Broszat, a.a.O., S. 235.
21 Bericht des Augsburger Arbeitsamtes in: Broszat, a.a.O., S. 226.
22 Weitere Beispiele v.a. in Vespignani, Renzo: Über den Faschismus, Berlin 1976, S. 24 ff.
23 Reuter/Poneleit, a.a.O., S. 166.
24 Altrichter, Josef (Hrsg.): Unser Kampf, London-Prag 1937, S. 51.
25 Alle Beispiele aus: Deutsche Frauenschicksale in: Elling, a.a.O., S. 46–48.
26 Ebenda, S. 59.
27 Ebenda, S. 19.
28 Ebenda, S. 19.
29 Ebenda, S. 50.
30 Ebenda, S. 64.
31 Winkler, Frauenarbeit im »Dritten Reich«, a.a.O., S. 92; auch Broszat, a.a.O., S. 291–292.
32 Broszat, a.a.O., S. 292.
33 Bericht des Reichssicherheitshauptamtes Berlin vom Januar 1942, in: Broszat, a.a.O., S. 291–292.
34 Ebenda, S. 319.
35 Ebenda, S. 303.
36 Bericht Reichssicherheitshauptamt Berlin, in: Broszat, a.a.O., S. 303–304.
37 Winkler, a.a.O., und Broszat, a.a.O., S. 290 ff.
38 Vgl. Schmidt, a.a.O., S. 147, und Winkler, Frauenarbeit versus . . ., a.a.O., S. 118.

**Ingrid H. E. Schupetta**
**Jeder das Ihre – Frauenerwerbstätigkeit und Einsatz von Fremdarbeitern/-arbeiterinnen im Zweiten Weltkrieg**

1 Vgl. Harbach, Heinz: Internationale Schichtung und Arbeitsmigration, Reinbek 1976, S. 48–51.
2 Vgl. Cinnani, Paolo: Emigration und Imperialismus, München o.J. (1970), S. 135.
3 Diese und folgende Zahlen aus: Statistik des Deutschen Reichs, Bd. 556, Heft 1, Berlin 1942.
4 330892 oder 0,42% der Wohnbevölkerung, vgl. Wirtschaft und Statistik, 1940, Nr. 5/6, S. 84/85.
5 Birkenholz, Karl: Der ausländische Arbeiter in Deutschland (Loseblattsammlung), Berlin ab 1942, S. 850.
6 Ebenda.
7 Zit. nach Fragen an die deutsche Geschichte, bearb. von Lothar Gall, Stuttgart u.a. 1974, S. 165.
8 Kogon, Eugen: Der SS-Staat, München [6]1979, S. 376/377.
9 Nach Homze, Edward L.: Foreign Labor in Nazi Germany, Princeton 1967, S. 232.
10 Ebenda, S. 135.
11 Nach: The Effects of Strategical Bombing on German War Economy, The United States Strategical Bombing Survey, o.O. (Washington) 1945, S. 34.
12 Ebenda.
13 Letsch: Der Einsatz gewerblicher ausländischer Arbeitskräfte in Deutschland, in: Reichsarbeitsblatt, 1941, Teil V, S. 42–45, hier S. 45.
14 Schaubilder nach The Effects . . ., a.a.O., S. 35.
15 Zit. nach Pfahlmann, Hans: Fremdarbeiter und Kriegsgefangene in der deutschen Kriegswirtschaft 1939–1945, Darmstadt 1968, S. 22.
16 Didier, Friedrich: Europa arbeitet in Deutschland, Berlin 1943, S. 16; vgl. auch Homze, a.a.O., S. 45 und 200, außerdem Kuczynski, Jürgen: Die Geschichte der Lage der Arbeiter unter dem Kapitalismus, Band 6, Berlin/DDR 1964, S. 285.
17 Vgl. Das Diensttagebuch des deutschen Generalgouverneurs in Polen 1939–1945, Hrsg. Werner Präg und Wolfgang Jacobmeier, Stuttgart 1975, S. 297.
18 Ebenda, S. 590.
19 Ebenda, S. 714.
20 Nach Pfahlmann, a.a.O., S. 123.
21 Nach Kuczynski, a.a.O., S. 277.
22 Zit. in: Documenta Occupationis Teutonicae, Teil V, Pospieszalski, Karol Marian: Hitlerowski »Prowo« Okupacyjne w Polsce, Poznań 1952, S. 300.
23 Ebenda, S. 296.
24 Zit. nach Seeber, Eva: Zwangsarbeiter in der faschistischen Kriegswirtschaft, Berlin/DDR 1964.
25 Vgl. Homze, a.a.O., S. 260.
26 Handbuch für die Dienststellen des Generalbevollmächtigten für den Arbeitseinsatz und die interessierten Reichsstellen im Großdeutschen Reich und in den besetzten Gebieten, Band I, Berlin 1944, S. 55.
27 Ebenda, S. 65.

# Literatur

(Auswahl wichtiger Titel zum Thema »Frauen in der Weimarer Republik und im Nationalsozialismus«)

Adam, Uwe Dietrich: Hochschule und Nationalsozialismus, Die Universität Tübingen im Dritten Reich, Tübingen 1977.
Ders.: Judenpolitik im Dritten Reich, Düsseldorf 1972.
Axmann, Arthur: Hitlerjugend 1933–1943, Sonderdruck aus: Das junge Deutschland, Nr. 1/2, 1943.
Bäumer, Gertrud: Deutsche Schulpolitik, Schulaufbau, Berufsauslese, Berechtigungswesen, Karlsruhe 1928.
Dies.: Krisis des Frauenstudiums, Leipzig 1932.
Bajohr, Stefan: Die Hälfte der Fabrik. Geschichte der Frauenarbeit in Deutschland 1914–1945, Marburg 1979.
Beckmann, Emmy: Kampf gegen die Doppelverdiener und der Abbau der verheirateten Lehrerin, Berlin 1931.
Beilner, Helmut: Die Emanzipation der bayerischen Lehrerin – aufgezeigt an der Arbeit des bayerischen Lehrerinnenvereins (1898–1933), München 1971.
Berger, Richard: Die häuslichen Dienstboten nach dem Kriege, Mönchen-Gladbach 1916.
Bleuel, Hans Peter: Das saubere Reich – Theorie und Praxis des sittlichen Lebens im Dritten Reich, München/Berlin 1972.
Bock, Gisela: Frauen und ihre Arbeit im Nationalsozialismus, in: Kuhn, Annette/Schneider, Gerhard (Hrsg.), Frauen in der Geschichte, Düsseldorf 1979.
Brandenburg, Hans-Christian: Die Geschichte der HJ – Wege und Irrwege einer Generation, Köln 1968.
Bremme, Gabriele: Die politische Rolle der Frau in Deutschland, Göttingen 1956.
Burgdörfer, Friedrich: Geburtenschwund – Die Kulturkrankheit Europas und ihre Überwindung in Deutschland, Heidelberg/Berlin/Magdeburg 1942.
Deutsch, Regine: Parlamentarische Frauenarbeit, Bd. I und II, Stuttgart 1924.
Diehl, Guida: Die deutsche Frau und der Nationalsozialismus, Eisenach 1932/33.
Ders.: Deutscher Frauenwille, Gotha 1928.
Düvert, Helene: Die Frau von heute, ihr Weg und Ziel, Wernigerode 1933.
Eggener, Elfriede: Die organische Eingliederung der Frau in den nationalsozialistischen Staat, jur. Diss., Leipzig 1938.
Elling, Hanna: Frauen im deutschen Widerstand 1933–1945, Frankfurt a.M. 1978.
»Freude und Arbeit«: Bibliographische Materialien zum 3. Weltkongreß »Arbeit und Freude«, Rom 1938, hrsg. v. Internationalen Zentralbüro »Freude und Arbeit«, Berlin 1939.
Gahlings, Ilse/Moering, Elle: Die Volksschullehrerin, Heidelberg 1961.
Gersdorff, Ursula von: Frauen im Kriegsdienst 1914–1945, Stuttgart 1969.
Glass, Frieda/Kische, Dorothea: Die wirtschaftlichen und sozialen Verhältnisse der berufstätigen Frauen, Berlin 1930.

Gottschewsky, Lydia: Männerbund und Frauenfrage, Die Frau im neuen deutschen Staat, München 1934.
Hagemeyer, Hans: Frau und Mutter – Lebensquell des Volkes, Berlin 1942.
Heymann, Lida Gustave: Erlebtes, Erschautes – Deutsche Frauen kämpfen für Freiheit, Recht und Frieden, Meisenheim 1972.
Huthmann, Adolf: Das Recht der Hausgehilfin nach den Richtlinien der Treuhänder der Arbeit, Diss., Köln 1937.
Jellinek, Camilla: Frauen unter deutschem Recht, Mannheim/Berlin/Leipzig 1928.
Jurcyk, Karin: Frauenarbeit und Frauenrolle – Im Zusammenhang von Familienpolitik und Frauenerwerbstätigkeit in Deutschland 1918–1975, Frankfurt a.M./München 1976.
Keller, Gretel: Hausgehilfin und Hausflucht, Dortmunder Schriften zur Sozialforschung, 1950.
Kempf, Rosa: Die deutsche Frau nach der Volks-, Berufs- und Betriebszählung von 1925, hrsg. v. Bund Deutscher Frauenvereine, Mannheim/Berlin/Leipzig 1931.
Kirkpatrick, Clifford: Women in Nazi Germany, London 1939.
Knoblauch, Elisabeth: Zur Psychologie der studierenden Frau, Eine Untersuchung über die Einstellung zum Studium und zur Berufstätigkeit bei Studentinnen, Leipzig 1930.
Kuczynski, Jürgen: Die Geschichte der Lage der Arbeiter unter dem Kapitalismus, Bd. 6, Ost-Berlin 1964.
Lauer, Amalie: Die Frau in der Auffassung des Nationalsozialismus, Köln 1932.
Leber, Annedore: Das Gewissen entscheidet, Bd. II, Berlin/Frankfurt a.M. 1957.
Lück, Margret: Die Frau im Männerstaat, Die gesellschaftliche Analyse der Frau im Nationalsozialismus, Frankfurt a.M./Bern/Las Vegas 1979.
Macciocchi, Maria-Antonietta: Jungfrauen, Mütter und ein Führer – Frauen im Faschismus, Berlin 1976.
Marawske-Birkner, Lily: Der weibliche Arbeitsdienst, Leipzig 1942.
Martin, Klaus: Mädchen in der Hitlerjugend. Köln 1980.
Mason, Timothy: Zur Lage der Frauen in Deutschland 1930–1940, in: Gesellschaft – Beiträge zur Marxschen Theorie, Bd. 6, Frankfurt a. M. 1976.
McIntyre, Jill: Women and the Profession in Germany 1930–1940, in: Nicholls, A./Mathias, E. (Hrsg.): German Democracy and the Triumph of Hitler, London 1971.
Meusel, Alfred: Die Familie in der deutschen Gesellschaftsauffassung nach 1933, in: Studien über Autorität und Familie, Bd. II, Forschungsberichte des Instituts für Sozialforschung, Paris 1936.
Pauls, Maria: Die deutschen Frauenorganisationen – Eine Übersicht über den Bestand, die Ursprünge und die kulturellen Aufgaben, Diss., Aachen 1966.
Pauwels, Jacques R.: Women and University Studies in the Third Reich 1933–1945, Toronto 1976.
Ders.: Der Rückgang des Frauenstudiums im Dritten Reich, in: Der Convent, 26, Nr. 12, 1975.
Reuter, Angelika/Poneleit, Barbara: Seit 1848 Frauen im Widerstand – Frauen im Faschismus 1933–1945, Münster 1977.
Rühle-Gerstel, Alice: Das Frauenproblem der Gegenwart, Leipzig 1932.
Schoenbaum, David: Die braune Revolution – Sozialgeschichte des Dritten Reiches, Köln/Berlin 1968.
Siber von Groote, Paula: Die Frauenfrage und ihre Lösung durch den Nationalsozialismus, Wolfenbüttel/Berlin 1933.

Stephenson, Jill: Women in Nazi Society, London 1975.
Tröger, Annemarie: Die Dolchstoßlegende der Linken, in: Frauen und Wissenschaft, Beiträge zur Berliner Sommeruniversität für Frauen, Berlin 1976.
Wex, Else: Staatsbürgerliche Arbeit deutscher Frauen 1865–1928, Berlin 1929.
Weyrather, Irmgard: Jugend im deutschen Faschismus, in: Literatur und Erfahrung, Zeitschrift für literarische Sozialisation, Nr. 5, Berlin 1981.
Winkler, Dörte: Frauenarbeit im »Dritten Reich«, Hamburg 1977.
Zorn, Gerda/Meyer, Gertrud: Frauen gegen Hitler, Frankfurt a.M. 1974.
Zuberbier, Eva: Die nationalsozialistische Auffassung vom häuslichen Dienst und ihre praktische Verwirklichung, Diss., Leipzig 1939.
Zühlke, Anna: Frauenaufgabe – Frauenarbeit im Dritten Reich, Leipzig 1934.

# Die Autorinnen

Susanna Dammer, geb. 1943, Diplom-Pädagogin, arbeitet an einer Dissertation zu »Frauen im Krieg«.

Claudia Hahn, geb. 1952, studierte Germanistik und Geschichte in Heidelberg und Berlin.

Doris Kampmann, geb. 1949, studierte in Köln und Berlin Geschichte und Politik für das höhere Lehramt.

Lore Kleiber, geb. 1951, Diplom-Politologin, arbeitet z.Z. an einem Oral-History-Projekt der FU Berlin über ein Berliner Wohnviertel im Nationalsozialismus.

Dagmar Reese, geb. 1952, Diplom-Soziologin, studierte in Freiburg i.Br. und Berlin, arbeitet z.Zt. an einer Dissertation über den BDM.

Erika Said, geb. 1950, Studienassessorin, studierte Germanistik und Politik an der FU Berlin.

Gitte Schefer, geb. 1952, studierte Politische Wissenschaften an der FU Berlin, Forschungsschwerpunkte: Widerstand gegen den Nationalsozialismus, Alltag der Bevölkerung unter dem Nationalsozialismus. Wissenschaftliche Mitarbeiterin an der FU Berlin.

Ingrid H. E. Schupetta, geb. 1954, studierte Politologie in Marburg und Berlin, arbeitet z.Zt. an einer Dissertation zum Thema des hier veröffentlichten Aufsatzes.

Annemarie Tröger, geb. 1940, in der Frauenbewegung aktiv seit der Zeit des »Frauenaktionsrates« (Berlin 1968), später »Brot und Rosen«, in den letzten Jahren Vorbereitung und Teilnahme an der 1. und 2. Sommeruniversität für Frauen, Mitglied des »Frauen-Forschungs-, Bildungs- und Informationszentrums« (FFBIZ) Berlin. Seit 1975 wissenschaftliche Assistentin an der FU Berlin, mehrere Lehrveranstaltungen zum Thema »Frauen und Faschismus«.

Irmgard Weyrather, geb. 1953, Soziologin, wissenschaftliche Angestellte in einem Oral-History-Projekt der FU Berlin, Beiträge zu Frauengeschichte und Oral-History u.a. in »Literatur und Erfahrung«.

Ingrid Wittmann, geb. 1947, Diplom-Politologin, wissenschaftliche Angestellte in einem Oral-History-Projekt der FU Berlin.